Ultimate Python

Un libro para principiantes fácil de seguir

Nicolás Schürmann

Ultimate Python

Un libro para principiantes fácil de seguir

Nicolás Schürmann

Este libro fue redactado en base al material original del curso en video Ultimate Python del autor Nicolás Schürmann por Gabriel Hernandez.

Este libro te lo dedico a ti que lo estás leyendo... Qué? esperabas una dedicatoria a alguien que no conoces?, ok... entonces se los dedico al amor de mi vida Julie Gómez y a mi hijo Isaac Schürmann Gómez. Quienes probablemente nunca leerán este libro.

Índice general

Capítulo 1: Introducción a Python

¿Por qué aprender Python?

Si quieres trabajar con inteligencia artificial, machine learning, microcontroladores gestionar archivos, automatizar tareas, crear aplicaciones web, o desarrollo backend tienes que aprender a programar con Python ¡y lo tienes que aprender ahora!

Y eso que no hemos hablado de los salarios, entre algunos:

- Python developer: 180K dólares anuales en modalidad remota,
- Python plattform engineer, desde 150K dólares, trabajando en la banca, con posibilidad de reubicación 100%,
- SRE y Tech Lead desde 150K dólares al año,

El punto es súper claro, si quieres trabajar en TI y quieres ganar dinero, tienes que aprender Python y tienes que aprenderlo ¡AHORA!

¿Qué es Python?

Python es un lenguaje de alto nivel y multipropósito, es usado por empresas como **Google**, **Microsoft y Netflix**; y según la encuesta de stack overflow del 2022, la cual es una de las encuestas más populares que se hace a desarrolladores de todo el mundo de manera anual, Python es el tercer lenguaje preferido para aprender a programar, y esto, debido a que Python es uno de los lenguajes más fáciles de aprender respecto a otros, cuya curva de aprendizaje es mucho más elevada.

Para aprender sobre este lenguaje en este libro, no necesitas preocuparte, este está diseñado para que empieces desde cero, vamos a aprender todo lo que se necesita saber sobre Python.

Y ahora que vimos que no necesitas tener conocimiento previo, vamos a conocer el temario de las secciones que abordaremos.

1. Introducción. Desde instalar las herramientas que necesitas, hasta la explicación de cómo se ejecuta el código en Python.
2. Los tipos básicos.
3. Control de flujo.
4. Funciones.
5. Tipos avanzados.
6. Clases con programación orientada a objetos y herencia.
7. Excepciones.
8. Módulos.
9. Librerías/bibliotecas nativas.
10. El índice de paquetes de Python o más conocido como PIP, y también aprenderás cómo publicar tus propios paquetes.
11. Librerías/bibliotecas más populares.

Todo esto acompañado de ejercicios para reforzar lo aprendido.

Requisitos para tomar el curso de este libro

- Un computador,
- conexión a Internet
- (opcional) Tienes que reproducir "Hola beats", mientras estás aprendiendo Python, pero ¿cómo se reproduce?, puedes escucharla desde tu plataforma de streaming favorita,como Spotify. De esta manera, apoyas a que podamos seguir creando todo tipo de contenido, y aprovechas de concentrarte más mientras estudias.

Instalando Python

Lo primero que tenemos que hacer es ingresar a la web de Python, la cual se encuentra en el siguiente link: https://www.python.org/[1] y cuando ingreses verás una pantalla similar a esta:

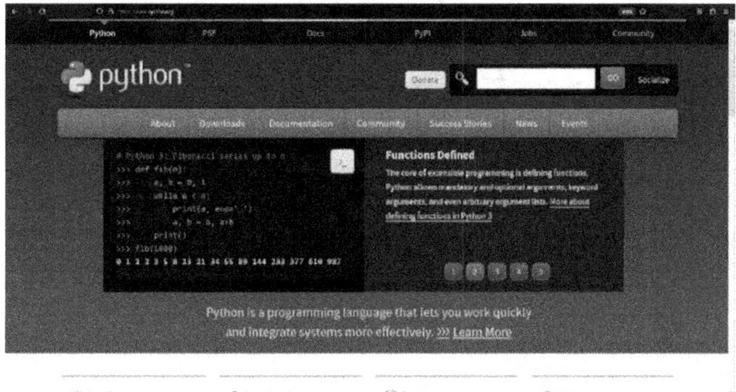

Página principal de python.org

Y dentro de esta página vamos a ir a la barra de navegación, concretamente a la opción que dice Downloads:

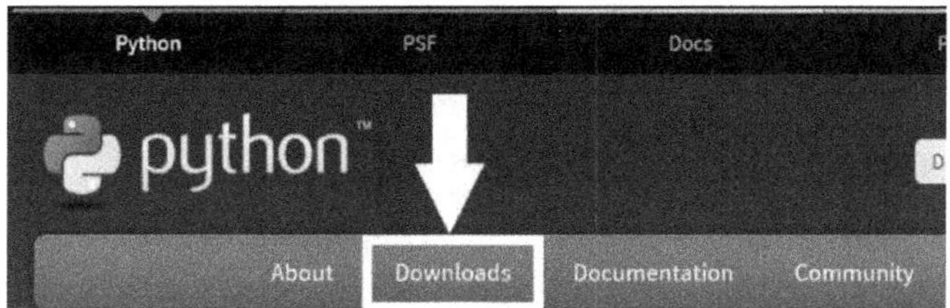

Pestaña de descargas en python.org

Aquí vamos a ver las versiones que tenemos disponibles de Python para instalar. En este caso, me está mostrando la versión de Python 3.11.3

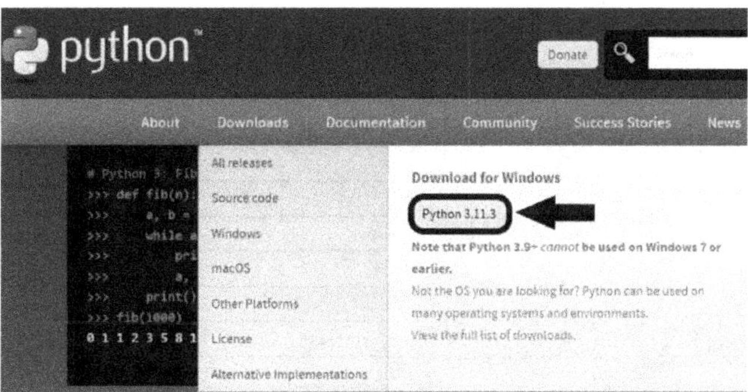

Descargando la versión 3.11 de Python

Independiente de la versión que les aparezca acá el contenido de este libro les va a servir, siempre y cuando nos mantengamos dentro de la versión 3 de Python.

Y en el caso que te tengas alguna versión antigua de Windows, te va a indicar que Python 3.9 o superior no puede ser usado en la versión 7 o en versiones anteriores.

Y en el caso que te encuentres en otro sistema operativo, como podría ser MacOS, lo que puedes hacer es dar clic en donde dice MacOS o en otras plataformas si su sistema operativo es diferente a estos dos últimos.

[1]https://www.python.org/

Instalando Python en el Sistema Operativo Windows 11

Para el sistema operativo Windows, lo que vamos a hacer es hacer clic en donde dice: "Python 3.11.3", y vamos a esperar a que se descargue el instalador, lo cual es bastante rápido.

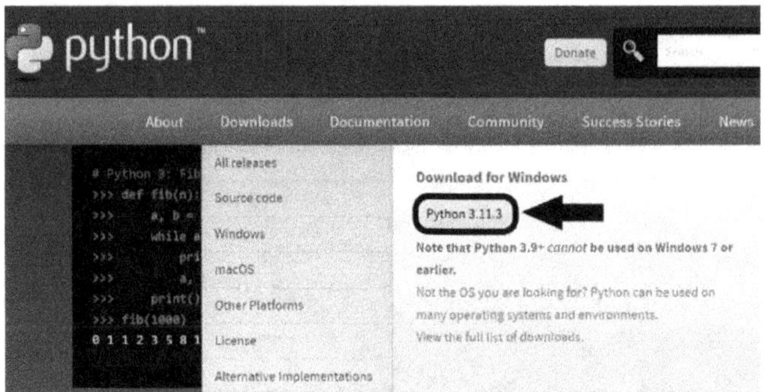

Descargando la versión 3.11 de Python

Enseguida vamos a hacer clic la caja donde dice "show in folder" o "mostrar en carpeta" y hacer doble clic en el instalador,

Instalador de Python descargado

O también hacer clic en la descarga en el navegador para poder abrir el instalador de Python de la versión que has descargado, como se ve a continuación:

Instalador de Python en navegador

Si estas usando Windows 11, lo más probable es que ya tenga instalada una versión de Python dentro de Windows. Si esto llegase a ser así, nos va a mostrar esta opción de **"Upgrade Now"** si no fuese así, sencillamente nos va a mostrar la opción de instalar.

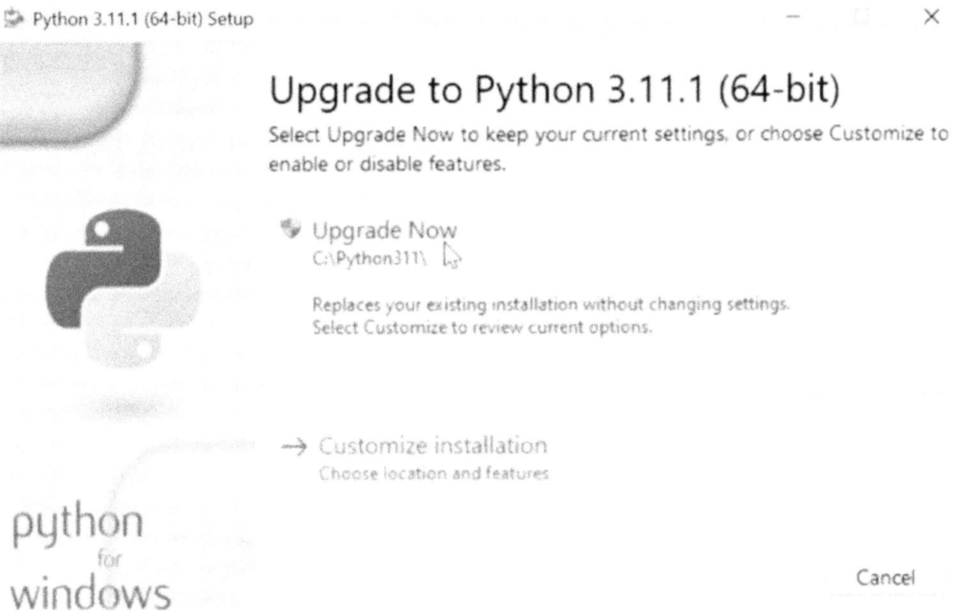

Instalando en Windows 11

Es sumamente importante que cuando estés **instalando Python en Windows**, nos va a mostrar una pequeña opción en la parte inferior, que va a decir algo como: "agregar Python al path", **esa opción, selecciónala**, si es que no la seleccionan Python no te va a funcionar y no vas a poder ejecutar el contenido de este libro.

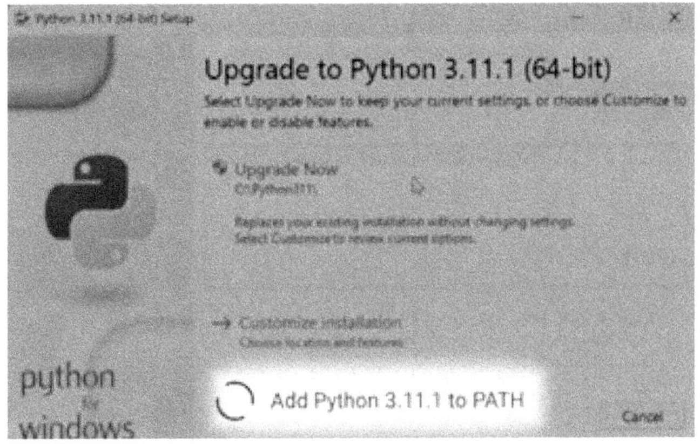

Agregar Python al path Windows 11

Después de seleccionarla, así que sencillamente hacemos clic en "**Upgrade Now**". Y haremos clic a donde dice "**yes**" cuando nos pregunte si queremos aplicar estos cambios.

Aplicar cambios en la instalacion Windows 11

Esperamos a que termine de instalar, luego de que se haya instalado nos va a mostrar la opción: **"Disable path length limit"**.

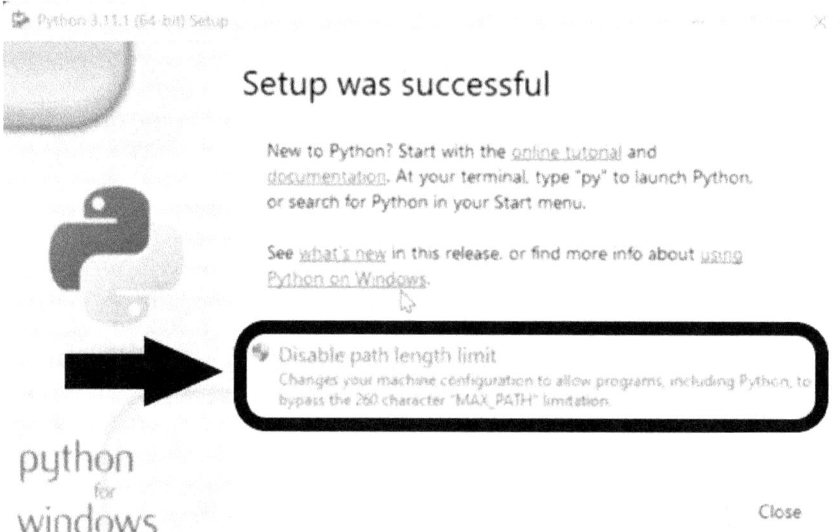

Seleccionando la opción "Disable path length limit"

Esto nos va a permitir que todas las aplicaciones que nosotros ejecutemos en Python se ejecuten de manera correcta, así que vamos a seleccionar esta opción y cuando salga la nueva ventana le haremos clic en **"yes"**.

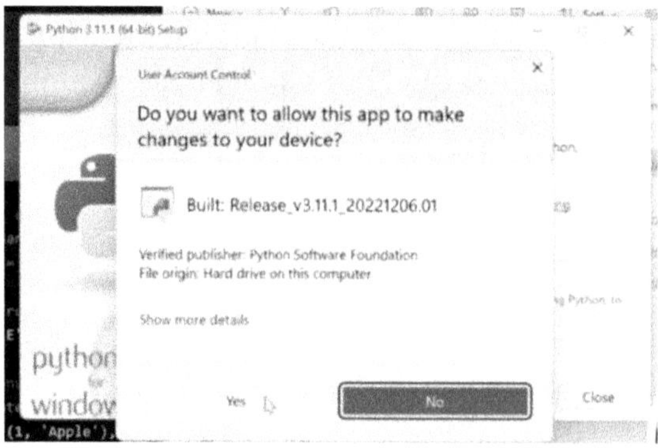

Aplicar cambios en la instalacion Windows 11

Después de haber aceptado, podremos hacer clic en **"close"**", ahora podemos cerrar nuestro explorador y navegador web.

Instalando Python en el Sistema Operativo Windows 10

Para Windows 10, el proceso va a ser algo similar, cuando abras el instalador veras lo siguiente:

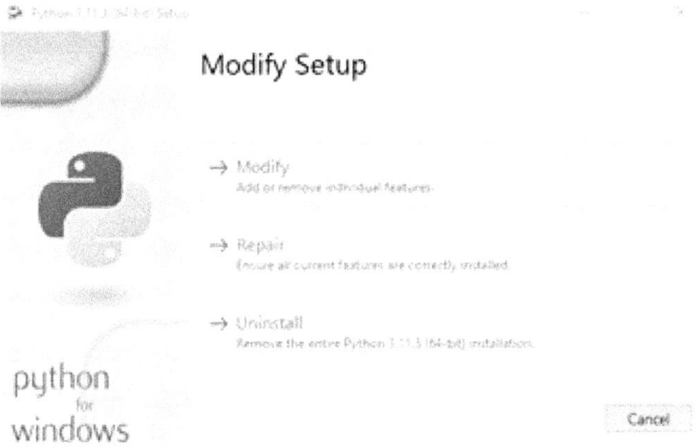

Instalando Python en Windows 10

Haremos clic en "**Modify**", inmediatamente nos saldrá la siguiente ventana, aquí tendrás que agregar la opción "**Add Python to environments variables**", y después haremos clic en "**Install**"

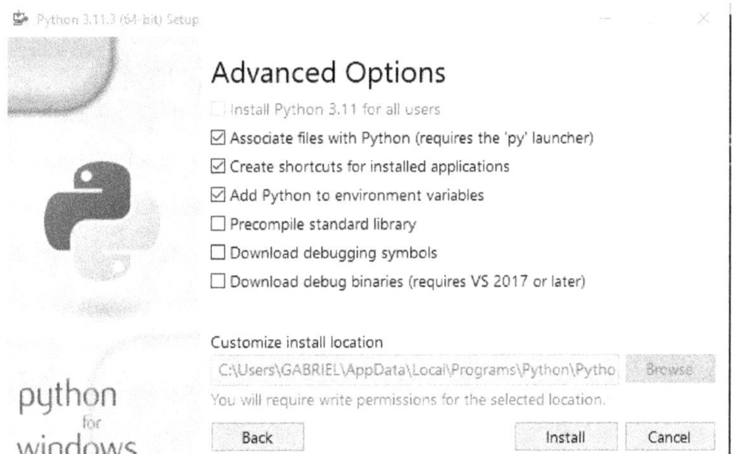

Instalando Python en Windows 10, opciones avanzadas

Se realizará la instalación y podremos hacer clic en "**close**"

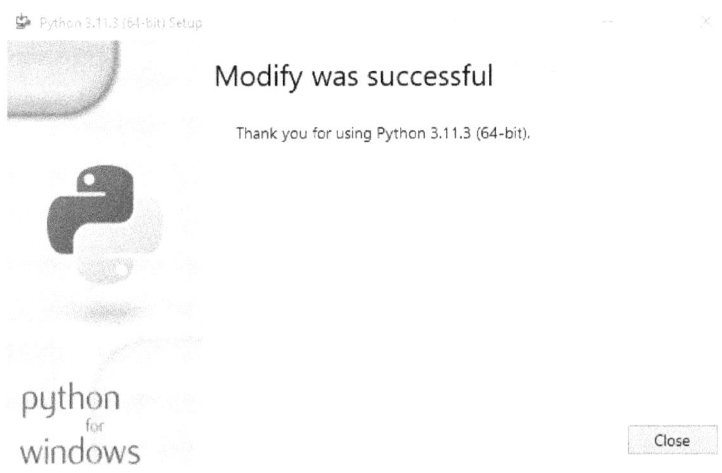

Instalación exitosa en Windows 10

Lo siguiente que haremos será abrir una terminal de comandos.

Abriendo la terminal de comandos en Windows

En Windows 11, esto lo vamos a hacer haciendo clic en buscar:

Icono buscar en la barra de navegación de Windows 11

En el siguiente menú, escribiremos CMD en la barra de búsqueda y tendremos que ver un resultado similar a este:

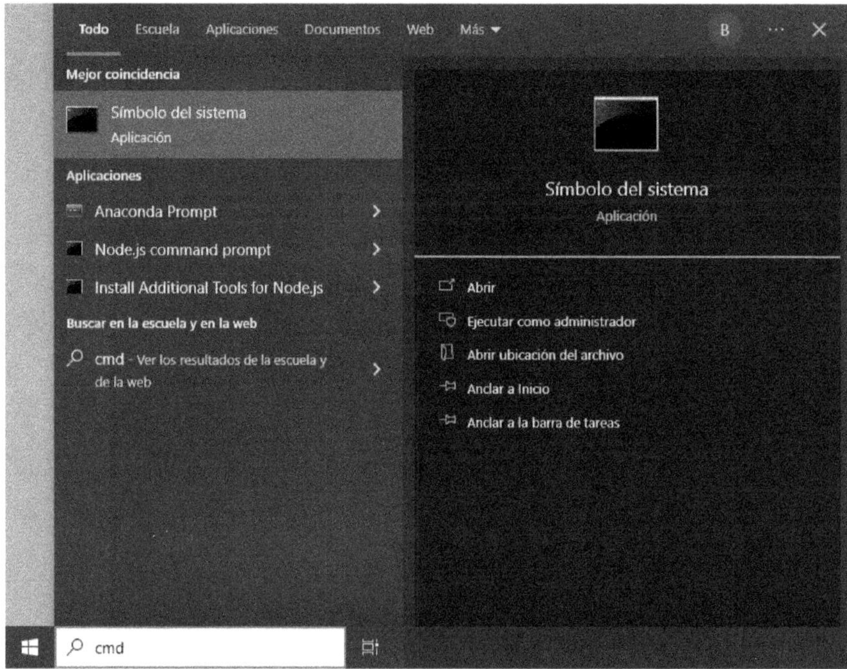

Buscar CMD en Windows 11

En Windows 10 haremos clic en buscar en la barra de tareas y buscaremos el término CMD:

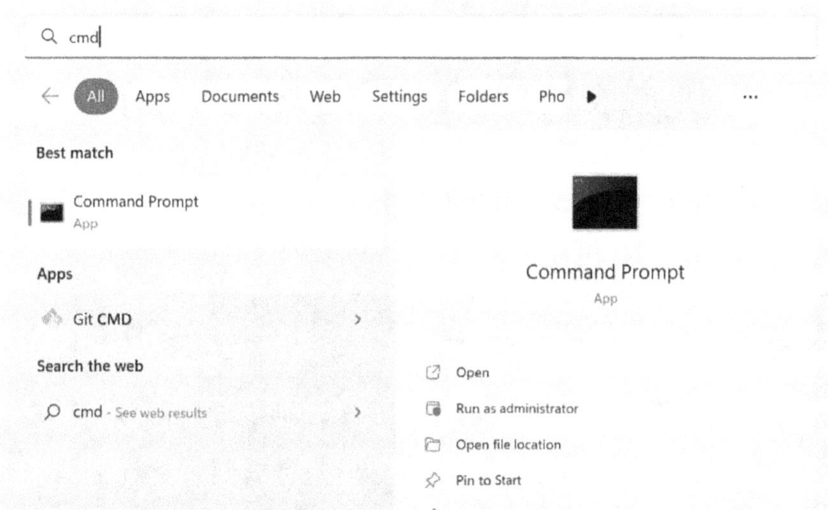

Buscar CMD en Windows 10

Que esta es la forma corta de escribir **"Command Prompt"** o **"Terminal de línea de comandos"** en español. Haremos clic en este. La terminal CMD se verá de la siguiente manera, en esta veras la ruta en la que se encuentra la terminal y el nombre de usuario que tenga el equipo:

Estructura de la terminal CMD

Y vamos a escribir lo siguiente

Terminal de commandos

```
python
```

Y en nuestra terminal debe verse similar a esto:

```
Símbolo del sistema
Microsoft Windows [Versi%n 10.0.19044.2965]
(c) Microsoft Corporation. Todos los derechos reservados.

C:\Users\GABRIEL>python
```

Escribiendo Python en la terminal

Si presionamos la tecla "**enter**", vamos a entrar al REPL de Python, aquí les debería mostrar exactamente qué versión tienen instalada, en nuestro ejemplo la 3.11.3

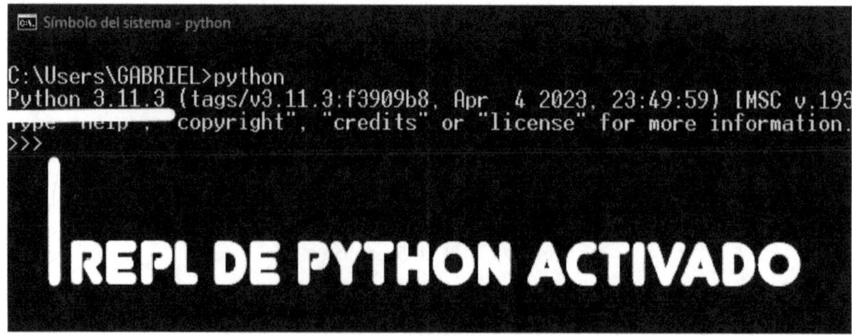

Vista del REPL de Python

Y para salir de aquí, lo que tenemos que hacer es mantener presionada la tecla de "**control**" + "z" y luego presionamos "**enter**". O la otra manera es escribir **exit()**" y después presionar "**enter**".

```
Símbolo del sistema

C:\Users\GABRIEL>python
Python 3.11.3 (tags/v3.11.3:f3909b8, Apr
Type "help", "copyright", "credits" or "
>>> exit()

C:\Users\GABRIEL>
```

Cerrando el REPL de Python en Windows

Esto nos va a devolver nuevamente a la línea de comandos y listo, ya hemos instalado Python.

Para los sistemas operativos MacOS y Linux

En el caso de MacOS o Linux, esto es mucho más sencillo, en el caso de MacOS, presionamos: la tecla **comando** + **espacio**, y en nuestro lanzador de aplicaciones que se abrirá con este atajo, vamos a escribir "**terminal**".

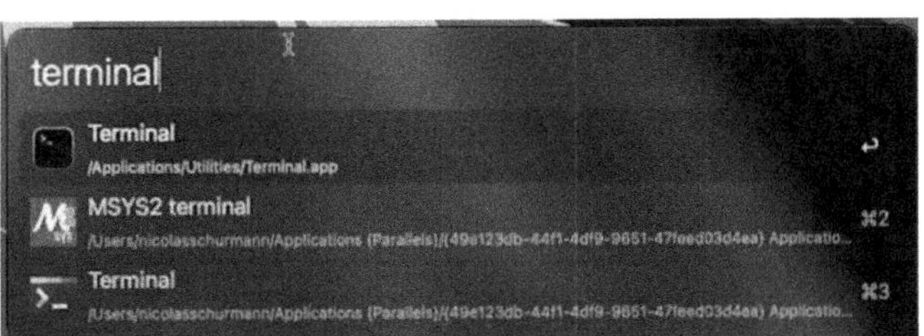

Buscando terminal de comandos en MacOS

Presionamos "**enter**" y vamos a escribir:

Terminal de commandos

```
python3
```

Y ahora presionamos la tecla "**enter**".

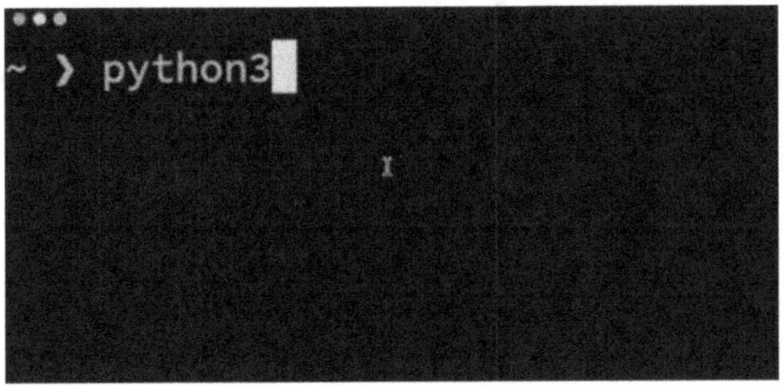

Terminal en MacOS

Y este sería un ejemplo de la terminal en Ubuntu:

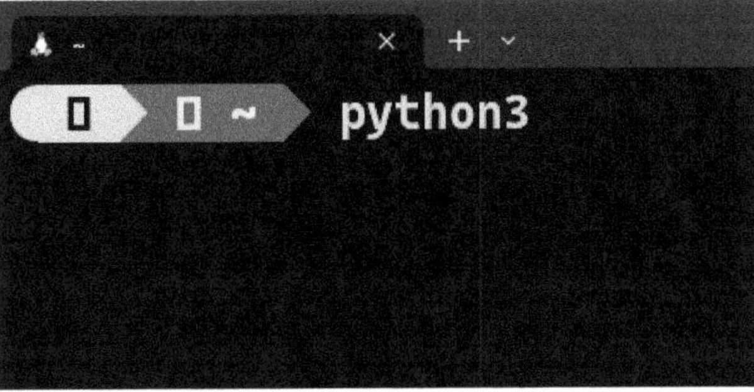

Terminal en Ubuntu

La razón por la cual tenemos que agregar el número 3, es que en MacOS y Linux, estos sistemas vienen con la versión 2 de Python instalada, la cual es una versión más antigua de Python que fue mantenida hasta el año 2020.

En este caso, nosotros vamos a utilizar la versión 3 de Python, así es que, una vez escrito el comando:

Terminal de commandos

```
python3
```

Y presionaremos la tecla "**enter**".

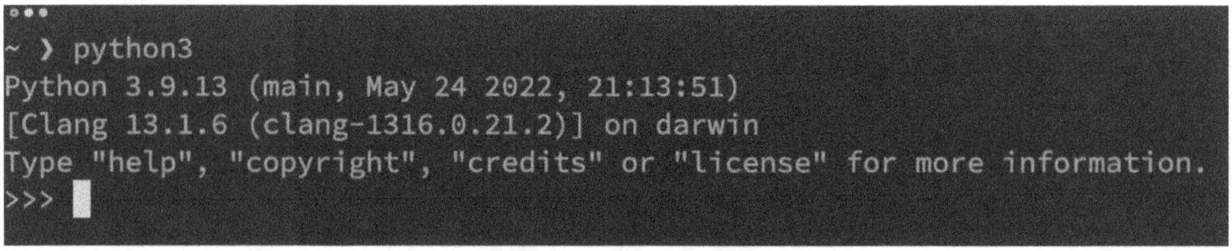

```
~ ❯ python3
Python 3.9.13 (main, May 24 2022, 21:13:51)
[Clang 13.1.6 (clang-1316.0.21.2)] on darwin
Type "help", "copyright", "credits" or "license" for more information.
>>>
```

REPL de Python en MacOS

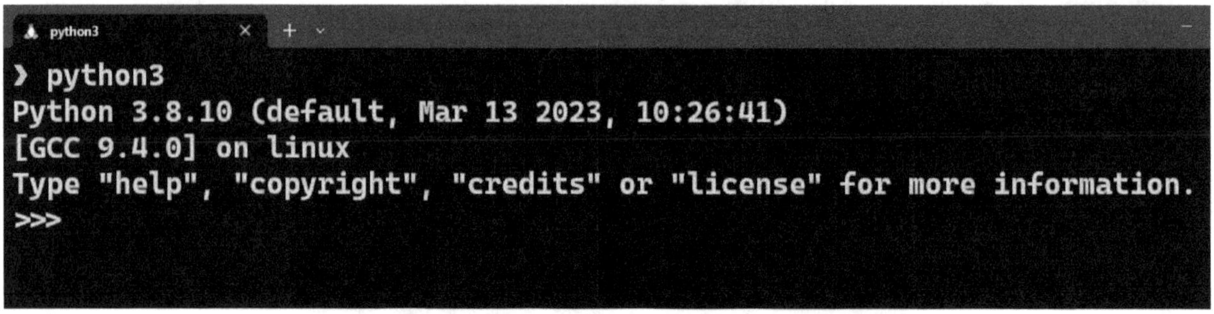

```
python3
❯ python3
Python 3.8.10 (default, Mar 13 2023, 10:26:41)
[GCC 9.4.0] on linux
Type "help", "copyright", "credits" or "license" for more information.
>>>
```

REPL de Python en Ubuntu

Y lo que esto va a hacer es abrir igualmente el REPL de Python, y si no sabes lo que es el REPL, significa: READ, EVAL, PRINT y LOOP.

Esto vendría siendo un loop o ciclo que está constantemente leyendo, evaluando e imprimiendo todo lo que nosotros escribimos acá.

Ahora lo que podemos hacer es sencillamente salir de acá para poder salir del REPL, lo que nosotros tenemos que hacer es mantener presionado **control** y presionamos la tecla **D**, la otra alternativa será escribir el comando **exit()** y presionar la tecla "**enter**", y lo que hará, será dejarnos nuevamente en la línea de comandos.

Ahora podemos pasar a escribir nuestro primer programa en Python.

El REPL de Python

Vamos a indagar un poco más con el REPL de Python. En la terminal que acabamos de usar en el capítulo pasado, en el caso de los usuarios de terminales en MacOS y Linux,tienen que escribir en la terminal el comando:

Terminal de commandos

```
python3
```

Comando python3 en MacOS

Comando python3 en Ubuntu

y si eres usuario de terminales Windows tienes que escribir solamente:

Terminal de commandos

```
python
```

Comando python en Windows

Al presionar "**enter**", vamos a ver el REPL de Python. El REPL es una herramienta que nosotros podemos utilizar para poder comunicarnos con el intérprete de Python.

En este caso, REPL viene de

- Read
- Eval
- Print
- Loop

En otras palabras, es algo que está constantemente leyendo, evaluando e imprimiendo en pantalla lo que nosotros le estamos entregando o el resultado de las operaciones que nosotros le estamos pasando.

El REPL se encarga de comunicarse con el intérprete. Ahora nosotros vamos a empezar a jugar un poco con el REPL, para eso vamos a venir acá y vamos a empezar a colocar operaciones matemáticas básicas.

Vamos a describir la operación:

REPL de Python en la terminal de comandos

```
>>> 2 + 2
```

Y fijémonos acá, colocaremos un espacio entre medio del **2** y del símbolo de **suma(+)**, haciendo exactamente lo mismo, luego del símbolo de **suma** y el siguiente 2. Esto es para que sea más fácil de leer lo que estamos escribiendo.

Lo siguiente será que presionaremos "**enter**", veremos lo siguiente:

Salida de ejecutar: 2 + 2

```
4
```

Y como podemos ver, nos está devolviendo el resultado cuatro en la terminal. Que en este caso es el resultado de la operación de 2 + 2.

Vamos a ver a continuación más operaciones, la siguiente será la resta, podemos restar 3 menos 1.

REPL de Python en la terminal de comandos

```
>>> 3 - 1
```

Y este nos entrega 2:

Salida de ejecutar: 3 - 1

```
2
```

La siguiente es la multiplicación, multiplicaremos 2 por 4, y lo haremos con el símbolo "*", de la siguiente manera:

REPL de Python en la terminal de comandos

```
>>> 2 * 4
```

Esto nos devuelve:

Salida de ejecutar: 2 * 4

```
8
```

Y por último, también podemos dividir. Colocaremos 16 dividido entre 4, la división se utiliza con el slash hacia adelante, el cual es este símbolo "/", y aquí yo lo que vamos a hacer es escribir lo siguiente:

REPL de Python en la terminal de comandos

```
>>> 16/4
```

Y su salida:

Salida de ejecutar: 16 / 4

```
4.0
```

En este momento nos está mostrando 4.0 en lugar de solo 4, pero no te preocupes por esto, lo vamos a ver más adelante en una siguiente lección.

Ahora vamos a ver también otras operaciones que podemos realizar en Python. Vamos a colocar en este caso un 2, seguido del símbolo mayor que, o este símbolo ">" y seguido vamos a colocar el número uno:

REPL de Python en la terminal de comandos

```
>>> 2 > 1
```

Y su salida:

Salida de ejecutar: 2 > 1

```
True
```

Y esto, como podemos ver, nos está devolviendo **True**, esto es un dato **booleano**, por supuesto, vamos a ver esto un poco más en profundidad más tarde en una siguiente sección. Así que no te preocupes tampoco por esto.

Ahora vamos a ver qué es lo que ocurre si colocamos 2 es mayor que 5, presionamos una vez más la tecla "**enter**".

REPL de Python en la terminal de comandos

```
>>> 2 > 5
```

Y su salida:

Salida de ejecutar: 2 > 5

```
False
```

Y en este caso me va a devolver **False**, que este también es un **booleano**, y como te decía, ya lo vamos a ver en un futuro.

Ahora ¿qué es lo que ocurriría yo colocamos por ejemplo 5, el símbolo de suma y no colocamos absolutamente nada más?

REPL de Python en la terminal de comandos

```
>>> 5 +
```

Y presionamos "**enter**"

Salida de ejecutar: 5 +

```
File "<stdin>", line 1
    5 +
      ^
SyntaxError: invalid syntax
```

Y aquí nos está indicando el error, "**file standard input**", en la línea **uno** y me está indicando "**5 +**" y seguido nos está mostrando un pequeño caret, o este símbolo ^, aquí lo que nos está queriendo decir, es que justamente ahí es donde se encuentra el error, y el error que estamos recibiendo es el de "**Syntax error**" o "**sintaxis inválida**".

Vamos a ver más de los errores en una siguiente sección. Por ahora no te preocupes, pero lo que sí tienes que ver en este caso es que con Python, podemos realizar operaciones matemáticas y también podemos cometer errores, y en el caso los errores, el intérprete de Python se va a encargar de comunicarnos a nosotros cuando hemos cometido uno.

Ahora ¿qué es lo que ocurre cuando queremos construir una aplicación de verdad? En este caso no vamos a utilizar el REPL, este se utiliza cuando queremos practicar con el lenguaje o de pronto queremos hacer una evaluación rápida para ver si estamos escribiendo nuestro bien el código, pero ese no es el caso, cuando vamos a construir una aplicación de verdad, vamos a necesitar un editor de código con el cual nosotros vamos a crear archivos que van a tener una extensión “**.py**” por ejemplo un archivo llamado **main.py**

Así que en la siguiente lección vamos a ver el editor de código que necesitamos y si alguna de las últimas cosas que mencionamos no te hizo sentido, no te preocupes, cada una de estas cosas va a tener su lección dedicada en el futuro.

Editor de Código

Cada vez que escribimos código, por lo general tenemos solamente 2 opciones para poder escribirlo.

La primera vendría siendo con un "**editor de texto**" o "**editor de código**" y la segunda opción vendría siendo con un "**IDE**", esto significa "**Integrated Development Environment**" o en sus siglas en español "**Entorno de Desarrollo Integrado**"

La diferencia entre estos es que un IDE va a tener más herramientas que un editor de texto, en este caso va a tener herramientas como:

- **Autocompletado**, como bien indica el nombre, es una herramienta que a medida que vamos escribiendo, esta herramienta nos va a ir sugiriendo distintas opciones para que podamos terminar de escribir, y así programar más rápido; y con esto no es necesario que nos acordemos de absolutamente todas las opciones que tiene un lenguaje de programación.
- **Debbuging**, que quiere decir depuración, y son herramientas que nos van a ayudar a poder encontrar los errores que tiene nuestro código, y
- **Testing** o herramientas para poder ejecutar nuestras suites de test dentro de nuestro IDE.

El IDE más conocido a nivel mundial actualmente para programar en Python es **Pycharm**.

Y en comparación con un IDE, un **editor de texto** no necesariamente va a tener todas estas funcionalidades. Sin embargo, estas, se pueden ir agregando como extensiones. En este caso, existe el editor de texto **VSCode**. El cual vendría siendo el editor de texto más popular en la actualidad, pero no es el único, también existe **sublime text**, entre muchos otros.

En esta ocasión, vamos a utilizar a VSCode porque este derechamente es el más popular, por lo que probablemente va a ser el que sea más fácil de aprender para ti y si no sabes utilizarlo, puedes ir a nuestro canal de YouTube "**Hola Mundo Dev**" y ver el curso que tenemos: "**Aprende VSCode ahora**", en este aprenderas de manera completamente gratuita a utilizar este editor de texto VSCode en menos de 1 hora.

https://www.youtube.com/@HolaMundoDev[2]

Ahora que ya hemos visto esto, podemos descargar nuestro editor de texto, tú puedes utilizar el que tú quieras, pero como vamos a utilizar en los ejercicios siguientes a VSCode, yo te recomiendo que también lo utilices para que te sea más fácil seguir con el contenido de este libro.

Así que abre tu explorador/navegador web favorito y buscaremos **VSCode**.

---

[2]https://www.youtube.com/@HolaMundoDev

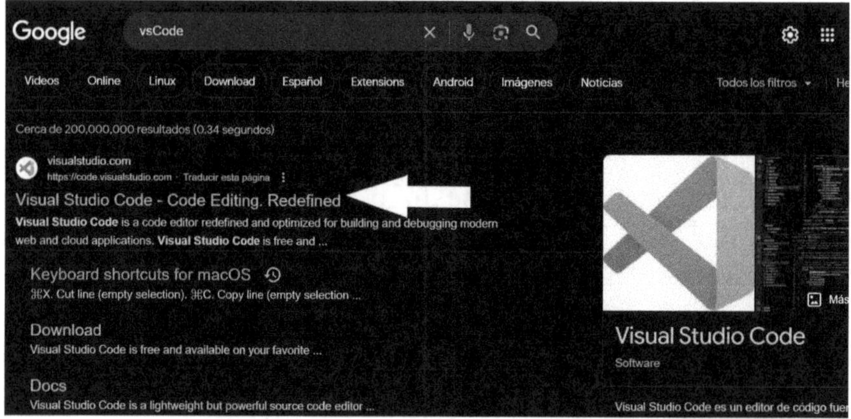

Buscando VSCode en el navegador

Aquí tienes que hacer clic en donde dice "**Download**"

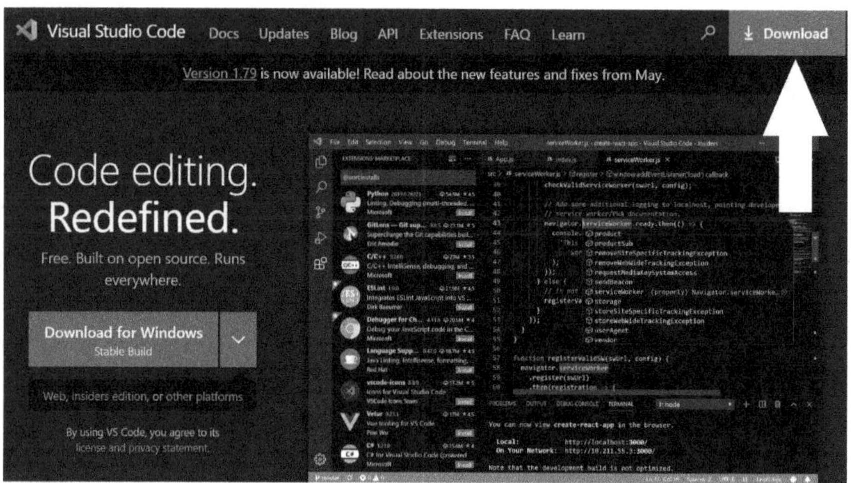

Botón de descarga de VSCode

Y aquí te van a entregar distintas opciones dependiendo de tu sistema operativo. Aquí tenemos opciones para Windows, Linux y MacOS.

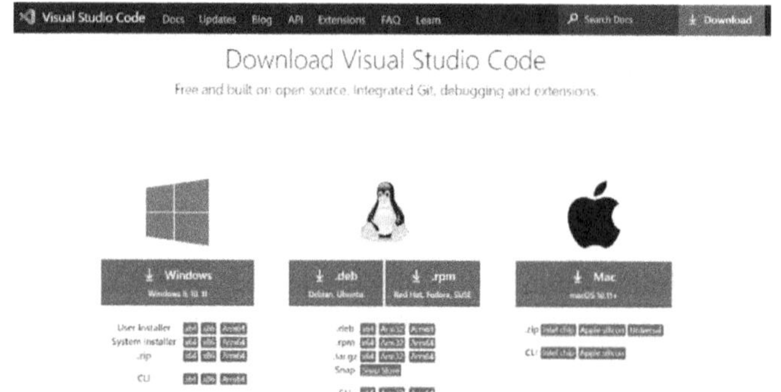

Opciones de descarga de VSCode dependiendo del sistema operativo

Así que descárgalo y haz clic en el instalador.

Archivo de instalación de VSCode descargado

El proceso muy fácil, sencillamente hay que presionar en el botón **siguiente**

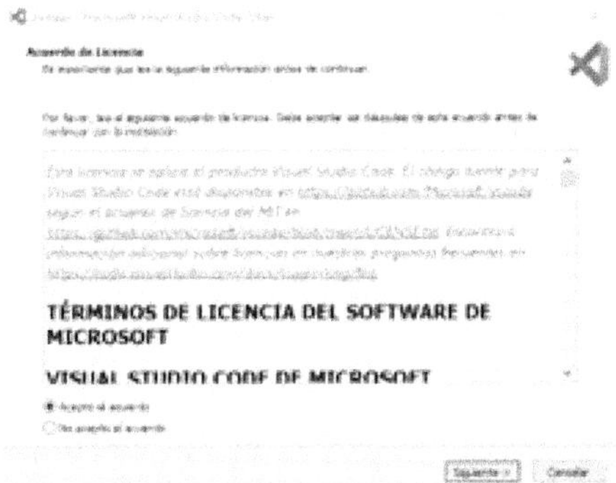

Aceptar el acuerdo de licencia para instalar de VSCode

Nuevamente, haremos clic en el botón **siguiente**:

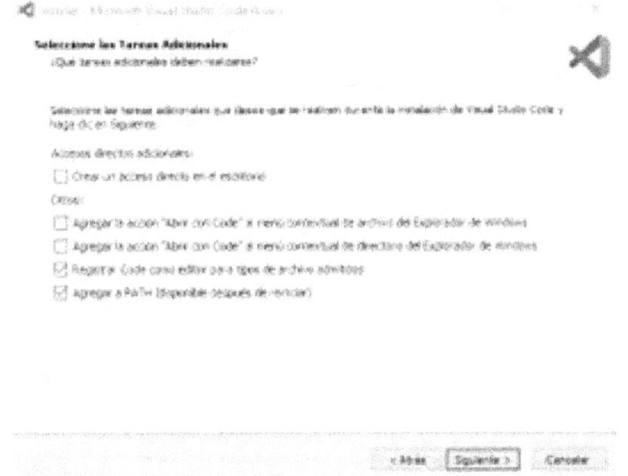

Seleccionar tareas adicionales al instalar VSCode

Y seguido de hacer clic en el botón "**Instalar**".

Confirmar instalación de VSCode

Y cuando termines de instalarlo, deberás una pantalla similar a esta.

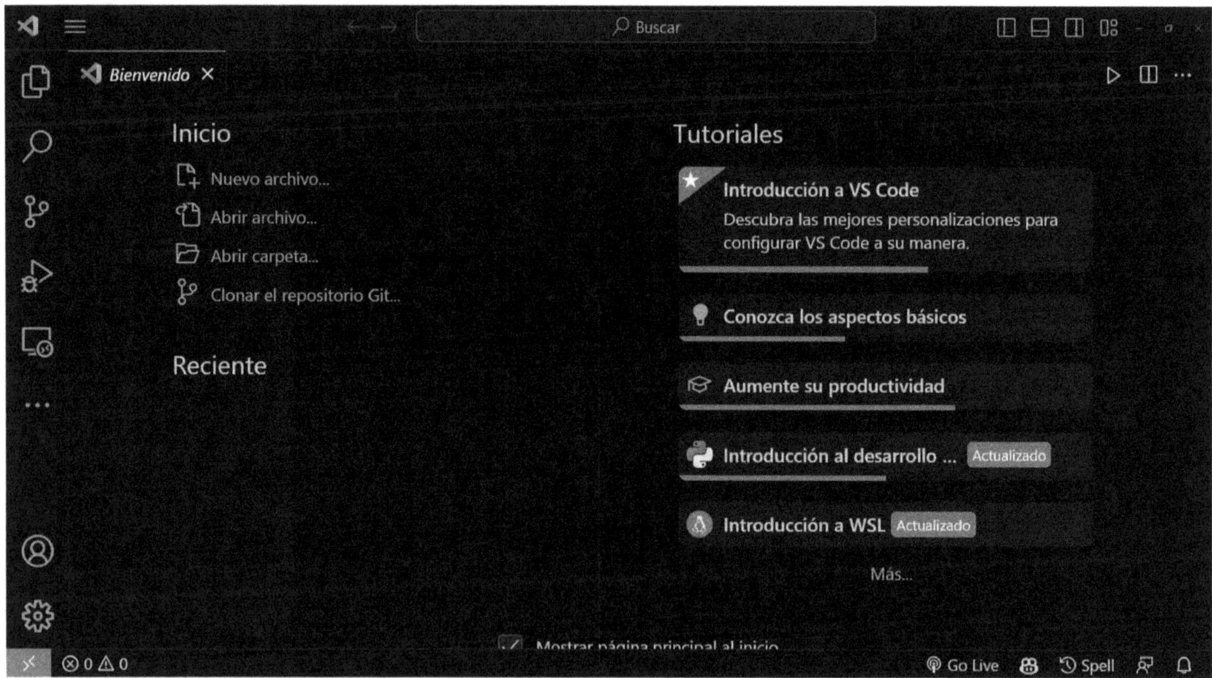

Interfaz de VSCode

Guía de como seguir el codigo en este libro

En esta lección veremos cómo seguir libro con el fin de que no te pierdas en el proceso para aprender Python.

Primero, en cada lección vas a encontrar distintos iconos:

Preparación

En esta parte te diremos el archivo con el que trabajaremos, ya sea que tengas que crear un nuevo o usar alguno de lecciones pasadas.

Concepto

Aquí verás explicación de sintaxis o algún concepto que es importante que leas, esto más que nada para res-altar que ahi se encuentra.

Advertencia.

Errores que vamos a solucionar.

Código completo de la lección

Al final de cada lección vas a encontrar el código completo con el que terminamos dicha lección, esto por si tienes alguno duda durante esta.

Negritas en este libro

Además de resaltar, datos importantes en todo el contenido que veamos, también veremos mucho código, por lo que todo lo que sea nombre de una variable, una función o simplemente nos estemos refiriendo código, estará resaltada en negritas.

Por ejemplo, si hay una variable o función como **print**, la encontrarás resaltada en negritas, así como algunos valores que son importantes para destacar y los nombres de archivos.

Como leer, escribir, modificar y eliminar el código

Durante el transcurso de este libro escribiremos y modificaremos mucho código, para esto vamos a poner algunos ejemplos de cómo deberás interpretar el código que verás como ejemplos en este libro:

mi_carpeta/archivo.txt

```
1 linea1
```

Arriba verás que tienes el nombre del archivo, a la izquierda verás el número de línea del contenido que tiene este archivo, esto lo verás también en tu editor de código y es importante para saber es qué línea estamos en nuestros archivos de trabajo, si en este archivo hubiera otra línea como la siguiente:

mi_carpeta/archivo.txt

```
1 línea 1
2 soy otra línea
```

Verás que la primera tiene el número 1 y la de abajo la 2, otro ejemplo que podemos tener es que estemos editando o escribiendo en otra línea que no sea el comienzo, como la siguiente:

mi_carpeta/archivo.txt

```
30 Soy una línea que esta más abajo en el codigo
```

Presta mucha atención a estos números de línea, ya que te ayudarán a ubicarte en el código.

Agregar una nueva línea al final

Vamos a ver un ejemplo para entender cómo escribiremos y modificaremos el código:

mi_carpeta/ejemplo.txt

```
1 Soy la primera línea
2
3 Soy una línea que esta más abajo en el código
4 Soy la última línea
```

Aquí tenemos un archivo llamado **"ejemplo.txt"** que está dentro de una carpeta que se llama **"mi_carpeta"**. Este tiene 4 líneas, cuando agregamos una nueva línea al final veremos algo así:

mi_carpeta/ejemplo.txt

```
6 Soy una nueva línea
```

Aquí vemos que el número con el que inicia es el número 6, esta no estaba escrita al inicio, la acabamos de agregar. Como no tenemos contenido líneas más abajo en nuestro archivo no vamos a tener ningún problema.

¡ESPERA! Estábamos en la línea 4, y de repente saltamos a la 6, y es que cuando programamos, para ser más organizados y sea más legible, dejamos saltos de línea en nuestro código, esto lo verás muy seguido en este libro.

Por lo que nuestro archivo completo ahora se ve así:

mi_carpeta/ejemplo.txt

```
Soy la primera línea

Soy una línea que esta más abajo en el código
Soy la última línea

Soy una nueva línea
```

Agregar nueva línea intermedia

Vimos cómo agregaríamos una nueva línea al final, pero no cómo lo podemos hacer entre las líneas, aquí lo que haríamos es agregar una nueva línea en la 2, que está vacía:

mi_carpeta/ejemplo.txt

```
1 Soy la primera línea
2 Soy una línea agregada en el medio
3 Soy una línea que esta más abajo en el código
4 . . .
```

Aquí vemos un par de detalles, la línea 2 ahora tiene texto, pero además está resaltada en negritas, en este caso significaría que tenemos que agregar este contenido, entre la línea que está escrita 1 y la 3, estas no cambiaron entonces no les tenemos que modificar nada, solo están ahí como referencia para que puedas identificar además del número de línea en donde nos encontramos en el código.

El otro detalle es que hay 3 puntos (. . .) al final, esto en ejemplos de código significa que hay más líneas debajo, imagina que el archivo contenga 30 líneas que no vamos a modificar por lo que no tiene mucho sentido que sean puestas para estos ejemplos donde solo agregaremos una línea.

Entonces, a este punto, nuestro código se vería así:

mi_carpeta/ejemplo.txt

```
Soy la primera línea
Soy una línea agregada en el medio
Soy una línea que esta más abajo en el código
Soy la última línea

Soy una nueva línea
```

Modificar una línea

Es de lo más normal también modificar una o varias líneas de código, eso se vería así en nuestros ejemplos:

mi_carpeta/ejemplo.txt

```
2 Soy una línea agregada en el medio
3 Soy una línea modificada que esta más abajo en el código
4 No soy la última línea
5 . . .
```

Entonces aquí modificamos la línea 3 y 4 de nuestro código, igual que cuando agregamos una línea, cuando modificamos el contenido de una línea que ya tiene contenido, se verá con este resaltado en negrita.

Quedando todo el código de esta manera:

mi_carpeta/ejemplo.txt

```
1 Soy la primera línea
2 Soy una línea agregada en el medio
3 Soy una línea modificada que esta más abajo en el código
4 No soy la última línea
5
6 Soy una nueva línea
```

Ahora supongamos que vamos a agregar una nueva línea en medio, pero sin borrar las demás que ya tenemos, imagina que tenemos que incluir más contenido en la línea 3:

mi_carpeta/ejemplo.txt

```
2 Soy una línea agregada en el medio
3 Estas líneas
4 Fueron agregadas
5
6 Soy una línea modificada que esta más abajo en el código
7 . . .
```

Ahora resaltado en negritas, están dos líneas que agregamos en medio del contenido. Ahora tenemos lo siguiente en nuestro archivo:

mi_carpeta/ejemplo.txt

```
1 Soy la primera línea
2 Soy una línea agregada en el medio
3 Estas líneas
4 Fueron agregadas
5
6 Soy una línea modificada que esta más abajo en el código
7 No soy la última línea
8
9 Soy una nueva línea
```

Borrar líneas

Esto es mucho más fácil de representar, ya que se vería de la siguiente manera si es que queremos eliminar las líneas que acabamos de agregar:

mi_carpeta/ejemplo.txt

```
Estas líneas
Fueron agregadas
. . .
```

Y esto es todo de cómo seguir el código, recuerda que tienes al final de las lecciones el código que hemos usado:

Código completo de la lección

Para terminar, aquí está como hubiera quedado este código:

mi_carpeta/ejemplo.txt

```
Soy la primera línea
Soy una línea agregada en el medio

Soy una línea modificada que esta más abajo en el código
No soy la última línea

Soy una nueva línea
```

Primera Aplicación

Ahora ya con el editor de texto VSCode abierto, lo que vamos a hacer es que vamos a ir al menú de arriba a donde dice "**Archivo**" o "**File**", y aquí vamos a hacer clic donde dice **open** o "**Abrir carpeta**":

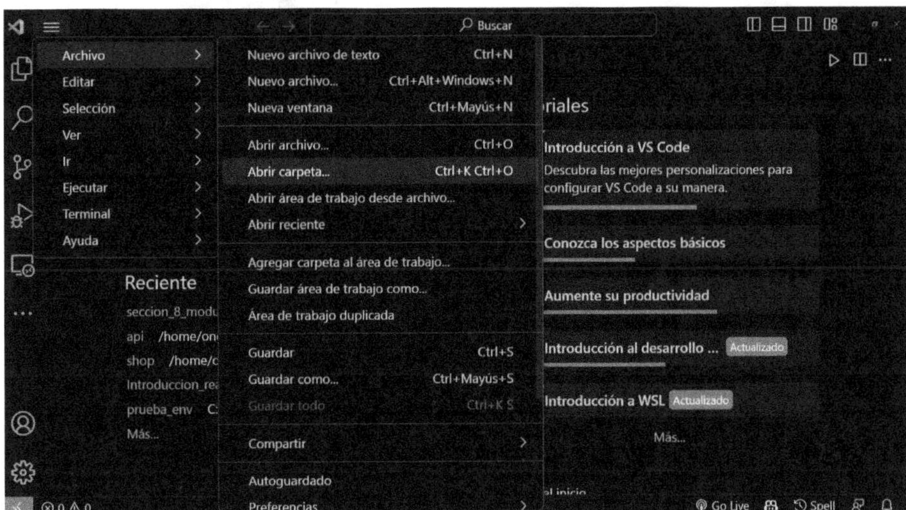

Crear una nueva carpeta en VSCode

Y ahora, lo que tenemos que hacer es crear una carpeta, la puedes guardar dentro de tus documentos o donde tú prefieras, pero tienes que acordarte donde has guardado esta carpeta.

Así que, en documentos, vamos a hacer una nueva carpeta llamada workspace, y aquí yo voy a crear una carpeta que se van a llamar "**curso-py**", y vamos a presionar la tecla "**enter**".

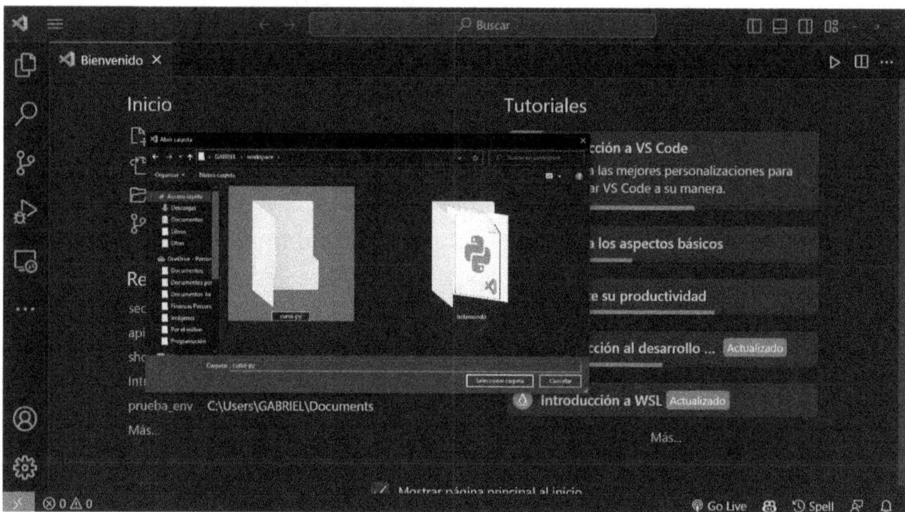

Creando nueva carpeta en los archivos

Luego de eso, vamos a dar clic en el botón donde dice "**Open**" o "**Seleccionar carpeta**".

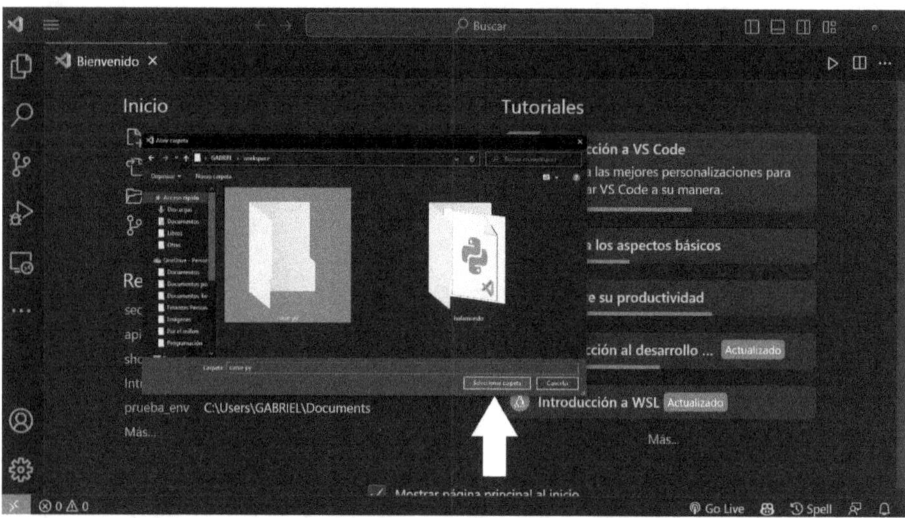

Abriendo la carpeta curso-py que hemos creado

Ahora, en el caso de que VSCode no lo haya hecho por nosotros, vamos a hacer clic en el siguiente icono.

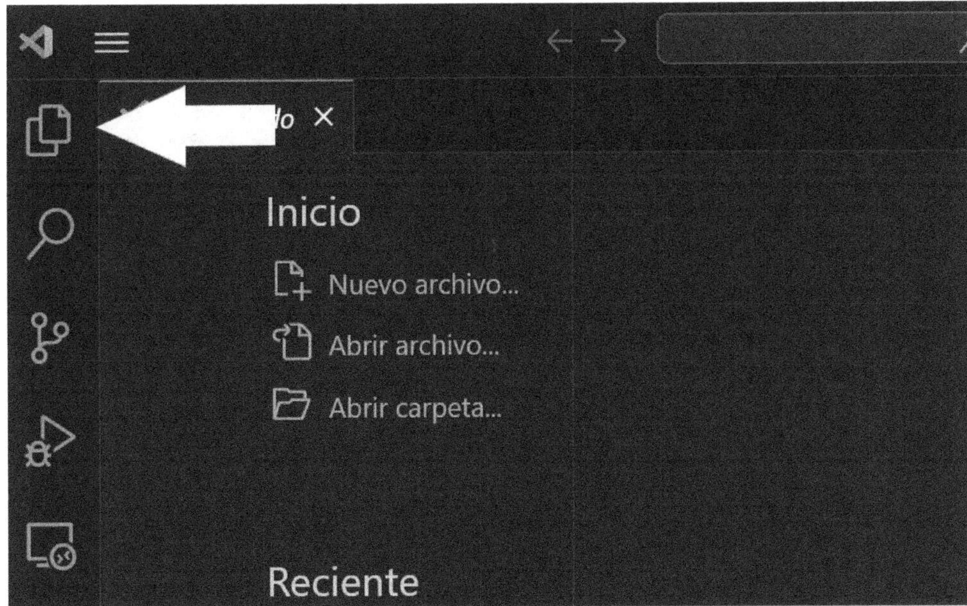

Abrir el explorador de archivos en VSCode

Presionando este icono, vamos a poder abrir y cerrar este panel.

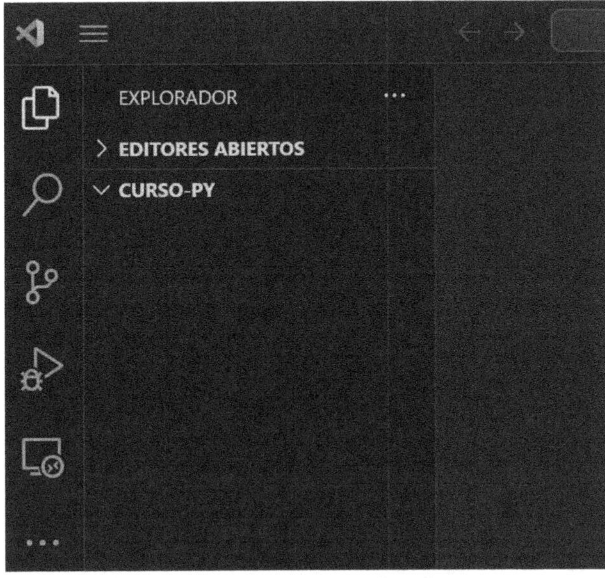

Vista del explorador de archivos

A esto se le conoce como el "**explorer**" o "**el explorador de archivos**", y lo vamos a utilizar para poder ir navegando dentro de los proyectos y archivos que creemos en Python.

Y vamos a hacer clic en el siguiente botón, el cual nos servirá para poder crear un nuevo archivo, y de nombre vamos a colocarle "**intro.py**" y seguido presionaremos la tecla "**enter**" para confirmar la creación del archivo.

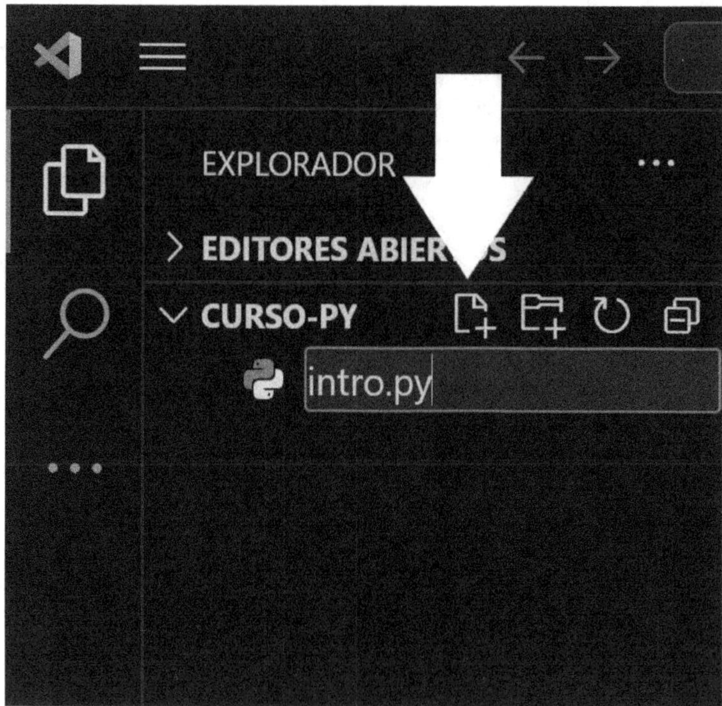

Crear nuevo archivo en VSCode

Ahora vamos a volver a hacer clic en el icono para cerrar el explorador de archivos,y ahora nosotros vamos a escribir nuestro primer programa en Python.

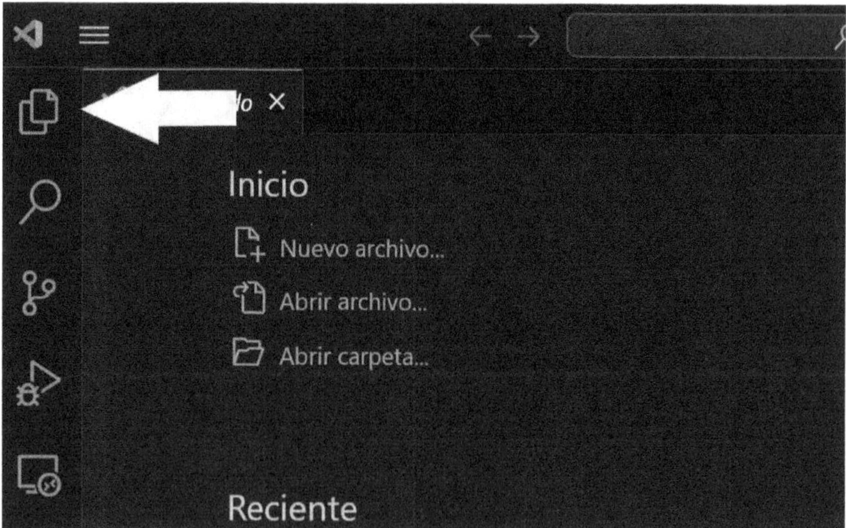

Cerrar el explorador de archivos en VSCode

Y lo primero que vamos a hacer es que vamos a utilizar una función que se llama **print**.

Las funciones en Python vendrían siendo como las instrucciones que vienen predeterminadas en alguna consola, en algún control remoto o incluso las que se encuentran dentro de las cocinas, ya sean eléctricas o sean a gas.

Pensemos un poco ahora en la cocina, cada vez que queremos encender la cocina vamos a tener que necesariamente girar la perilla un poco, para que este empiece a liberar un poco de gas, o en el caso de que sea una eléctrica, nosotros tenemos que indicar cuál va a ser la potencia que nosotros queremos.Imagínate que cada una de estas perillas vendría siendo una función integrada dentro de nuestra cocina. De la misma manera, cuando estamos jugando con una consola, estas van a tener un botón para arriba, para abajo, izquierda, derecha y también un botón para encender y apagar la consola. Cada uno de estos botones piensa que son funciones integradas que se encuentran dentro de nuestra consola.

Pensemos en otro ejemplo de función, cuando nosotros tenemos en la radio de un auto, estos van a tener funciones para poder subir y bajar el volumen. También como para poder adelantar la estación o para poder pasarse a una estación anterior. En este caso, cada una de estas acciones vendrian siendo una función que tiene integrada la radio.

En el caso de los lenguajes de programación, es exactamente lo mismo aquí. Nosotros estamos viendo una función que se llama **print**, y en este caso esta es una función que viene incluida dentro del lenguaje de Python y esta nos van a servir para poder imprimir en la terminal datos que queramos.

Vamos a ver cómo podemos hacer eso mismo, donde dice **print**, vamos a escribir lo siguiente en nuestro archivo:

curso-py/intro.py

```
print()
```

Al comenzar a escribir los paréntesis redondos, vamos a ver que inmediatamente VSCode, lo que hizo fue escribir por nosotros el cierre de los paréntesis redondos**(())**, y estamos refiriéndonos a estos en específico, porque en Python también podemos utilizar los paréntesis de corchete**([])**, y también los paréntesis de llaves**({})**.

Ahora, ya que hicimos esto, a esta función, cuando abrimos y cerramos paréntesis le estamos diciendo que la estamos ejecutando. Si nosotros no colocamos, este abre y cierra paréntesis, la función no se va a ejecutar, entonces, **vamos a tener que sí o sí, colocar este abre y cierra paréntesis**.

Para que la función **print** funcione, ya que sabemos cómo la mandamos a llamar en la ejecución de nuestro código, lo queremos ahora será colocar contenido dentro de los paréntesis redondos, en este ejemplo vamos a colocar 2 comillas dobles. Para eso, sencillamente escribimos las comillas dobles una vez y VSCode lo que hará será completar la siguiente comilla doble del final.

curso-py/intro.py

```
print("")
```

Ahora, lo que vamos a hacer es que, vamos a escribir dentro de estas comillas dobles **"Hola Mundo!"**

curso-py/intro.py

```
print("Hola Mundo!")
```

Y ahora vamos a guardar los cambios si es que estás en MacOS, vamos a tener que presionar la tecla de **comando** y luego presionamos la tecla **"s"** y en el caso de Windows tenemos que mantener presionada la tecla de **control** y luego presionamos **"s"**.

Y te fijaste, aparecía un **circulito** al lado del nombre del archivo en la pestaña correspondiente:

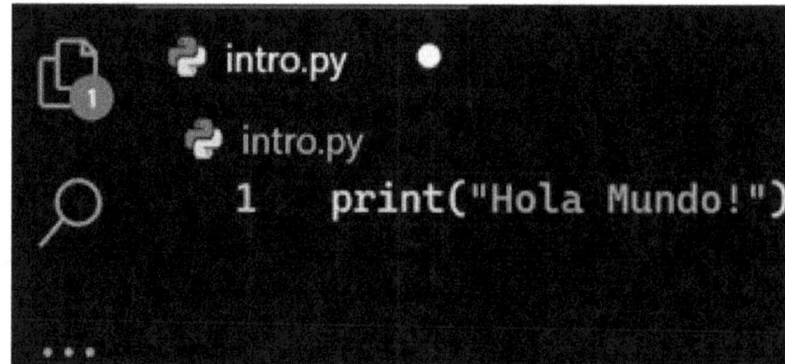

Indicador de guardado en VSCode

Y cuando nosotros guardamos este **circulito** cambio a una "**x**":

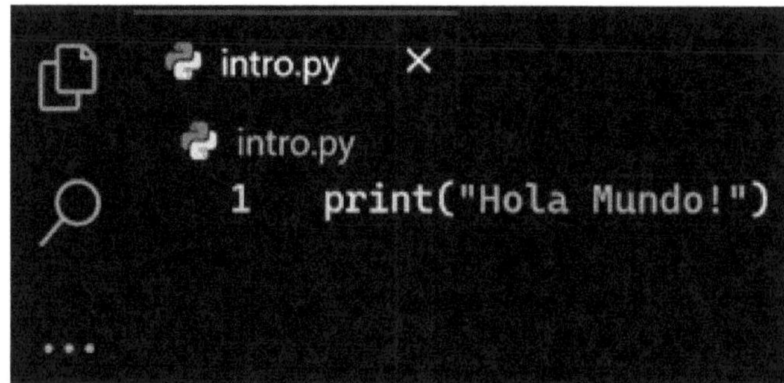

Cambios en el archivo guardados

Esta es la manera que tiene VSCode para indicarnos cuando algo fue guardado. Vamos a hacer un nuevo cambio para ver esto nuevamente, y vamos a eliminar el símbolo de exclamación, y ahora podemos ver cómo el **circulito** ha vuelto a aparecer:

Realizando nuevos cambios al archivo

Vamos a regresar el archivo como estaba, colocando de regreso el símbolo de exclamación y nuevamente guardaremos los cambios, por lo que deberias tener lo siguiente:

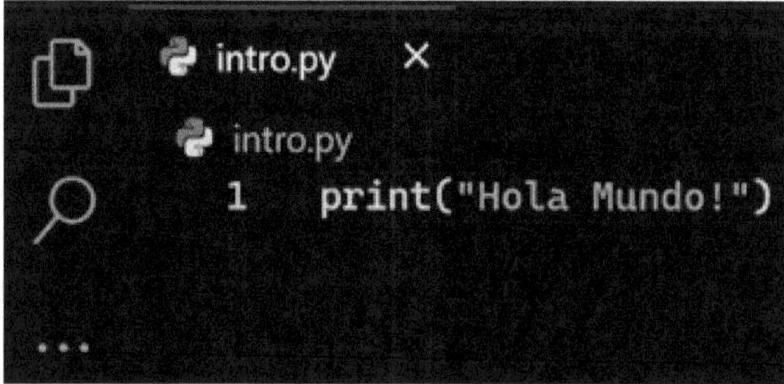

Código listo

Ahora lo que queremos hacer es abrir la terminal integrada que viene dentro de VSCode, esto es porque nosotros vamos a utilizar la línea de comandos para poder ejecutar el programa que acabamos de escribir.

Para poder abrir esta terminal integrada, lo podemos hacer de 2 formas, la primera es que nos vayamos a nuestra pestaña de **vista** o **view** y aquí seleccionamos **terminal**:

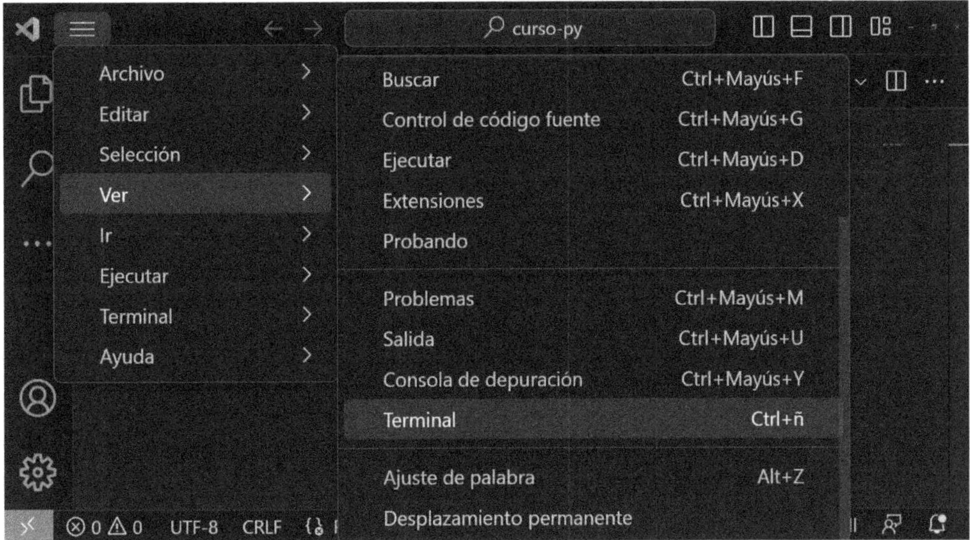

Abrir la terminal de comandos

Pero esta es la forma aburrida de hacerlo, vamos a ver la forma divertida, y en este caso es utilizando un atajo de teclado, para eso nosotros vamos a mantener presionada la tecla **control** y:

- para teclados en el idioma inglés presionamos la tecla para escribir el backtick o este símbolo ” ‘ “, la tecla que se encuentra justamente a la izquierda del número 1 en nuestros teclados.
- para teclados en el idioma español será la tecla **ñ**.

Y esto es que nos va a abrir esta terminal integrada.

Terminal de comandos abierta

Ahora lo que tenemos que hacer, es ejecutar el programa que acabamos de escribir, para eso aquí mismo dentro de nuestra misma terminal integrada, vamos a escribir:

- Para terminales Windows como **CMD o PowerShell** el comando será **python** seguido del nombre de nuestro archivo, quedando de la siguiente manera:

Terminal de commandos

```
python intro.py
```

- Y para terminales que usen comandos **Linux y MacOS**, el comando será **python3** igualmente seguido igualmente del nombre de nuestro archivo, quedando así:

Terminal de commandos

```
python3 intro.py
```

Si no recordamos el nombre del archivo, este se encuentra acá:

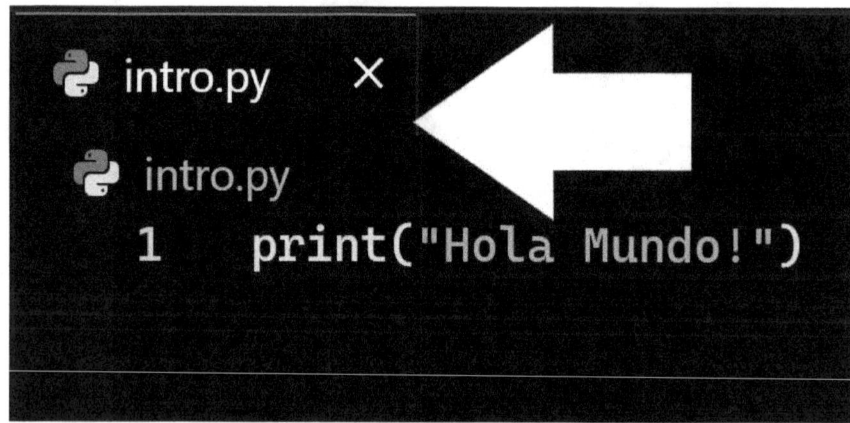

Ubicación del nombre del archivo

En este caso es **intro.py**, así que escribimos el comando correspondiente y presionamos la tecla "**enter**"

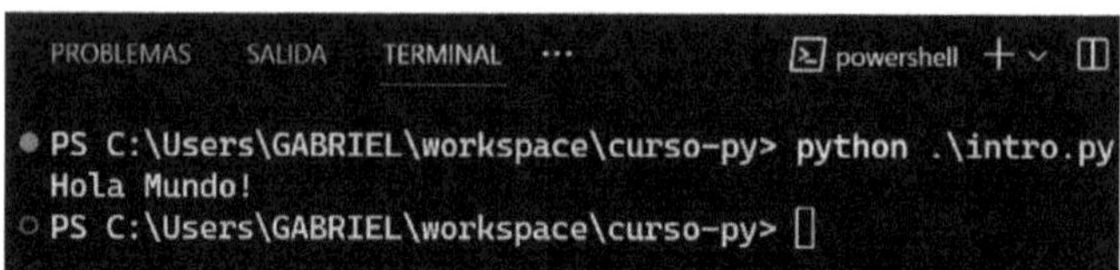

Ejecución del archivo en la terminal PowerShell / Windows

Ejecución del archivo en la terminal Ubuntu / MacOS

Y aquí podemos ver cómo nuestro programa se está ejecutando de manera correcta y estamos imprimiendo el string de "Hola Mundo!" ¿pero qué es un string?, ya lo vamos a ver más adelante.

Por ahora vamos a hacer que este programa sea un poco más interesante, así que lo que vamos a hacer ahora es que vamos a cerrar nuestra terminal integrada. Para eso vamos a utilizar el mismo atajo de antes. Mantenemos presionado, **control** o **command** y presionamos la tecla para colocar el backtick " ‘ " o " **ñ** " dependiendo del idioma de tu teclado.

Y ahora lo que vamos a hacer es que vamos a agregar otro **print** y ahora en lugar de "**Hola mundo!**", vamos a escribir "**El weta**" y ¿qué es el weta? Este un insecto endémico de Nueva Zelanda y es de los insectos más pesados que se encuentran en el mundo.

Y lo que vamos a hacer es que justamente de después de nuestras comillas dobles vamos a colocar un espacio, muy importante, después del espacio vamos a colocar un “*“ y luego de eso vamos a colocar otro espacio y después un **4**, de la siguiente manera:

curso-py/intro.py

```
print("El weta " * 4)
```

Y volvemos a guardar con nuestro atajo de teclado de **comando** o **control** + **”s“**.

Vamos a volver a abrir nuestra terminal integral, y en nuestro teclado vamos a presionar a presionar en nuestro teclado, la flecha de hacia arriba, y eso nos va a mostrar nuevamente la última línea que nosotros ejecutamos dentro de nuestra terminal.

En este caso, era **python3 intro.py** o **python intro.py**, así que ahora lo que vamos a hacer es que vamos a presionar **enter**:

Salida de ejecutar: curso-py/intro.py

```
Hola Mundo!
El weta El weta El weta El weta
```

Y aquí ya vemos algo bastante interesante, vemos primero que se está imprimiendo “**Hola mundo!**”, y luego se está imprimiendo “**El weta**” cuatro veces.

¿En qué orden se ejecuta el código en Python?

Esto nos está indicando 2 cosas, la primera y más importante: es que **los programas que escribamos en Python se van a ejecutar desde arriba hacia abajo**.

Orden de ejecución de nuestros programas en Python

Y lo segundo es que nosotros podemos utilizar el operador ” * “, seguido de un número para poder multiplicar la cantidad de veces que queremos que algo aparezca impreso. En este caso “El weta” aparece cuatro veces.

Salida de ejecutar: curso-py/intro.py

```
El weta El weta El weta El weta
```

Después de ver esto, ya podemos instalarle **extensiones** a nuestro editor de texto “VSCode”. Estas extensiones nos van a ayudar para que podamos escribir nuestro código Python de una manera bastante más sencilla, transformando nuestro VSCode casi que en un IDE.

Extensiones para VSCode

Ahora veremos cómo podemos transformar nuestro VSCode en un potente entorno de desarrollo integrado o cómo habíamos dicho antes un IDE.

Esta herramienta que vamos a instalar se llama "Python", y nos permitirá poder transformar VSCode en un IDE como habíamos mencionado anteriormente, lo que esto hará será entregarnos herramientas como:

- **Linting**: que lo que hará será tomar nuestro código y ver si es que puede encontrar algún potencial error dentro de nuestro código, solamente por como este se encuentra escrito, además de eso,
- **Autocompletado**: y la herramienta hace exactamente lo que dice, este nos va sugiriendo texto a medida que nosotros vayamos escribiendo de manera que nosotros no tengamos que escribir la instrucción completa.
- **Debbuging**: esta herramienta se basa en que nosotros podamos buscar y encontrar errores dentro de nuestro código. Además, nos entrega herramientas de Code Formatting o también conocido como formateo de código, y esto es lo que hace que contribuye con que nuestro código sea más fácil de leer. En un futuro cuando esté conversando con otros desarrolladores siempre va a existir la conversación de que un código más fácil de leer que otro, code formatting nos va a ayudar a que el código que escribamos sea un poco más legible y también se vea más bonito.
- **Unit testing**, que de esta manera nosotros podemos escribir pruebas automatizadas para asegurarnos que nuestro código está siempre funcionando.
- Y también nos entrega **code snippet**, los cuales son pequeños atajos que nosotros podemos escribir en VSCode, los cuales después van a ser expandidos en versiones de código más completas,

Entonces básicamente son herramientas de "magia negra" que vamos a ir aprendiendo a utilizar en un futuro, ahora esto no te lo memorices, los vamos a ir viendo en detalle más adelante, así que ahora tenemos que ir a las extensiones, para eso haremos clic en el siguiente icono de nuestro editor:

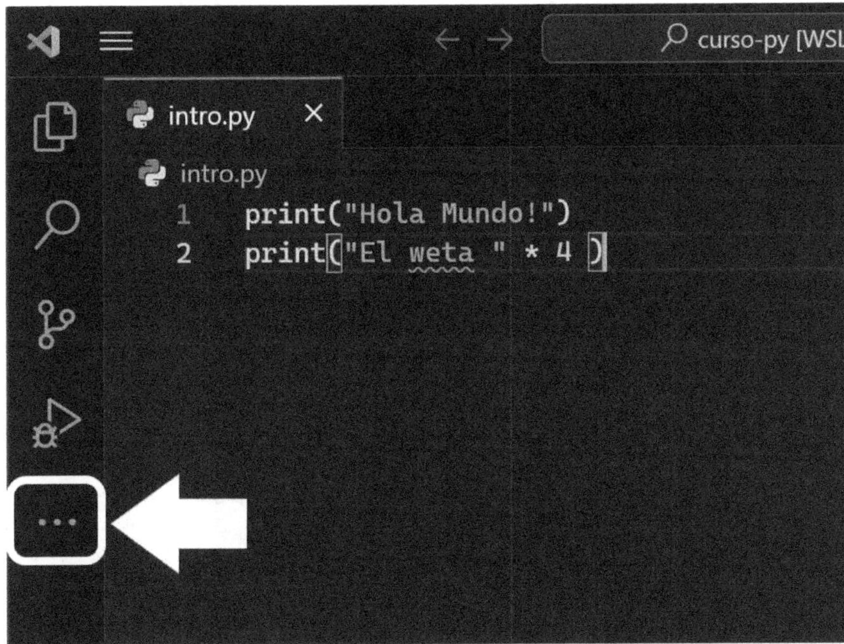

Accediendo al panel de extensiones en VSCode

Porque no me alcanza a mostrar todos los accesos y vamos a hacer clic acá donde dice "**Extensions**" o "**Extensiones**".

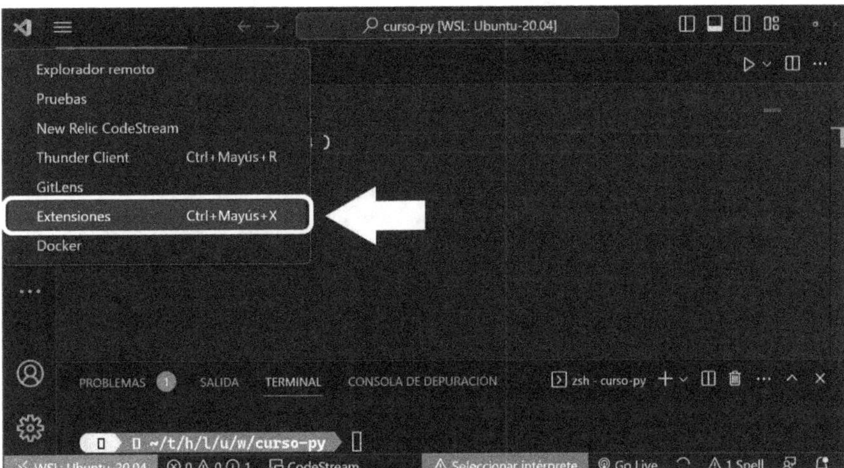

Abrir panel de extensiones en Vscode

Si a ti no te muestra todas las opciones de la imagen no te preocupes, estas son otras extensiones que podrían instalar después.

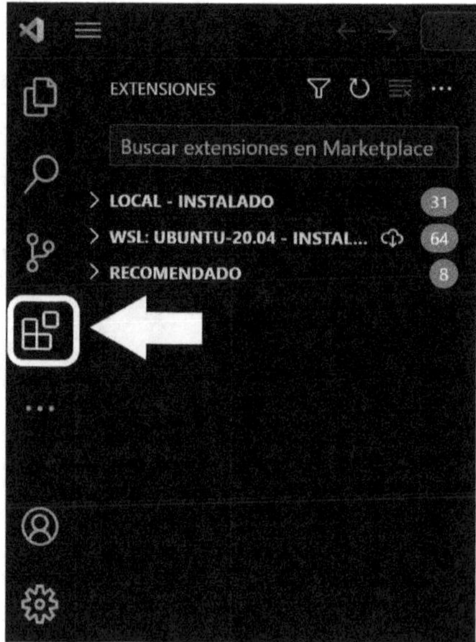

Icono visible del panel de extensiones

Y una vez que has abierto este panel, como puedes ver, el icono de "**Extensions**" o "**Extensiones**" es este que aparece en la imagen anterior, que vendría siendo como unos bloquecitos que se van colocando uno encima de otro.

Ahora lo que nosotros tenemos que hacer es instalar la extensión que se llama "**Python**", así que lo escribimos en el buscador.

Buscando Python en extensiones de VSCode

Aquí tenemos que instalar la extensión de ratón, pero tenemos que asegurarnos que esta diga "Microsoft" porque podría ser que exista otro proveedor que también haya escrito una extensión que también se llame "Python".

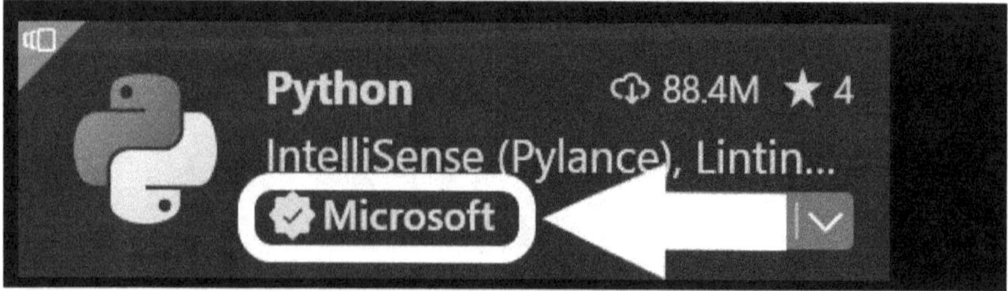

Extensión Python de Microsoft

Así que nosotros tenemos que cerciorarnos que diga "**Microsoft**", aquí hacemos clic en "**Install**" o "**Instalar**".

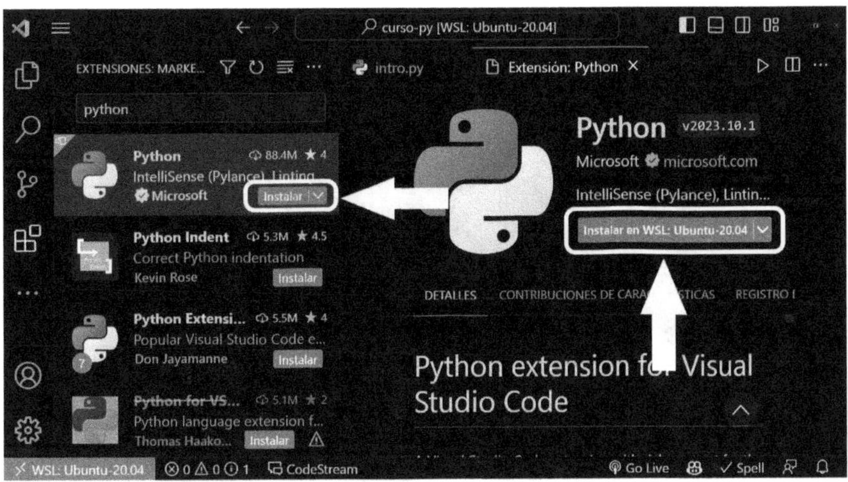

Botones para instalar extensión

Terminado la instalación, se verá algo como lo siguiente:

Extensión instalada

Así que nos vamos a devolver a nuestro explorador y vamos a hacer clic nuevamente en nuestro archivo "**intro.py**".

Y en la parte posterior, nos está mostrando que este archivo por supuesto es un archivo con extensión de tipo Python.

Lenguaje de programación del archivo intro.py

En esta parte, también tenemos la versión de Python, que en este caso estamos utilizando la **3.11.1**, si es que por alguna razón no aparece, lo que tienes que hacer es que hacer clic en lo siguiente:

Cambiar la versión de Python

Y en esta parte, seleccionas la versión que quieras utilizar, en este caso es la versión **3.11.1**

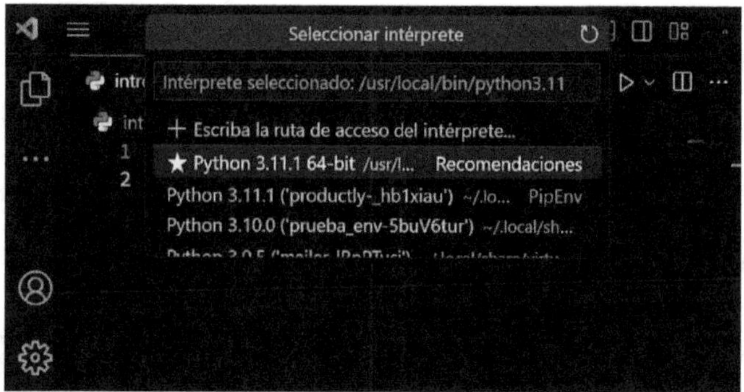

Seleccionando versión de Python

Si enseguida de realizar esto, no te llega a parecer una notificación para instalar una nueva extensión que necesitamos, no te preocupes, lo vamos a ver ahora, pero si te aparece, puedes hacer clic ahí para poder instalarla y activarla.

Y la extensión a la que nos referimos en este caso se llama "**Pylint**", así que nos vamos a devolver al panel de extensiones, y vamos de nuevo a buscar la extensión escribiendo su nombre en el buscador. Y buscaremos exactamente lo mismo que la extensión pasada, tenemos que instalar la cual fue creada por **Microsoft**.

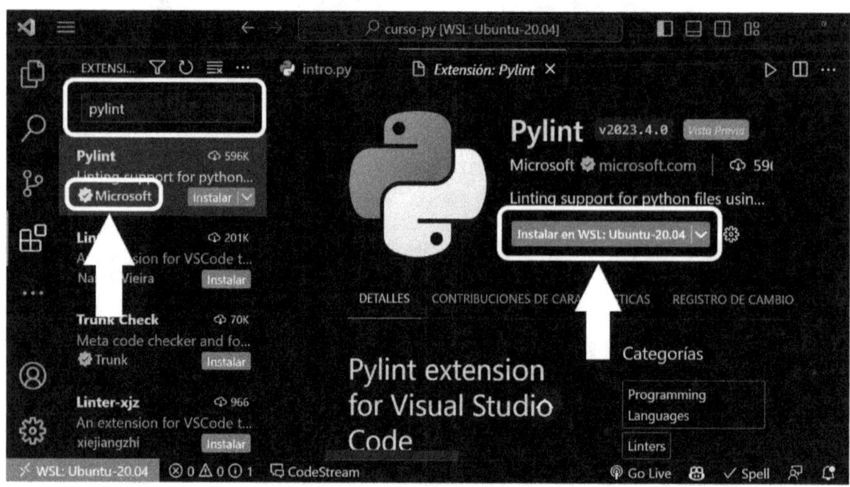

Buscando extensión Pytlint

Así que haremos clic en el botón "**Install**" o "**Instalar**". Al final tendrías que visualizar una pantalla como esta:

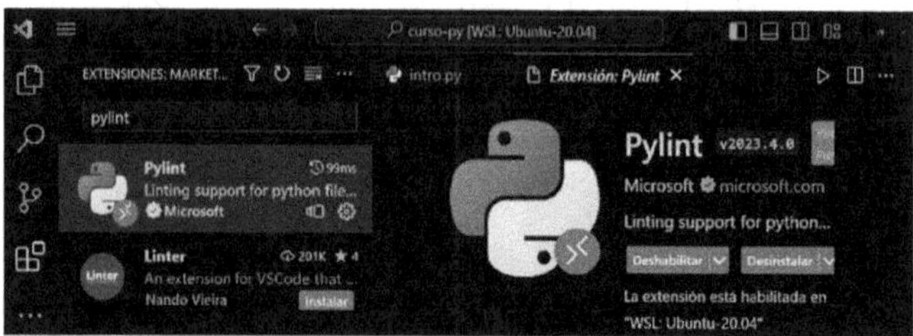

Extensión Pylint Instalada

Pylint es un linter, que en este caso nos va a ayudar para que el código que escribamos pueda encontrar potenciales errores, solamente por la forma en la cual lo estamos escribiendo, y en este caso **pylint** vendría siendo de los linters más populares que se utilizan en Python.

Y ya que el linter se instaló de manera correcta, podemos pasar a la siguiente lección, en la que veremos cómo funciona el linter.

Linter y sus usos

De vuelta a nuestro archivo **intro.py**, podemos ver que la función **print** ahora se encuentra subrayada con un tenue color azul. Para ti podría estar subrayada en otro color, acuérdate de ese color porque lo que quieres hacer es mostrarnos alertas, no necesariamente errores, pero sí alertas.

Estas alertas son producidas por el linter que acabamos de instalar, así que si llegamos y colocamos el mouse encima de donde sale el texto resaltado en azul, en la línea 2.

```
intro.py ×
intro.py
1  print("Hola Mundo!")
2  print("El weta " * 4 )
```

Advertencias/Warnings en el código

Con esto nos va a mostrar un montón de texto:

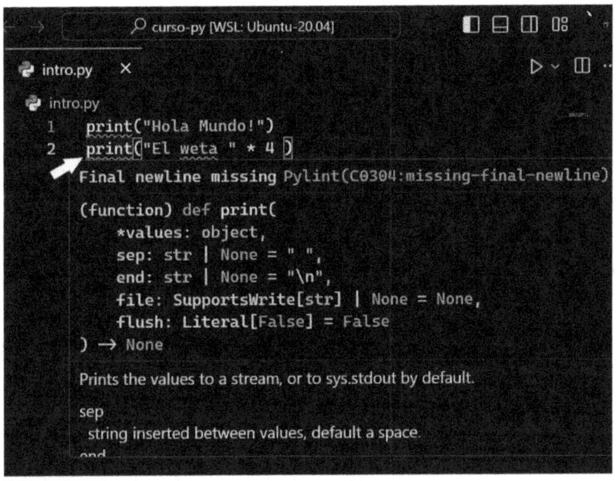

```
curso-py [WSL: Ubuntu-20.04]
intro.py ×
intro.py
1  print("Hola Mundo!")
2  print("El weta " * 4 )
Final newline missing Pylint(C0304:missing-final-newline)
(function) def print(
    *values: object,
    sep: str | None = " ",
    end: str | None = "\n",
    file: SupportsWrite[str] | None = None,
    flush: Literal[False] = False
) -> None
Prints the values to a stream, or to sys.stdout by default.
sep
 string inserted between values, default a space.
```

Mensaje de las advertencias en el código

Lo siguiente lo podrías ver al principio o al final, nos debería mostrar **"Final newline missing"**

```
Final newline missing Pylint(C0304:missing-final-newline)
```

Error "Final newline missing"

Que vendría siendo la advertencia, que esta es más que nada por un tema de formateo de código, ahora si vemos en esta misma ventana, no nos está mostrando absolutamente ninguna posible solución para poder resolver este problema.

Error Linter sin correcciones rápidas

Pero este error se refiere a que nos falta una línea final, esto es sumamente fácil de solucionar, sencillamente presionamos "enter" justamente al final, con esto agregaremos una nueva línea al final, y procederemos a guardar.

Solucionada la primera advertencia

Y ahora podemos ver que ha desaparecido esa línea subrayada de la línea 2 de nuestro archivo, que estaba subrayando a **print**.

Ahora podemos cerrar esto y vamos a colocar el mouse encima del **print** anterior, el de la línea 1, y vamos a ver qué es lo que nos muestra.

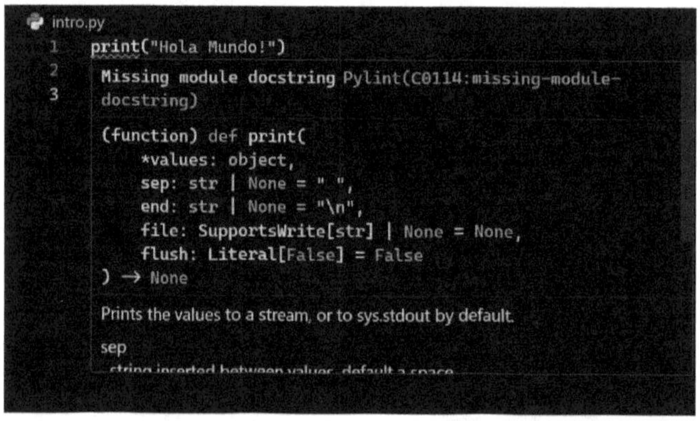

Mensaje warning del linter del print 1

Y ahora tenemos el warning "**Missing Module dosctring**" y nos muestra un código en este caso el "C0114", ahora podría ser que estos errores nosotros los veamos y no tengamos absolutamente ninguna idea de a qué es lo se refieren, lo que perfectamente podemos hacer es tomar este código que aparece, que es el **C0114**, este lo podemos copiar, y podemos ir a buscar al navegador web para ver qué es lo que nos arroja, vamos a hacer justo eso, vamos a abrir el navegador web y vamos a buscar **C0114** y lo que nos devuelve:

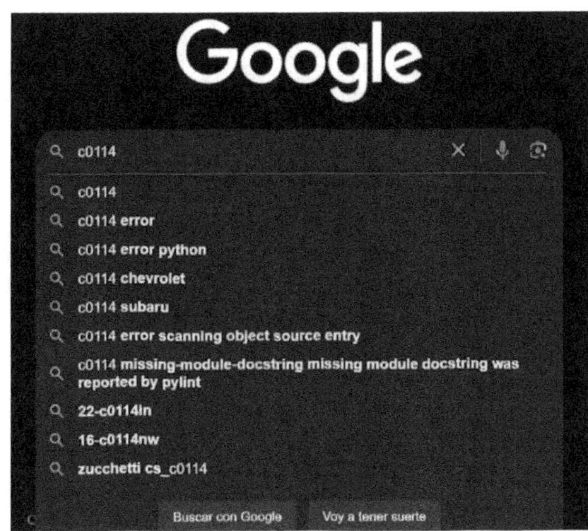

Busqueda en Google del código de error

Y en la busqueda, vamos a hacer clic dentro del primer enlace:

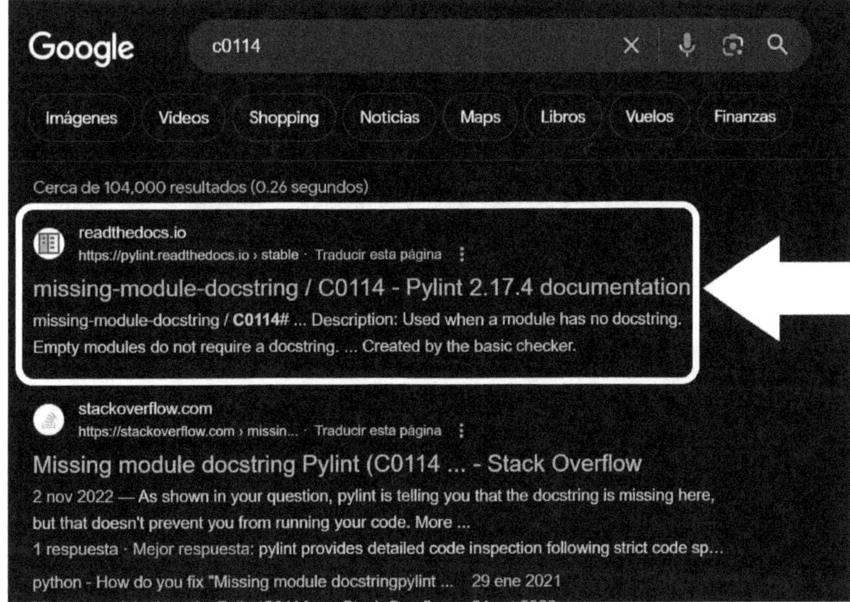

Enlace en el buscador de Google del error

Y aquí nos está indicando que nos falta agregar un string.

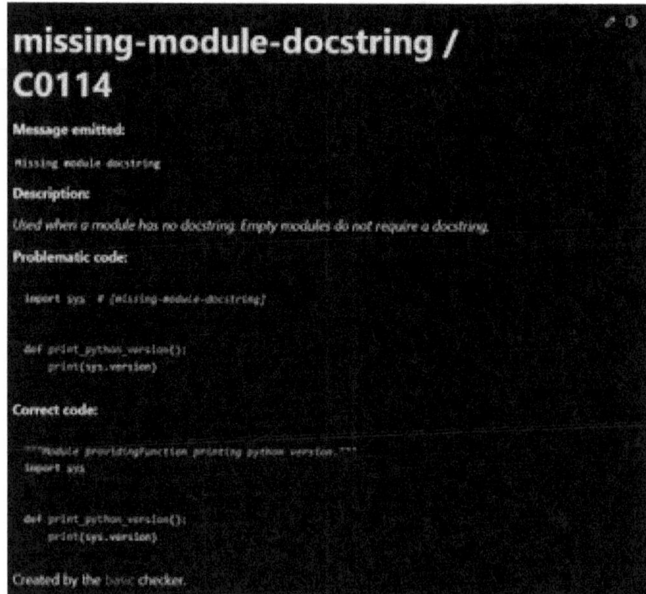

Información sobre el error en la web

Entonces, el error que tenemos es que nuestro código no tiene un este inicial, como podemos ver aquí la única diferencia, entre el código bueno y el código mano es esta línea que se ve a continuación:

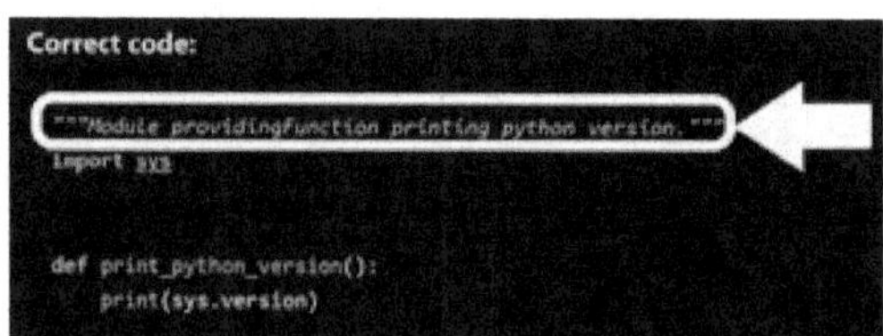

Solución al problema

Así que lo que vamos a hacer es agregar este string, para esto, puedes copiar el texto de la solución que obtuviste en la web o cualquier otro texto, ya que para esta advertencia no es necesario colocar un texto específico, este debería ser un texto que describa nuestro archivo.

Entonces, vamos a cerrar el explorador y nos vamos a devolver a nuestro archivo y lo vamos a agregar como primera línea, ahora vamos a guardar.

curso-py/intro.py

```
"""Este string arreglara el segundo warning"""

print("Hola Mundo!")
print("El weta " * 4)
```

Aplicando solución al código

Y vemos que esta primera advertencia ha desaparecido, si no te aparece esta tercera advertencia en la palabra "weta" no te preocupes, esta última es por una extensión adicional en VSCode en el que no reconoce como una palabra a "weta", pero no es algo con lo que nos vamos a preocupar en este momento.

Ahora, vamos a aprovechar de ver esta funcionalidad, cuando nosotros estamos utilizando las 3 comillas dobles para poder definir una palabra o una frase solo, vamos a poder definir palabras o frases que tengan múltiples líneas. En este caso tenemos el string de **"Ultimate Python"** y vamos a guardar de la siguiente manera.

curso-py/intro.py

```
"""
Ultimate Python
"""

print("Hola Mundo!")
print("El weta " * 4 )
```

Por supuesto que también lo podemos dejar en una sola línea:

curso-py/intro.py

```
"""Ultimate Python"""

print("Hola Mundo!")
print("El weta " * 4 )
```

Y de esta manera nosotros hemos eliminado las advertencias que aparecían antes.

Ahora lo que voy a hacer para ir probando el linter, vamos a escribir de nuevo la función **print** y vamos a colocar un espacio y ahora voy a colocar "lalala", de la siguiente manera:

curso-py/intro.py

```
print lalala
```

Nuevo error en el código

Como podemos ver, "lalala" está subrayado en rojo, y si de nuevo colocamos el mouse sobre "lalala".

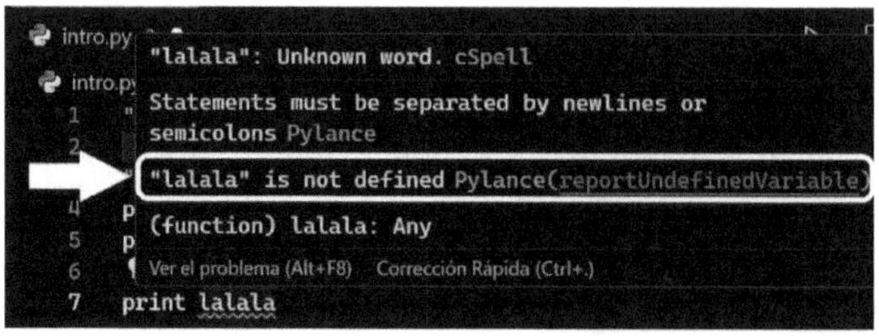

Descripción del error con lalala

Nos indicara el error en el que nos dice que *“**lalala” no se encuentra definido**, incluso si nosotros colocáramos los paréntesis redondos, este nos va a seguir arrojando el mismo error:

curso-py/intro.py

```
print(lalala)
```

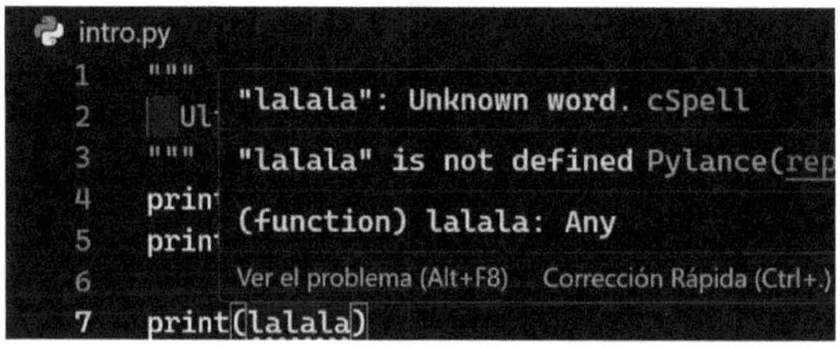

Descripción del error aún con paréntesis

Y, además, ahora puedes llegar a tener nuevamente el problema en el que teníamos que agregar una línea justamente al final del archivo.

Por ahora vamos a modificar esta línea de código, y lo que vamos a escribir es:

curso-py/intro.py

```
3 +
```

Ahora si guardamos, y veremos un nuevo error, si colocamos nuevamente el mouse encima del subrayado en rojo, nos va a indicar que está esperando una expresión.

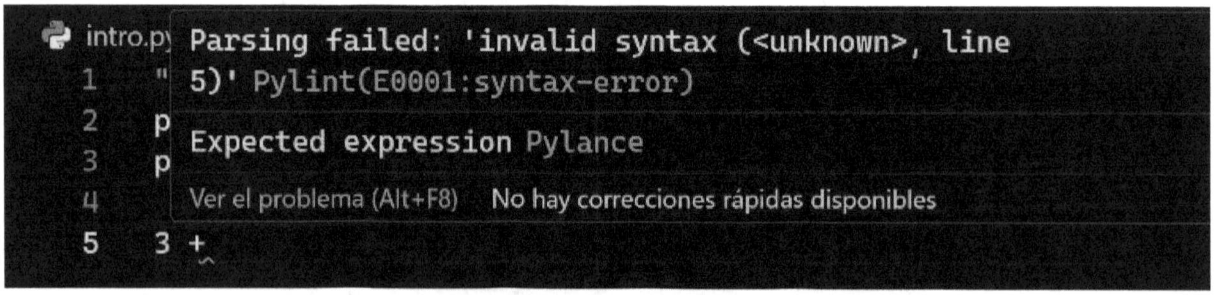

Error expresión esperada

En este caso, tenemos una **sintaxis inválida**, esto es lo útil del linter, no tenemos que esperar a correr nuestro código para poder ver potenciales errores, los podemos ver a medida que nosotros estamos escribiendo código.

Así que ahora nosotros le podemos cerrar y ahora lo último que nos falta por ver son las opciones del linter, en nuestra paleta de comandos, que vendría siendo como un lugar central donde podemos ejecutar todos los comandos que queremos, pero ahora los vamos a utilizar solamente para poder ver las distintas opciones que nos entrega el linter.

Para poder acceder a este, tenemos que presionar: **shift** + **comando** + **p**, o en el caso de Windows es **shift** + **control** + **p**, y aquí escribimos **"lint"** y aquí nos va a empezar a mostrar todas las opciones asociadas al linter:

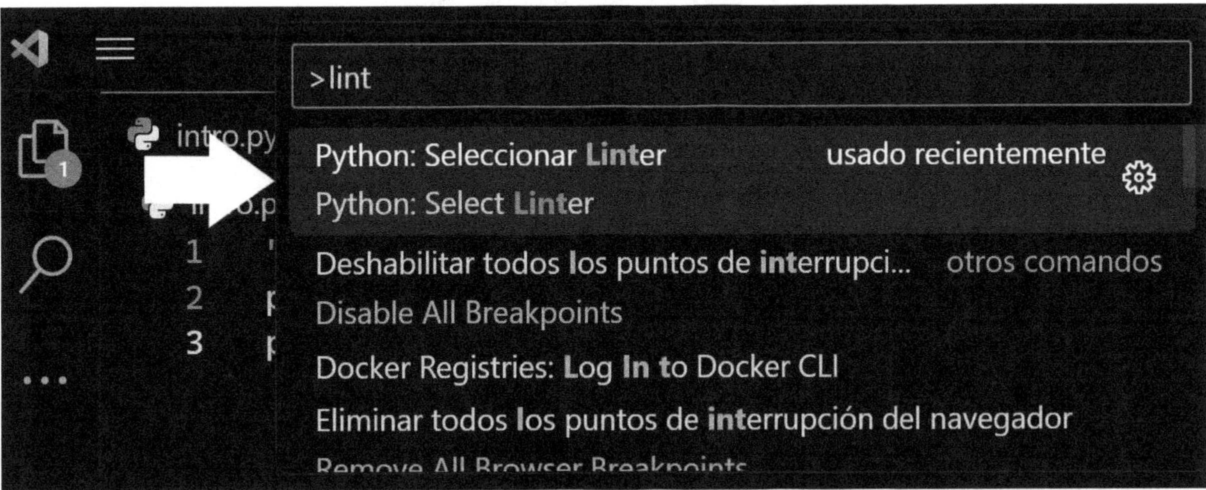

Opciones del Linter

En este caso tenemos seleccionar el linter, también reiniciar el servidor y múltiples opciones más. Vamos a ir a donde dice **"Python: Select Linter"** o **"Python: Seleccionar Linter"**.

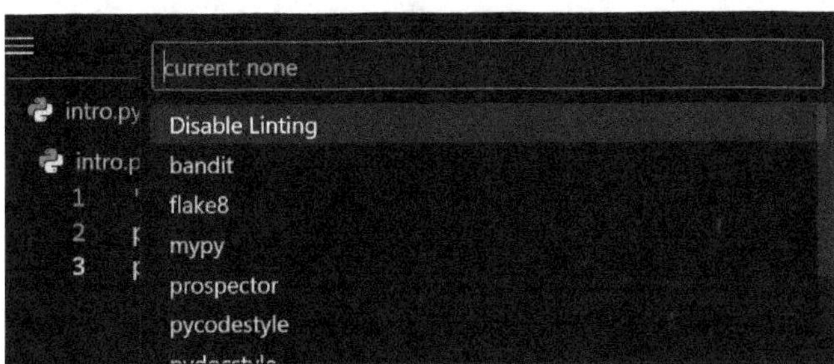

Seleccionar opción del linter

Aquí no solo podemos tener la opción de deshabilitar el linter, también podemos utilizar otros linters que actualmente existen y que tú podrías perfectamente utilizar. Lo importante de esto es que cada linter va a mostrar los errores de una manera distinta. Y no va a ser extraño que pronto, cuando tú te encuentres trabajando con otros desarrolladores y algunos se encuentra utilizando, por ejemplo, "fake8" o "prospector" o "pycodestyle", y en este caso el más utilizado, y él más descargado también, es "Pylint" que vendría siendo el de Microsoft, que es el que también se está utilizando por defecto con la extensión de Python, así que en este caso no es necesario que hagamos algo, incluso cuando aquí nos está mostrando **None**, se encuentra utilizando pylint de todas maneras, entonces presionaremos la tecla **escape** para salir de este menú.

Ahora vamos a ver una última funcionalidad que tiene el linter.

No vamos a colocar absolutamente nada más y vamos a guardar. Aquí, nosotros deberíamos tener los 2 problemas, uno que es que nos falta una nueva línea al final, y además, que aquí nosotros tenemos una expresión inválida.

Si hacemos clic en la siguiente sección de nuestro editor, este nos mostrará absolutamente todos los problemas que se encuentran dentro de nuestro código, basta con que nosotros nos vayamos abajo a la izquierda del editor, donde aparece esta cruz acompañada de un 2 y ese símbolo de advertencia acompañado de un 0.

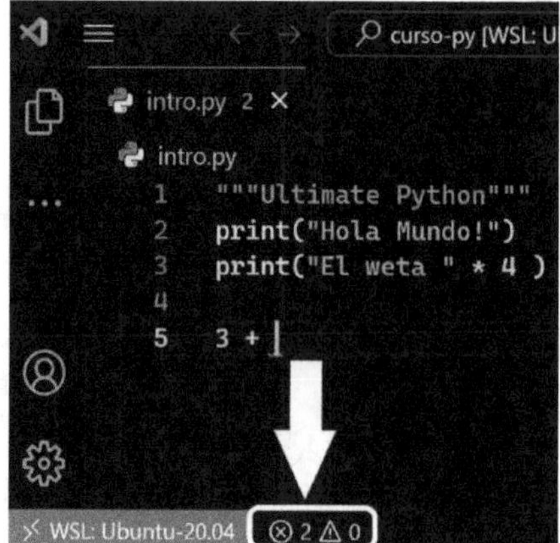

Sección de errores y advertencias en VSCode

Si hacemos clic ahí, nos va a mostrar todos los potenciales errores que tiene nuestra aplicación incluso antes de ejecutarla.

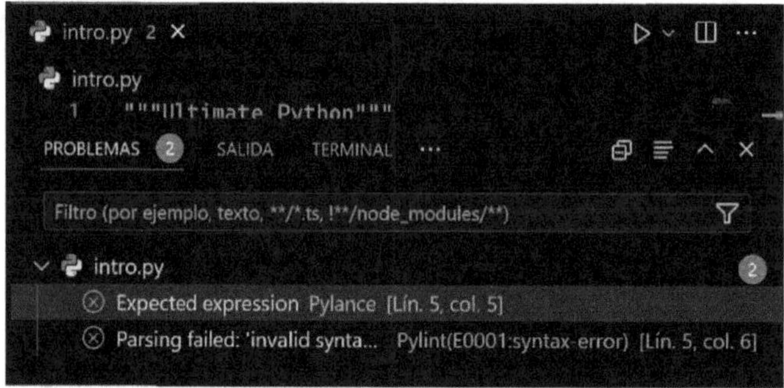

Panel de errores en VSCode

Aquí nos está indicando que está esperando una expresión en la línea 5 en la columna 5, que vendría siendo justamente la línea que acabamos de escribir, vamos a escribir otro 3, para que esa línea de código quede de esta manera:

curso-py/intro.py

```
5 3 + 3
```

Entonces desapareció nuestro problema, pero todavía nos queda otro, y es que tenemos una sintaxis inválida en la línea 5.

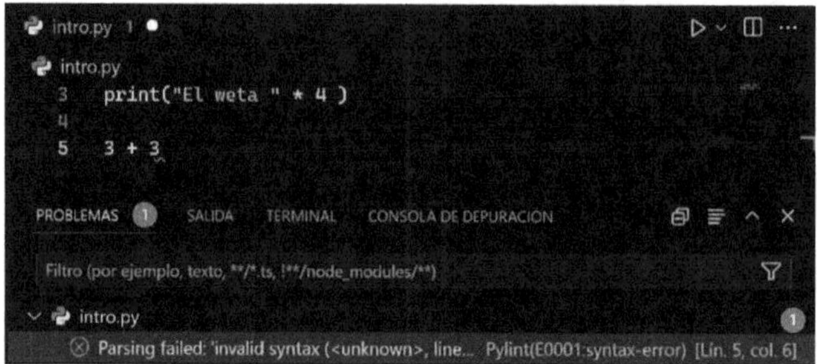

Primer error solucionado

Vamos de nuevo a eliminar todo esto, y guardaremos, con esto, podemos ver que no tenemos absolutamente ningún problema.

curso-py/intro.py

```
3 + 3
```

Código final sin errores

De esta manera es como nosotros podemos utilizar el linter y además podemos utilizar la ventana de **problems** que se encuentra dentro de VSCode, si tú por alguna razón no quieres hacer clic en los iconos de errores de la parte inferior y te quieres aprender el atajo de teclado, en este caso tienes que ir acá arriba, donde dice **View** o **Ver** y hacer clic donde dice "**problems**" o "**Problemas**".

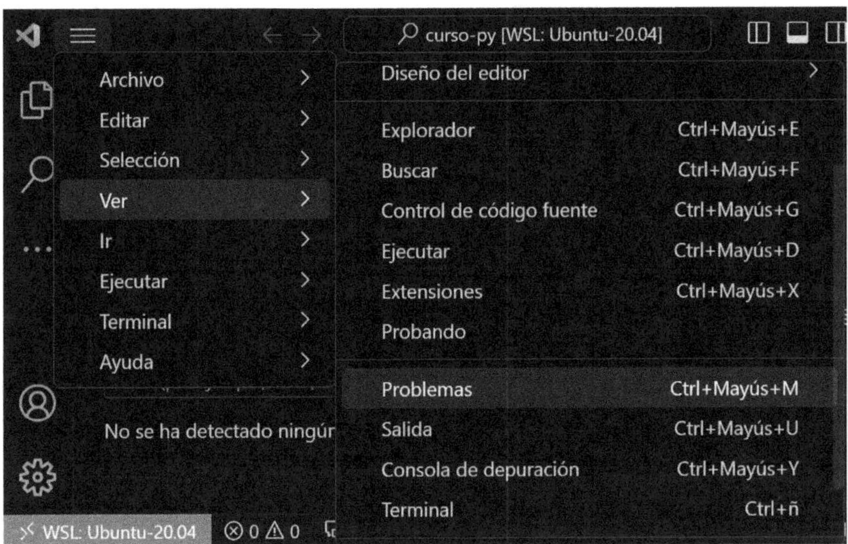

Cómo encontrar el atajo para ver el panel de problemas

Y ahi podemos ver que el atajo es **Shift** + **comando** + "**m**", y en Microsoft Windows es **shift** + **control** + "**m**" o tambien lo que puedas hacer es abrir el terminal integral y sencillamente hacer clic en la siguiente sección, donde dice "**Problems**" o "**Problemas**".

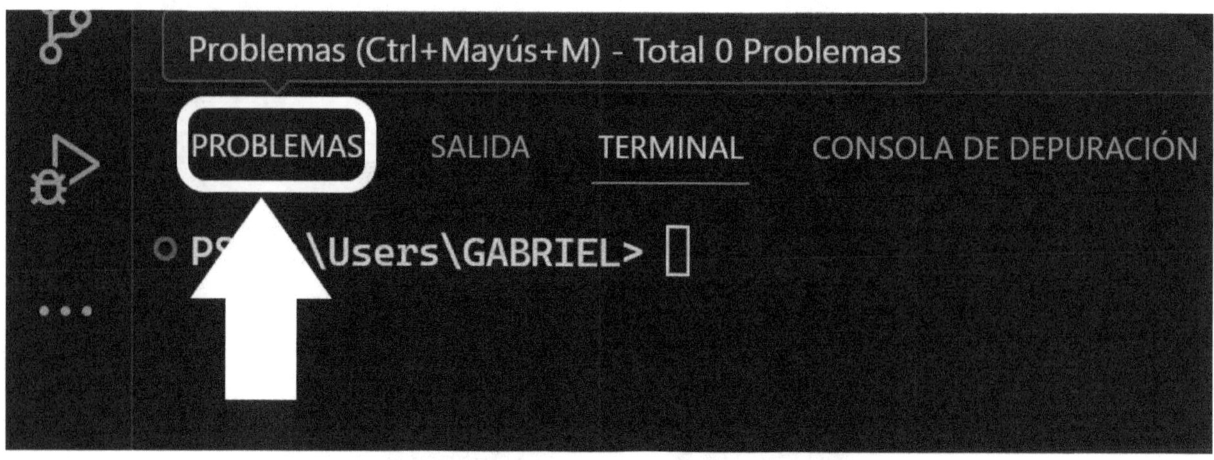

Acceder al panel de problemas desde la terminal integrada

Formateo de código

Ahora vamos a aprender a hacer que nuestro código en Python se vea sensual.

Preparación

Para eso nos vamos a venir nuevamente a VSCode y lo que vamos a hacer es para mantenernos un poco más ordenados vamos a crear un nuevo archivo "**format.py**" y esto lo vamos a dejar justamente al lado de "**intro.py**".

Creando el archivo format.py

Y aquí lo que vamos a hacer es lo siguiente, vamos a escribir **chanchito**, el símbolo igual(=) y vamos a colocar "feliz" como una palabra o frase como nosotros habíamos visto antes.

curso-py/format.py

```
chanchito="feliz"
```

Con lo anterior lo que estamos haciendo es crear una variable, estas las vamos a ver más en profundidad en siguientes lecciones, pero lo que necesitamos ver de esto es el formateo de esta.

Existe por convención, que cuando escribimos una variable a la cual le estamos asignando un valor, es que **tiene que existir un espacio antes y después del símbolo "igual"** de manera que esto se vea un poco más legible, como la siguiente manera:

curso-py/format.py

```
chanchito = "feliz"
```

Sin embargo, este tipo de reglas puede ser que no te las sepas de memoria, ya sea porque están recién empezando con Python o que estás recién empezando a programar. Así que, si dejamos el código como lo escribimos por primera vez, este podría ser considerado "**feo**". Afortunadamente existe una herramienta que nos va a ayudar a poder formatear nuestro código cada vez que nosotros queramos para que éste se vea un poco más elegante.

Para eso tenemos que abrir la paleta de comandos, recuerda que el atajo para abrirla es con **ctrl** + **shift** + "**p**" en Windows, o también puede ser con **shift** + **comando** + "**p**" en el caso de MacOS.

Y aquí lo que nosotros tenemos que hacer es escribir "**format**"

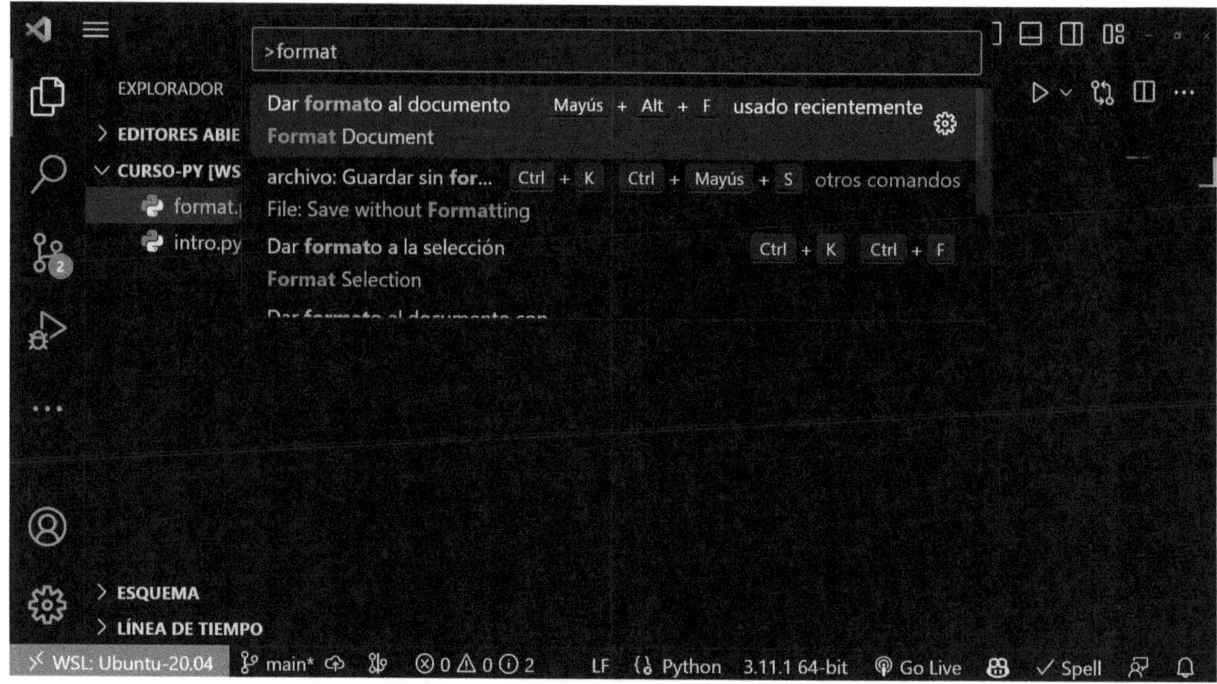

Buscar opción format en la paleta de comandos

Y entre las diferentes opciones tenemos que buscar la que dice "**Format Document**" o "**Dar formato al documento**", y aquí nosotros vamos a hacer clic. Aquí nos va a mostrar una notificación que nos dirá: "**Formatter autopep8 is not installed, install?**

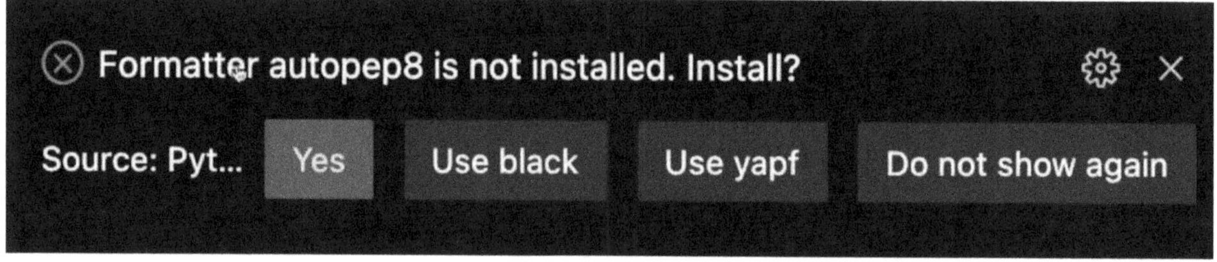

Notificación de instalación de autopep8

El formateador **autopep8**, es el encargado de utilizar la convención de **pep8**, para poder formatear nuestro código. Según pep8 (que vamos a ver más adelante de que trata), la convención de nuestro código es fea y no debería ser considerado como un código elegante o legible.

Afortunadamente podemos instalar esta herramienta para que nos ayude a formatear nuestro código, así que lo que tenemos que hacer es hacer clic donde dice "**yes**", para poder instalar esta herramienta.

Y luego de que se instaló, lo que vamos a hacer es cerrar la terminal integrada haciendo clic en el siguiente símbolo "x".

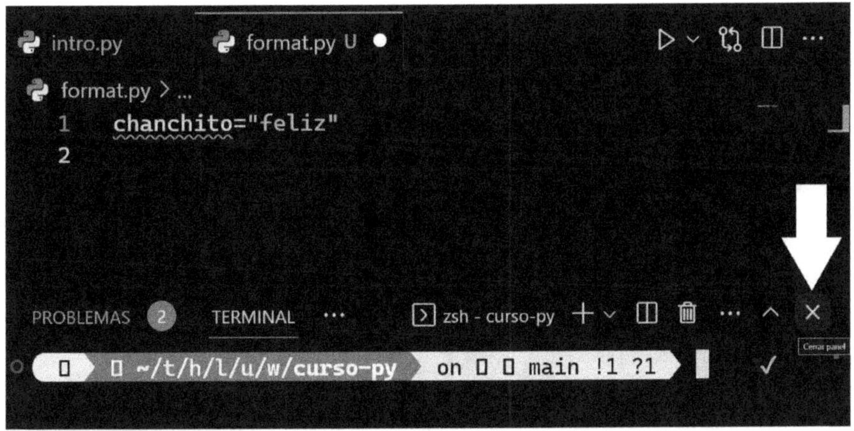

Cerrar la terminal de comandos

Ahora lo que vamos a hacer es que nuevamente voy a abrir la paleta de comandos y vamos a escribir **format**.

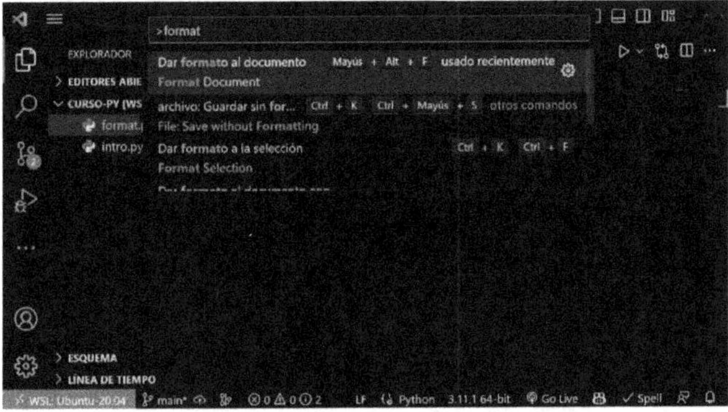

Dar formato al documento

Y voy a ejecutar el comando "**Format Document**" o "**Dar formato al documento**" y ahora podemos ver que casi por arte de magia nos ha agregado un espacio en blanco antes y después del símbolo igual.

curso-py/format.py

```
chanchito = "feliz"
```

A continuación, vamos a hacer exactamente lo mismo, pero vamos a definir otras variables:

- **a** que va a ser igual a 12,
- Y vamos a definir otra llamar **b**, que va a ser igual a 13

A algunos desarrolladores les gustan definir las variables, colocando los símbolos de igual **(=)** justamente alineados, como el ejemplo siguiente:

curso-py/format.py

```
chanchito = "feliz"
a         = 12
b         = 13
```

Pero esto, **según pep8, es considerado "feo"**, así es que sí abrimos nuevamente la paleta de comandos y volvemos a ejecutar nuestro comando de "Format document", vamos a ver cómo estas variables se vuelven a formatear de una manera que **pep8** lo considera elegante o bonito.

Puede ser que no queramos estar constantemente ejecutando la paleta de comandos y estar escribiendo “format” y luego presionar **enter** para que este formateo se esté ejecutando constantemente.

Afortunadamente existe una alternativa que podemos realizar para poder formatear nuestro código cuando nosotros guardamos, para eso, lo que vamos a hacer es clic en el **icono de engranaje** para poder ir a la configuración, este está ubicado en al borde inferior izquierdo de VSCode.

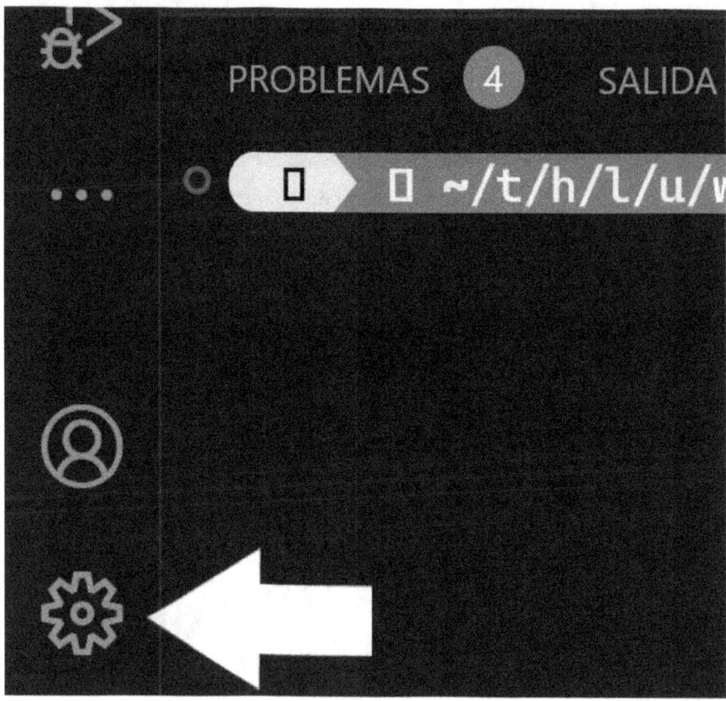

Acceder a las configuraciones de VSCode

Y despues vamos a hacer clic acá donde dice “**settings**” o “**configuración**”.

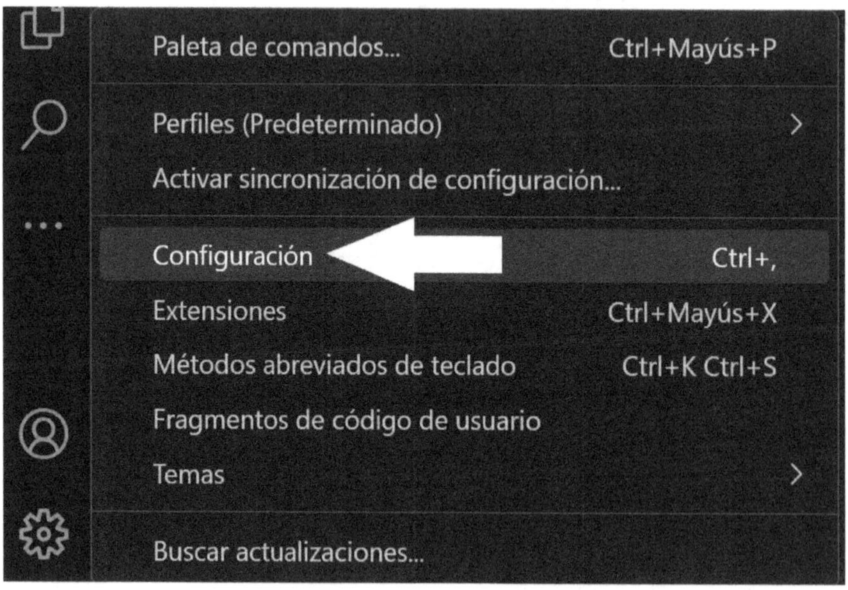

Acceder a las configuraciones de VSCode

Y acá donde dice “**search settings**” o “**buscar configuración**”, vamos a escribir “**formatonsave**”.

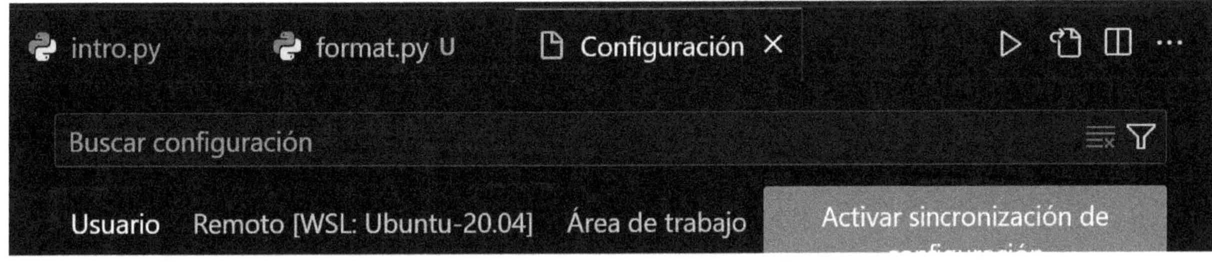

Buscar configuración

Y enseguida lo que tenemos que hacer es hacer clic en la siguiente casilla:

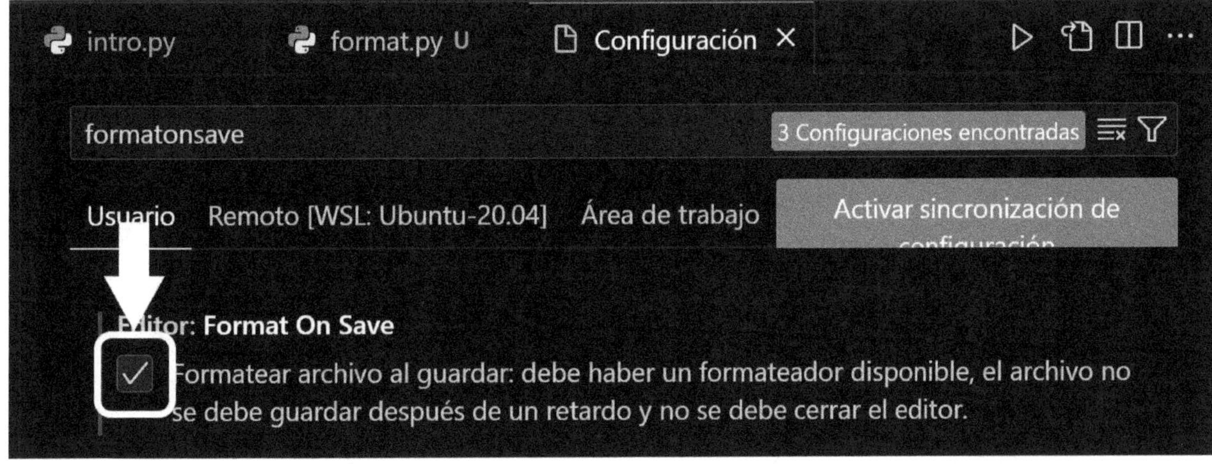

Confirmar formateo al guardar el archivo

Lo siguiente es hacer es cerrar esta pestaña de settings, vamos a regresar a nuestro archivo "format.py" y vamos a cambiar un poco los espacios, y cuando guardamos, presionando de nuevo el atajo "**command**" más "**s**", o el "**ctrl**" mas "**s**", y veremos cómo se vuelve a formatear nuevamente el código, pero de la manera que es considerada correcta por **pep8**.

¿Qué es Pep?

Ahora sí, vamos a ver qué es pep, abrimos nuestro navegador web y tenemos que escribir "**python peps**".

Haciendo búsqueda en Google sobre peps

Y tenemos que venir a la web llamada **"peps.python.org"** y haremos clic en este link:

Página con la informacón sobre Python Peps

Y lo que vamos a hacer, es que vamos a deslizarnos un poco hacia abajo y vamos a buscar esta que dice 8 y aquí nos va a mostrar **"Style Guide for Python Code"**

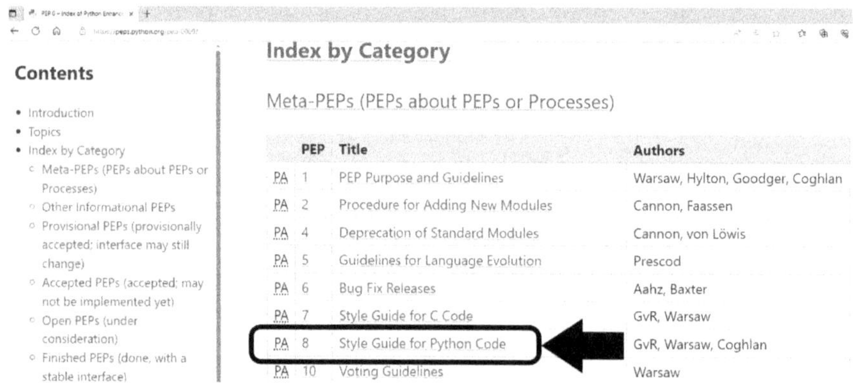

Seleccionar la información sobre Pep8

Esta es la convención o la guía de estilos que se utiliza, la más común por lo menos, para poder escribir código en Python y por supuesto podemos curiosear su contenido si hacemos clic en este enlace.

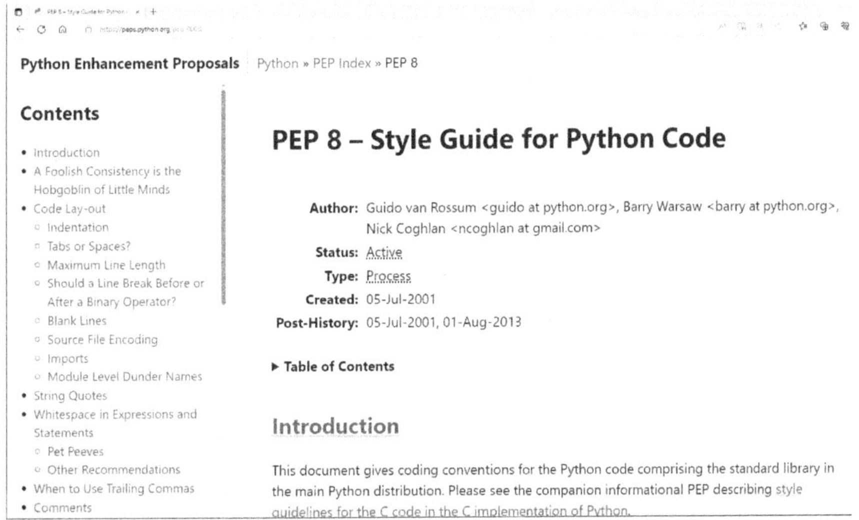

Contenido de la documentación sobre pep8

Y aquí encontramos toda la documentación que esta nos indica. Nos va a empezar a entregar un poco más de detalles, que no te preocupes, esto lo vamos a ir viendo a medida que vamos avanzando, pero lo importante que tienes que saber es que la convención para poder formatear el código de manera correcta se llama **pep8**. Y por si no lo sabías, pep significa **"python enhancement proposals"**, o traduciendo esto al español **"las propuestas de mejoras para python"**.

Ejecutando código

Ahora vamos al código en Python, pero de una manera más sencilla.

Hasta el momento, la forma que nosotros hemos tenido para poder ejecutar en nuestro código Python ha sido con la terminal de comandos, aquí nosotros escribimos, en el caso de Windows es solamente **python**, y en el caso de MacOS y Linux es **python3**, espacio y seguido del nombre del archivo, que en este caso es **intro.py**, si presionamos enter aquí vamos a poder ver el string "**Hola Mundo!**" y "**El weta**" repetido cuatro veces, sin embargo, existe una forma mucho más sencilla de poder ejecutar código. Y esa es, presionando el botón con el símbolo "**play**" en la parte superior de VSCode.

Ejecutar el código con VSCode

Por lo que de ahora en adelante ya no vamos a hacer más diferenciación entre MacOS, Windows o Linux, ya que todo lo que vamos a hacer es ejecutar el código que nosotros escribamos presionando en este botón. Ahora podemos cerrar nuestra terminal integrada y ahora sí, podemos hacer clic en este botón de "**play**" que sí, nos colocamos encima del botón, aquí nos está diciendo "**Run python file**" o "**Ejecutar archivo de Python**".

Pero si no te aparece ese texto, y te aparece otro como en la imagen anterior diciendo "**Run Code**", si presionas este botón te mostrará el resultado de ejecutar el código como esperamos, pero no lo hará en la terminal y solo lo ejecutará, esto puede ser un problema si lo que necesitamos es recibir una entrada de información del usuario, lo cual veremos más adelante, por lo que vamos a hacer clic en el siguiente icono para desplegar las opciones y haremos clic en "**Ejecutar archivo de Python**".

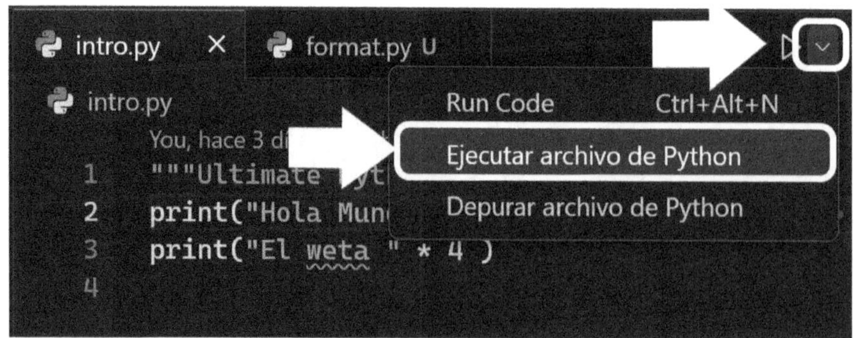

Cambiar modo de ejecución del botón

Entonces, ahora si obtendremos el resultado deseado y para próximas ocasiones al presionar este botón no será necesario volver a seleccionar la opción de esta manera, VSCode, recordará la última opción ejecutada.

Ejecutaremos el código y ahora podemos ver cómo nos abre la terminal, y nos está indicando acá cuál es el comando que utilizó, en qué ruta de archivos lo encontró y seguido de eso nos está indicando el archivo que está ejecutando y de dónde lo está sacando:

```
> /usr/local/bin/python3.11 /home/                                    /
ultimate_python/workspace/curso-py/intro.py
Hola Mundo!
El weta El weta El weta El weta

 ~/t/h/l/u/w/curso-py  on   main !1 ?1                              ✓
```

Ejecutando el script de Python

Cambiar versión de Python

En el caso que quieras utilizar otra versión de Python para poder ejecutar estos mismos archivos, hacemos clic en la parte posteriode VSCode en la siguiente sección:

Sección para cambiar versión de Python

Y cambiamos la versión de Python, por ejemplo, hasta la de 3.9.5

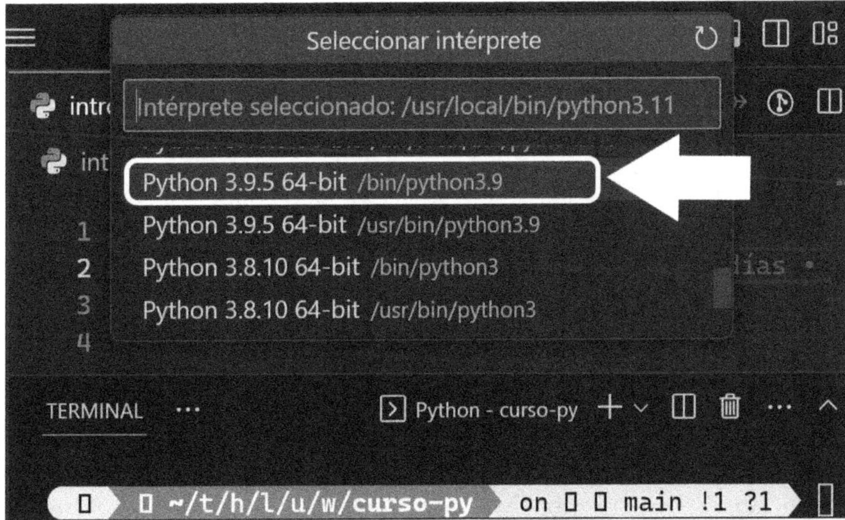

Eligiendo otra versión de Python

Y volvemos a hacer clic en el botón que utilizamos anteriormente para ejecutar nuestro código, y veremos lo siguiente:

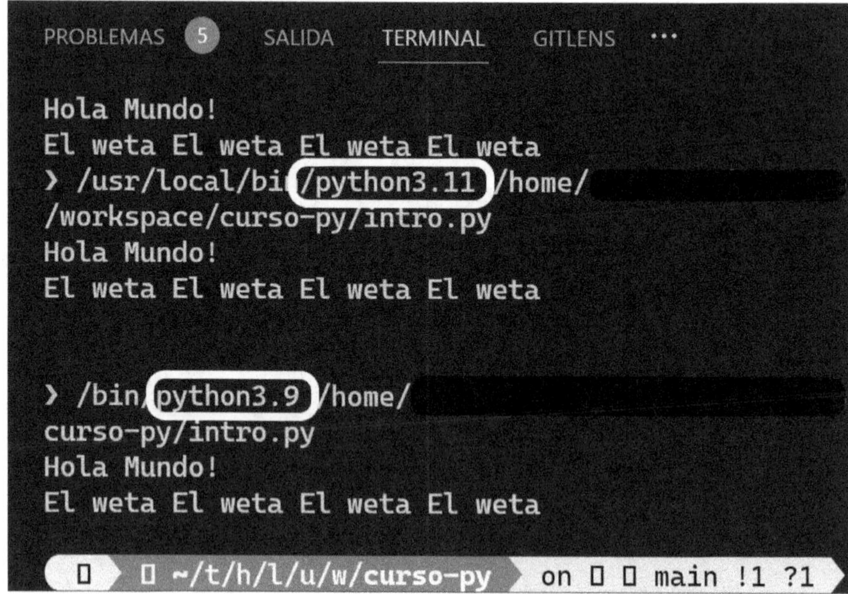

Programa ejecutado con dos versiones diferentes de Python

Aquí vamos a ver, cambió la versión de Python, antes era **3.11** y después pasó a ser la versión **3.9**.

Ahora lo que vamos a hacer es devolvernos a utilizar Python 3.11.1 por defecto, y ya está, cada que queramos ejecutar código en Python, hacemos clic en ese botón y listo.

¿Cómo se ejecuta el código en Python?

Ahora vamos a hablar un poco sobre las implementaciones que existen en Python, pero ¿qué son las implementaciones? Vamos a partir primero, definiendo algo básico.

Lo primero, sabemos lo que son los lenguajes de programación, en este caso nosotros tenemos un lenguaje de programación que se llama Python, pero lo que tú no sabes es que el lenguaje de programación en verdad es un "set de reglas" que debe cumplir el lenguaje para poder ser considerado como tal. Ojo con esto, "**set de reglas**".

Vamos a expandir esto un poco más. Python es un lenguaje de alto nivel, esto quiere decir que es un lenguaje que nosotros podemos entender cuando leemos el código, pero este lenguaje no es el lenguaje que entienden las máquinas o en este caso, tu computador.

Un computador entiende lo que es un lenguaje de máquina, y un lenguaje de máquina derechamente son ceros y unos o lenguaje binario.

Entonces, ¿qué es el lenguaje de programación? El lenguaje de programación es un "set de reglas" que nos permiten a poder escribir en un lenguaje de alto nivel, algo que nosotros podemos entender, pero esto no quiere decir que sea el lenguaje que finalmente va a terminar interpretando la máquina.

Entonces, ¿cómo podemos tomar código escrito en Python y pasarlo finalmente al lenguaje de máquina?, para eso existen las implementaciones, de Python por supuesto, las implementaciones de un lenguaje de programación es cuando desarrolladores se juntan y finalmente, terminan escribiendo una aplicación o un programa que toma el código que hemos escrito, en este caso en Python y lo transforma en un lenguaje de máquina.

El problema con los lenguajes de máquina es que cada lenguaje de máquina es distinto y este va a depender del sistema operativo y también del hardware físico, por ejemplo, el procesador, la marca del procesador y el modelo del procesador, ¿Qué quiere decir esto? Si no estuviésemos utilizando un lenguaje de alto nivel, tendríamos que escribir código para cada uno de estos procesadores con sus sistemas operativos, afortunadamente, existen implementaciones de Python que nos permiten tomar el código que escribimos en Python y transformarlo, al lenguaje de máquina.

Entonces, ¿qué implementaciones existen que realizan exactamente esta traducción de código?, osea del lenguaje de alto nivel al lenguaje de máquina.

- El que nosotros descargamos se llama **cPython**, y se llama cPython, por qué este se encuentra escrito en el lenguaje de programación C.
- **PyPy**, esta es una implementación de Python escrita en Python.
- **Jython**, escrito en Java,
- **Iron Python**, que se encuentra escrito en C#.
- **Brython**, que es un intérprete que nos permite ejecutar código en Python, pero en el navegador web, esto quiere decir, nosotros escribimos código en Python, se lo pasamos al navegador y este es capaz de interpretarlo, ya que utiliza un traductor de código donde va a tomar este código en Python y lo van a transformar al código JavaScript.

Y aquí viene la pregunta, ¿por qué no podemos utilizar solamente una? ¿Por qué no podemos utilizar solamente cPython?, y la razón es esta, cPython nos permite utilizar código escrito en C, Jython, nos permite utilizar código escrito en Java. También tenemos Iron Python, que nos permite a nosotros utilizar código escrito en C#, pero si no tienes la necesidad de utilizar ya sea librerías escritas en Java o librerías escrita en C# definitivamente, debería estar utilizando cPython.

¿Cuál es la ventaja de cPython sobre las otras implementaciones?

cPython es la implementación oficial de Python, esto quiere decir que todas las nuevas funcionalidades de Python van a llegar primero a cPython, y luego el resto de las implementaciones va a empezar a agregar todas estas funcionalidades.

¿Cómo se ejecuta nuestro código escrito en Python dentro de las máquinas, ya sea en los servidores o también dentro de nuestro mismo computador?

Supongamos el ejemplo de Java, este código debería ser traducido directamente a lenguaje de máquina. Sin embargo, los creadores dijeron que esto sencillamente era una mala idea, porque significa que nosotros tendríamos que escribir código dependiendo de la plataforma en la cual nos encontremos ejecutando el código.

Entonces que lo que hizo Java fue que, en vez de transformar el código directamente a lenguaje de máquina, mediante el uso de compilador, lo vamos a transformar en Byte Code, y luego qué es lo que hacemos con ByteCode. Se lo vamos a pasar a la JVM, el cual es el nombre corto de Java Virtual Machine, y finalmente, las Java Virtual Machine va a ser la encargada de transformar el código transformado de ByteCode a lenguaje de máquina.

¿Por qué se hace esto? Esto se hace para que el código que nosotros escribamos sea siempre el mismo y no tenga que ir cambiando dependiendo del sistema operativo o el procesador que estemos utilizando.

Y el proceso vendría siendo que, nosotros escribimos código escrito en Java, este pasa a través del compilador, el compilador lo transforma ByteCode, luego del ByteCode, pasa a la Java Virtual Machine o la JVM, y esta se encarga de transformar nuestro programa en lenguaje de máquina.

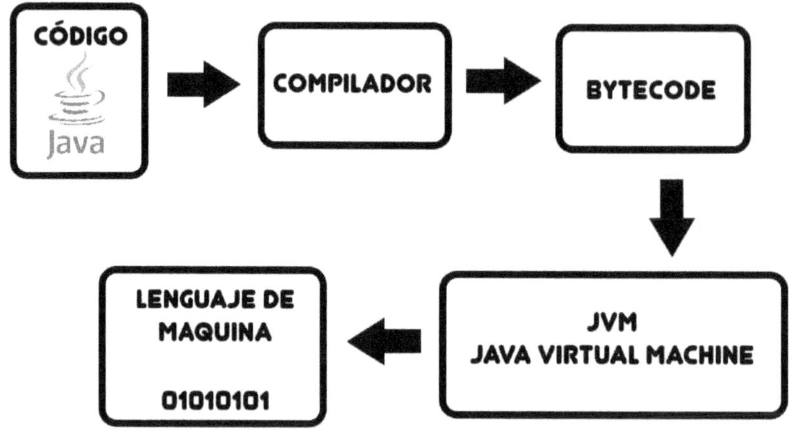

Cómo funciona Java

Existen muchos lenguajes de programación que implementaron exactamente esta misma estrategia, ya que simplifica el trabajo para los desarrolladores que están utilizando, por ejemplo, Java, y en este caso Python no se queda atrás, lo que hace Python es exactamente lo mismo que Java, así es que nosotros, en lugar de tener Java como código, tendremos a Python, cuando utiliza el compilador, transforma el código a ByteCode, y de ByteCode se pasa, en lugar de la JVM, se pasa a la PVM que vendría siendo "Python Virtual Machine", y finalmente es transformado al lenguaje de máquina.

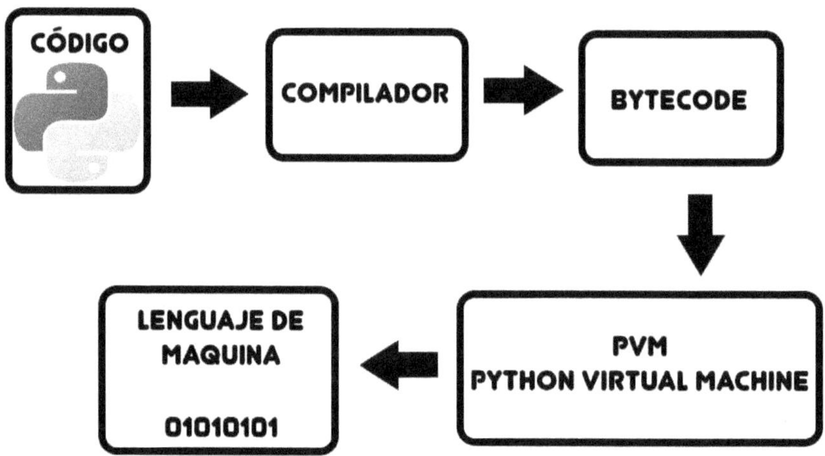

Cómo funciona Python

Ahora esto es importante, no es necesario que te memorices absolutamente todo esto que acabamos de explicar. Pero, lo que, si importa, es que tú aprendas la forma en cómo se ejecuta el código escrito en Python, y también cuáles son las implementaciones que nosotros estamos utilizando cuando estamos escribiendo código escrito en Python, ¿y por qué esto es importante? Porque ahora tú ya sabes que puedes escribir código Python y ejecutarlo directamente en el explorador web o incluso utilizar librerías que fueron escritas para otros lenguajes.

Cómo decíamos, lo importante es que entiendas más o menos cómo funciona, y no que memorices esto, y ahora sí, ya que vimos cómo se ejecuta el código. La siguiente sección donde vamos a ver los conceptos básicos del lenguaje.

Capítulo 2: Tipos básicos

Variables

Ahora vamos a comenzar con que son las variables y cómo podemos utilizarlas. Las variables son un concepto básico que se utiliza en absolutamente todos los lenguajes de programación, no sólo las vas a ver en Python, Sino que también en cualquier otro lenguaje de programación que desees aprender. Vamos a definir una ahora.

Preparación

Eso sí, pero antes de continuar vamos a ordenarnos un poco y vamos a crear una carpeta, la carpeta se va a llamar "**tipos**":

Y dentro de ésta vamos a crear un archivo que se va a llamar "**variables.py**".

Estructura de carpetas y archivos y archivos en la carpeta curso-py

```
curso-py/
    |-- tipos/
        |-- variables.py
    |-- format.py
    |-- intro.py
```

Para crear las carpetas, utilizaremos el siguiente icono el cual es una carpeta y un símbolo de "suma" y para crear los archivos nuevamente vuelven a ocupar el icono que es un archivo y un símbolo de "suma" en el explorador de archivos.

Botones para crear nuevos archivos y carpetas

Para que el archivo quede dentro de la carpeta, tienes que asegurarte, de que la carpeta se encuentra seleccionada al momento de crear el archivo, si no lo va a crear junto al mismo nivel que los archivos **format.py** e **intro.py**. Pero si es que eso llegase a pasar, sencillamente arrastra el archivo y colocalo encima de la carpeta y eso lo que hará será mover el archivo recién creado dentro de la carpeta.

Ahora si, vamos al archivo "**variables.py**", vamos a cerrar "**intro.py**" y "**format.py**", y vamos a aprovechar de cambiar el nombre de este archivo. Para poder cambiar los nombres, sencillamente haremos clic derecho y clic en "**rename**" o **cambiar nombre**.

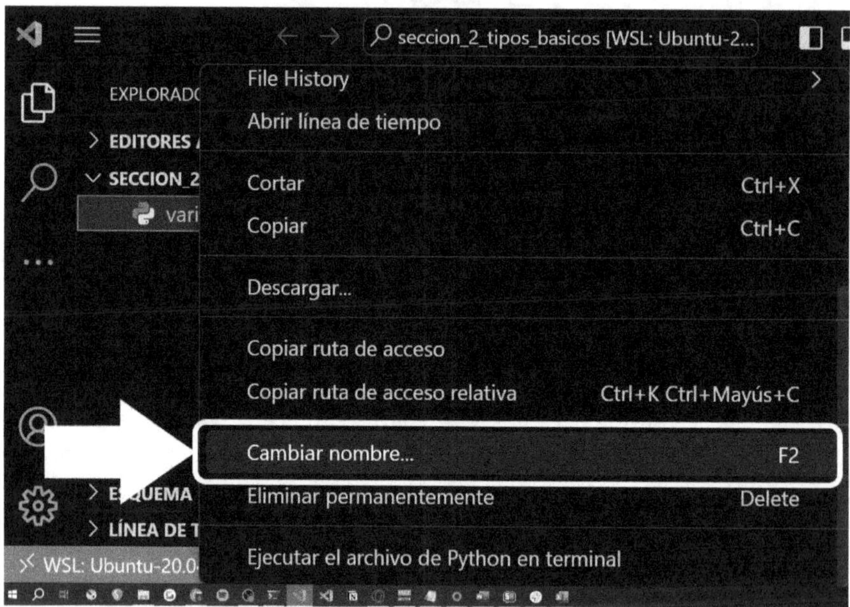

Cambiar nombre de un archivo

Y vamos a cambiar el nombre a "**01-variables.py**" y presionaremos la tecla **enter** y esto es para que nuestras lecciones queden mejor divididas.

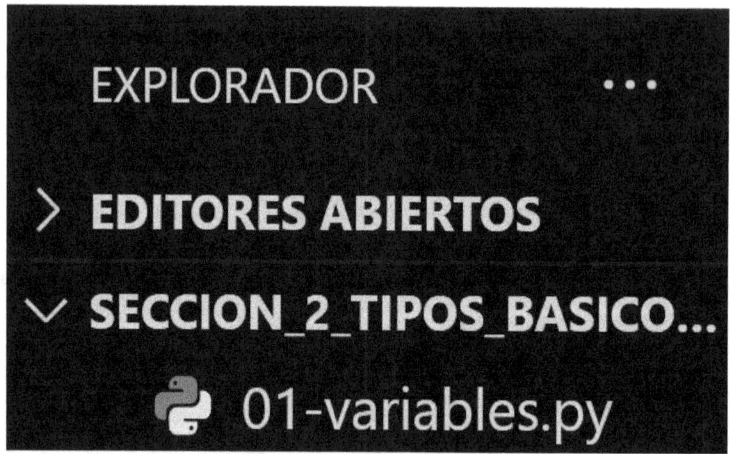

Nombre del archivo cambiado

Ahora sí, ya que nos encontramos dentro de este archivo de variables, vamos a cerrar el explorador y vamos a definir nuestra primera variable, se va a llamar **nombre_curso**, presionamos espacio, un simbolo de igual, espacio de nuevo, y entro comillas dobles y escribimremos "Ultimate Python". Quedando de la siguiente manera:

tipos/01-variables.py

```
nombre_curso = "Ultimate Python"
```

¿Cómo nombrar las variables?

Aquí acabamos de definir una variable, la cual se llama **nombre_curso**. Fijate en ese "guion bajo" que acabamos de colocar, en este caso, este guion bajo se utiliza para que podamos crear variables que tengan más de una sola palabra dentro del nombre de la variable, en este caso, tenemos 2 palabras, "nombre" y "curso", esto para poder indicar que estamos creando una variable que se llama "nombre curso", ¿y esto por qué? Nosotros no podemos llegar y crear una variable con un espacio entre medio, eso es lo que va a hacer, es que nos va a arrojar un error en la sintaxis.

Algo también importante, es que, los nombres de las variables no pueden comenzar con números, sino que estas siempre tienen que comenzar con una letra del abecedario, pero esta sí puede contener números después de las letras. Nosotros podríamos crear una variable que sea **n1** y esta vendría siendo, por ejemplo, el número 1,

tipos/01-variables.py

```
n1 = 1
```

¿Qué son las variables?

Supongamos que nosotros tenemos la memoria RAM, la cual vamos a representar como una red de pesca.

Representación de la memoria RAM

Ahora, cuando creamos una variable que en este caso se llama **nombre_curso**, Python por debajo está asignando un espacio en memoria, supongamos este que se encuentra en la siguiente imagen.

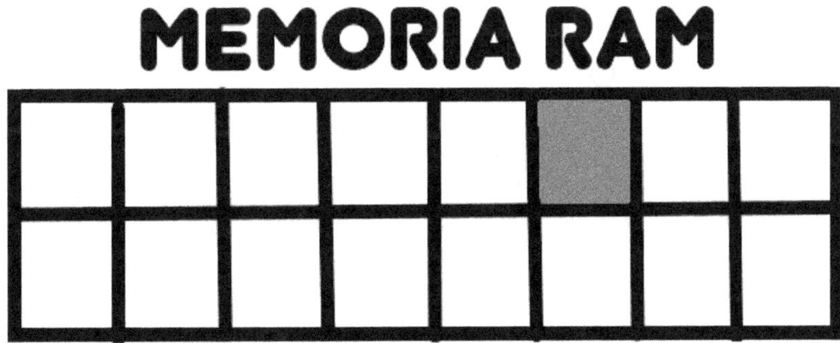

Representación del espacio usado en memoria por una variable

Este espacio que se encuentra acá se lo está asignando al valor de "Ultimate Python", entonces cuando hagamos referencia a la variable de **nombre_curso**, en verdad, lo que vamos a estar haciendo es hacer referencia a este espacio en la memoria RAM que acabamos de asignar, finalmente cuando creamos una variable, estamos asignando un espacio de la memoria RAM al valor que le estamos asignando a esta variable.

Por ende, si es que nosotros ahora imprimimos nuestra variable, eso lo hacemos con **print**, y luego colocamos el nombre de la variable, fíjate, que cuando escribimos el nombre de la variable, VSCode nos esta sugiriendo completar el nombre completo de la variable, que en este caso es **nombre_curso**, así que sencillamente podemos hacer clic allí, y si no te muestra las sugerencias, puedes mantener presionada la tecla de **control** y presionar la tecla **espacio** y puedes presionar **enter** para aceptar la sugerencia del editor.

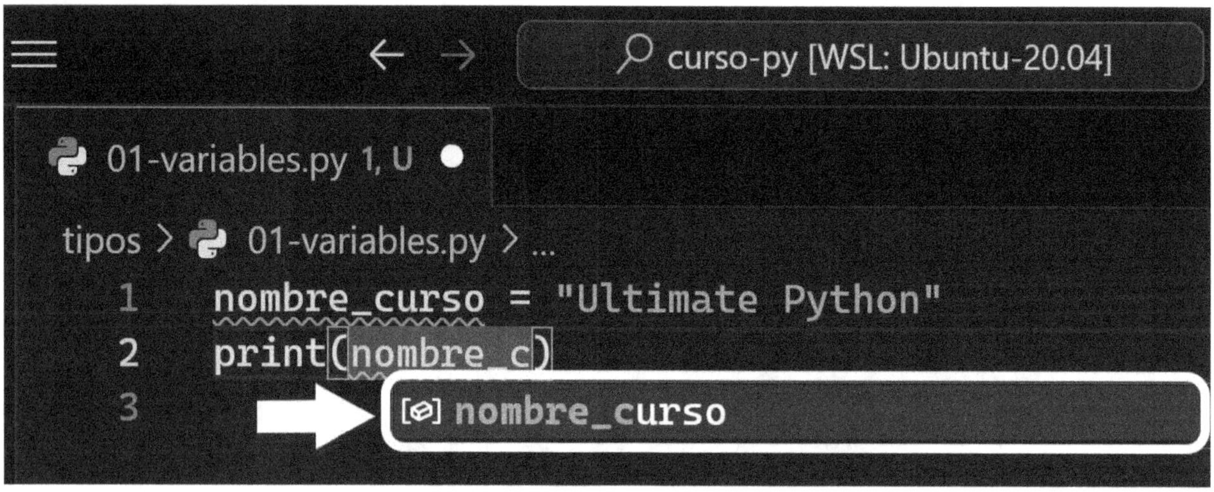

Sugerencia de autocompletado de variables en VSCode

Este atajo de teclado nos va a servir para absolutamente todo en un futuro, así es que es importante recordarlo.

Entonces nuestro código queda de la siguiente manera:

tipos/01-variables.py

```
nombre_curso = "Ultimate Python"
print(nombre_curso)
```

En fin, vamos a guardar ahora, y lo que vamos a hacer es que vamos a hacer clic en el botón para poder ejecutar nuestro código y vamos a ver qué es lo que este nos devuelve.

Salida de ejecutar: tipos/01-variables.py

```
Ultimate Python
```

Aquí vemos que nos está arrojando el string "Ultimate Python". Entonces, como te mencionaba antes, finalmente lo que hace el nombre de la variable es asignar un espacio dentro de la memoria física del computador o del servidor, en este caso del computador, con el cual estamos utilizando para escribir este programa, para poder eventualmente dentro de nuestro código en un futuro, acceder al valor que escribimos para esta variable.

Ahora, ¿de qué otras maneras podemos crear las variables? Como habíamos mencionado, no podemos iniciarla con un número, por ejemplo, con el siguiente código:

tipos/01-variables.py

```
nombre_curso = "Ultimate Python"
1 = 2
print(nombre_curso)
```

No podemos hacer esto, tampoco podemos indicar un número seguido de una letra, incluso con que esto sea muy largo.

tipos/01-variables.py

```
nombre_curso = "Ultimate Python"
1soy_una_variable_con_error = 2
print(nombre_curso)
```

Pero lo que sí podemos hacer es indicarle un nombre, por ejemplo, lo que vamos a hacer crear la variable **nombre1**, y le voy a indicar que su valor será Ultimate Python.

tipos/01-variables.py

```
nombre_curso = "Ultimate Python"
nombre1 = "Ultimate Python"
print(nombre_curso)
```

También le podemos asignar todo con absolutamente mayúsculas.

tipos/01-variables.py

```
nombre1 = "Ultimate Python"
NOMBRE_CURSO = "Ultimate Python"
print(nombre_curso)
```

También lo podemos hacer con mayúsculas y minúsculas, intercaladas.

tipos/01-variables.py

```
NOMBRE_CURSO = "Ultimate Python"
NoMbRe_CuRsO = "Ultimate Python"
print(nombre_curso)
```

Pero por favor no hagas esto último, trata de mantener tu código lo más legible posible, en este caso, yo les sugeriría utilizar la primera alternativa.

Y otra forma en la cual nosotros también podemos nombrar nuestras variables. Es colocando la primera letra en mayúscula de cada una de las palabras, en este caso nosotros tenemos:

tipos/01-variables.py

```
NoMbRe_CuRsO = "Ultimate Python"
NombreCurso = "Ultimate Python"
print(nombre_curso)
```

En este caso a todas estas variables le estamos asignando como valor el texto "Ultimate Python", pero ten en cuenta que todas estas variables que nosotros hemos creado son todas absolutamente distintas. Podríamos perfectamente empezar a cambiar el valor de todas estas variables para que queden de la siguiente manera:

tipos/01-variables.py

```
nombre_curso = "Ultimate Python"
nombre1 = "Hola"
NOMBRE_CURSO = "Mundo"
NoMbRe_CuRsO = "Chanchito"
NombreCurso = "Feliz"
print(nombre_curso)
```

Vamos a guardar y vamos a aprovechar de colocar más valores dentro de este **print**.

Y si queremos imprimir más cosas dentro de esta función de **print**, lo que tenemos que hacer es, sencillamente agregarlos separados por coma, quedando esta línea de código de la siguiente manera:

tipos/01-variables.py

```
NombreCurso = "Feliz"
print(nombre_curso, nombre1, NOMBRE_CURSO)
```

Vamos a guardar y ejecutar el archivo de "**01-variables.py**":

Salida de ejecutar: tipos/01-variables.py

```
Ultimate Python Hola Mundo
```

Aquí nosotros vemos cómo se ha impreso "Ultimate Python Hola Mundo", que vendrían siendo exactamente estas 3 variables que estamos imprimiendo con la función nativa de **print**.

Además de crear variables a las cuales nosotros le podemos asignar texto, nosotros le podemos también asignar otras cosas, como por ejemplo vamos a crear una variable de alumnos y esta va a tener el valor de 5000.

tipos/01-variables.py

```
alumnos = 5000
```

Después de esto, nosotros vamos a crear otra variable que va a tener el nombre de puntaje y hasta le vamos a indicar que tiene el valor de 9.9,

tipos/01-variables.py

```
puntaje = 9.9
```

El primer valor, el de 5000, que se encuentra asignado a la variable de **alumnos**, se conoce como **integer**, o en español, **número entero**, y número entero, significa que no tiene decimales, y el siguiente valor, el de 9.9, se conoce como un **float**, que cuando un número es un float, significa que este tiene decimales.

Continuando con lo siguiente, preguntaremos por si es que este curso se encuentra publicado o no y vamos a definir que este curso sí se encuentra publicado.

tipos/01-variables.py

```
publicado = True
```

En este caso, le estamos asignando el valor de **True** y algo muy importante, en este caso, tiene la primera letra "T" en mayúscula, si nosotros quisiéramos asignar "true", con la t minúscula, o si escribimos "TRUE", todo con mayúscula, esto no nos va a funcionar.

Para que funcione el valor **booleano o boolean**, tenemos que escribirlo con la "T" mayúscula y el resto todo con minúscula. Los dos valores que pueden ser booleanos pueden ser **True** o pueden ser **False**, y en este caso vendrían siendo como si o no, al igual que en el español. De esta manera nosotros podemos hacer cosas como, por ejemplo, asignarle más privilegios a un usuario o pregunta sí que un curso se encuentra publicado o no para de esta manera poder mostrárselo a un usuario finalmente y de esta manera, nosotros hemos visto los valores básicos que puede tener una variable y también en qué consisten.

Código completo de la lección

Para terminar, te dejaré el código del archivo: "**tipos/01-variables.py**"

tipos/01-variables.py

```
nombre_curso = "Ultimate Python"
nombre1 = "Hola"
NOMBRE_CURSO = "Mundo"
NoMbRe_CuRsO = "Chanchito"
NombreCurso = "Feliz"
print(nombre_curso, nombre1, NOMBRE_CURSO)
alumnos = 5000
puntaje = 9.9
publicado = True
```

Strings

En esta lección vamos a ver qué son los strings en Python.

Preparación

Así es que vamos a ir al editor y para mantenernos ordenados, vamos a crear un nuevo archivo, el cual se va a llamar "**02-strings.py**", y presionamos la tecla **enter**. Vamos a cerrar nuestro archivo de anterior de variables, y ahora comenzamos.

Cuando queremos definir un string o una variable que contenga el valor de un string, tenemos que colocar el nombre de la variable, en este caso va a ser el nombre del curso y el nombre del curso vamos a indicarlo con comillas simples:

tipos/02-strings.py

```
nombre_curso = 'Ultimate Python'
```

O también podemos utilizar comillas dobles:

tipos/02-strings.py

```
nombre_curso = "Ultimate Python"
```

Esto funcionará de la misma manera, solo debes asegurarte de comenzar y terminar el string con el mismo tipo de comillas, en este caso vamos a utilizar comillas dobles para definir variables cuyo valor sean strings.

Ahora, si quisiéramos crear un string o un texto que sea mucho más grande que el nombre del curso o que tenga saltos de línea, como por ejemplo podría ser la descripción del curso, en ese caso lo podemos hacer utilizando las "**triple doble comillas**", así es, las "**triple doble comillas**".

Vamos a crear una nueva variable que quedará de la siguiente manera, te darás cuenta de que al momento de escribir las primeras triples comillas dobles VSCode ha completado el cierre de estas:

tipos/02-strings.py

```
descripcion_curso = """
Ultimate Python,
este curso contempla todos los detalles
que necesitas aprender para encontrar
un trabajo como programador.
"""
```

Y vamos a imprimir estas 2 variables que hemos creado, lo haremos de nuevo con la función **print**, vamos a escribirla de la siguiente manera, cada una de las variables separadas por una coma:

tipos/02-strings.py

```
print(nombre_curso, descripcion_curso)
```

Guardamos nuevamente con nuestro atajo de teclado y presionamos en el botón para ejecutar nuestro código:

Salida de ejecutar: tipos/02-strings.py

```
Ultimate Python
Ultimate Python,
este curso contempla todos los detalles
que necesitas aprender para encontrar
un trabajo como programador.
```

Aquí vemos que nos está mostrando primero "**Ultimate Python**", que vendría siendo la primera variable, "**nombre_curso**", y después está imprimiendo todo el texto que asignamos a "**descripcion_curso**".

Strings: función len

Vamos a cerrar la terminal y el explorador de archivos, ahora vamos a ver una función que viene incluida dentro del lenguaje de programación Python, la cual es la función "**len**", y esto nos permite poder obtener la longitud que tiene un string en particular.

¿Cómo se usa la función len?

Para poder llamar a esta función, tenemos que hacerlo exactamente igual que con **print**,y que con cualquier otra función que llamemos en Python, eso lo hacemos con los paréntesis redondos, y dentro de estos tenemos que indicarle cuál es el string del cual queremos obtener su longitud, y en este caso es "**nombre_curso**", y ahora guardamos.

tipos/02-strings.py

```
len(nombre_curso)
```

Ahora, por supuesto, lo que yo quiero hacer es poder imprimir el valor que me va a entregar la función "**len**", cuando yo le paso el "**argumento**" de **nombre_curso**.

¿Qué es un argumento?

Antes de continuar, acabamos de mencionar algo extraño, "**argumento**", pero ¿qué es esto?, bueno, los argumentos son los valores que le pasamos a una función, en este caso la variable **nombre_curso** es el argumento de nuestra función **len**,

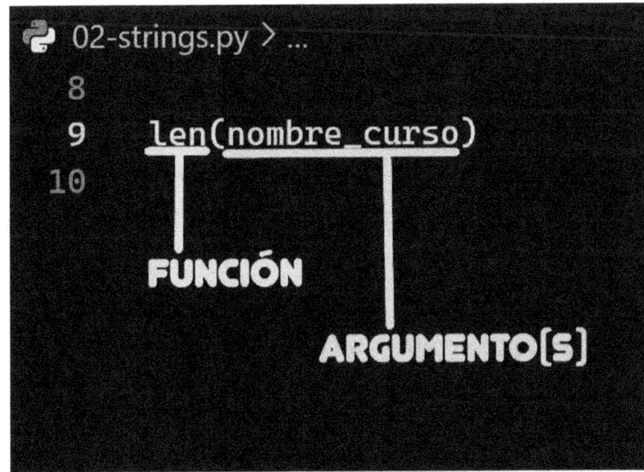

Agumentos de una función

Para poder imprimir el valor justamente antes de "**len**", vamos a escribir **print** y para no escribir los paréntesis manualmente vamos a seleccionar con el mouse el texto **len(nombre_curso)**:

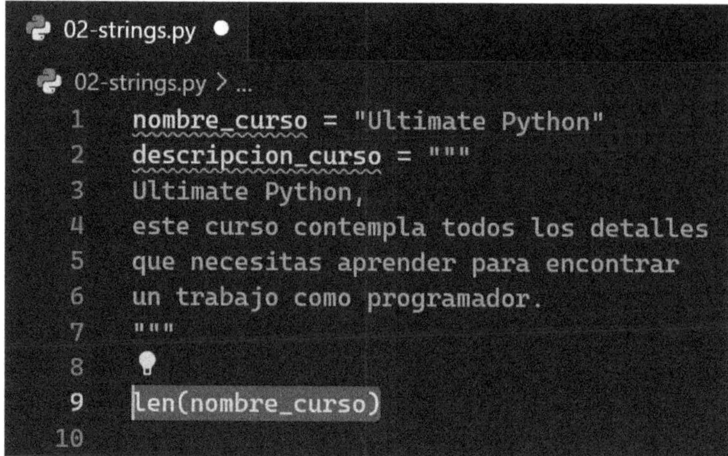

Selección de código

Y vamos a escribir la apertura del paréntesis redondo, cuando hagamos eso, nos vamos a dar cuenta de que VSCode por arte de magia ha completado tanto la apertura como el cierre de los paréntesis redondos, quedando nuestro código de la siguiente manera:

tipos/02-strings.py

```
print(len(nombre_curso))
```

Ahora guardaremos y vamos a ejecutar nuestro código:

Salida de ejecutar: tipos/02-strings.py

```
15
```

En el resultado, vemos que tenemos el valor de 15, que vendría siendo la cantidad de caracteres que tiene el string "Ultimate Python". Vamos a cerrar la terminal y vamos a continuar.

Strings: Acceder a un carácter específico

Si quisiéramos acceder a algún carácter en particular, lo podemos hacer utilizando la notación de paréntesis cuadrados o estos símbolos:

```
[]
```

Así que vamos a colocar el nombre de nuestra variable "**nombre_curso**" y le vamos a pasar un paréntesis cuadrado, y dentro de este, le tenemos que pasar el índice del carácter al cual queremos acceder.

Supongamos que queremos acceder al índice de la letra "**U**", esto lo podríamos utilizar cuando tenemos alguna cadena de texto donde en algunas ocasiones el primer carácter sea minúscula y lo queremos transformar en mayúscula, entonces para eso vamos a acceder a ese carácter en particular.

Sintaxis índice con base cero

¿cómo podemos hacer eso? Lo más probable es que tú piensas que se hace con el número 1, pero los strings en Python se encuentran con base cero para los índices, esto quiere decir que el primer carácter es índice 0, el segundo carácter, en este caso la "l" es índice 1, la "t" es índice 2, y así sucesivamente hasta llegar al último carácter, que en este caso vendría siendo la "n" de Python.

Entonces si quisiéramos acceder al carácter **"U"** lo que tenemos que hacer acá es pasarle el valor de cero de la siguiente manera:

tipos/02-strings.py

```
10 print(nombre_curso[0])
```

Vamos a guardar y ejecutamos nuestro código:

Salida de ejecutar: tipos/02-strings.py

```
1 15
2 U
```

Y aquí vemos cómo tenemos el número **15** que vendría siendo el **print** de la línea 9 y abajo en la línea 2 estamos accediendo a la **"U"** del string "Ultimate Python".

Strings: Cortar strings

Cerramos de nuevo la terminal y lo que vamos a hacer es cortar el string en la variable **nombre_-curso**, en este caso lo que queremos hacer es obtener la palabra **"Ultimate"**.

Sintaxis para cortar strings

Para eso, pues lo vamos a colocar nuevamente un print vamos a pasar nuevamente el nombre de la variable, que es un **"nombre_curso"**, utilizamos nuevamente nuestros paréntesis de corchete **([])** y aquí vamos a ver una anotación bastante similar.

Dentro de este paréntesis de corchete, vamos a colocar el símbolo ":" ahora, justamente antes de estos dos puntos y después de estos, vamos a tener que pasarles valores.

En este caso en la parte de la izquierda, le tenemos que indicar la base, el índice desde donde queremos empezar a recortar caracteres. Como primer valor, le indicaremos que es el índice 0, o sea, desde la U que también le tengo que indicar cuántos caracteres queremos recortar en este caso la palabra "ultimate" tiene 8 caracteres, así que yo le voy a indicar un 8.

El código debió quedarte así:

tipos/02-strings.py

```
11 print(nombre_curso[0:8])
```

Guardaremos y ejecutaremos el código, y aquí te mostraremos ahora solo la salida del código anterior, si tienes más **prints** en tu código verás cada uno de ellos:

Salida de ejecutar: tipos/02-strings.py

```
Ultimate
```

Ahora vemos cómo tenemos ahora la palabra de "Ultimate" impresa en la terminal. Vamos a regresar a nuestro editor y ahora vamos a ver otro ejemplo, pero ahora solamente le vamos a colocar el valor que se encuentra en la izquierda. Lo que vamos a hacer es tomar el índice 9, que debiese ser en la letra "p" de Python:

tipos/02-strings.py

```
12 print(nombre_curso[9:])
```

Y como no le pasamos absolutamente nada a la derecha lo que va a ser Python, es decir: "**OK, como no pasaste nada, voy a rellenar ese valor con lo que considere que debe ser**"

Y en este caso, lo hará será llegar a absolutamente el final del string, o sea, hasta la letra "**n**" del string "**Ultimate Python**". Entonces esto debiese tomar desde la "**P**" de Python hasta el final. Siendo el string completo de "**Python**", entonces vamos de nuevo a guardar y a ejecutar nuestro código:

Salida de ejecutar: tipos/02-strings.py

```
Python
```

Aquí podemos ver cómo ahora tenemos el string "Python".

Vamos a continuar con otro ejemplo. Pero ahora vamos a hacer lo contrario, entonces vamos a eliminar el valor que se encuentra la izquierda de los dos puntos y luego de eso le vamos a colocar que el valor de 8 a la derecha:

tipos/02-strings.py

```
13 print(nombre_curso[:8])
```

Va a ocurrir algo entre comillas, similar a lo que pasó antes, cuando le pasamos el valor de la izquierda y no le pasamos el valor de la derecha, le indicamos desde qué índice queremos comenzar a recortar y vamos a llegar hasta el final cuando no le pasamos el valor de la izquierda, pero sí le pasamos el valor de la derecha. Le estamos indicando a Python que debe asumir el valor por defecto, y el valor por defecto cuando no le pasamos el valor de la izquierda, es cero, entonces, el resultado va a ser exactamente lo mismo que lo que hicimos en este ejemplo anterior de una línea 11:

tipos/02-strings.py

```
11 print(nombre_curso[0:8])
```

Vamos a guardar y a ejecutar nuevamente:

Salida de ejecutar: tipos/02-strings.py

```
Ultimate
```

Y que podemos ver cómo tenemos nuevamente la palabra "**Ultimate**".

Ahora vamos a ver el último ejemplo, esto es cuando no le pasamos ni el valor de la izquierda ni el valor de la derecha. O sea, que Python va a asumir el valor por defecto en la izquierda y en la derecha, esto quiere decir el índice de la izquierda va a ser cero y el valor de la derecha va a ser la longitud completa de nuestro string.

tipos/02-strings.py

```
print(nombre_curso[:])
```

Ahora sí, vamos a ejecutar nuestro código:

Salida de ejecutar: tipos/02-strings.py

```
Ultimate Python
```

Podemos ver que la última notación nos ha generado una copia del string en cuestión, que en este caso es el nombre del curso, o bien **"Ultimate Python"**.

Y esto es todo lo que tenemos que ver con respecto a los strings.

Código completo de la lección

Para terminar, te dejaré el código del archivo: "**tipos/02-strings.py**"

tipos/02-strings.py

```
nombre_curso = "Ultimate Python"
descripcion_curso = """
Ultimate Python,
este curso contempla todos los detalles
que necesitas aprender para encontrar
un trabajo como programador.
"""

print(len(nombre_curso))
print(nombre_curso[0])
print(nombre_curso[0:8])
print(nombre_curso[9:])
print(nombre_curso[:8])
print(nombre_curso[:])
```

Formato de strings

En esta lección vamos a formatear los strings.

Preparación

Lo primero que haremos será ordenar nuestro código, vamos a crear un nuevo archivo en nuestra carpeta “**tipos**”, que se va a llamar “**03-format-strings.py**”, y vamos a cerrar nuestro archivo anterior.

Vamos a escribir las siguientes dos variables, con mi nombre y apellido:

tipos/03-format-strings.py

```
nombre = "Nicolas"
apellido = "Schurmann"
```

Y ahora supongamos que queremos crear una variable que se va a llamar “**nombre_completo**”, y esta va a tener por supuesto el nombre y el apellido. Aquí, vamos a utilizar el operador de concatenación que es exactamente el mismo que el símbolo o el operador para la suma, o bien este: ”+”, y vamos a escribir las siguientes líneas de código:

tipos/03-format-strings.py

```
nombre_completo = nombre + " " + apellido
print(nombre_completo)
```

Lo que estamos haciendo aquí es formar un nuevo string, con los valores de **nombre**,un espacio en blanco para que haya espacio entre los dos valores y el valor de **apellido**, si guardamos y ejecutamos el código, tendremos lo siguiente:

Salida de ejecutar: tipos/03-format-strings.py

```
Nicolas Schurmann
```

Vamos a ver que nos está mostrando el nombre completo, que en este caso es **Nicolas Schurmann**, esta quizás no es la manera más elegante de poder escribir la concatenación o la forma de poder formatear este código, así que lo que vamos a hacer ahora, es que vamos a cambiar esto por el operador de formateo de strings,

Sintaxis para formateo de strings

Aquí solamente tenemos que colocar la “f” o la “F”, en nuestro caso lo vamos a hacer con “f” minúscula, seguido de comillas dobles y dentro de estas comillas dobles, vamos a seguir escribiendo como si este fuese un string normal.

tipos/03-format-strings.py

```
apellido = "Schurmann"
nombre_completo = f""
print(nombre_completo)
```

Y para colocar variables en este string, deberemos colocar los paréntesis de llaves:

tipos/03-format-strings.py

```
apellido = "Schurmann"
nombre_completo = f"{}"
print(nombre_completo)
```

Y dentro del paréntesis de llaves, vamos a colocar el nombre de la variable que queremos imprimir, en este caso, queremos imprimir el "**nombre**" seguido de un espacio y el "**apellido**", quedando así al final:

tipos/03-format-strings.py

```
apellido = "Schurmann"
nombre_completo = f"{nombre} {apellido}"
print(nombre_completo)
```

Si guardas y ejecutas este código, verás que aparece el mismo resultado que hace un momento.

Salida de ejecutar: tipos/03-format-strings.py

```
Nicolas Schurmann
```

Algo que tienes que saber y que es sumamente importante, es que dentro de estos paréntesis de llaves, siempre y cuando lo coloquemos dentro de un operador de formateo de string, podemos escribir la expresión que queramos. Por ejemplo, podríamos colocar que queremos acceder al primer carácter del nombre y en lugar del apellido, queremos colocar **2 + 5**:

tipos/03-format-strings.py

```
apellido = "Schurmann"
nombre_completo = f"{nombre[0]} {2 + 5}"
print(nombre_completo)
```

Vamos a guardar y vamos a imprimir esto:

Salida de ejecutar: tipos/03-format-strings.py

```
N 7
```

Y aquí vemos que nos están mostrando el primer carácter "**N**" y el número 7, así que eso es algo a considerar, podemos utilizar este operador no solamente para poder darle un mejor formato a los strings, sino que también le podemos colocar las expresiones que queramos.

Código completo de la lección

Para terminar, te dejaré el código del archivo: "**tipos/03-format-strings.py**"

tipos/03-format-strings.py

```
nombre = "Nicolas"
apellido = "Schurmann"
nombre_completo = f"{nombre[0]} {2 + 5}"
print(nombre_completo)
```

Métodos de strings

En esta lección vamos a ver muchas funciones útiles que nosotros podemos utilizar cuando estamos trabajando con strings.

Preparación

Lo primero que tenemos que hacer es mantener ordenado nuestro código, vamos a crear un nuevo archivo en nuestro carpeta "**tipos**", el cual se va a llamar "**04-metodos-strings.py**".

¿Qué son los métodos?

Habíamos dicho que estas son funciones, sin embargo, ese no es el nombre técnico correcto. El nombre correcto vendría siendo "métodos", y **un método es una función que se encuentra dentro de un objeto**.

Esto lo vamos a ver más adelante cuando veamos programación orientada a objetos. Por ahora vamos a decirle, o métodos o funciones a esto y más adelante vamos a utilizar la terminología correcta, esto es más que nada solamente para que sea más fácil de entender.

Strings: método upper

Crearemos la siguiente variable de la siguiente manera:

tipos/04-metodos-strings.py

```
animal = "chanCHito feliz"
```

Y vamos a ver la primera función que tiene nuestro string, la cual es la siguiente:

tipos/04-metodos-strings.py

```
print(animal.upper())
```

Vamos a guardar nuestro archivo y vamos a ejecutarlo:

Salida de ejecutar: 04-metodos-strings.py

```
CHANCHITO FELIZ
```

Aquí imprimió "**CHANCHITO FELIZ**", este método está tomando el string que se encuentran dentro de la variable animal, el cual vendría siendo"**chanchito feliz**" y lo está transformando todo a letras mayúsculas.

Strings: método lower

Vamos ahora a ver el siguiente método, en lugar de utilizar **upper**, vamos a utilizar **lower**.

tipos/04-metodos-strings.py

```
print(animal.lower())
```

Vamos a guardar y vamos a volver a ejecutar nuestro código

Salida de ejecutar: 04-metodos-strings.py

```
chanchito feliz
```

Aquí, vemos ahora que tomo absolutamente todas las letras y las pasó todas a minúsculas.

Strings: método capitalize

Vamos a ver ahora otro método de la siguiente manera:

tipos/04-metodos-strings.py

```
print(animal.capitalize())
```

Guardamos y volvemos a ejecutar:

Salida de ejecutar: 04-metodos-strings.py

```
Chanchito feliz
```

Y lo que está haciendo, es que está tomando el primer carácter de nuestro string y lo está transformando en mayúscula pero también está tomando las letras "**CH**" que se encuentran más adelante en nuestro texto y lo está pasando todo a minúscula.

Strings: método title

Vamos a ver otro que hace algo similar, escribiremos lo siguiente:

tipos/04-metodos-strings.py

```
print(animal.title())
```

Guardamos y ejecutamos:

Salida de ejecutar: 04-metodos-strings.py

```
Chanchito Feliz
```

Ahora vemos lo siguiente, lo que está haciendo **title** a diferencia de **capitalize**, es que está tomando la primera letra de cada palabra que se encuentre dentro de nuestro string y está pasando el primer carácter de cada una a mayúscula. En este caso está tomando la "**c**" de chanchito y la "**f**" de feliz, y las está pasando a mayúsculas, y el resto de todas las otras letras las está pasando a minúsculas.

De esta manera podemos utilizar este método para poder darle formato a los strings, para que estas parezcan, bueno, como bien dice el método, un título.

Strings: método strip

Ahora vamos a ver el método strip, y como los anteriores lo escribiremos de manera similar a los anteriores:

tipos/04-metodos-strings.py

```
print(animal.strip())
```

Pero para poder observar lo que hace tenemos que agregarle un par de espacios aquí al comienzo y al final del string, quedando nuestra variable **animal** de la siguiente manera:

tipos/04-metodos-strings.py

```
animal = " chanCHito feliz "
print(animal.upper())
. . .
```

Ahora si, vamos a guardar y ejecutar, en este caso verás todas las salidas anteriores de esta manera:

Salida de ejecutar: tipos/04-metodos-strings.py

```
1  CHANCHITO FELIZ
2  chanchito feliz
3  chanchito feliz
4  Chanchito Feliz
5 chanCHito feliz
```

Lo que va a hacer este método es remover absolutamente todos los espacios en blanco que se encuentran a la izquierda y a la derecha de nuestro string. Vamos a ver ahora que, nuestro string no tiene absolutamente nada al comienzo. Todos los demás strings que hemos impreso, tienen aún el espacio al comienzo y también al final, aunque no lo notemos de inmediato, y fíjate lo que ha sucedido con **capitalize**, el resultado de la línea 3, en este caso tomó absolutamente todos los caracteres y los pasó a minúscula e intentó tomar el primer carácter que en este caso era un espacio y lo trató de pasar a mayúscula, pero el espacio no tiene un carácter que pase a mayúsculas y si lo tuviera da lo mismo, igual no lo vamos a ver, en este caso vendría siendo otro espacio.

Encadenar métodos

Así es que, si vamos a hacer uso de la función o el método de **capitalize** lo que vamos a tener que hacer necesariamente antes, va a ser realizar un **strip** de nuestro string.

Ahora vamos a hacer exactamente eso mismo que acabamos de comentar, vamos a modificar donde estamos usando al método capitalize quedando así:

tipos/04-metodos-strings.py

```
print(animal.lower())
print(animal.strip().capitalize())
print(animal.title())
. . .
```

Vamos a probar esto, guardamos y ejecutamos nuestro código:

Salida de ejecutar: tipos/04-metodos-strings.py

```
  CHANCHITO FELIZ
  chanchito feliz
Chanchito feliz
  Chanchito Feliz
chanCHito feliz
```

Y ahora vemos que nuestra función de **capitalize**, está funcionando de nuevo correctamente. Entonces podemos encadenar los métodos. Aquí pasa lo siguiente:

1. Primero se llama al método **strip**, **este método nos va a retornar un string sin los espacios**,
2. Para después, cuando se ejecute el método **capitalize**, este va a ejecutarse usando el retorno que acabamos de obtener del método **strip** anterior, es decir, **el string sin espacios**, entonces así obtendríamos el comportamiento que deseado.

Así que esto es un código Python completamente válido, podemos llamar una variable, en este caso un string, y empezar a llamar a los métodos del string una y otra vez, encadenándolos.

Strings: métodos lstrip y rstrip

Además del método de **strip**, tenemos a **lstrip** que nos serviría para poder sacar los espacios de la izquierda del string, y también tenemos a **rstrip** que lo que hace es que saca los espacios en blanco que se encuentran a la derecha de nuestro string, así que vamos a agregarlos:

tipos/04-metodos-strings.py

```python
print(animal.lstrip())
print(animal.rstrip())
```

Guardamos y ejecutamos:

Salida de ejecutar: tipos/04-metodos-strings.py

```
chanchito Feliz
  chanCHito feliz
```

Y aquí tenemos cómo con **lstrip** quito los espacios de la izquierda y con **rstrip** quito los espacios de la derecha, bueno, no lo podemos ver porque el espacio no se ve, pero es así, ha quitado los espacios de la derecha.

Strings: método find

Ahora escribiremos lo siguiente:

tipos/04-metodos-strings.py

```
print(animal.find(""))
```

Lo que va a hacer este método es que va a buscar una cadena de caracteres que le indiquemos en el argumento, como por ejemplo podría ser "**CH**", y si lo encuentra nos va a devolver el índice, que sería la ubicación de donde se encuentre dicho carácter en el string. Entonces a nuestro código le tenemos que colocar la cadena de caracteres como argumento de **find** y tenemos que hacerlo entre comillas dobles, tenemos que pasar un string que vamos a estar buscando dentro de este otro string:

tipos/04-metodos-strings.py

```
print(animal.find("CH"))
```

Ahora vamos a ejecutar el código para ver qué es lo que nos devuelve.

Salida de ejecutar: tipos/04-metodos-strings.py

```
6
```

Y nos devolvió **6**, ahora vamos a ver qué es lo que ocurre si es que tratamos de buscar una cadena de caracteres que no se encuentra dentro del string, escribiremos lo siguiente:

tipos/04-metodos-strings.py

```
print(animal.find("cH"))
```

Y ahora sí vamos a ejecutar nuevamente nuestro código:

Salida de ejecutar: tipos/04-metodos-strings.py

```
-1
```

Y vamos a ver que nos ha devuelto el número "**-1**" y significa: "**no lo encontré**". Entonces, si es que obtenemos un número positivo, significa que encontró el índice del string que estábamos buscando, pero si es que nos devuelve "**-1**", y significa que esa cadena en particular que estábamos buscando no existe dentro de ese string.

Strings: método replace

Vamos a escribir el siguiente método:

tipos/04-metodos-strings.py

```
print(animal.replace("nCH", "j"))
```

Y como argumentos tenemos que indicarle cuáles son los caracteres que queremos reemplazar, en este caso, el primero son los caracteres que vamos a reemplazar para nuestro ejemplo "**nCH**", una coma para separar cada argumento, y el segundo será el texto que se colocará como reemplazo, para nuestro ejercicio, una "**j**", ahora si vamos a guardar y vamos a ejecutar:

Salida de ejecutar: tipos/04-metodos-strings.py

```
chajito feliz
```

Y ahora vemos que nos ha cambiado a "**chanchito feliz**" por "**chajito feliz**", y en el caso de que no encuentre esta cadena de caracteres no va a hacer absolutamente nada. Este método **replace** necesariamente necesita recibir 2 argumentos.

Strings: verificar que una cadena de caracteres exista en un string

Vamos a escribir lo siguiente:

tipos/04-metodos-strings.py

```
print("nCH" in animal)
```

Donde "**nCH**" **es la cadena de caracteres que estamos buscando**, usamos la palabra revervada "**in**" para decirle que "**busque en**" o "**dentro de**" y terminamos con la variable donde va a buscar el texto. Guardamos y ejecutamos:

Salida de ejecutar: tipos/04-metodos-strings.py

```
True
```

Y vamos a ver que este nos devuelve "**True**", entonces, ¿cuál es la diferencia de esta funcionalidad con respecto a **find**?, porque **find**, también me va a ir a buscar una cadena de caracteres, la diferencia es la siguiente, **find** lo que va a hacer es que te devuelve el índice de donde se encuentra esta cadena de caracteres, mientras que **in** con el nombre de la variable, lo que va a hacer es que te van a devolver un **boolean**, en el fondo te va a decir si es que se encuentra o si es que no se encuentra.

Ahora, esta misma funcionalidad, la podemos utilizar de la siguiente manera, en lugar de preguntar si es que esta se encuentra, podemos preguntar si es que esta no se encuentra utilizando el operador **not**:

tipos/04-metodos-strings.py

```
print("nCH" not in animal)
```

Sería como escribir algo parecido a lo anterior, pero lo estamos negando, aunque no es exactamente lo mismo, el primero, lo que está haciendo es que busca si la cadena de caracteres se encuentra dentro del string y el segundo busca si es que esta cadena de caracteres no se encuentra dentro del string. Ahora guardamos y vamos a ejecutarlo:

Salida de ejecutar: tipos/04-metodos-strings.py

```
False
```

Y aquí vemos que nos ha devuelto, **False**. Por ende, los últimos 2 métodos lo que harán será devolvernos un **boolean**. Esto nos va a servir cuando necesitemos un tipo de respuesta, como si o no, o en este caso verdadero o falso.

Código completo de la lección

Para terminar, te dejaré el código del archivo: "**tipos/04-metodos-strings.py**"

tipos/04-metodos-strings.py

```
animal = "  chanCHito feliz  "
print(animal.upper())
print(animal.lower())
print(animal.strip().capitalize())
print(animal.title())
print(animal.strip())
print(animal.lstrip())
print(animal.rstrip())
print(animal.find("cH"))
print(animal.replace("nCH", "j"))
print("nCH" in animal)
print("nCH" not in animal)
```

Secuencias de Escape

En esta lección, vamos a ver una parte secuencias de escape que existen en Python.

Preparación

En nuestra carpeta "**tipos**", vamos a crear un nuevo archivo, el cual se va a llamar "**05-secuencias-escape.py**", y cerraremos nuestro archivo anterior.

Vamos a crear una nueva variable y la vamos a imprimir:

tipos/05-secuencias-escape.py

```
curso = "Ultimate Python"
print(curso)
```

Supongamos ahora que queremos colocar una comilla doble, justamente antes de "Python", como lo siguiente:

tipos/05-secuencias-escape.py

```
curso = "Ultimate "Python""
print(curso)
```

Si es que hacemos eso, el intérprete de Python, a pensar que estas comillas dobles son para cerrar el string anterior, vamos a verlo en una imagen:

```
05-secuencias-escape.py > ...
1   curso = "Ultimate "Python""
2   print(curso)
3
```

Error usando múltiples comillas

El cual vendría siendo el comienzo de "Ultimate" y las comillas siguientes va a pensar que son las comillas de apertura para crear un nuevo string. Esto por supuesto que nos arroja un error y como podemos ver, acá nos está indicando que es un error subrayado en rojo.

Entonces, ¿cómo podríamos mostrar estas comillas dobles?, tenemos 2 alternativas, la primera es que cambiemos la primera comilla doble por una comilla simple y la última que también la cambiamos por una comilla simple.

tipos/05-secuencias-escape.py

```
curso = 'Ultimate "Python"'
print(curso)
```

Ahora sí es que guardamos y ejecutamos nuestro código:

Salida de ejecutar: tipos/05-secuencias-escape.py

```
Ultimate "Python"
```

Vamos a ver que la palabra Python aparece con las comillas dobles.

Ahora si por alguna razón no podemos acceder a eso porque supongamos que también tenemos comillas simples:

tipos/05-secuencias-escape.py

```
curso = 'Ultimate' "Python"'
print(curso)
```

Bueno, en este caso estaríamos en un problema, vamos a suponer de nuevo el caso anterior donde tenemos nuevamente las comillas dobles.

tipos/05-secuencias-escape.py

```
curso = "Ultimate "Python""
print(curso)
```

Bueno, para esto podemos hacer uso del backslash o este símbolo "\", el backslash nos van a servir para poder indicarle a Python, **"oye, justamente lo que se encuentra a la derecha del backslash, no lo tomes como un carácter propio del lenguaje, sino que utilizarlo como algo que tú vas a mostrar dentro de un string"**.

Entonces, si quisiéramos mostrar estas comillas dobles y sin tener después el problema de que estamos trabajando dentro de un string, lo que tenemos que hacer es colocar el backslash antes de las comillas dobles que queremos mostrar.

Por supuesto acá tenemos 2 comillas dobles, entonces tenemos que colocar una para la de apertura y otra para la de cierre, quedando de la siguiente manera:

tipos/05-secuencias-escape.py

```
curso = "Ultimate \"Python\""
print(curso)
```

Ahora si es que guardamos e intentamos ejecutar nuestro código, vamos a ver que nuevamente estamos viendo las comillas dobles.

Salida de ejecutar: tipos/05-secuencias-escape.py

```
Ultimate "Python"
```

Comentarios

Ahora vamos a crear un comentario en la línea 1, luego de haber presionado un par de veces la tecla **enter** para bajar el contenido, para crear un comentario tenemos que utilizar el símbolo de numeral, hashtag o bien este simbolo **(#)**, ahora sí, ya que tenemos creado este comentario, acá podemos escribir todo lo que queramos, sin miedo a que esto se ejecute, todo lo que escribamos después del símbolo del numeral va a ser completamente ignorado.

tipos/05-secuencias-escape.py

```
# asdfcdfbdrgdsfsfws

curso = "Ultimate \"Python\""
print(curso)
```

Entonces, ¿cómo funcionaría esto? Si ejecutamos este código, vamos a ver que no tenemos absolutamente ningún problema, seguimos mostrando dentro de nuestra terminal la palabra "Ultimate Python" con las comillas dobles. Ahora ya sabemos que los comentarios se escriben después del símbolo de numeral y que van a ser ignorados por Python, ahora, ya que fuimos esta secuencia de escape, vamos a ver otras secuencias de escape que también tenemos.

tipos/05-secuencias-escape.py

```
1 # asdfcdfbdrgdsfsfws
2 # \"
3 # \
4 # \\
5
6 curso = "Ultimate \"Python\""
7 print(curso)
```

Aquí como nuevo elemento vemos el doble backslash en la línea 4, que, si queremos mostrar un backslash dentro de nuestro código, tenemos que necesariamente colocar 2 backlash, y se vería así:

tipos/05-secuencias-escape.py

```
curso = "Ultimate \\Python\""
print(curso)
```

Ahora sí que ejecutamos esto.

Salida de ejecutar: tipos/05-secuencias-escape.py

```
Ultimate \Python"
```

Vamos a ver ahora cómo estamos mostrando el backslash dentro de nuestro string.

La siguiente secuencia de escape que es la de "\n", que lo que hará será tomar el string que está enseguida y lo va a pasar a una nueva línea. Entonces, colocaremos un "\n" justamente antes de la palabra "Python".

tipos/05-secuencias-escape.py

```
curso = "Ultimate \nPython\""
print(curso)
```

Y vamos a ejecutar esto:

Salida de ejecutar: tipos/05-secuencias-escape.py

```
Ultimate
Python"
```

Aquí, ya vemos cómo tenemos la palabra Ultimate y lo que hizo el "\n" fue tomar nuestro string, es decir "Python", y lo pasó a la línea siguiente.

De esta manera, hemos aprendido a utilizar las secuencias de escape y, como podemos introducir caracteres que podrían llegar a ser un poco complicados cuando estamos escribiendo código, lo podemos meter igual dentro de los strings. En este caso son comillas dobles, comillas simples, backslash y una nueva línea.

Código completo de la lección

Para terminar, te dejaré el código del archivo **tipos/05-secuencias-escape.py**

tipos/05-secuencias-escape.py

```
# asdfcdfbdrgdsfsfws
# \"
# \
# \\

curso = "Ultimate \nzPython\""
print(curso)
```

Números

Ahora vamos a trabajar con los números dentro de Python.

NOTA PARA EL RESTO DEL LIBRO

Como una nota, cada vez que hablemos de ejecutar el código, recuerda que debes de guardar los cambios para ver los nuevos resultados cuando hagamos esta ejecución, de lo contrario, no verás los resultados de lo nuevo que escribamos, y es recomendable que hagas guardados frecuentemente para no perder el progreso de tu trabajo.

Preparación

Vamos a crear un nuevo archivo en nuestra carpeta "**tipos**" que se va a llamar "**06-numeros.py**" vamos a cerrar nuestro archivo anterior, y ahora sí comenzamos.

Lo que sabemos hasta ahora para poder trabajar con números es que estos pueden ser 2 tipos, vamos a comenzar con escribir una variable:

tipos/06-numeros.py

```
numero = 2 # entero o integer
```

En este caso, este es un entero.

Y una nota adicional sobre los comentarios, si colocamos los comentarios con el numeral justamente después del código como lo escribimos en la variable anterior, lo que va a ocurrir es que lo que esté escrito a la derecha del símbolo "**#**" va a ser ignorado, como es el funcionamiento normal de un comentario, y nuestra variable funcionará sin problemas.

Ahora también podríamos tener un número decimal, en este caso un decimal se hace con la notación de punto y se le conoce como float.

tipos/06-numeros.py

```
decimal = 1.2 # float
```

También tenemos los números imaginarios, vamos a ver un ejemplo:

tipos/06-numeros.py

```
imaginario = # 2 + 2i
```

Y por si no lo sabías, la letra "**i**" cuando estamos trabajando en matemáticas es la raíz cuadrada de −1, esto es porque no existe absolutamente ningún número que multiplicado por sí mismo nos de -1, esta es la razón por la cual se le dice que este número es imaginario, o sea, que no existen y estos se utiliza para múltiples operaciones matemáticas, pero para el transcurso de este curso la verdad es que no va a ser necesidad de utilizar la raíz cuadrada de −1 o el número imaginario, pero solamente por si querías saberlo, en este caso en Python se escribiría de la siguiente manera:

tipos/06-numeros.py

```
imaginario = 2 + 2j
```

En este caso, la "j" es el número imaginario o en este caso la raíz cuadrada de "-1".

Esto es lo hasta ahora de los números, agregando por supuesto los números imaginarios. Vamos a continuar viendo ahora las operaciones que podemos realizar con los números.

Operaciones

Vamos a escribir lo siguiente:

tipos/06-numeros.py

```
print(1 + 3)
print(1 - 3)
print(1 * 3)
print(1 / 3)
```

Si ejecutamos, vamos a ver los resultados:

Salida de ejecutar: tipos/06-numeros.py

```
4
-2
3
0.3333333333333333
```

Esta es una forma de dividir. Pero si no queremos los decimales, bueno, en ese caso tenemos que utilizar 2 slash hacia adelante:

tipos/06-numeros.py

```
print(1 // 3)
```

Y ahora, si ejecutamos nuestro código, nos va a indicar que en este caso la división es cero cuando estamos utilizando los 2 slash, nos va a mostrar solamente la parte entera del resultado.

Salida de ejecutar: tipos/06-numeros.py

```
0
```

Ahora vamos a continuar con la siguiente operación y esta es la de "**módulo**", y esta se refiere a cuándo utilizamos el símbolo de porcentaje o "%", para indicar que la división que se haga, devuelva el residuo o resto, lo que sobra de la división:

tipos/06-numeros.py

```
print(1 % 3)
```

Y vamos a ver qué es lo que nos arroja como resultado:

Salida de ejecutar: tipos/06-numeros.py

```
1
```

Vemos que nos arroja un **1**. Porque si dividimos 1 entre 3, no se puede hacer, entonces lo que tenemos que hacer es necesariamente agregar un cero y qué es lo que nos terminaría sobrando de esto, un uno. Para hacer esto un poco más claro, vamos a colocar a 8 entre 3.

tipos/06-numeros.py

```
print(1 // 3)
print(8 % 3)
```

¿Y cuántas veces cae el 3 en el 8? Bueno, en este caso, cabe 2 veces y sobrarían 2, vamos a ejecutar nuevamente el código.

Salida de ejecutar: tipos/06-numeros.py

```
2
```

Vemos que el resultado es **2**.

Y ahora a continuación, lo que tenemos que hacer si queremos hacer que un número esté "**en potencial de**" o "**elevado a**", nos vamos a suponer ahora que vamos a tener 2 y lo que queremos hacer es elevarlo a 3, o sea, 2 por 2, es 4, y nuevamente por 2, sería 8. Para esto tenemos que utilizar 2 veces el símbolo de multiplicación:

tipos/06-numeros.py

```
print(2 ** 3)
```

Ejecutamos nuestro código:

Salida de ejecutar: tipos/06-numeros.py

```
8
```

Vamos a ver ahora que tenemos el número 8 como resultado.

Reemplazando el valor de una variable

Ahora vamos a devolvernos arriba del código, donde tenemos la definición de nuestras variables. A la variable "**numero**" le estamos asignando un 2 como valor, vamos a movernos un par de línea más abajo y vamos a sumarle nuevamente otro número que será por ejemplo 2, entonces vamos a dejar un par de espacios y vamos a escribir en la línea 5 como se ve en la siguiente imagen:

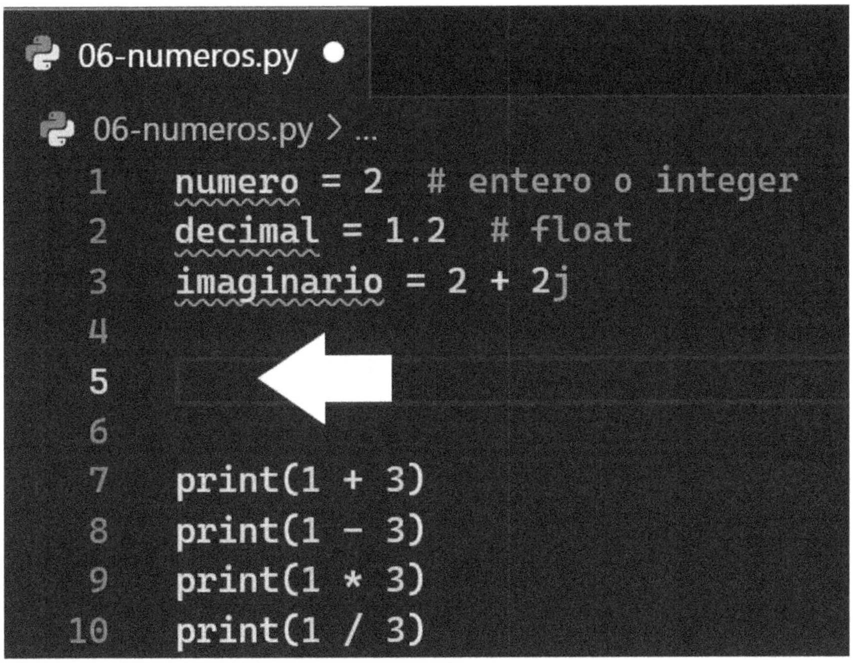

```
06-numeros.py
06-numeros.py > ...
numero = 2  # entero o integer
decimal = 1.2  # float
imaginario = 2 + 2j



print(1 + 3)
print(1 - 3)
print(1 * 3)
print(1 / 3)
```

Dejando espacios para escribir el ejercicio

Y escribiremos la siguiente línea de código:

tipos/06-numeros.py

```
numero = numero + 2
. . .
```

Aquí estamos estoy tomando la variable de "**numero**" y la estamos reemplazando por sí misma, cuyo valor actual es 2, y después lo que hacemos es sumarle 2, entonces esto por detrás vendría siendo "**2 + 2 = 4**", y este valor de **4** se le asignaría posteriormente a la variable "**numero**", vamos a ver, para comprobar esto, vamos a escribir debajo el siguiente print:

tipos/06-numeros.py

```
numero = numero + 2

print("numero", numero)
. . .
```

Vamos a ejecutar nuevamente el código:

Salida de ejecutar: tipos/06-numeros.py

```
numero 4
. . .
```

Y aquí vemos que tenemos la palabra "numero" y el valor **4**. Pero, esta no es la única manera de hacer esto, existe otra notación, vamos a duplicar esta línea, comentaremos la primera que hicimos y nos debería quedar el orden de la siguiente manera con esta nueva línea:

tipos/06-numeros.py

```
# numero = numero + 2
numero += 2

print("numero", numero)
. . .
```

En esta notación le decimos a Python: **Oye, la variable que tenemos a la izquierda súmale**: 2 **mas el valor de la misma variable**.

Sí, ejecutamos de nuevo el código:

Salida de ejecutar: tipos/06-numeros.py

```
numero 4
. . .
```

Vamos a ver que tenemos nuevamente el número 4.

Y podemos realizar otras operaciones de manera similar con los que vimos hace un momento.

tipos/06-numeros.py

```
numero += 2
numero -= 2
numero *= 2
numero /= 2

print("numero", numero)
. . .
```

Todos estos casos van a ser válidos y realizarán la operación correspondiente.

Código completo de la lección

Para terminar, te dejaré el código del archivo "**tipos/06-numeros.py**"

tipos/06-numeros.py

```
numero = 2  # entero o integer
decimal = 1.2  # float
imaginario = 2 + 2j

# numero = 2 + 2
numero += 2
numero -= 2
numero *= 2
numero /= 2

print("numero", numero)
print(1 + 3)
print(1 - 3)
print(1 * 3)
```

```
print(1 / 3)
print(1 // 3)
print(8 % 3)
print(2 ** 3)
```

Módulo Math

En esta lección vamos a ver par de funciones nativas que tiene Python para poder trabajar con números.

Preparación

Para eso nos vamos a venir nuevamente a nuestro explorador de archivos en la carpeta "**tipos**", vamos a crear un nuevo archivo que se va a llamar "**07-numeros-funciones.py**" y comenzaremos:

Método round

Ahora, lo que vamos a hacer es imprimir la siguiente función **round**:

tipos/07-numeros-funciones.py

```
print(round(1.3))
```

Con su salida si ejecutamos:

Salida de ejecutar: tipos/07-numeros-funciones.py

```
1
```

Aquí vemos que nos está devolviendo **1**, lo que va a hacer **round**, es que va a devolver el número al cual este se encuentre más cercano al número que le pasamos, entonces 1.3 se encuentra más cerca de 1 que de 2, así que este nos va a devolver 1, pero si es que hacemos esto mismo y colocamos por ejemplo un 1.7.

tipos/07-numeros-funciones.py

```
print(round(1.7))
```

Y ejecutamos nuevamente:

Salida de ejecutar: tipos/07-numeros-funciones.py

```
2
```

Ahora que nos ha devuelto el número **2**, pero ¿qué es lo que ocurre si colocamos 1.5?, porque este se encontraría técnicamente en la mitad.

tipos/07-numeros-funciones.py

```
print(round(1.5))
```

Con la siguiente salida, si ejecutamos:

Salida de ejecutar: tipos/07-numeros-funciones.py

```
2
```

Y este también nos devuelve 2.

Método abs

Ahora vamos a ir ahora con la siguiente función, vamos a escribir la siguiente línea:

tipos/07-numeros-funciones.py

```
print(abs())
```

Y "**abs**", lo que hará será entregarnos el valor absoluto del número que le pasamos a esta función, el valor absoluto lo que hace es que saca el signo que sea, así que es positivo o negativo de la ecuación y bueno, este siempre nos va a devolver un número positivo. Entonces si es que le pasamos, por ejemplo, el número - 77,

tipos/07-numeros-funciones.py

```
print(abs(-77))
```

Con la salida:

Salida de ejecutar: tipos/07-numeros-funciones.py

```
77
```

Lo que va a hacer es imprimir 77, pero si le pasamos en lugar de -77, le pasamos, por ejemplo, 55, sin el símbolo de menos, y ejecutamos.

tipos/07-numeros-funciones.py

```
print(abs(55))
```

Con la salida:

Salida de ejecutar: tipos/07-numeros-funciones.py

```
55
```

Vamos a ver que este nos devuelve 55.

Lamentablemente, Python no tiene muchas funciones nativas para que podamos trabajar con números, pero afortunadamente este viene con un módulo incluido de manera nativa, que podemos importar para poder trabajar con números.

¿Qué es un módulo?

Un módulo vendría siendo como otro archivo que podemos traer/importar, el cual ya viene con código escrito en Python.

Entonces, vamos a importar el módulo que necesitamos, para eso, tenemos que ubicarnos en nuestra primera línea, presionaremos dos veces la tecla enter para comenzar a trabajar y vamos a escribir lo siguiente:

Módulo math

tipos/07-numeros-funciones.py

```
import math

print(round(1.3))
. . .
```

Este es el módulo con el cual vamos a empezar a trabajar y piensa que **Math** es un archivo que se llama **math.py**, y este contiene código escrito en Python, sencillamente, eso es código escrito en Python que se encuentra en otro archivo y que vamos a poder utilizar para nuestra conveniencia.

Entonces, vamos a ver algunas de las funciones que vienen dentro del módulo de **math** y luego vamos a ver donde puedes encontrar la documentación de este módulo, porque la verdad es que métodos tienen bastantes, pero vamos a ver los más importantes.

Módulo math, método: ceil

Entonces, en las últimas líneas de nuestro archivo vamos a escribir:

tipos/07-numeros-funciones.py

```
print(math.ceil(1.1))
```

Esto es lo que va a hacer, es que va a tomar el número y va a llevarlo al número superior entero más cercano, entonces si tenemos acá, por ejemplo **1.1**, si ejecutamos esto:

Salida de ejecutar: tipos/07-numeros-funciones.py

```
2
```

Y el resultado es que el número más cercano hacia arriba va a hacer **2**.

Módulo math, método: floor

Vamos a continuar con la siguiente, vamos a colocar **print** pero ahora con **floor**.

tipos/07-numeros-funciones.py

```
print(math.floor(1.99999))
```

Lo que hará este va a hacer es que va a tomar el número independiente de cual sea, y lo va a llevar hacia el número entero que se encuentra más cercano, pero hacia abajo, entonces vamos a ejecutar nuestro código:

Salida de ejecutar: tipos/07-numeros-funciones.py

```
1
```

Y aquí vemos que nos está devolviendo el **1**, vamos a continuar con el siguiente:

Módulo math, método: isnan

tipos/07-numeros-funciones.py

```
print(math.isnan(23))
```

Lo que va a hacer es que **nos va a devolver si es que el valor que le estamos pasando entre paréntesis corresponde a que "no" es un número**, entonces, le pasamos 23, y al momento de ejecutar:

Salida de ejecutar: tipos/07-numeros-funciones.py

```
False
```

Esto lo que nos va a indicar que esto es falso, y esto es porque **23**, efectivamente es un número, pero si le pasamos, por ejemplo:

tipos/07-numeros-funciones.py

```
print(math.isnan("23"))
```

Vamos a ver qué es lo que ocurre, lo ejecutamos:

```
Traceback (most recent call last):
  File "07-numeros-funciones.py", line 11, in <module>
    print(math.isnan("23"))
TypeError: must be real number, not str
```

Error en isnan

Y aquí nos está indicando que el argumento que le tenemos que pasar tiene que ser un número real y no un string, entonces solamente nos va a servir con números reales. Así que lo que vamos a hacer es que vamos a comentar esta línea para que no tengamos problemas después.

tipos/07-numeros-funciones.py

```
print(math.isnan(23))
# print(math.isnan("23"))
```

Vamos a pasar al siguiente método de **math**:

Módulo math, método: pow

tipos/07-numeros-funciones.py

```
print(math.pow(10, 3))
```

Y este nos permite a poder elevar un número a la potencia de otro, ahora vamos a ejecutar nuestro código:

Salida de ejecutar: tipos/07-numeros-funciones.py

```
1000.0
```

Y aquí vemos que tenemos 1000, que ese es el resultado de elevar 10 a la 3, que es 10 por 10, igual a 100, por 10 de nuevo y sería igual 1000.

Ahora, continuamos con el último método que vamos a ver antes de pasar a ver dónde podemos encontrar todos los métodos que tiene **math**, escribiremos el siguiente código:

Módulo math, método: sqrt

tipos/07-numeros-funciones.py

```
print(math.sqrt(9))
```

Este método nos servirá para sacar la raíz cuadrada del número que nosotros le pasemos aquí, vamos a ejecutar nuestro código:

Salida de ejecutar: tipos/07-numeros-funciones.py

```
3.0
```

Y vemos que la raíz cuadrada de 9 es efectivamente 3.

Documentación del módulo math

Ahora vamos a ver dónde podemos encontrar todos los métodos que tiene nuestro módulo de **math**, ahora vamos a salir nuestro explorador/navegador web y una vez que nos encontremos en el buscador, vamos a colocar acá: "**python math**".

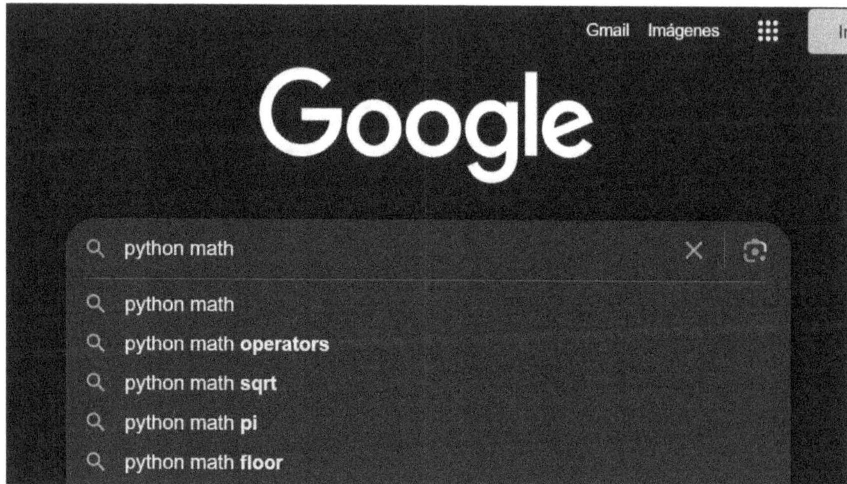

Buscando el python math en el buscador

Presionamos enter y el link que estamos buscando vendría siendo el cual se encuentra dentro de **docs.python.org > library > math**, vamos a hacer clic en este enlace:

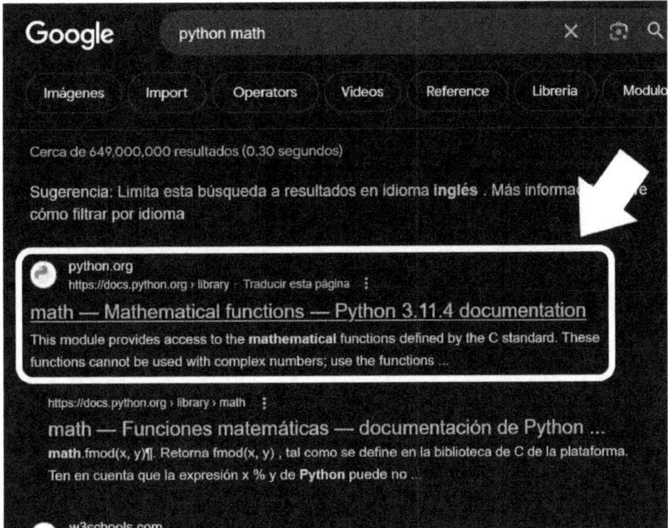

Link a la documentación de math

Y aquí, ya tenemos unos cuantos métodos, incluso lo que ya habíamos utilizado. Tenemos, por ejemplo, al método **ceil** o **comb**, y aquí podemos investigar todo lo que esto muestra. La verdad es son bastantes métodos, no los vamos a ver todos, porque no es relevante que veamos todo el módulo para el alcance de este libro, pero sí es importante que sepas que esto existe, y que acá se encuentran absolutamente todos los métodos o las funciones en verdad definidas dentro del módulo de math.

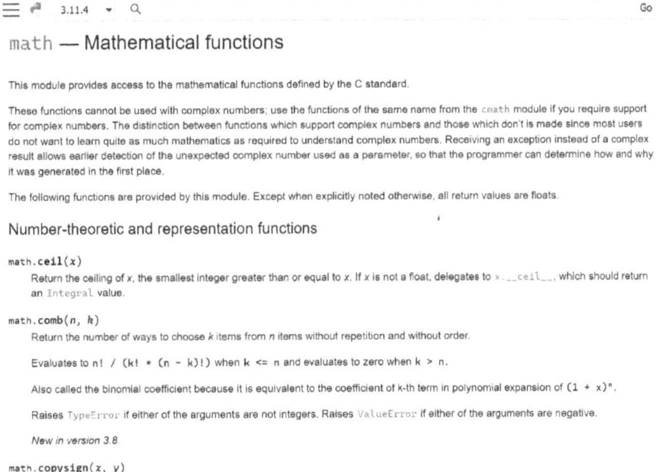

Documentación de math en la web

Código completo de la lección

Para terminar, te dejaré el código del archivo: **"tipos/05-secuencias-escape.py"**

tipos/07-numeros-funciones.py

```
import math

print(round(1.3))
print(round(1.7))
print(round(1.5))
print(abs(-77))
print(abs(55))

print(math.ceil(1.1))
print(math.floor(1.99999))
print(math.isnan(23))
# print(math.isnan("23"))
print(math.pow(10, 3))
print(math.sqrt(9))
```

Calculadora Básica

En esta lección vamos a construir nuestra primera aplicación...bueno, quizá la palabra aplicación es demasiado grande para lo que vamos a construir, pero por lo menos vamos a agarrar varios conceptos de los que ya hemos visto y los vamos a poner en práctica, así que vamos con eso.

Preparación

Lo primero que tenemos que hacer es en nuestra carpeta "**tipos**" crear un nuevo archivo, el cual se van a llevar "**08-calculadora.py**", y sí, lo sé, una calculadora no necesariamente es entretenido de construir, pero lo bueno que tiene es que son sumamente predecibles, nos ayudan a practicar cosas que son sencillas y de esta manera podemos reforzar lo aprendido.

Lo primero que vamos a necesitar es una forma de poder obtener datos del usuario, hasta ahora no hemos visto absolutamente ninguna forma de cómo podemos sacar datos que los pueda ingresar el usuario manualmente. Esto, la verdad es que es sumamente fácil, lo que vamos a hacer ahora es crear una variable que se va a llamar **n1**, que va a hacer referencia al primer número, y esta, va a ser igual a un **input**, la escribiremos de la siguiente manera:

tipos/08-calculadora.py

```
n1 = input("Ingresa primer número: ")
```

Esta función nos va a permitir obtener datos del usuario a través de la terminal. **input** recibe el mensaje que queremos entregarle al usuario. Vamos a agregar otra línea más como esta:

tipos/08-calculadora.py

```
n2 = input("Ingresa segundo número: ")
```

Ahora, si es que colocamos un **print**, y le pasamos **n1** y a **n2**.

tipos/08-calculadora.py

```
print(n1, n2)
```

Y ejecutamos:

Terminal de commandos al ejecutar tipos/08-calculadora.py

```
Ingresa primer número:
```

Es que vamos a ver que en este momento nos está indicando nuestro terminal, "Ingresa primer número: " y aquí ingresaremos el número **12**,

Terminal de commandos al ejecutar tipos/08-calculadora.py

```
Ingresa primer número: 12
```

Presionaremos **enter** y después nos va a indicar "Ingresa segundo número: ", vamos a indicar que es **32**

Terminal de commandos al ejcutar tipos/08-calculadora.py

```
Ingresa segundo número: 32
```

Y si presionamos **enter** veremos en la terminal:

Salida de ejecutar: tipos/08-calculadora.py

```
12 32
```

Nos va a mostrar los números que ingresamos, que son **12** y **32**, sin embargo, hay algo que esto no está haciendo por nosotros, y esto es transformar estos datos de string a un número, así que vamos a tener que hacer eso de manera manual, porque si intentamos sumar estos números, es decir a **n1** y **n2**, como lo haremos a continuación:

tipos/08-calculadora.py

```
print(n1 + n2)
```

Ejecutamos, ingresando los mismos valores que usamos anteriormente:

Salida de ejecutar: tipos/08-calculadora.py

```
1232
```

Como vemos, el resultado es **1232**, en lugar de sumar **12** y **32**, y eso por supuesto que no es lo nosotros queremos. Para lograrlo tenemos que convertir estos datos a números, y lo haremos de la siguiente manera, agregando las siguientes líneas de código antes del print:

tipos/08-calculadora.py

```
n1 = int(n1)
n2 = int(n2)
. . .
```

Ahora si es que vamos a ejecutar nuestra aplicación, tenemos que ingresar los números de **12** y **32** como anteriormente hicimos.

Salida de ejecutar: tipos/08-calculadora.py

```
44
```

Pero aún hay un problema que tienen la aplicación y es que, si tratamos de ejecutarla,pero en lugar de ingresar un número colocamos un string y después colocamos otro:

```
❯ python3 08-calculadora.py
Ingresa primer número: sdfhjasd
Ingresa segundo número: sjdfgwfwa
Traceback (most recent call last):
  File "08-calculadora.py", line 4, in <module>
    n1 = int(n1)
ValueError: invalid literal for int() with base 10
: 'sdfhjasd'
```

Error ingresando strings

Nos va a indicar que ha ocurrido un error porque estamos tratando de transformar un string, a un número entero y esto por supuesto que no se puede hacer. Por ahora vamos a dejarlo así, vamos a obviar este error, para que podamos seguir construyendo nuestra aplicación, pero esto, el manejo de errores, ya lo vamos a ver en un futuro, no nos adelantemos.

Ahora lo que vamos a hacer es eliminar la función **print**:

tipos/08-calculadora.py

```
print(n1 + n2)
```

Y vamos a empezar a generar resultados por cuatro operaciones la cual es la suma, la resta, la multiplicación y la división. Y luego le vamos a entregar esos datos al usuario en strings formateados, así es que vamos a escribir las siguientes líneas de código:

tipos/08-calculadora.py

```
suma = n1 + n2
resta = n1 - n2
multi = n1 * n2
div = n1 / n2

mensaje = f"""
Para los números {n1} y {n2},
El resultado de la suma es {suma},
El resultado de la resta es {resta},
El resultado de la multiplicación es {multi},
El resultado de la división es {div}
"""

print(mensaje)
```

Ahora lo que vamos a hacer es guardar y ejecutar, ingresaremos los mismos datos que hace un momento **12** y **32**:

Salida de ejecutar: tipos/08-calculadora.py

```
Para los números 12 y 32,
El resultado de la suma es 44,
El resultado de la resta es -20,
El resultado de la multiplicación es 384,
El resultado de la división es 0.375
```

Entonces hemos impreso los resultados que esperábamos y con esto hemos resuelto un primer ejercicio que es una pequeña calculadora.

Código completo de la lección

Para terminar, te dejaré el código del archivo: "**tipos/08-calculadora.py**"

tipos/08-calculadora.py

```
n1 = input("Ingresa primer número: ")
n2 = input("Ingresa segundo número: ")

n1 = int(n1)
n2 = int(n2)

suma = n1 + n2
resta = n1 - n2
multi = n1 * n2
div = n1 / n2

mensaje = f"""
Para los números {n1} y {n2},
El resultado de la suma es {suma},
El resultado de la resta es {resta},
El resultado de la multiplicación es {multi},
El resultado de la división es {div}
"""

print(mensaje)
```

Conversión de tipos

Acabamos de resolver nuestro primer ejercicio, una calculadora bastante básica. Ahora vamos a ver un par de cosas que nos dejó.

Preparación

Primero, vamos a crear un nuevo archivo en nuestra carpeta "**tipos**" y este se va a llamar **09-conversion-tipos.py**.

Lo que vamos a hacer ahora es definir una variable que se va a llamar **x**, y esta va a ser igual al **input** del usuario.

tipos/09-conversión-tipos.py

```
x = input("")
```

Lo que vimos era que independiente de lo que recibiéramos por parte del usuario, **x** siempre será de tipo **string** y que necesariamente íbamos a tener que transformarla a un tipo **entero** o **integer**, y eso lo hicimos con la función nativa de Python llamada **int**. Esta no es la única función nativa que existe dentro de Python, existen varias más, que serían las siguientes:

tipos/09-conversión-tipos.py

```
# int()
# str()
# float()
# bool()
```

- **srt**: lo que hace es que toma cualquier tipo de dato y lo transforma a un string,
- **float**: este es bastante autoexplicativo. Y lo que hace es que van a tratar de agarrar cualquier tipo de dato y lo van a transformar en un, por si no lo habías notado, en un float,
- y por supuesto que también tenemos **bool**, y lo que va a hacer es que va a tratar de transformar este dato a un boolean o un booleano, pero le vamos a decir boolean por ahora.

Ahora, esta última función podría tener un par de problemas y es que si tú lo intentas ejecutar, porque **bool** lo que hace es que va a tomar absolutamente cualquier cosa que le pasemos y este la va a evaluar en **True** o **False**. Dentro de Python, existe un concepto que se llama **Truthy** y **Falsy**, esto quiere decir que van a existir datos o ciertos tipos de datos que van a ser evaluados en **True**, y también van a existir otros datos que van a evaluar en **False** si es que se los pasamos a esta función.

¿Y qué datos son estos? La verdad que esto es bastante fácil. Los datos **Falsy** o **false** vendrían siendo:

- un string vacío, esto quiere decir, un string que no tiene absolutamente nada o esto: "",
- el segundo dato que evalúa en falsy es el cero,
- y el último dato que puede ser evaluado en falsy es un objeto que se llama **None**, no te preocupes por este objeto, ya lo vamos a ver más adelante.

Pero lo que sí tienes que saber es que solamente con estas 3 alternativas la función de **bool** va devolver falso, con todo el resto, incluso con un string que dice "falso", este igual va a evaluar en **True**, así que vamos a probar exactamente esto mismo.

Vamos a comentar nuestra variable **x**:

tipos/09-conversión-tipos.py

```
# x = input("")
# int()
. . .
```

Y vamos a escribir las siguientes líneas usando la función **bool**.

tipos/09-conversión-tipos.py

```
print(bool(""))
print(bool("0"))
print(bool(None))
print(bool(" "))
print(bool(0))
```

Y vamos a probarlo ejecutando:

Salida de ejecutar: tipos/09-conversión-tipos.py

```
False
True
False
True
False
```

Vemos, así que:

• El primero va a devolver falso, • El segundo va a devolver verdadero porque es un string que contiene el valor de cero, • None va a devolver falso, • El string con el espacio va a devolver verdadero, • y el número cero, va a devolver, falso.

Código completo de la lección

Para terminar, te dejaré el código del archivo: **tipos/09-conversión-tipos.py**:

tipos/09-conversión-tipos.py

```
# x = input("")
# int()
# str()
# float()
# bool()

print(bool(""))
print(bool("0"))
print(bool(None))
print(bool(" "))
print(bool(0))
```

Capítulo 3: Control de flujo

Comparadores lógicos.

En esta lección vamos a ver los operadores de comparación o los comparadores.

Preparación

Vamos a crear una nueva carpeta en nuestro editor, la cual se va a llamar "**control-flujo**" y crearemos un nuevo archivo el cual se va a llamar "**01-comparadores.py**"

Y vamos a comenzar, lo primero que tenemos que hacer es por supuesto escribir la instrucción de **print**, para poder mostrar en la terminal el resultado de cada una de las expresiones que vamos a colocar.

¿Qué es una expresión?

Hemos mencionado un par de veces la palabra expresiones o expresión, bueno una expresión es algo, como una cadena de instrucciones, que después estas van a evaluar en una única cosa.

Como por ejemplo, podría ser: "**1 + 2**", esto que es lo que va a hacer va a evaluar en 3, entonces esto vendría siendo la expresión, eso también lo podemos utilizar para variables, por ejemplo, podríamos tener una variable que se llame **n1** y esta se la vamos a sumar **n2**, esto también va a ser una expresión.

Lo que vamos a hacer ahora es colocar una expresión dentro de los paréntesis de la función **print**. Así que aquí vamos a colocar:

control-flujo/01-comparadores.py

```
print(1 > 2)
```

Existen múltiples operadores lógicos que podemos utilizar, los cuales nos van a terminar devolviendo un valor **Boolean**, es decir, van a devolver siempre un valor que puede ser "**True**" o puede ser "**False**".

Ahora, ¿1 es mayor que 2?, por supuesto que no, así que esto es lo que va a hacer es que nos va a devolver **False**. Vamos a duplicar esta línea y vamos a cambiar el símbolo por el símbolo de "menor que" o de la siguiente manera:

control-flujo/01-comparadores.py

```
print(1 < 2)
```

Ahora, ¿1 es menor que 2?, por supuesto que sí, entonces esto va a devolver "**True**", es más, ejecutemos esto para ver qué es lo que nos devuelve:

Salida de ejecutar: control-flujo/01-comparadores.py

```
False
True
```

Y aquí tenemos el primer valor que es False y el segundo que es True. Vamos a continuar ahora con los siguientes operadores lógicos, los siguientes son el de "menor o igual que" o "<=" y el de "mayor o igual que" o ">="

control-flujo/01-comparadores.py

```
print(1 <= 2)
print(1 >= 2)
```

En la primera expresión, **¿1 es menor o igual que 2?**, en este caso, si, si lo es, así que esto debe ser devolver "**True**", para la siguiente preguntamos **¿1 es mayor o igual que 2?**, y para esta la respuesta es no, por lo que nos devolverá "**False**"

Vamos a ver otro ejemplo con este mismo comparador lógico, con el símbolo de "**mayor o igual que**"

control-flujo/01-comparadores.py

```
print(2 >= 2)
```

Entonces, **¿2 es mayor o igual que 2?**, si, porque 2 es exactamente igual que 2, cuando estamos utilizando este comparador lógico, estamos utilizando la combinación entre el símbolo de "mayor que" e "igual" o sea que si es que el número de la izquierda es igual al número de la derecha, entonces esto va a evaluar en "**True**", pero también va a ser "**True**" si es que el número que se encuentra a la izquierda es mayor que el de la derecha. Y ocurría exactamente lo mismo si es que lo cambiamos por el símbolo de **menor que**.

control-flujo/01-comparadores.py

```
print(2 <= 2)
```

En este caso, estas 2 expresiones van a devolver "**True**".

Vamos a continuar ahora, lo que tenemos que hacer es colocar el operador de la doble igualdad.

control-flujo/01-comparadores.py

```
print(2 == 2)
```

¿Por qué doble igualdad?, porque si colocamos solamente un símbolo de igual lo que estaríamos haciendo es asignar una variable al valor que se encuentra a la izquierda, esto no lo podemos hacer con los números, ya que no se trata de una variable, así que lo que vamos a hacer es colocar nuevamente la doble igualdad, en este caso preguntamos 2 es igual a 2, por supuesto que si, esto va devolver "**True**". Ahora veamos el caso cuando esto devuelve falso:

control-flujo/01-comparadores.py

```
print(2 == 3)
```

Esto va a devolver "**False**".

Ahora qué es lo que ocurriría si comparamos 2 con el string de 2.

control-flujo/01-comparadores.py

```
print(2 == "2")
```

En este caso como **2** es de tipo número, específicamente, esto es un "**int**", y "2" es un **string**, vamos a tener 2 tipos de datos que son completamente distintos, por ende esto nos va a devolver "**False**".

Vamos a continuar ahora con el último que en este caso vendría siendo la "**desigualdad**" o el "**not equal**".

control-flujo/01-comparadores.py

```
print(2 != "2")
```

Esta combinación de símbolos !=, quiere decir "**not igual**" o "**no es igual a**" y aquí preguntamos **¿2 es no igual a el string de** "2"?, por supuesto que si, no son iguales, y, por lo tanto, nos va a devolver **True**, pero si en lugar de esto escribiéramos:

control-flujo/01-comparadores.py

```
print(2 != 2)
```

Aquí preguntamos, **¿2 es distinto de** 2?, claro que no, son exactamente iguales, así que esto me va a devolver **False**.

Vamos a ejecutar el codigo para ver que nos devuelven todas estas expresiones usando los comparadores:

Salida de ejecutar: control-flujo/01-comparadores.py

```
False
True
True
False
True
True
True
False
False
True
False
```

Finalmente estos son los operadores lógicos que vamos a estar utilizando la mayoría de las veces para poder entregarle un flujo a nuestra aplicación para saber qué camino tomar dependiendo de los datos que tengamos en determinado momento.

Código completo de la lección

Para terminar, te dejaré el código del archivo: "**control-flujo/01-comparadores.py**"

control-flujo/01-comparadores.py

```
print(1 > 2)
print(1 < 2)
print(1 <= 2)
print(1 >= 2)
print(2 >= 2)
print(2 <= 2)
print(2 == 2)
print(2 == 3)
print(2 == "2")
print(2 != "2")
print(2 != 2)
```

If, else, elif.

Vamos a continuar viendo la instrucción **if**, esta nos va a poder permitir tomar decisiones en cuanto a qué camino tiene que tomar nuestro código dependiendo del valor que tenga las variables con las que estamos trabajando, vamos a verlas.

Preparación

Para eso volvemos a crear un archivo el cual se va a llamar "**02-if.py**" en nuestra carpeta "**control-flujo**", cerraremos el archivo anterior.

Vamos a suponer que queremos comprar una entrada al cine y en este caso la película que queremos ver es solamente para mayores de 18 años, pero también podemos obtener un descuento en el caso que el usuario sea mayor de 55, para eso lo que debemos hacer es crear una variable y usaremos la instrucción **if** de la siguiente manera:

control-flujo/02-if.py

```
edad = 22

if edad > 17:
    print("Puede ver la película")

print("listo")
```

En ese caso lo que vamos a hacer es indicarle a Python que tiene que ejecutar todo el código que se encuentra anidado dentro del **if** cuando la expresión es verdadera, y todo el código que no se encuentre anidado, como el **print("listo")**, va a ser ejecutado de todas maneras y no va a pasar por esta condición.

Con este programa, lo que hicimos fue crear una variable que va a contener el valor de 22, en este caso vendría siendo la edad del usuario. Luego vamos a preguntar sí que el usuario es mayor de 17 años, y en el caso de ser mayor de 17 años, le vamos a mostrar al usuario puede ver la película, pero si es que el usuario no tuviese más de 17 años, o sea 18 años en adelante no deberíamos poder ver este mensaje y solamente deberíamos ver el **print** que nos está mostrando "listo".

Vamos a ejecutar nuestro código:

Salida de ejecutar: control-flujo/02-if.py

```
Puede ver la película
listo
```

Y lo que podemos ver es que nos muestra el mensaje que el usuario puede ver la película y también vemos el mensaje de listo.

Vamos a cambiar el valor de **edad** por 15, y ejecutaremos el código:

control-flujo/02-if.py

```
edad = 15
. . .
```

Ejecutamos:

Salida de ejecutar: control-flujo/02-if.py

```
listo
```

Y vemos que ahora solamente nos imprime "listo".

Sintaxis de if

Entonces, podemos utilizar la instrucción de **if** y a la derecha le podemos pasar la expresión que queramos, siempre y cuando esta expresión evalúe en "**True**" o en "**False**" para poder evaluar si es que vamos a ejecutar esta porción de código, y si no cumple con la condición, sencillamente no ejecutamos esto. En este ejemplo sé valida que el usuario pueda entrar a ver una película.

Ahora vamos a ver otro caso, que es lo que pasa si es que el usuario es menor de edad o sea tiene 17 años o menos. En ese caso lo que tenemos que hacer es colocar la instrucción de **else**, quedando de la siguiente manera:

control-flujo/02-if.py

```
    print("Puede ver la película")
else:
    print("No puedes entrar")

print("listo")
```

Y vamos a ejecutar el código:

Salida de ejecutar: control-flujo/02-if.py

```
No puedes entrar
listo
```

Y ahora nos está indicando el mensaje "no puedes entrar", pero si cambiamos de regreso el valor de edad a 22

control-flujo/02-if.py

```
edad = 22
. . .
```

Y volvemos a ejecutar, vamos a ver lo siguiente:

Salida de ejecutar: control-flujo/02-if.py

```
Puede ver la película
listo
```

Nos vamos a dar cuenta de que ahora nos va a mostrar "Puede ver la película", de esta manera podemos indicarle al código qué porción de código tiene que este ejecutar, dependiendo del tipo de dato que evaluemos.

Ahora, algo sumamente importante como puedes ver aquí lo que estamos haciendo es que estamos indentando el código hacia la derecha, en este caso estamos colocando cuatro espacios o con la tecla "**tab**", cuando presionamos la tecla de "**tab**" el código se va a anidar un poco hacia la derecha, **estos cuatro espacios son sumamente importantes**, ya que, si por alguna razón no los llegases a colocar, en este caso no van a ser considerados dentro de este bloque **if**.

Para ejemplificar esto, después del **else**, volveremos a colocar un **print**, y le entregaremos el mensaje: "Ve a otro lado", pero si por alguna razón nos equivocamos y dejamos sin indentación esta línea de código, al mismo nivel que el **if** y **else**.

control-flujo/02-if.py

```
    print("No puedes entrar")
print("Ve a otro lado")

print("listo")
```

Bueno, vamos a ver qué es lo que ocurre cuando lo ejecutamos:

Salida de ejecutar: control-flujo/02-if.py

```
Puede ver la película
Ve a otro lado
listo
```

Y vemos ahora los textos "Puede ver la película" y "Ve a otro lado", esto no es lo que queremos y esta es la razón por la cual algunos desarrolladores, cuando están recién empezando a programar no les funciona bien su código, **tienen que preocuparse de que su código siempre se encuentre indentado** y en este caso quiere decir, que tiene que encontrarse justamente una tabulación a la derecha después de **else** o de **if**.

Ahora, qué es lo que pasa si es que mi usuario es mayor de 55 años como habíamos mencionado antes, en este caso vamos a tener que cambiar esto un poco:

control-flujo/02-if.py

```
else:
    print("No puedes entrar")
    print("Ve a otro lado")

print("listo")
```

Ahora, vamos a agregar otra condición más, que pasaría si es que después de haber preguntado sí es que tiene más de 54 quiero hacerle otra pregunta, como, por ejemplo, saber si es que el usuario es mayor de 18 años, en ese caso tengo que utilizar la instrucción **elif**, con la condicional si es mayor de 17 años, aquí es donde tengo que colocar nuevamente el **print** donde le vamos a indicar el string "Puedes ver la película":

control-flujo/02-if.py

```
edad = 22
if edad > 54:
    print("Puede ver la película con descuento")
elif edad > 17:
    print("Puedes ver la película")
else:
. . .
```

Vamos a ejecutar el código:

Salida de ejecutar: control-flujo/02-if.py

```
Puedes ver la película
listo
```

Para comprobar que todo esto funciona correctamente, vamos a cambiar el valor de **edad** a 60, y volvemos a ejecutar el código:

control-flujo/02-if.py

```
edad = 60
. . .
```

Y ejecutamos:

Salida de ejecutar: control-flujo/02-if.py

```
Puede ver la película con descuento
listo
```

Y ahora nos está mostrando "Puedes ver la película con descuento". Probemos el otro camino que es en el caso que el usuario tenga 15 años:

control-flujo/02-if.py

```
edad = 15
. . .
```

Volvemos a ejecutar nuestro código:

Salida de ejecutar: control-flujo/02-if.py

```
No puedes entrar
Ve a otro lado
listo
```

Y nos indica ahora: "No puedes entrar", "Ve a otro lado" y "listo".

Ahora, ¿por qué necesariamente tenemos que hacerlo en este orden, y no lo podemos hacer, por ejemplo colocando **edad > 17** para evaluar en el **if**, y luego dentro de **elif** colocar **edad > 54?**, porque las evaluaciones se hacen desde arriba hacia abajo, o sea, lo primero que se va a evaluar es el **if**, sí esto se evalúa en **True** en ese caso no se va a evaluar "**elif**" que viene y por ende tampoco vamos a pasar a "**else**", si tuviéramos este código.

control-flujo/02-if.py
```
edad = 18

if edad > 17:
    print("Puedes ver la película")
elif edad > 54:
    print("Puede ver la película con descuento")
else:
. . .
```

Si aquí preguntamos si es que la edad es mayor a 17, en ese caso eso nos va a arrojar **True**, y nos va a devolver "Puedes ver la película" y nunca vamos a pasar por la condición de "**elif**"

Vamos a ejecutar el código:

Salida de ejecutar: control-flujo/02-if.py
```
Puedes ver la película
listo
```

Aquí el código nos está indicando "Puedes ver la película", pero si ahora colocáramos por ejemplo **edad** en 60:

control-flujo/02-if.py
```
edad = 60
. . .
```

Y ejecutamos de nuevo el código:

Salida de ejecutar: control-flujo/02-if.py
```
Puedes ver la película
listo
```

Nos va a indicar nuevamente "Puedes ver la película", por ende el orden en el cual colocamos nuestras expresiones dentro de **if** y **elif**, es sumamente importante y tenemos que pensar muy bien cuál va a ir primero y cuál va a ir después en cuanto a **else**, no nos tenemos que preocupar tanto, ya que si no se cumple **if** y los **elif** siempre se va a ejecutar este, pero si no quisiéramos ejecutar absolutamente nada y solamente quisiéramos tener un **if** y un **elif**, perfectamente podríamos eliminar entonces a **else** vamos a comentarlo y a cambiar el valor de edad por 15:

control-flujo/02-if.py
```
edad = 15

if edad > 17:
    print("Puedes ver la película")
elif edad > 54:
    print("Puede ver la película con descuento")
# else:
#     print("No puedes entrar")
#     print("Ve a otro lado")

print("listo")
```

Ejecutamos el código:

Salida de ejecutar: control-flujo/02-if.py

```
listo
```

Y podemos ver ahora que solo nos está llegando qué mensaje de listo y no pasó por absolutamente ninguna de estas condiciones.

Ahora podríamos querer tener aún más condicional, vamos a agregar otro "**elif**" de la siguiente manera para mayores de 65 años:

control-flujo/02-if.py

```
edad = 18

if edad > 65:
    print("Puede ver la película con super descuento")
elif edad > 54:
    print("Puede ver la película con descuento")
elif edad > 17:
    print("Puede ver la película")
# else:
. . .
```

Vamos a ejecutar nuestro código:

Salida de ejecutar: control-flujo/02-if.py

```
Puede ver la película
listo
```

Tenemos "Puedes ver la película", vamos a cambiar el valor de **edad** ahora por 57:

control-flujo/02-if.py

```
edad = 57
. . .
```

Y ejecutamos:

Salida de ejecutar: control-flujo/02-if.py

```
Puede ver la película con descuento
listo
```

Nos arroja "Puede ver la película con descuento". Y por último, vamos a cambiar nuevamente la **edad** por 70:

control-flujo/02-if.py

```
edad = 70
. . .
```

Y volvemos a ejecutar:

Salida de ejecutar: control-flujo/02-if.py

```
Puede ver la película con super descuento
listo
```

Y ahora podemos ver que nos indica "Puede ver la película, pero con un súper descuento".

El orden en el cual escribimos en las instrucciones de **if**, **elif** y los siguientes **elif** es sumamente importante. Ahora no vamos a utilizar seguido a **elif**, la verdad se utiliza mucho más seguido solamente el **if** y algunas veces colocamos el **else**, y si bien se utiliza **elif** no se utiliza tanto como **if** y **else** pero estos sí son importantes que los aprendas.

Código completo de la lección

Para terminar, te dejaré el código del archivo **control-flujo/02-if.py**

control-flujo/02-if.py

```
edad = 70

if edad > 65:
    print("Puede ver la película con super descuento")
elif edad > 54:
    print("Puede ver la película con descuento")
elif edad > 17:
    print("Puede ver la película")
# else:
#     print("No puedes entrar")
#     print("Ve a otro lado")

print("listo")
```

if, elif y else con dibujos.

Vamos a ver nuevamente el **if**, pero ahora lo vamos a hacer de manera gráfica para que quede un poco más claro:

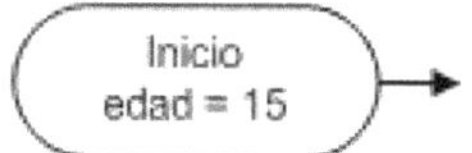

Inicio del diagrama

Tenemos que definir un lugar de inicio, para nosotros va a ser donde tenemos nuestra variable de **edad**, para este ejemplo, su valor será de 15 años, entonces después del inicio vamos a tener que ir a tomar una decisión, en este caso vamos a representarlas con un diamante, aquí vamos a preguntar si que la **edad** es mayor a 65.

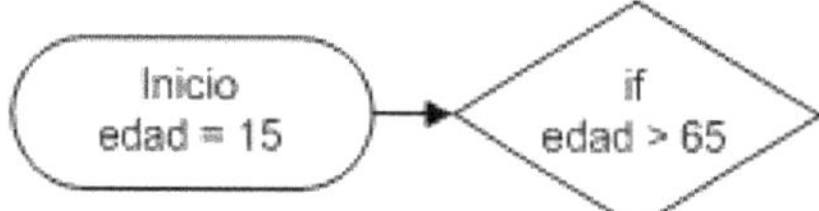

Primera pregunta en el diagrama

En el caso de que si sea mayor a 65, vamos a tirar una línea hacia arriba y vamos a indicar imprimir mensaje de "**super descuento**" y en el caso de que no sea así no solo vamos a tirar nuevamente una línea hacia la derecha.

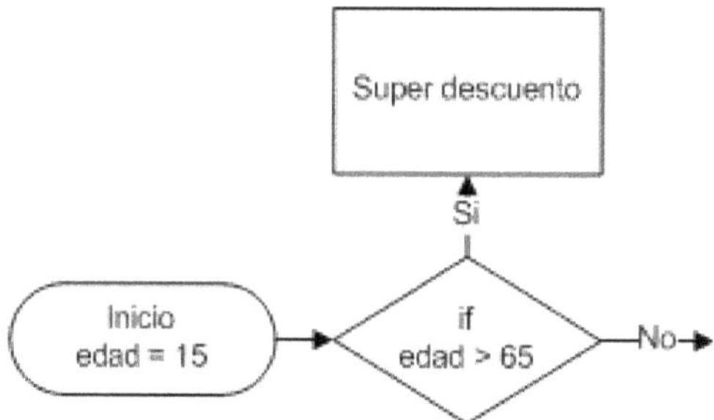

Respuesta si la condicional es True

Y aquí vamos a colocar un nuevo diamante de decisión, en este caso, nuestro primer diamante, vendría siendo nuestro **if**, el segundo diamante es nuestro **elif** y acá dentro de nuestro segundo diamante, vamos a preguntar si es que el usuario es mayor a 54, en el caso de que si sea mayor a 54, vamos a hacer nuevamente una línea hacia arriba y acá vamos a colocar nuevamente "descuento", en el caso de que no sea así vamos a volver a preguntar nuevamente con otro **elif**:

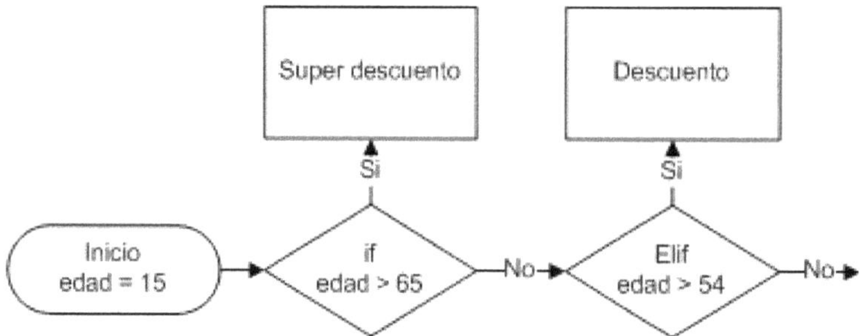

Segunda pregunta y respuesta si el valor resultante es True

Como puedes ver, podemos colocar muchos de **elif**, en el siguiente vamos a colocar otro **elif**, y vamos a preguntar sí que esta persona es mayor de 17 años en el caso que si sea mayor de 17 años, vamos a dejarlo entrar, entonces, vamos a colocar el texto "**Puede entrar**".

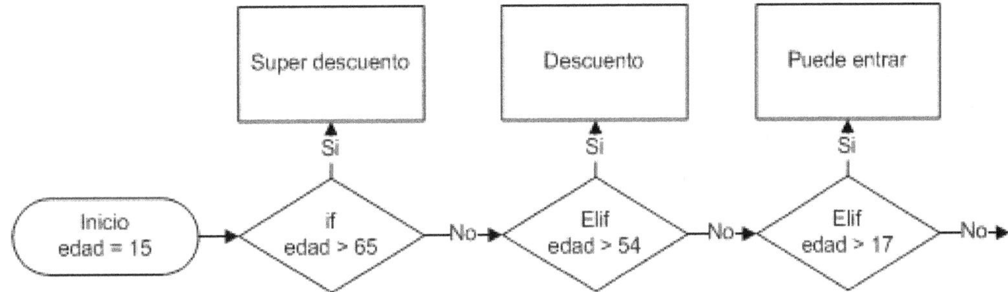

Tercera pregunta y respuesta si el valor resultante es True

Y en el caso de que **no** puede entrar, vamos a colocar una línea nuevamente hacia la derecha y acá vamos a indicarle "**debes irte**":

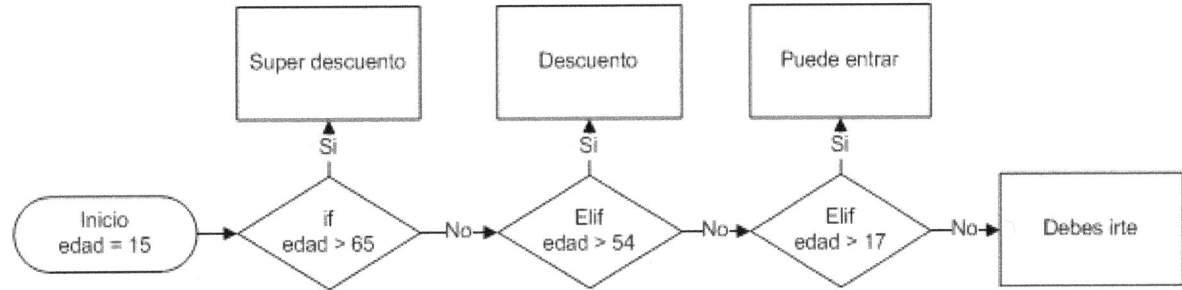

Diagrama completo del ejercicio

Y esta es la manera en que podemos ver el **if** de manera gráfica.

Operador ternario.

En esta lección vamos a ver cómo escribir los **if** de manera mucha más concisa.

Preparación

Vamos a crear un nuevo archivo en nuestra carpeta "**control-flujo**" que se va "**03-if-ternario.py**".

Ahora lo que vamos a hacer es crear una nueva variable que va a ser la de **edad**, y aquí le vamos a indicar que tiene 15 años con el siguiente bloque **if**:

control-flujo/03-if-ternario.py

```
edad = 15

if edad > 17:
    print("Es mayor")
else:
    print("es menor")
```

Esta sintaxis que estamos utilizando la verdad es que es clásica cuando estamos programando, pero la verdad es que no siempre tenemos que escribir nuestro código así, dependiendo de las situaciones puede ser que podamos utilizar el operador ternario para eso. Eso sí, vamos a tener que modificar un poco nuestro código, lo que voy a hacer ahora es eliminar a esta parte que dice **print** y vamos a colocar una nueva variable llamada **mensaje** de esta manera:

control-flujo/03-if-ternario.py

```
edad = 15

if edad > 17:
    mensaje = "Es mayor"
else:
    mensaje = "Es menor"

print(mensaje)
```

De esta manera hacemos desacoplado en la parte del **print**, ahora ya no estamos imprimiendo un mensaje dentro del **if** y el **else**, pero esto es agregar más líneas sin absolutamente ningún beneficio, yo lo sé, pero ahora vamos a ver el verdadero poder que tiene el operador ternario y porque asignamos el mensaje a una variable, que en este caso se llama **mensaje**, es la mejor opción, y comentaremos lo siguiente:

control-flujo/03-if-ternario.py

```
edad = 15

# if edad > 17:
#     mensaje = "Es mayor"
# else:
#     mensaje = "Es menor"

print(mensaje)
```

Si quieres comentar todo este conjunto en un solo movimiento, tienes que seleccionar todas las líneas de código que quieres comentar y mantener presionada la tecla de "**control**" y "/" para teclados en inglés o "**}**" para teclados en español, y en MacOS con la tecla "**comando**" y "/", pero si no funciona el atajo que no todo lo que puedes hacer es que en VSCode, en donde dice **edit** o **editar**, y venimos a esta opción que dice "Toggle Line Comment" o "Alternar comentario de línea"

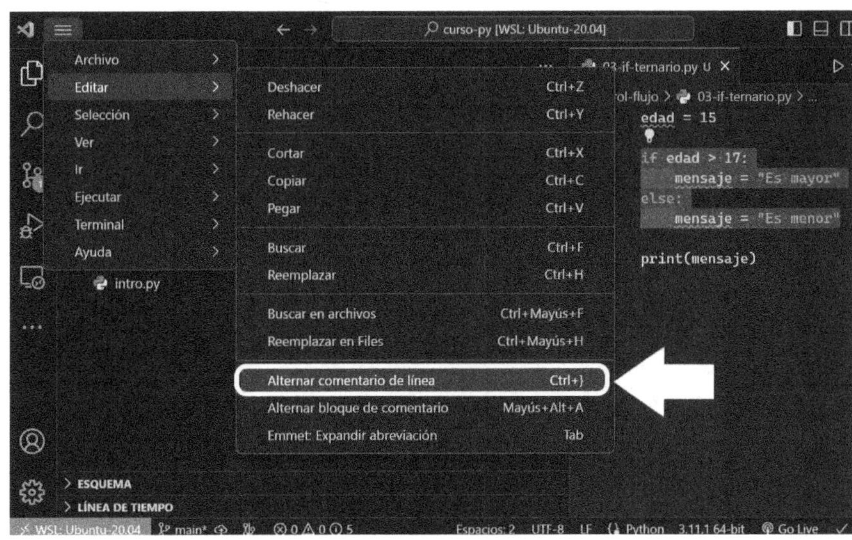

Atajo en VSCode para comentar código

Y aquí, a la derecha, te va a indicar cuál es el atajo de teclado que tú tienes que presionar para que te funcione:

Ahora si, nos vamos a venir justamente un poco antes vamos a crear nuestra variable de **mensaje** y esta va a ser igual a **"es mayor" siempre y cuando la edad sea mayor a 17, si es que no, entonces vas a devolver el texto "es menor"**, esto escrito de la siguiente manera en código:

control-flujo/03-if-ternario.py

```
edad = 15

mensaje = "Es mayor" if edad > 17 else "Es menor"
. . .
```

Lo que estamos haciendo es cambiar un poco la forma de cómo se piensa en **if** y el **else**, el operador ternario que estamos viendo acá tiene como objetivo devolver algún valor y ese ser asignado a una variable que vamos a tener a la izquierda, que en este caso es la de **mensaje**, por ende, el operador ternario, lo que va a hacer es: asignarle el valor a la variable, ya sea con que el valor que le indicamos 100% a la izquierda, o sea "**Es mayor**" o el valor que se encuentra completamente a la derecha, o bien "**Es menor**" y finalmente lo que se encuentra en el medio vendría siendo la condición que tenemos que cumplir.

Entonces la sintaxis para poder hacer esto mismo sería: el primer valor que asignaríamos siempre y cuando la condición que se encuentra en el medio es verdadera y esto tiene que estar rodeado a su izquierda de un **if** y a la derecha de un **else**, y en el caso que esta condición sea **False**, se va a asignar el valor de la derecha.

Ahora, si podemos guardar, vamos a ejecutar nuestro código:

Salida de ejecutar: control-flujo/03-if-ternario.py

```
Es menor
```

Y aquí podemos ver es string de "es menor", y este resultado es porque la **edad** es de 15 y es menor a 17. Si cambiamos este valor a 19:

control-flujo/03-if-ternario.py

```
edad = 19
. . .
```

Y volvemos a ejecutar:

Salida de ejecutar: control-flujo/03-if-ternario.py

```
Es mayor
```

Y ahora vemos en el string de "es mayor"

Código completo de la lección

Para terminar, te dejaré el código del archivo: "**control-flujo/03-if-ternario.py**"

control-flujo/03-if-ternario.py

```
edad = 19

mensaje = "Es mayor" if edad > 17 else "Es menor"

# if edad > 17:
#     mensaje = "Es mayor"
# else:
#     mensaje = "Es menor"

print(mensaje)
```

Operadores lógicos.

En esta lección vamos a ver los operadores lógicos.

Preparación

Vamos a crear un nuevo archivo en nuestra carpeta "**control-flujo**" y se va a llamar "**04-operadores-logicos.py**".

Los operadores lógicos que vamos a ver son los son los siguientes: **and**, **or** y **not**.

- **And**: lo vamos a utilizar cuando tengamos dos condiciones, por ejemplo, si es que **x > 5** e **y > 10**, cuando estas dos condiciones sean **True**, entonces la operación completa se va a evaluar en **True**, pero si alguno de estos 2 valores llega a ser **False**, en ese caso esto el resultado ya no va a poder ser **True**, sino que va a ser **False**.
- **Or**: va a funcionar más o menos similar, tendremos casi la misma expresión, pero utilizaremos el conector "**o**", **x > 5** o **y > 10**, entonces en el caso que uno de estos dos sea **True** da lo mismo cual sea, solamente basta con que uno sea **True**, para que el resultado completo de esta operación sea **True**, en este caso podemos incluso desconocer el valor de la segunda comparación si el primero a dado **True**, pero si es que ambos valores son **False** en ese caso el resultado final de nuestro comparador de **or** va a ser **False**.
- Y **Not** lo que hará será negar el resultado de una operación.

Vamos a suponer que tenemos un auto y vamos a preguntar sí que tiene **gas**, y aquí le vamos a dar el valor de **True** y también vamos a preguntarse que este se encuentra **encendido**, ahora lo que vamos a hacer acá es colocar un **if** y vamos a preguntar si es que gas y encendido son igual a True:

control-flujo/04-operadores-logicos.py

```
# and, or, not

gas = True
encendido = True

if gas and encendido:
    print("Puedes avanzar")
```

En este caso no es necesario que coloquemos la doble igualdad, ya que en este caso **gas** y **encendido** ya vendrían siendo un valor booleano, así que vamos a ejecutar y lo que deberíamos ver es:

Salida de ejecutar: control-flujo/04-operadores-logicos.py

```
Puedes avanzar
```

Pero si en este caso llegásemos a cambiar cualquiera de estos 2 valores por **False**, por ejemplo, cambiemos el valor de **gas**:

control-flujo/04-operadores-logicos.py

```
gas = False
encendido = True
. . .
```

Y si ejecutamos, vamos a ver ahora que ya no nos va a imprimir más "Puedes avanzar" y eso es cuando estamos utilizando operador lógico de **and**, ambos valores tienen que ser **True** tanto **gas** como el **encendido**, ambos tienen que ser **True** para que el resultado completo de esto evalúe el **True** y por ende poder entrar dentro de nuestra condición.

Ahora, que es lo que pasa si en lugar de utilizar **and** lo cambiamos por **or** en ese caso cualquiera de estos 2 valores puede ser **True** para que nos indique que "Podemos avanzar":

control-flujo/04-operadores-logicos.py

```
if gas or encendido:
    print("Puedes avanzar")
```

Así que ejecutamos nuevamente:

Salida de ejecutar: control-flujo/04-operadores-logicos.py

```
Puedes avanzar
```

Y aquí deberemos ver el mismo mensaje, vamos a invertir los valores ahora estos valores por **True** y el de abajo por **False** y vamos a ver quién si lo volvemos a ejecutar podemos seguir avanzando.

control-flujo/04-operadores-logicos.py

```
gas = True
encendido = False
. . .
```

Y esta debe ser la salida en nuestra terminal:

Salida de ejecutar: control-flujo/04-operadores-logicos.py

```
Puedes avanzar
```

Pero no es hasta que todos los valores terminan siendo falsos para que ya no nos arroje más el mensaje de "Puedes avanzar",

control-flujo/04-operadores-logicos.py

```
gas = False
encendido = False
. . .
```

Ahora vamos a ver qué es lo que ocurriría si negamos uno de estos valores y para eso vamos a utilizar el valor del **not**:

control-flujo/04-operadores-logicos.py

```
if not gas or encendido:
    print("Puedes avanzar")
```

Lo que hará será tomar este valor cualquiera de estos que sea y le va a cambiar su valor en este caso al completamente opuesto, por ejemplo, sí que **gas** llegaste a ser **False**, lo ha cambiado a **True**, si el **encendido** llegara a ser **False**, lo va a cambiar a **True**, entonces si ejecutamos el código veremos como resultado:

Salida de ejecutar: control-flujo/04-operadores-logicos.py

```
Puedes avanzar
```

Ahora lo bueno es que esto también lo podemos combinar dentro de nuestros **if**, por ejemplo, vamos a crear una nueva variable que va a ser la de **edad**, aquí vamos a ver si es que el usuario es mayor de 18 años, y escribiremos el siguiente código:

control-flujo/04-operadores-logicos.py

```
encendido = False
edad = 18

if gas and encendido and edad > 17:
    print("Puedes avanzar")
```

Si ejecutamos este código, por supuesto no nos vamos a estar absolutamente ningún mensaje, porque necesitamos tanto **encendido** como **gas** sean **True**, y también que la edad **sea mayor a 17** para que esto también evalúe en **True**, ya sabemos que la edad es 18, así que esto ya es **True**, vamos a cambiar a encendido y a gas a **True** para poder ver el mensaje:

control-flujo/04-operadores-logicos.py

```
gas = True
encendido = True
edad = 18
. . .
```

Y ahora sí vamos a ejecutar en el código y ahora debemos ver el mensaje:

Salida de ejecutar: control-flujo/04-operadores-logicos.py

```
Puedes avanzar
```

Ahora veamos cómo funcionaría esto utilizando el operador de **and** y también el operador de **or**, vamos a cambiar el último **and** por **or**:

control-flujo/04-operadores-logicos.py

```
if gas and encendido or edad > 17:
    print("Puedes avanzar")
```

Y aquí lo que vamos a necesitar es asignarle unos paréntesis, para ver cuál es la lógica que vamos a ejecutar primero, porque Python no sabe si ejecutar primero la combinación **gas and encendido** o **encendido and edad** > 17, asi que necesariamente tengamos que colocar los paréntesis redondos,

Atajo para colocar paréntesis

Para colocarlos de manera rápida, basta con que seleccionamos el texto que queremos que quede dentro de los paréntesis y presionemos la tecla de: abre paréntesis o esta "(", y VSCode se va a encargar de cerrar automáticamente los paréntesis.

Entonces nuestro código quedaría así:

control-flujo/04-operadores-logicos.py

```python
if gas and (encendido or edad > 17):
    print("Puedes avanzar")
```

Lo que está ocurriendo acá es que se va a evaluar por el orden lógico que se está utilizando, primero siempre se evalúan los paréntesis, por lo que lo primero a evaluar será: **(encendido or edad** > 17**)**, entonces **encendido** tiene que ser **True** o la **edad** tiene que ser **mayor de 17 años**, y además el vehículo tiene que tener **gas** o bien que este valor sea **True**, así que si ejecutamos esto, obtendremos:

Salida de ejecutar: control-flujo/04-operadores-logicos.py

```
Puedes avanzar
```

Pero si cambiamos gas a **False**,

control-flujo/04-operadores-logicos.py

```python
gas = False
encendido = True
. . .
```

Y ejecutamos, no veremos ningún mensaje, y ahora vamos a utilizar solamente todas las combinaciones que vimos vamos a utilizar **and**, **or** y **not**, de la siguiente manera:

control-flujo/04-operadores-logicos.py

```python
if not gas and (encendido or edad > 17):
    print("Puedes avanzar")
```

Entonces si es que el **auto no tiene gas, y se encuentra encendido o la persona tiene más de 17 años**, en ese caso vamos a ver puedes avanzar, así que vamos a ejecutar esto nuevamente y veremos la siguiente salida:

Salida de ejecutar: control-flujo/04-operadores-logicos.py

```
Puedes avanzar
```

Esto porque **el vehículo se encuentra encendido**, **el usuario tiene más de 17 años** y además **not gas nos devuelve True**, o sea todo esto finalmente terminado volviendo **True**

Código completo de la lección

Para terminar, te dejaré el código del archivo: "**control-flujo/04-operadores-logicos.py**"

control-flujo/04-operadores-logicos.py

```python
# and, or, not

gas = False
encendido = True
edad = 18

if not gas and (encendido or edad > 17):
    print("Puedes avanzar")
```

Operaciones de corto-circuito.

En esta lección vamos a hablar sobre las operaciones de corto circuito.

Preparación

Para eso nos vamos a venir nuevamente a nuestro mismo ejemplo, todavía seguimos en nuestro archivo “**04-operadores-logicos.py**”, lo que si vamos a hacer es que vamos a modificar nuestro código para colocar todos los operadores con **and** y eliminando el paréntesis.

control-flujo/04-operadores-logicos.py

```
# and, or, not

gas = False
encendido = True
edad = 18

if and gas and encendido and edad > 17:
    print("Puedes avanzar")
```

¿Qué quiere decir operador de corto-circuito?

Bueno, va a depender del operador con el cual estemos trabajando, operador de corto-circuito quiere decir lo siguiente:

Si es que estamos trabajando con nuestro operador lógico **and** quiere decir que necesita que absolutamente todas las evaluaciones que utilizando **and** en este caso vendría siendo la evaluación de la izquierda y la evaluación de la derecha ambas tienen que ser **True**, pero **qué es lo que ocurre si es que la primera que es la que se encuentra a la izquierda resulta en False**, bueno en ese caso lo que va a ocurrir es que Python al revisar este valor se va a dar cuenta de que es **False** y lo que se encuentra a la derecha o bien **las siguientes evaluaciones no las va a ejecutar**.

Entonces te estarás preguntando, ¿cuál es el beneficio de esto?, en este momento tenemos esta comparación de edad es mayor a 17, en este caso no es tan terrible porque el computador solamente estaría realizando una operación, pero existen momentos donde estamos haciendo una evaluación sumamente pesada dentro del lenguaje de programación, y por eso es que son útiles las **operaciones de corto-circuito**, porque en este caso si es que tuviésemos por ejemplo, la primera evaluación que es **not gas** ésta termina retornando **False** o evalúan **False**, el resto de estas operaciones no se van a ejecutar, lo cual significaría un ahorro de cómputo importante para el servidor o el computador donde lo estemos ejecutando.

Orden en que se ejecuta el código

Entonces en este caso, todas las operaciones, absolutamente todas, cuando estamos haciendo estas evaluaciones con **and** y **or**, **se ejecutan de izquierda a derecha siempre**

A menos que por supuesto coloquemos alguna operación con paréntesis, en ese caso sí que exista algo la izquierda se va a ejecutar esto y luego se va a evaluar absolutamente todo lo que se encuentra dentro del paréntesis y de la misma forma, si es que tenemos un paréntesis a la izquierda y otro paréntesis a la derecha siendo evaluado por un **and**, lo que se va a evaluar primero por supuesto va a hacer lo del paréntesis que se encuentra a la izquierda.

Ahora en las operaciones de corto-circuito, ya sabemos que si la expresión de la izquierda retorna **False**, en este caso la de la derecha no se va a ejecutar, bueno entonces que lo que pasa cuando estamos trabajando con por ejemplo **or**, entonces, vamos a cambiar nuestro código, los **and** por **or**:

control-flujo/04-operadores-logicos.py

```
if not gas or encendido or edad > 17:
    print("Puedes avanzar")
```

En el caso de **or** sabemos que necesitamos por lo menos una expresión que esta evalúe **True**, para que sea considerado absolutamente todo como **True**. Entonces en el caso de **or** basta con que el valor de la izquierda sea **True**, para que ya no se evalúe el valor que se encuentra a la derecha, y en el caso que el valor de la izquierda sea **False**, en ese caso **si se va a evaluar la declaración que se encuentra a la derecha**.

Esto significa que las operaciones en Python sean de corto-circuito.

Código completo de la lección

Para terminar, te dejaré el código del archivo: "**control-flujo/04-operadores-logicos.py**"

control-flujo/04-operadores-logicos.py

```
# and, or, not

gas = False
encendido = True
edad = 18

if not gas or encendido or edad > 17:
    print("Puedes avanzar")
```

Cadena de comparadores.

En esta lección vamos a ver cómo podemos encadenar los operadores de comparación.

Preparación

Vamos a crear un nuevo archivo en nuestra carpeta "**control-flujo**" que se va a llamar "**05-cadena-comparadores.py**".

Vamos a escribir **edad** y vamos a indicar que esta persona va a tener 25 años, entonces qué es lo que pasa si por ejemplo tenemos un servicio de una piscina, y en la piscina solamente queremos que puedan ingresar personas que sean mayores a 15 años, pero que los adultos mayores de 65 no pueden entrar, para eso es lo que podemos hacer es escribir **if** de la siguiente manera:

control-flujo/05-cadena-comparadores.py

```
edad = 25

if edad >= 15 and edad <= 65:
    print("Puede entrar a la piscina")
```

Pero, esto mismo lo podemos escribir de una manera mucho más corta, de la siguiente manera:

control-flujo/05-cadena-comparadores.py

```
if 15 <= edad <= 65:
    print("Puede entrar a la piscina")
```

Y ejecutamos nuestro código, con el que deberíamos ver el mensaje:

Salida de ejecutar: control-flujo/05-cadena-comparadores.py

```
Puede entrar a la piscina
```

Y de esta manera podemos encadenar los operadores de comparación.

Código completo de la lección

Para terminar, te dejaré el código del archivo: "**control-flujo/05-cadena-comparado-res.py**"

control-flujo/05-cadena-comparadores.py

```
edad = 25

if 15 <= edad <= 65:
    print("Puede entrar a la piscina")
```

For.

En esta lección, vamos a explicar cómo funcionan los loop **for**.

Preparación

Crearemos en nuestra carpeta "**control-flujo**" el archivo de esta lección con el nombre "**06-for.py**".

¿Para sirve un for?

Este cumple múltiples funciones, pero principalmente se utiliza para interar una lista de elementos, por ejemplo, supongamos que tenemos un listado de usuarios y cada usuario va a tener su nombre y su apellido.

Supongamos que queremos generar un campo nuevo dentro de estos usuarios que va a contener el nombre completo, si queremos hacer eso y este campo no se encuentra guardado dentro de los usuarios, necesariamente vamos a necesitar realizar un **for** para poder crear de manera virtual este campo.

Otros usos que le podemos dar son para poder **buscar elementos**, **realizar operaciones matemáticas** y un largo etcétera, lo importante es que sepas que los **for** son sumamente útiles y los vas a utilizar prácticamente siempre que te encuentres programando, así es que vamos a aprenderlos bien.

Lo primero que tenemos que hacer es utilizar la palabra reservada de **for** y seguido de eso vamos a crear el nombre de una variable, vamos a suponer que esto se va a llamar **numero**, luego de eso vamos a utilizar la palabra reservada de **in** y seguido de eso vamos a hacer uso de una función que viene incluida dentro de Python que se llama **range** y como argumento le vamos a colocar el número 5, seguido de esto vamos a colocar los **dos puntos**, y esto es lo que hará será dejar indentado un poco el código y toda la lógica que queramos colocar para que funcione dentro del **for** la vamos a tener que colocar indentada.

control-flujo/06-for.py

```
for numero in range(5):
    # lógica
```

Ahora, si vamos a explicar qué es lo que está ocurriendo, **range(5)** lo que se está haciendo es crearnos una secuencia de números que vamos a poder utilizar dentro de nuestro **for**, entonces **range(5)** lo que hacer es que nos va a devolver el listado como el siguiente:

Contenido que nos devuelve range(5)

```
[0,1,2,3,4]
```

Entonces, nos devuelve una secuencia que comienza desde **0** y termina finalmente por el número que estamos indicando menos 1 o sea en este caso vendría siendo **4**.

Ahora si, luego de que nos devuelve esta secuencia de números, tenemos que ver qué es lo que hace esta variable de **numero** que acabamos de crear, en este caso la variable de **numero** va a tomar el valor de cada uno de los elementos que se encuentra dentro del **range** o de cualquier variable que se encuentre a la derecha.

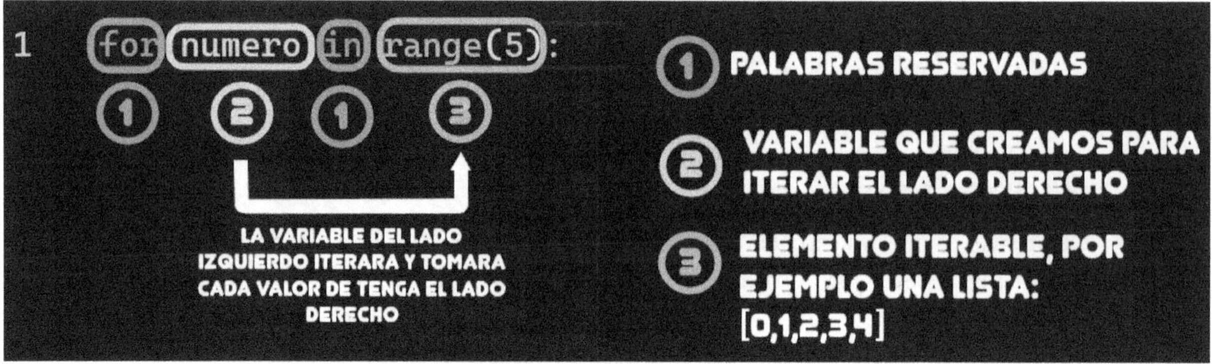

Anatomía de un ciclo For

Ahora, en este caso tenemos la secuencia de 0, 1, 2, 3, 4, entonces la primera vez que se ejecuta la porción de código que se encuentra dentro del **for**, **numero** va a valer **0**, la siguiente vez que se ejecute porque se va a ejecutar por cada uno de los elementos que tenemos dentro de este **range**, va a tener el valor de **1**, la siguiente vez el valor de **2**, después **3** y al final **4**, así que para ver esto vamos a colocar acá un **print** de **número**.

control-flujo/06-for.py

```
for numero in range(5):
    print(numero)
```

Y vamos a ver qué es lo que nos muestra al ejecutarlo:

Salida de ejecutar: control-flujo/06-for.py

```
0
1
2
3
4
```

Vemos que estaremos imprimiendo absolutamente todos los valores que se encuentran dentro de este rango.

Este no es el único uso que por supuesto le podemos dar al rango, podemos hacer muchas cosas más como, por ejemplo, podemos multiplicar a **numero** por un string, en este caso vamos a indicarle "**hola mundo**"

control-flujo/06-for.py

```
for numero in range(5):
    print(numero, numero * "hola mundo")
```

Ahora sí vamos a ejecutar de nuevo y veremos la siguiente salida:

Salida de ejecutar: control-flujo/06-for.py

```
0
1 hola mundo
2 hola mundohola mundo
3 hola mundohola mundohola mundo
4 hola mundohola mundohola mundohola mundo
```

Esto es solamente la introducción al **for** en Python, en la siguiente lección vamos a ver un poco más en profundidad cómo podemos utilizar **for** pero de una manera bastante más útil.

Código completo de la lección

Para terminar, te dejaré el código del archivo: "**control-flujo/06-for.py**"

control-flujo/06-for.py

```
for numero in range(5):
    print(numero, numero * "hola mundo")
```

For else.

Continuando con el mismo ejemplo de la lección anterior, supongamos que vamos a buscar un número en particular, en la vida real, buscaríamos un usuario, un objeto o algo en la base de datos, pero esto es para simplificarlo todavía un poco más.

Preparación

Para esta lección utilizaremos nuestro archivo de la lección pasada "**control-flujo/06-for.py**"

Y el número que queremos vamos a decir que es 3, esto lo guardaremos en una variable colocaremos la siguiente condicional de esta manera en el **for**

control-flujo/06-for.py

```
buscar = 3
for numero in range(5):
    if numero == buscar:
        print("encontrado", buscar)
```

En el **if** ya que vamos a colocar la condicional, para que cuando el valor de **numero** sea igual al de **buscar** en este caso lo que vamos a hacer es imprimir el string "**encontrado**" y el numero buscado.

Break.

Antes de ejecutar necesitaremos agregar algo adicional, lo que haremos será detener la ejecución de este código, porque cuando el elemento sea encontrado, entonces no queremos seguir iterando los demás elementos, porque si seguimos iterando nos daremos cuenta de que también vamos a hacer la validación con el número cuatro, porque recuerda que este rango va desde el cero hasta el cuatro, pero si encontramos el valor en la cuarta iteración, lo que queremos hacer es detener inmediatamente la ejecución de nuestro script, así que lo que vamos a hacer es utilizar la palabra reservada de **break**, y quedará en nuestro código de la siguiente manera:

control-flujo/06-for.py

```
        break
```

¿Para qué sirve break?

Esta instrucción nos va a permitir detener la ejecución de nuestro código.

Ahora lo que vamos a hacer ahora es colocar nuevamente un **print** donde vamos a dejar solamente el número para que podamos ver cuántas veces se está ejecutando todo el código que colocamos dentro de este **for**.

control-flujo/06-for.py

```
for numero in range(5):
    print(numero)
    if numero == buscar:
. . .
```

Así que vamos a ejecutar:

Salida de ejecutar: control-flujo/06-for.py

```
0
1
2
3
encontrado 3
```

Asu que vemos que el código se ejecutó:

- una vez con 0,
- otra vez con 1,
- otra vez con 2,
- otra vez con 3 y,
- finalmente, la ejecución se detuvo cuando ha encontrado el número 3

Así que si estamos buscando un usuario que tenía el id **3** o identificador **3**, ya lo habríamos encontramos.

Ahora, si no llegásemos a encontrar el elemento, supongamos que estamos buscando un elemento cuyo valor va a ser **10**:

control-flujo/06-for.py

```
buscar = 10
for numero in range(5):
. . .
```

Pero esto por supuesto que no lo va a encontrar dentro del **range(5)**, en este caso podemos utilizar acá a **else**, que en este caso **else** se utiliza como un **for else**, en este caso sería, que si Python no ha ejecutado la instrucción de **break**, lo que hará es ejecutar el **else** y aquí es donde colocaremos un **print** mas con el texto "no encontré el número buscado" y una carita triste.

control-flujo/06-for.py

```
else:
    print("No encontré el número buscado :(")
```

Ahora si, vamos a ejecutar nuevamente el código:

Salida de ejecutar: control-flujo/06-for.py

```
0
1
2
3
4
No encontré el número buscado :(
```

Y aquí nos está indicando que ejecutó el **for**, todas las veces que vendría siendo la cantidad de números que se encuentran dentro de **range** y también que "no encontró el número buscado", esta funcionalidad de **else** va a ser sumamente útil cuando estemos escribiendo nuestros algoritmos.

Código completo de la lección

Para terminar, te dejaré el código del archivo: "**control-flujo/06-for.py**"

control-flujo/06-for.py

```
buscar = 10
for numero in range(5):
    print(numero)
    if numero == buscar:
        print("encontrado", buscar)
        break
else:
    print("No encontré el número buscado :(")
```

Iterables.

Preparación

Para esta lección utilizaremos nuestro archivo de la lección pasada "**control-flujo/06-for.py**"

Continuando con el mismo ejemplo de la lección pasada, vimos que podemos iterar lo que nos devuelve **range(5)**, en este caso este corresponde a un **iterable**.

¿Qué es un iterable?

Es cualquier cosa con la cual podamos iterar o bien recorrer cada uno de los elementos que la conforman, lo que quiere decir que después vamos a poder crear nuestros propios tipos, en este caso podría ser por ejemplo **un usuario**, y podríamos escribir código de la siguiente manera:

control-flujo/06-for.py

```
for usuario in usuarios:
    usuario.id
```

Recuerdas que habíamos mencionado en el ejemplo anterior que aquí íbamos a suponer que íbamos a estar buscando un usuario, pero que en lugar de ser un usuario íbamos a buscar por el número, esto es con el objetivo que después podamos trabajar con una sintaxis muy similar a esta, esta sintaxis la vamos a ver más en el futuro, por ahora lo que me interesa que sepas es que el **range(5)** es un iterable.

Y existen muchos iterables dentro de Python, por ejemplo, también **están las listas, las tuplas**, entre otras cosas tú vas a aprender absolutamente sobre todas estas cosas más adelante en este libro, así que no te preocupe. Pero es importante que sepas que es para poder iterar todas estas cosas.
Y lo que tambien es interable son **los strings**, es más, vamos a ver un ejemplo inmediatamente, vamos a eliminar este último código:

control-flujo/06-for.py

```
for usuario in usuarios:
    usuario.id
```

Vamos ahora a escribir lo siguiente:

control-flujo/06-for.py

```
for char in "Ultimate python":
    print(char)
```

Y ahora vamos a ejecutar el código:

Salida de ejecutar: control-flujo/06-for.py

```
U
l
t
i
m
a
t
e

p
y
t
h
o
n
```

Podemos ver cómo se está escribiendo cada uno de los caracteres que contiene el string de "Ultimate python".

Código completo de la lección

Para terminar, te dejaré el código del archivo: "**control-flujo/06-for.py**"

control-flujo/06-for.py

```python
buscar = 10
for numero in range(5):
    print(numero)
    if numero == buscar:
        print("encontrado", buscar)
        break
else:
    print("No encontré el número buscado :(")

for char in "Ultimate python":
    print(char)
```

While.

Hasta ahora ya sabemos cómo poder trabajar con elementos que sean iterables en este caso con **range(5)**, pero también podemos utilizar otro tipo de loop o ciclo que nos va a permitir a trabajar con algo siempre y cuando se esté cumpliendo una condición, vamos a verlo.

Preparación

Vamos a crear un nuevo archivo en nuestra carpeta "**control-flujo**", que se va a llamar "**07-while.py**", y ahora si vamos a comenzar.

Supongamos que tenemos una variable llamada **numero**, y este va a ser igual a 1, y lo que queremos hacer es ir duplicando este número constantemente hasta que este sea igual o mayor a 100, entonces lo que tendríamos que hacer en el caso de un **while loop**, es escribir la palabra reservada **while**, dos puntos, y luego de eso colocaremos la lógica de manera anidada como en el **for**, la dejaremos de la siguiente manera:

control-flujo/07-while.py

```
numero = 1
while numero < 100:
    print(numero)
    numero *= 2
```

Entonces hemos colocado que en cada ciclo va a imprimir el valor de **numero** y después de eso a **numero** vamos a asignarle el valor de sí mismo multiplicado por 2, con el operador que aprendimos en un par de lecciones atrás. Y vamos a ejecutar nuestro código:

Salida de ejecutar:

```
1
2
4
8
16
32
64
```

Aquí vemos cómo nos entrega los números hasta el valor de **64**, el siguiente número con el multiplica vendría siendo 128 y por eso no lo muestra, porque no lo logra pasar por la evaluación.

Entonces te voy a explicar inmediatamente cómo se ejecuta este código, lo primero que hace es que evalúa lo que se frente a **while**, es decir a **numero < 100**, aquí va a empezar a evaluar si es que esto es **True** o **False**, si es que es **True** , va a ejecutar el código que se encuentra dentro de while, como si fuera un **if**, entonces como el valor de **numero** es menor que 100 lo ejecuta.

Entonces, **en la primera iteración**, lo que hace es que imprime el valor de **número**, que vendría siendo 1, y luego a este lo multiplica por 2. Ahora **¿qué es lo que ocurría en la última iteración?**, supongamos que ahora que tenemos el número de 64, este es menor que 100, lo que imprime a 64 y luego lo multiplicamos por 2, entonces ahora tenemos 128, y ya que tenemos 128, vamos a preguntar 128 es menor que 100, y por supuesto que no es así, y es que en ese mismo momento es que la ejecución de nuestro **while** se detiene, y esa es la razón por la cual no vemos el número de 128 en nuestra terminal.

Ahora hay un ejemplo sumamente básico de un loop while, nuestra misma terminal integrada, así que vamos a abrirla en nuestro editor VSCode, y aquí lo que tenemos es una línea de comandos, que estamos utilizando de manera constante para poder estar interpretando los comandos que esta recibe.

Vamos a implementar esto de una manera bastante sencilla, vamos a comentar todo nuestro ejercicio anterior:

control-flujo/07-while.py

```
# numero = 1
# while numero < 100:
#     print(numero)
#     numero *= 2
```

Y vamos a crear una variable que se va a llamar **comando** y esta va a ser igual a un string vacío, y aquí vamos preguntar con **while** comando sea distinto al string "salir", en este caso vamos a ejecutar el código que se encuentra dentro del **while**, y lo que por supuesto tenemos que hacer luego de verificar que el comando que estamos ingresando sea distinto a salir, tenemos que ir a buscar el texto ingresado por el usuario, lo haremos con la instrucción **input**, y le tenemos que pasar un símbolo de dólar que es donde vamos a colocar todos los comandos que ingresemos, quedando este código de la siguiente manera:

control-flujo/07-while.py

```
comando = ""

while comando != "salir":
    comando = input("$ ")
print(comando)
```

Así que es lo que va a ocurrir cuando ingresemos algo dentro de nuestra aplicación este texto se le va a asignar a nuestra variable de **comando**, y lo último que tenemos que hacer es imprimirlo.

En esta ocasión no vamos a interpretar los comandos porque eso es más avanzado, por ahora solamente nos vamos a quedar imprimiendo los comandos y luego volvemos a comenzar nuestro **loop while**, si ejecutamos acá nuestro código.

Y verás en la terminal el símbolo de dólar:

Terminal de commandos al ejecutar control-flujo/07-while.py

```
$
```

Si escribes en la terminal:

Terminal de commandos al ejecutar control-flujo/07-while.py

```
$chanchito
```

Y presionas **enter**:

Terminal de commandos al ejecutar control-flujo/07-while.py

```
chanchito
$
```

Verás que imprime cada uno de los comandos. Y, si escribes "salir":

Terminal de commandos al ejecutar control-flujo/07-while.py

```
$salir
```

Y presionas **enter**, se terminará la ejecución de manera inmediata.

Ahora, si ejecutamos esta misma aplicación, pero en lugar de colocar "salir" todo con minúscula, lo colocamos en mayúsculas:

Terminal de commandos al ejecutar control-flujo/07-while.py

```
$SALIR
```

Y presionamos **enter**

Terminal de commandos al ejecutar control-flujo/07-while.py

```
SALIR
$
```

Notarás que no funciona, asi que vamos a escribir a "salir" todo con minúscula para salir de la aplicación.

Y esto es porque si recuerdas la clase de strings, un **string**, que contiene todas sus letras con mayúscula no es lo mismo que un **string** que contiene todas sus letras en minúscula.

Ahora podríamos hacer la evaluación, de que comando sea distinto del string "SALIR", todo con mayúsculas:

Ejemplo de código en Python

```
while comando != "salir" and comando !SALIR:
```

Pero el problema que nos dejaría eso es que el usuario podría escribir "salir" de la siguiente manera: "SaLir" o "saLIR", entonces ¿qué podemos hacer para poder solucionar este problema?, muy fácil, como **comando** es un string, llamamos el método de **lower**, que lo aprendimos en unas lecciones anteriores, entonces sin importar que envíe el usuario, todo el texto lo convertiremos en minúsculas por lo que solo haremos la validación con el texto "**salir**", quedando así:

control-flujo/07-while.py

```
while comando.lower() != "salir":
    comando = input("$ ")
    print(comando)
```

Ahora si ejecutamos para probar nuevamente nuestra aplicación, y ahora sin importar cómo escribamos "salir", si presionamos **enter**, habrá mostrado el string pero además cerró la aplicación en la terminal.

Código completo de la lección

Para terminar, te dejaré el código del archivo: "**control-flujo/07-while.py**

control-flujo/07-while.py

```python
# numero = 1
# while numero < 100:
#     print(numero)
#     numero *= 2

comando = ""

while True:
    comando = input("$ ")
    print(comando)
```

Loops infinitos.

Preparación

Para esta lección utilizaremos nuestro archivo de la lección pasada "**control-flujo/07-while.py**"

En esta lección veremos que son los loops infinitos, esto es **cuando no tenemos una condición de salida** y por ende el loop en este caso el **while**, se estaría ejecutando para siempre y por siempre, ahora eso lo podemos hacer sencillamente cambiando la evaluación y le colocamos el valor de **True**:

control-flujo/07-while.py

```
comando = ""

while True:
    comando = input("$ ")
    print(comando)
```

Y si ejecutamos, nuestra aplicación seguirá escuchando a que ingresemos comandos para siempre, pero no te preocupes, podemos terminar la ejecución de nuestro código presionando las teclas **ctrl + c**, pero si lo hacemos veremos un texto como el siguiente:

Terminal de commandos al ejecutar control-flujo/07-while.py

```
>
    comando = input("$ ")
              ^^^^^^^^^^^
KeyboardInterrupt
```

Esto nos aparece porque estamos interrumpiendo la ejecución de nuestra aplicación, otra manera de añadir la salida de nuestra aplicación sería de la siguiente manera:

control-flujo/07-while.py

```
    if comando.lower() == "salir":
        break
```

Así, si el usuario escribe salir, es que este loop acaba su ejecución.

El problema con esto, es que podríamos estar ejecutando un loop que consume una cantidad de memoria ridícula y eventualmente la aplicación, cuando consuma toda la memoria de la máquina o cuando el sistema operativo detecta que está consumiendo demasiada memoria, sencillamente va a matar nuestra aplicación, y va a dejar de ejecutarse, por eso mismo siempre nos tenemos que preocupar que si vamos a tener algún loop que va a ser infinito como este que tiene un **While True**, siempre le agreguemos una condición de salida, por supuesto que con este ejemplo ya no necesitamos nuestra variable definida de **comando**, asi que la vamos a eliminar:

control-flujo/07-while.py

```
comando = ""

. . .
```

Y con esto ya podemos pasar a lo siguiente que son los **loops anidados**.

Código completo de la lección

Para terminar, te dejaré el código del archivo: "**control-flujo/07-while.py**"

control-flujo/07-while.py

```
# numero = 1
# while numero < 100:
#     print(numero)
#     numero *= 2

while True:
    comando = input("$ ")
    print(comando)
    if comando.lower() == "salir":
        break
```

Loops Anidados.

Preparación

Lo primero que tenemos que hacer, por supuesto, creando un nuevo archivo en nuestra carpeta "**control-flujo**" el cual va a ser "**08-loop-anidado.py**"

Cuando estamos desarrollando el siguiente concepto de loop anidado, supongamos que vamos a tener en un ciclo **for**, un número que se va a llamar **j**, y esto se va a encontrar dentro del rango de **3** y justamente en la lógica de **for**, adentro tendremos nuevamente otro loop, pero que aquí también va a ser un número, pero en lugar de llamarlo **j** este se va a llamar **k**, este es el típico ejemplo que te enseñan en las universidades o en los bootcamp, en todos lados, ya que es la manera más simple de poder entender los loops anidados, supongamos ahora que yo voy a tener un rango de **2**, y aquí lo que vamos a hacer es imprimir los números que está arrojando, quedará de la siguiente manera con un **print** con un string formateado:

control-flujo/08-loop-anidado.py

```
1 for j in range(3):
2     for k in range(2):
3         print(f"{j},{k}")
```

Y vamos a ejecutar nuestra aplicación:

Salida de ejecutar: control-flujo/08-loop-anidado.py

```
0,0
0,1
1,0
1,1
2,0
2,1
```

Entonces aquí tenemos coordenadas, que es la **0,0**, **0,1**, **1,0**,**1,1**, **2,0**, y al final a **2,1**, vamos a explicar inmediatamente por qué está ocurriendo esto.

Primero vamos a definir que los ciclos **for**, el primero va a iterar un **range(3)** o bien [0,1,2] y el segundo un **range(2)** o [0,1].

Cuando estamos ejecutando el **for** de la línea uno: **for j in range(3):** , lo que está ocurriendo es que está empezando a ejecutar nuestro código de arriba hacia abajo, eso ya lo sabemos, pero la primera instrucción que esté ve, es el **for** de la línea 2:

Ejemplo de código en Python

```
for j in range(2):
```

Entonces qué es lo que va a ser la primera vez que está ejecutándose el primer **for**, **j** va a tener el valor de **0**, y el **for** que tiene la línea **2**:

Ejemplo de código en Python

```
    for k in range(2):
```

k también para tener el valor de 0, luego vamos a ir a la línea 3, donde vamos a imprimir **j** y **K** que en este caso son **0,0**

Ahora, iríamos nuevamente a arriba, pero **no vamos a regresar a nuestro primer for**,vamos a ir nuevamente a nuestro segundo **for**, ahora este **for** es la segunda vez que se ejecuta, pero el **for** de arriba sigue siendo la primera vez que se ejecuta por ende **j**, sigue siendo **0**, pero ahora que **k** ya no es **0** ahora vale **1**, entonces cuando se imprima vamos a tener que **j** vale **0** y **k** vale **1**.

Para este momento hemos terminado de ejecutar el segundo **for**, ya que el **range(2)** es equivalente a **[0, 1]**, como hemos terminado de iterar absolutamente todos los elementos que se encuentran dentro de este **range(2)**, ya podemos salir de este **for**.

Entonces ¿qué es lo que hace el código?, vuelve a nuestro primer **for**, entonces **j** ya no vale **0**, ahora vale **1**, entonces volvemos al segundo **for**, que en esta iteración el valor de **k** comienza de nuevo en **0**, entonces ahora imprime los valores **1** y **0**. Y así sucesivamente hasta que finalmente obtenemos el valor de **2** y **1**.

El **for** de la línea 1 se conoce como **outer for** o **outer loop** y el **for** de la línea 2 se le conoce **inner for** o también **inner loop**, ahora cuando estés escribiendo código tienes que tener mucho, mucho, pero mucho cuidado, porque por lo general cuando se está trabajando con datos reales de una aplicación real, nunca vamos a estar trabajando con 5 datos ni tampoco vamos a estar trabajando con 100, no, por lo general vamos a estar trabajando con el orden de los miles a los millones de datos, entonces si es que realizamos este tipo de operación con millones de datos vamos a tener algo que se va a estar realizando durante bastante tiempo, así que si vamos a utilizar estos **for** dentro de otro **for**, tienen que tener un fin único y exclusivo, no podemos utilizarlos porque nos parezca entretenido o porque queremos buscar elementos así porque si, **vamos a tratar siempre de no utilizar un for dentro de un for, ahora esto no quiere decir que no los utilices, si los necesitas utilizar, utilízalo, pero trata de que esto no sea la primera alternativa cuando estés pensando en solucionar algún problema con programación.**

Código completo de la lección

Para terminar, te dejaré el código del archivo: "**control-flujo/08-loop-anidado.py**"

control-flujo/08-loop-anidado.py

```
1 for j in range(3):
2     for k in range(2):
3         print(f"{j},{k}")
```

Ejercicio

En esta lección quisiera que resolvieras un ejercicio, lo primero que tendrás que hacer es construir una pequeña aplicación que va a ser una calculadora un poco más compleja que la anterior, esta va a ser una aplicación interactiva, donde el usuario va a estar constantemente tener que estar constantemente escribiendo en la terminal.

Lo que tiene que hacer esta aplicación es:

- verificar si es que el usuario ha ingresado un número antes,
- en el caso que no haya sido ingresado número, le vamos a indicar al usuario que tiene que ingresar un número,
- si que ya ha ingresado un número desde antes, entonces le vamos a pedir que ingrese una operación, a esta variable la llamaremos **op** solamente de manera corta, en el caso que el usuario no haya ingresado un número y le hayamos solicitado ingresar un número, después de esto le vamos a indicar que tiene que ingresar la operación,
- después de ingresar la operación, le vamos a pedir al usuario que ingrese otro número, y después de esto vamos a mostrar los resultados
- una vez que hayamos mostrado el resultado este resultado lo vamos a guardar como el primer numero, pero vamos a enviar al usuario para que ingrese él nuevamente una operación,de esta manera el resultado se guarda como el primer número ingresamos la operación y al resultado se le realiza la operación con el siguiente número ingresado.

Y aquí puedes verlo en diagrama:

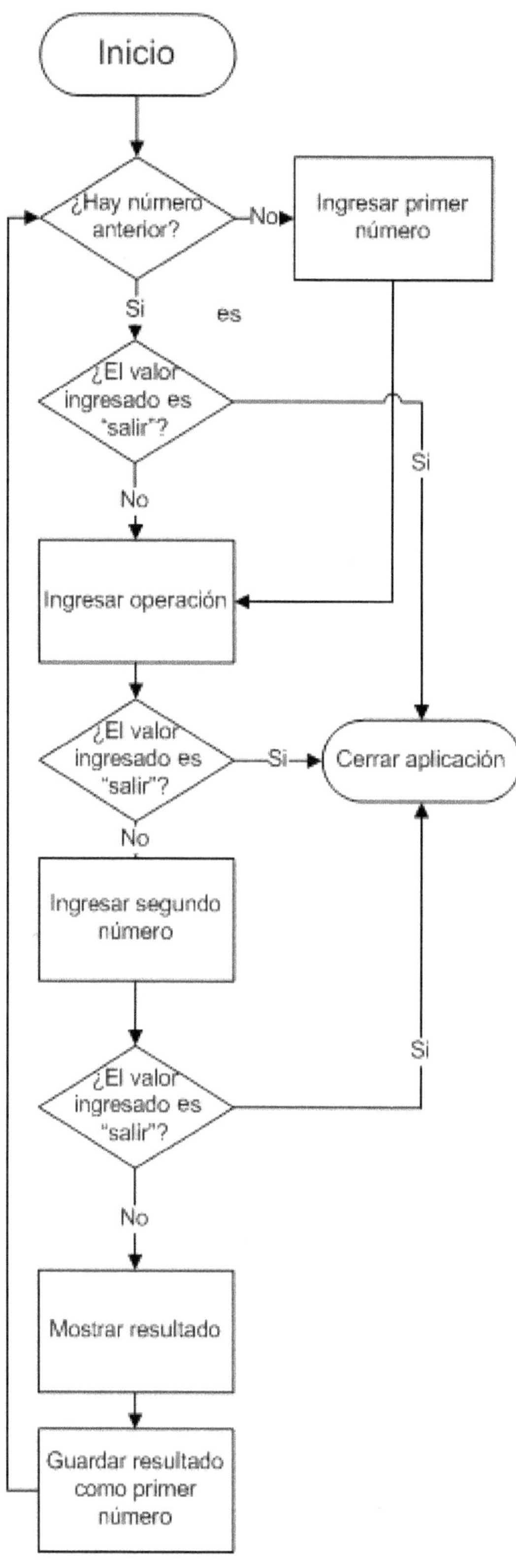

Diagrama del ejercicio

Ahora vamos a ver cómo debería funcionar desde que ejecutamos nuestra aplicación. Lo primero que deberemos mostrar en la terminal es lo siguiente:

Terminal de commandos al ejecutar

```
Bienvenidos a la calculadora
Para salir escribe Salir
Las operaciones son suma, multi, div y resta
Ingresa número:
```

Entonces vamos a empezar ingresando el primer número, vamos a indicarle que es **12** y presionamos la tecla **enter**:

Terminal de commandos al ejecutar

```
Ingresa número: 12
```

Luego de esto, nos pedirá la operación y le vamos a indicar la operación **suma**

Terminal de commandos al ejecutar

```
Ingresa operación: suma
```

Después de esto le tenemos que indicar con qué número lo vamos a sumar, le indicaremos que lo va a sumar con **28**:

Terminal de commandos al ejecutar

```
Ingresa siguiente número: 28
```

Y esto nos entrega como el resultado:

Terminal de commandos al ejecutar

```
El resultado es 40
```

Ahora nos indica ingresa operación nuevamente, que ahora sera **div**:

Terminal de commandos al ejecutar

```
Ingresa operación: div
```

Nos indica ingresar el siguiente número, que será **10**:

Terminal de commandos al ejecutar

```
Ingresa siguiente número: 10
```

Y nos mostrará de nuevo el resultado:

Terminal de commandos al ejecutar

```
El resultado es 4.0
```

No solicitará de nuevo una nueva operación, ahora usaremos la **multi**:

Terminal de commandos al ejecutar

```
Ingresa operación: multi
```

Y el siguiente número por el que multiplicará será **5**:

Terminal de commandos al ejecutar

```
Ingresa siguiente número: 5
```

Y tendremos el resultado:

Terminal de commandos al ejecutar

```
El resultado es 20.0
```

La última operación que le indicaremos será la de **resta**:

Terminal de commandos al ejecutar

```
Ingresa operación: resta
```

Y el siguiente número va a ser **10**:

Terminal de commandos al ejecutar

```
Ingresa siguiente número: 10
```

Entonces mi resultado final va a ser **10**:

Terminal de commandos al ejecutar

```
El resultado es 10.0
```

Por último, si escribimos **salir**:

Terminal de commandos al ejecutar

```
Ingresa operación: salir
```

Esto va a cerrar de la aplicación, ahora lo que tienes que hacer es intentar resolver este ejercicio y luego de que lo hayas resuelto nos vamos a ver en la siguiente lección y vamos a explicar cómo se soluciona esto.

Solución del ejercicio

En esta lección resolveremos el ejercicio de la calculadora.

Preparación

Crearemos un nuevo archivo dentro de nuestra carpeta de "**control-flujo**", se va a llamar "**09-calculadora.py**".

Lo primero será entregarle los mensajes de bienvenida al usuario de la siguiente manera:

control-flujo/09-calculadora.py

```
print("Bienvenidos a la calculadora")
print("Para salir escribe salir")
print("Las operaciones son suma, resta, multi y div")
```

Ahora podemos crear nuestro loop infinito que va a funcionar para que podamos estar constantemente recolectando información del usuario, así que comenzaremos con un:

control-flujo/09-calculadora.py

```
while True:
```

En este momento vamos a tener que guardar el primer número que nos ingresa el usuario dentro de una variable, pero cuidado eso no lo debemos guardar en el **while**:

control-flujo/09-calculadora.py

```
while True:
    resultado = ""
```

Ya que, si la inicializamos como un string vacío directamente dentro de nuestro while, esto quiere decir que cada vez que tengamos que ingresar nuevamente la operación necesariamente **resultado** va a quedar como un string vacío, así que la solución a esto es moverlo afuera de nuestro loop **while** así:

control-flujo/09-calculadora.py

```
resultado = ""
while True:
```

Ahora podemos realizar la operación de **if not resultado**, esto quiere decir que esto va a evaluar en **False**, siempre y cuando tenga un valor Falsy y estos son los **strings vacíos**, **None**, **False** y también el número **0**. Ahora si no tenemos el resultado, tenemos que pedirle al usuario que ingrese un resultado, así que acá escribimos:

control-flujo/09-calculadora.py

```
    if not resultado:
        resultado = input("Ingrese número: ")
```

En esta última línea estamos colocando dos puntos y un espacio para que sea más fácil de leer la aplicación cuando estemos interactuando con ella.

Fíjate que aquí no la estamos transformando inmediatamente en un entero, porque primero queremos validar si es que el usuario escribió "**salir**" entonces justamente después de esto, vamos a escribir:

control-flujo/09-calculadora.py

```
        if resultado.lower() == "salir":
            break
```

Ahora ya tenemos una pequeña aplicación funcionando que se va a estar ejecutando constantemente a menos que escribamos "salir", pero si ingresamos cualquier otra cosa que no sea salir, esto es lo que hará será quedarse en un loop infinito, ya que no entrará en la condición **if not resultado:**, podemos validar eso creando acá un **print** mas, y colocando un break para que la aplicación no se quede iterando de manera eterna.

control-flujo/09-calculadora.py

```
    print("loop infinito")
    break
```

Ahora, si vamos a ejecutar nuestra aplicación,

Terminal de commandos al ejecutar

```
Bienvenidos a la calculadora
Para salir escribe Salir
Las operaciones son suma, multi, div y resta
Ingresa número:
```

E ingresamos un numero, por ejemplo **12**, vamos a ver la siguiente salida en terminal:

Terminal de commandos al ejecutar

```
Ingresa número: 12
```

Presionamos enter:

```
loop infinito
```

Vemos que se imprimió "loop infinito" gracias a que colocamos el **break**.

Si ejecutas de nuevo, pero el valor que escribes es salir:

Terminal de commandos al ejecutar

```
Bienvenidos a la calculadora
Para salir escribe Salir
Las operaciones son suma, multi, div y resta
Ingresa número: salir
```

La aplicación terminará su ejecución y no nos mostrará el mensaje de "loop infinito", vamos a continuar.

Borraremos estas dos últimas líneas, ya que solo las usamos para probar que todo funcionaba correctamente, lo siguiente será pedirle al usuario que ingrese la operación, esto lo haríamos de la siguiente manera:

Primero borramos este **print** y **break**:

control-flujo/09-calculadora.py

```
    print("loop infinito")
    break
```

Ahora agregaremos:

control-flujo/09-calculadora.py

```
    op = input("Ingresa operación: ")
    if op.lower() == "salir":
        break
```

Recibiremos la segunda respuesta del usuario para que ingrese la operación y si esta es "salir", colocaremos de nuevo un **break** para que salga de la aplicación.

Lo siguiente es transformar el primer número a un entero, esto lo colocaremos después del primer **break** de la siguiente manera:

control-flujo/09-calculadora.py

```
            break
        resultado = int(resultado)
    op = input("Ingresa operación: ")
. . .
```

De esta manera, vamos a validar si es que, si el usuario ingresó el string "salir", ahí terminamos nuestra aplicación, y si no ingresan "salir", lo vamos a transformar a un entero.

Ahora bajamos un poco y ahora vamos a tener que solicitarle al usuario que ingrese el siguiente número, así que acá vamos a escribir **n2** que vendría siendo el siguiente número, de la siguiente manera:

control-flujo/09-calculadora.py

```
    n2 = input("Ingresa siguiente número: ")
    if n2.lower() == "salir":
        break
    n2 = int(n2)
```

Y haremos algo similar a lo anterior, verificaremos que **n2** sea igual a "salir", aplicandole igualmente el método **lower**, y si es igual el valor de "salir" lo que haremos será salir de la aplicación con un **break**, pero si no es esto, lo convertiremos a un número.

Ahora vamos a hacer algo, quizás un poco tedioso, pero es lo que necesitamos hacer para resolver nuestra aplicación con lo que hemos aprendido hasta ahora, vamos a resolver cada una de las operaciones de la siguiente manera:

control-flujo/09-calculadora.py

```
    if op.lower() == "suma":
        resultado += n2
    elif op.lower() == "resta":
        resultado -= n2
    elif op.lower() == "multi":
        resultado *= n2
    elif op.lower() == "div":
        resultado /= n2
    else:
        print("Operación no válida"):
        break
```

Aquí estamos haciendo uso de **if**, **elif**, **else**, el método **lower** y la sintaxis para reasignar a nuestras variables después de una operación matemática, en la que preguntamos si el valor **op** es igual a alguna de las operaciones matemáticas para nuestra calculadora, para después reasignar el valor a resultado dependiendo de la opción seleccionada por el usuario. En el **else**, vamos a aprovechar de realizar una pequeña validación, vamos a imprimir en pantalla que como el usuario no ingresó ninguna de estas operaciones válidas para nuestra aplicación, lo queremos entregarle un mensaje y continuamos con un **break**.

Finalmente, si nuestra aplicación ha pasado todas las validaciones, ya le podemos mostrar el valor calculado al usuario, usaremos un string formateado:

control-flujo/09-calculadora.py

```
    print(f"El resultado es {resultado}")
```

Si todo tu código es correcto deberías poder usar todas las operaciones como estaba descrito en la lección pasada.

Código completo de la lección

Para terminar, te dejaré el código del archivo: "**control-flujo/09-calculadora.py12**"

control-flujo/09-calculadora.py

```
print("Bienvenidos a la calculadora")
print("Para salir escribe salir")
print("Las operaciones son suma, resta, multi y div")

resultado =""
while True:
    if not resultado:
        resultado = input("Ingrese número: ")
        if resultado.lower() == "salir":
            break
        resultado = int(resultado)
    op = input("Ingresa operación: ")
    if op.lower() == "salir":
        break
```

```
    n2 = input("Ingresa siguiente número: ")
    if n2.lower() == "salir":
        break
    n2 = int(n2)

    if op.lower() == "suma":
        resultado += n2
    elif op.lower() == "resta":
        resultado -= n2
    elif op.lower() == "multi":
        resultado *= n2
    elif op.lower() == "div":
        resultado /= n2
    else:
        print("Operación no válida")
        break

    print(f"El resultado es {resultado}")
```

Esta aplicación por supuesto que no es perfecta, ya que, si es que llegásemos a escribir un string en lugar de números, cuando estamos solicitándole números al usuario, y tratásemos de transformar el input del usuario a un entero, nuestra aplicación se caerá y nos entregará un mensaje de error, para que podamos validar estas excepciones, vamos a tener que continuar con el libro hasta que lleguemos a la parte de errores o excepciones en Python, pero eso ya es materia de otra sección.

Lo importante es que hayas aprendido a utilizar todos los operadores que hemos aprendido hasta ahora, como por ejemplo la definición de variables, tenemos también un loop infinito,los operadores lógicos, solicitando un input al usuario, break, transformar un tipo de dato en otro, if , elif y else, y por supuesto que también estamos imprimiendo los datos al usuario.

En nuestra siguiente sección vamos a ver las **funciones** en profundidad.

Capítulo 4: Funciones

Introducción a las funciones

En esta sección vas a aprender a utilizar las funciones, y lo primero que tienes que saber es por qué tienes que aprender a utilizar las funciones.

¿Para qué sirven las funciones?

Cuando construimos aplicaciones en el mundo real, nos vamos a dar cuenta de que estas van a consistir del orden de los cientos hasta los miles, o hasta incluso las decenas de miles de líneas de código, y si tratáramos de escribir absolutamente todo eso dentro del mismo archivo o incluso en archivos separados, la verdad es que la vida y la existencia se nos va a complicar muchísimo, además, si que por alguna razón tuviésemos que realizar algún cambio de alguna porción de código que hace exactamente lo mismo en otras partes de nuestra aplicación vamos a tener que ir a actualizar absolutamente todas esas partes, entonces las funciones vienen a salvarnos de este problema.

Preparación

Vamos a ver cómo podemos crear nuestras propias funciones, para eso nos vamos a venir nuevamente a VSCode, y vamos a crear una nueva carpeta, y le vamos a dar el nombre de **funciones**, y dentro de esta vamos a crear nuestro primer archivo que se va a llamar **01-funciones.py**

Vamos a hacer un recordatorio de las funciones que ya hemos visto, conocemos ya la función de **print**, que lo que hace es que imprime un mensaje, y como argumento le indicamos el mensaje, para este ejemplo será el de "Hola Mundo".

funciones/01-funciones.py

```
print("Hola Mundo")
```

Y esto ya sabemos qué es lo que va a ser, lo que va a hacer es que nos va a imprimir en la terminal o en la consola, es el string de "Hola Mundo".

Salida de ejecutar: funciones/01-funciones.py

```
Hola Mundo
```

¿Cómo se crea una función?

Ahora vamos a crear nuestra propia función para eso vamos a eliminar esto último que acabamos de escribir:

funciones/01-funciones.py

```
print("Hola Mundo")
```

Y vamos a escribir la palabra reservada **def** un espacio y el nombre de nuestra función:

funciones/01-funciones.py

```
def hola():
```

Después de esto sumamente importante, tenemos que colocar abre y cierra paréntesis, y seguido de eso le vamos a colocar los dos puntos, vamos a presionar **enter** y todo el contenido de nuestra función lo vamos a tener que colocar identado tal cual como lo hicimos por ejemplo con el **for**, el **while** y con las otras instrucciones:

funciones/01-funciones.py

```
def hola():
    # Tu código
```

Por ende si necesitamos usar esta función en nuestro código, la vamos a llamar con el nombre que le hemos asignado, en este caso se llama **hola**, seguido de eso tenemos un abre y cierra paréntesis, que en la siguiente lección vamos a ver por qué va ese abre y cierra paréntesis.

Y en el bloque de código de nuestra función, vamos a colocar un **print**, pasándole el string de "Hola, mundo!", vamos a colocar otro print y lo pasaremos el string de "Ultimate Python"

funciones/01-funciones.py

```
def hola():
    print("Hola Mundo!")
    print("Ultimate Python")
```

Entonces, lo que hará nuestra función cuando sea llamada, es que va a ejecutar todo el bloque de código que se encuentra identado en la función, por lo que imprimirá primero "Hola Mundo" y después "Ultimate Python".

Vamos a guardar esto y lo que queremos hacer es llamar a nuestra función, porque si tratáramos de ejecutar nuestro código, así como esta no va a ocurrir absolutamente nada, es más te invito a que ejecutemos el código y veremos claro se ejecuta el archivo, pero no ocurrirá absolutamente nada.

Esto sucede porque cuando creamos una función de esta manera, lo que en verdad estamos haciendo es que estamos creando un bloque de código que va a quedar guardado y no va a ser llamado hasta que no la llamemos, así es que llamemos a nuestra función y esto se hace de la siguiente manera:

funciones/01-funciones.py

```
hola()
```

Esto es lo que hará será llamar a nuestra función, pero si es que solamente escribiéramos **hola** y no escribimos absolutamente nada más y guardamos nos vamos a dar cuenta de que esto nos va a arrojar un error, y de hecho el error que nos está indicando es que esto que estamos redactando es completamente sin sentido porque no la estamos ejecutando.

Y algo sumamente importante que ocurrió cuando guardamos nuestro archivo, lo que habíamos hecho es que habíamos colocado el llamado a la función justamente una línea después, entonces lo que estaba ocurriendo, teníamos la definición de la función, posteriormente un espacio en blanco en la línea cuatro, y finalmente llamé a la función en la línea 5, pero cuando guardamos esta se movió una línea más hacia abajo, entonces me dejó 2 líneas en blanco la número 4 y la número 5. Esto va a ocurrir siempre cuando tengamos activado y también guardemos pep8, cuando tenemos activado a Pep8, este es lo que va a hacer es que nos va a colocar el código de una manera bonita según la sugerencia de Pep8, entonces estos 2 espacios que se encuentran acá en blanco es la sugerencia de Pep8, es decir, que se está modificando el código porque lo activamos para que nuestro linter se ejecutará una vez que guardamos nuestro archivo.

Ahora, lo que vamos a hacer es que vamos a ejecutar, a ver qué es lo que ocurre:

Salida de ejecutar: funciones/01-funciones.py

```
Hola Mundo
Ultimate Python
```

Aquí tenemos que estar mostrando en pantalla el string de "Hola Mundo!" y "Ultimate Python", pero también podemos llamar a la función de nuevo, entonces colocaremos otro llamado debajo de nuestro último llamado, quedando de la siguiente manera:

funciones/01-funciones.py

```
6 hola()
7 hola()
```

Si ejecutamos esto, tendremos como resultado:

Salida de ejecutar: funciones/01-funciones.py

```
Hola Mundo
Ultimate Python
Hola Mundo
Ultimate Python
```

Código completo de la lección

Para terminar, te dejaré el código del archivo **funciones/01-funciones.py**

funciones/01-funciones.py

```
1 def hola():
2     print("Hola Mundo!")
3     print("Ultimate Python")
4
5 hola()
6 hola()
```

Parámetros y argumentos

Preparación

En esta lección volveremos a trabajar en nuestro archivo de la lección pasada: **funciones/01-funciones.py**

Hasta el momento tenemos esta función que lo que hace es imprimir en consola "Hola Mundo" y también "Ultimate Python", pero esta función la podemos reutilizar una y otra vez, pero que imprima cosas distintas, como "Hola mundo, bienvenido", sumándole tu nombre. Vamos a modificar el código de la siguiente manera:

funciones/01-funciones.py

```
def hola():
    print("Hola Mundo!")
    print("Bienvenido Nicolas")


hola()
```

Y ahora ejecutamos la aplicación nuevamente, vamos a ver qué me está mostrando:

Salida de ejecutar: funciones/01-funciones.py

```
Hola Mundo
Bienvenido Nicolás
```

Pero no importa cuántas veces llame esto, siempre nos va a mostrar esto mismo. Este es el momento en el que tenemos que ver qué son los parámetros y argumentos de una función.

Entonces lo primero que tenemos que hacer es entregarle a esta función una variable que nosotros podemos utilizar en el contexto de la misma función, de manera que se pueda utilizar la variable en el bloque de código de la misma función.

En nuestra función, vamos a recibir una variable que se llamará **nombre**, para poder declarar esta variable, tenemos que colocarla dentro del paréntesis.

funciones/01-funciones.py

```
def hola(nombre):
    print("Hola Mundo!")
. . .
```

Esta variable llamada **nombre**, la vamos a poder utilizar en el contexto de nuestra función, esto quiere decir que va a existir dentro del bloque de código de la función, esta variable no se crea como las variables que declaramos y no podrá ser usada fuera del bloque de código de la función.

Ahora, como esta va a ser una variable, vamos a poder imprimir en la consola, así que la agregaremos en el segundo **print** y convertiremos el string que le pasamos como un string formateado de la siguiente manera:

funciones/01-funciones.py

```
    print("Hola Mundo!")
    print(f"Bienvenido {nombre}")
```

Ahora, lo que seguramente habrás notado, es que la línea donde hemos llamado a la función está subrayada en rojo, y esto es porque todas estas variables que estamos usando en las funciones son **obligatorias**, lo que quiere decir que cada vez que llamamos a esta función, vamos a tener que pasarle un valor para que este sea utilizado en lugar de esta variable. Así que vamos a hacer eso, aquí donde estamos llamando a la función de **hola**, tal cual como hemos hecho con la función de print, vamos a pasar estos valores dentro los paréntesis:

funciones/01-funciones.py

```
hola("Nicolas")
```

Le estamos pasando el string "Nicolas", y si ejecutamos el código veremos:

Salida de ejecutar: funciones/01-funciones.py

```
Hola Mundo!
Bienvenido Nicolas
```

Vamos a llamar nuevamente esta función, duplicando en otra línea el llamado, y vamos a indicar que la segunda vez que lo llamemos va a decir "Chanchito Feliz".

funciones/01-funciones.py

```
hola("Chanchito Feliz")
```

Ahora vamos a ejecutar nuevamente nuestra aplicación y tendremos que ver el siguiente resultado:

Salida de ejecutar: funciones/01-funciones.py

```
Hola Mundo!
Bienvenido Nicolas
Hola Mundo!
Bienvenido Chanchito Feliz
```

Y aquí vemos que nos está mostrando "¡Hola Mundo!", "Bienvenido Nicolás", y después nos está mostrando "¡Hola Mundo!" "Bienvenido Chanchito Feliz"

Ahora aquí viene la parte interesante que es donde la gran mayoría de los desarrolladores se equivoca, y es en cómo nombramos estos valores que le estamos pasando la función, o también cómo nombramos a estos valores que estamos recibiendo dentro de la función, esto es un poco confuso vamos a explicarlo de esta manera.

¿Qué es un parámetro?

Cada vez que hacemos referencia a una variable dentro de una función, como por ejemplo la variable "nombre" que está siendo usada dentro de la función, decimos que estamos haciendo uso sus "**parámetros**" entonces donde estamos imprimiendo a nombre esto es un parámetro de la función y solamente en este contexto se llama "parámetro". Por ejemplo en este código:

Código para ejemplificar los parámetros

```
def hola(nombre):
    print("Hola Mundo!")
    print(f"Bienvenido {nombre}")
```

¿Qué es un argumento?

Por el contrario, cuando llamamos a la función y estás por supuesto que dejan de ser una variable y empieza a tener un valor, es cuando en lugar de referirnos a estos como parámetros nos referimos a estos como **argumentos** entonces cuando llamamos a una función y le pasamos a esta un valor, estamos pasándole un argumento.

Código para ejemplificar los argumentos

```
hola("Nicolas")
hola("Chanchito Feliz")
```

Entonces, si estamos en la función y estamos utilizando el nombre de la variable que en este caso se llama **nombre** en este caso ya **no** se llama argumento, **se llama parámetro**, y esta es la principal diferencia de ahora en adelante nos vamos a referir en todo este libro como argumento al valor que le estamos pasando y como parámetro al nombre de la variable dentro de la función.

Y ahora, viene también algo muy importante, si es que necesitamos pasar más de un valor a esta función, en este caso necesitamos que nuestra función reciba más de un parámetro, para lograr esto los vamos a separar por comas, entonces después de **nombre** vamos a colocar una coma, y vamos a colocar el parámetro de **apellido**.

funciones/01-funciones.py

```
def hola(nombre, apellido):
    print("Hola Mundo!")
. . .
```

Ahora nuestras funciones más abajo, cuando las estamos llamando, está por supuesto que nos está arrojando un error porque falta que le pasemos un **apellido** en los argumentos, en ese caso tambien los tenemos que separar por coma, y quedarán de la siguiente manera:

funciones/01-funciones.py

```
hola("Nicolas", "Schurmann")
hola("Chanchito", "Feliz")
```

Ahora vamos a guardar, y vemos que nuestra aplicación ya no está teniendo un error, pero si tendremos una advertencia, en la declaración de la función, en donde dice **apellido**, esta advertencia aparece porque tenemos una variable en este caso **un parámetro** que no estamos utilizando que se llama **apellido**.

Para eliminar esta advertencia tenemos que utilizar la variable en la función, entonces coloquemos el apellido:

funciones/01-funciones.py

```
print("Hola Mundo!")
print(f"Bienvenido {nombre} {apellido}")
```

Vamos a ejecutar nuestra aplicación y tendremos el siguiente resultado:

Salida de ejecutar: funciones/01-funciones.py

```
Hola Mundo!
Bienvenido Nicolas Schurmann
Hola Mundo!
Bienvenido Chanchito Feliz
```

Y para que nos quede claro el tema entre parámetros y argumentos. Cuando definamos a la función, usamos es termino **parámetros**:

Código para ejemplificar los parámetros

```
def hola(nombre, apellido):
    print("Hola Mundo!")
    print(f"Bienvenido {nombre} {apellido}")
```

Y cuando las llamamos serán **argumentos**:

Código para ejemplificar los argumentos

```
hola("Nicolas", "Schurmann")
hola("Chanchito", "Feliz")
```

Código completo de la lección

Para terminar, te dejaré el código del archivo **funciones/01-funciones.py**

funciones/01-funciones.py

```
def hola(nombre, apellido):
    print("Hola Mundo!")
    print(f"Bienvenido {nombre} {apellido}")


hola("Nicolas", "Schurmann")
hola("Chanchito", "Feliz")
```

Argumentos opcionales

Vamos a ver como una función puede utilizar **parámetros de manera opcional**.

Preparación

En esta lección volveremos a trabajar en nuestro archivo de la lección pasada: "**funciones/01-funciones.py**"

Aquí tenemos la función que escribimos antes, la que definimos que se llama **hola** y recibe los parámetros de **nombre** y **apellido** ahora que es lo que ocurre si por alguna razón eliminamos el segundo argumento que le estamos pasando esta función.

funciones/01-funciones.py

```
hola("Chanchito")
```

Bueno, en ese caso nos va a arrojar un error, entonces, ¿cómo podemos hacer para que esta función utilice un en valor por defecto? En caso de que no le pasemos, en este caso el argumento para **apellido**, como está ocurriendo en el llamado anterior de la función **hola**, lo que haremos será colocar a la derecha del parámetro **apellido** un igual y le vamos a indicar con comillas dobles cuál es el valor que queremos que este tome por defecto, vamos a indicar que esto va a ser "Feliz", entonces nuestro código quedaría de la siguiente manera:

funciones/01-funciones.py

```
def hola(nombre, apellido="Feliz"):
    print("Hola Mundo!")
. . .
```

Si guardamos, ahora podemos ver que es que el llamado de la función ya no nos está arrojando ningún error, y lo que está ocurriendo en este caso es que cuando no le pasemos el valor para el segundo argumento al llamado, va a tomar el valor que le indicamos que es por defecto, o sea va a ser el valor "Feliz", pero si por contraparte si le entregamos un argumento a la función, esta no va a utilizar el valor por defecto de "Feliz" sino quién va a utilizar el valor que le estamos pasando como argumento a la función.

Vamos a ver esto mismo en acción, entonces el primer llamado que hacemos, el que tiene pasados los valores de "Nicolás" y "Schurmann":

funciones/01-funciones.py

```
hola("Nicolas", "Schurmann")
. . .
```

Debería imprimir:

Salida de ejecutar: funciones/01-funciones.py

```
Hola Mundo!
Bienvenido Nicolas Schurmann
```

Pero por contraparte, el segundo llamado al que solamente le estamos pasando el argumento de "Chanchito"

funciones/01-funciones.py

```
hola("Chanchito")
```

Debiese imprimir:

Salida de ejecutar: funciones/01-funciones.py

```
Hola Mundo!
Bienvenido Chanchito Feliz
```

Como no le pasamos el segundo argumento, correspondiente a **apellido** va a imprimir Feliz, de esta manera podemos tener funciones con parámetros opcionales.

Código completo de la lección

Para terminar, te dejaré el código del archivo: **funciones/01-funciones.py**

funciones/01-funciones.py

```
def hola(nombre, apellido="Feliz"):
    print("Hola Mundo!")
    print(f"Bienvenido {nombre} {apellido}")


hola("Nicolas", "Schurmann")
hola("Chanchito")
```

Argumentos nombrados

Preparación

En esta lección volveremos a trabajar en nuestro archivo de la lección pasada: **funciones/01-funciones.py**

En esta misma función de **hola** esta función está utilizando los parámetros de **nombre** y **apellido**, más adelante en el código lo que estamos haciendo es llamar a esta función y la estamos pasando el primer argumento que es el **nombre** y el segundo que es el **apellido**, pero si estamos mucho más avanzados en el código y vamos a utilizar esta misma función pasándole un **nombre** y un **apellido**, y no tenemos muy claro en qué orden pasarle los datos, qué es lo que pasa si de pronto le pasamos primero el apellido y después le quiero pasar el nombre, como en el siguiente ejemplo:

funciones/01-funciones.py

```
hola("Schurmann", "Nicolas")
hola("Chanchito")
```

Si ejecutamos esta función de esta manera, vamos a obtener:

Salida de ejecutar: funciones/01-funciones.py

```
Hola Mundo!
Bienvenido Schurmann Nicolas
. . .
```

Esto no es necesariamente lo que necesitamos que haga nuestra función, para evitar este problema, una solución es decirle a Python el nombre de lo que le estamos pasando explícitamente, esto se hace de la siguiente manera:

funciones/01-funciones.py

```
hola(apellido="Schurmann", "Nicolas")
hola("Chanchito")
```

Esto nos va a arrojar un error, en el argumento que le pasamos como "Nicolas", porque cuando activamos esta opción de los argumentos nombrados necesariamente vamos a tener que nombrar todos los otros argumentos con los cuales llamamos a la función, por lo que a "Nicolas" también le tenemos que agregarle a qué parámetro nos referimos, quedando el código de esta manera:

funciones/01-funciones.py

```
hola(apellido="Schurmann", nombre="Nicolas")
hola("Chanchito")
```

Vamos a ejecutar nuevamente nuestra aplicación y el resultado será:

Salida de ejecutar: funciones/01-funciones.py

```
Hola Mundo!
Bienvenido Nicolas Schurmann
. . .
```

Y ahora para asegurarnos de que esto está funcionando, vamos a cambiar el nombre por "Wolfgang":

funciones/01-funciones.py

```
hola(apellido="Schurmann", nombre="Wolfgang")
hola("Chanchito")
```

Ahora ejecutamos, y deberíamos ver:

Salida de ejecutar: funciones/01-funciones.py

```
Hola Mundo!
Bienvenido Wolfgang Schurmann
. . .
```

Código completo de la lección

Para terminar, te dejaré el código del archivo **funciones/01-funciones.py**

funciones/01-funciones.py

```
def hola(nombre, apellido="Feliz"):
    print("Hola Mundo!")
    print(f"Bienvenido {nombre} {apellido}")


hola(apellido="Schurmann", nombre="Wolfgang")
hola("Chanchito")
```

xargs

En la lección pasada vimos cómo podemos pasarle argumentos nombrados a nuestras funciones, en este caso tenemos **apellido** y **nombre**, pero si queremos pasarle múltiples argumentos a una función, y no sabemos cuántos estos van a llegar a recibir, bueno para eso podemos utilizar la instrucción de **xargs**.

Preparación

En nuestra carpeta "**funciones**" vamos a crear archivo que se va a llamar **02-xargs.py**, aquí adentro vamos a definir una función que se va a llamar **suma** y esta va a recibir 2 parámetros, esta quedará así:

funciones/02-xargs.py

```
def suma(a, b):
    print(a + b)
```

Ahora, lo que tenemos que hacer es llamar a la **suma** y le vamos a pasar los valores de 2 y 5:

funciones/02-xargs.py

```
suma(2, 5)
```

Vamos a ejecutar nuestra aplicación:

Salida de ejecutar: funciones/02-xargs.py

```
7
```

Vemos que nos están llegando el valor de 7, ¡definitivamente Python sabe sumar!.

Ahora que es lo que pasa si queremos pasarle un siguiente argumento por ejemplo recibir un parámetro **c**:

funciones/02-xargs.py

```
def suma(a, b, c):
    print(a + b + c)
. . .
```

En este caso no solo tendríamos que modificar los parámetros de nuestra función,porque después significa que tenemos que ir a modificar el llamado de esta función nuevamente

funciones/02-xargs.py

```
suma(2, 5, 7)
```

Pero si queremos reutilizar esta función de nuevo, y no queremos andar sumando 3 números siempre, imagina si solo sumamos 2 números, o de pronto queremos sumar: **2, 8, 7, 5 y 4**,o bien: **4, 5, 3 y 2**, y así sucesivamente, bueno, en este caso estos llamados a la función no nos van a funcionar, al momento de pasarle más argumentos de los que puede recibir nos arrojará un error, afortunadamente tenemos una nueva instrucción que vamos a ver ahora que nos va a permitir a poder tomar absolutamente todos los argumentos que queramos en el llamado de una función.

Vamos a eliminar todos los parámetros que hemos puesto en nuestra función, y vamos a darle un nombre en plural para que sepamos que estamos hablando de muchos elementos, se llamará **numeros**, además de eso tenemos que entregarle una instrucción mágica que va a hacer que todo esto funcione y es el **asterisco**, o este símbolo "*", justamente al comienzo del nombre del argumento:

funciones/02-xargs.py

```
def suma(*numeros):
    print(a + b + c)
. . .
```

Con esto decimos que es un **iterable**, y en este caso vamos a tomar en consideración absolutamente todos los números que le estamos pasando a esta función, **numeros** va a ser un a tener un iterable que va a contener absolutamente todos estos valores, y como todo buen iterable le vamos a poder aplicar un **for**, si agregamos estos llamados:

funciones/02-xargs.py

```
suma(2, 5, 7)
suma(2, 5)
suma(2, 8, 7, 45, 32)
```

Lo que recibirá como argumento la función será **(2, 5, 7)**, **(2, 5)** y **(2, 8, 7, 45, 32)** respectivamente para cada uno de los llamados.

No te preocupes si no conoces esta estructura, la veremos más adelante, por el momento recuerda que esto es un iterable, y de esta manera es como vamos a recorrer todos los números que se encuentren dentro de los argumentos de la función, y aquí es donde podemos usar a **for** de la siguiente manera:

funciones/02-xargs.py

```
def suma(*numeros):
    resultado = 0
    for numero in numeros:
        resultado += numero
    print(resultado)
. . .
```

Lo que hacemos aquí es recorrer cada uno de los números y sumarlo con al valor de resultado, ten cuidado al escribir el ultimo **print**, ya que al presionar enter desde la línea anterior a esta, el editor nos va a dejar la indentación que tenemos para las líneas del bloque del ciclo **for**, pero este **print** no necesitamos que se ejecute en cada iteración, sino al final.

Ahora, si guardamos, notarás que en todos los llamados ya no están arrojando errores, y si ejecutamos nuestro código:

Salida de ejecutar: funciones/02-xargs.py

```
14
7
94
```

Vamos a ver qué nos está entregando los valores finales dependiendo de todos los argumentos que le pasamos a esta función cuando la llamamos.

Y algo sumamente importante, **preocúpate mucho de la indentación**, porque si es que lo dejamos intentado como mencionábamos anteriormente, dentro del for:

funciones/02-xargs.py

```
        resultado += numero
        print(resultado)
. . .
```

Esto es lo que ahora será sencillamente imprimirme a **resultado** muchas veces:

Salida de ejecutar: funciones/02-xargs.py

```
2
7
14
2
7
2
10
17
62
94
```

Y esta puede ser la razón de por qué alguna aplicación no funcione de manera correcta, y bueno es por la indentación, en este caso tienen que colocar la exactamente en el mismo nivel de resultado y del **for**, así que eliminamos la indentación para que quede justamente al mismo nivel que antes:

funciones/02-xargs.py

```
        resultado += numero
    print(resultado)
. . .
```

Ahora volvemos a ejecutar:

Salida de ejecutar: funciones/02-xargs.py

```
14
7
94
```

Y ahora tenemos nuevamente los resultados correctos.

Código completo de la lección

Para terminar, te dejaré el código del archivo: "**funciones/02-xargs.py**"

funciones/02-xargs.py

```
def suma(*numeros):
    resultado = 0
    for numero in numeros:
        resultado += numero
    print(resultado)


suma(2, 5, 7)
suma(2, 5)
suma(2, 8, 7, 45, 32)
```

kwargs

En la lección pasada vimos cómo podemos trabajar con parámetros, que utilizan un asterisco al de darle el nombre, y que esto transforma a nuestros parámetros en iterables, y en esta lección vamos a ver cómo podemos trabajar con los keywords arguments, que es una manera de como podemos empaquetar absolutamente todos los parámetros, pero en solamente un parámetro.

Preparación

Crearemos primero un nuevo archivo llamado "**03-kwargs.py**" en nuestra carpeta **funciones**.

Donde la **k** viene de **key**, la **w** viene de **word**, y **args** es por los **argumentos**, y vamos a definir una función que se va a llamar **get_ producto** que imprimirá nuestros parámetros que se van a llamar datos, y aquí es donde empieza la magia, en nuestra lección anterior vimos que teníamos que utilizar el asterisco, pero **cuando estamos trabajando con los keywords arguments o kwargs tenemos que agregar otro asterisco más** y ahora sí, ya podemos empezar a trabajar con esta misma función:

funciones/03-kwargs.py

```
def get_product(**datos):
    print(datos)
```

Ahora si, lo que haremos será es llamar a **get_product**, y aquí es donde le tenemos que empezar a pasar todos los argumentos que la función vaya a utilizar, pero esto se pasan bajo demanda, que quiere decir que le tenemos que indicar a Python, si o si, el nombre del parámetro, si queremos por ejemplo pasarle un id de la siguiente manera vamos a tener un error:

funciones/03-kwargs.py

```
get_product("23")
```

En este caso, la forma correcta para indicar el nombre del parámetro va a ser de la siguiente manera:

funciones/03-kwargs.py

```
get_product(id="23")
```

Ahora, cuando guardemos estos cambios, esto ya nos va a arrojar un error. Vamos a ejecutar nuestra aplicación para ver qué es lo que nos arroja:

Salida de ejecutar: funciones/03-kwargs.py

```
{'id': "23"}
```

Y aquí vemos que tenemos una anotación bastante especial, acá, tenemos un paréntesis de llave luego tenemos unas comillas simples que contienen un string de "id" y luego justamente a su derecha y que esta también contiene el string de "23", y que esta finalmente termina con un cierre paréntesis de llaves, no vamos a ahondar mucho en este tipo de datos, lo que sí tienes que saber es que **esto es un diccionario**, y esto lo vamos a ver cuando empecemos a entrar más en profundidad en los tipos de datos que existen en Python.

Lo más importante que tienes que aprender ahora es que cuando estamos llamando a una función y la estamos pasando estos 2 asteriscos al parámetro, en ese caso cuando llevemos a la función, necesariamente vamos a tener que colocar el nombre del parámetro el cual queremos que este sea asignado en la función.

¿Cuántos argumentos podemos pasarle a esta función? Todos los que queremos, absolutamente todos, por ejemplo, yo le puedo pasar otro que se va a llamar **name** y este va a tener, por ejemplo, el valor de "iPhone", y vamos a tener otro que se va a llamar **desc** y este vendría siendo la descripción y vamos a indicar como valor "Esto es un iPhone", esto en varias líneas:

funciones/03-kwargs.py

```
get_product(id="23",
            name="iPhone",
            desc="Esto es un iphone"
            )
```

Y si volvemos a ejecutar nuestra aplicación:

Salida de ejecutar: funciones/03-kwargs.py

```
{'id': '23', 'name': 'iPhone', 'desc': 'Esto es un iphone'}
```

Ahora podemos ver mucho más claramente que el valor que se encuentra la izquierda es el nombre del parámetro, y el valor que se encuentra la derecha es el argumento.

Ahora, vamos a ver qué podemos hacer para poder acceder a estos mismos valores, pero dentro de la función, qué es lo que pasa si necesitamos solamente los parámetros **id** y **name**, y es que a **desc** en verdad no nos interesa y no lo vamos a utilizar, en ese caso podemos acceder a estos valores utilizando el paréntesis cuadrado o el paréntesis de corchete, y dentro vamos a colocar con comillas dobles el nombre del parámetro al cual queremos acceder.

funciones/03-kwargs.py

```
def get_product(**datos):
    print(datos["id"])
```

Si ejecutamos, vamos a obtener:

Salida de ejecutar: funciones/03-kwargs.py

```
23
```

Vamos a incluir dentro de nuestro **print** que vamos a imprimir también el nombre del producto, así que también colocamos:

funciones/03-kwargs.py

```
def get_product(**datos):
    print(datos["id"], datos["name"])
```

Y ejecutamos nuestra aplicación nuevamente, y aquí tenemos que nos está mostrando:

Salida de ejecutar: funciones/03-kwargs.py

```
23 iPhone
```

O sea, finalmente los argumentos que le pasamos a nuestra función o los valores que van a tener estos parámetros.

Código completo de la lección

Para terminar, te dejaré el código del archivo **funciones/03-kwargs.py**

funciones/03-kwargs.py

```
def get_product(**datos):
    print(datos["id"], datos["name"])


get_product(id="23",
            name="iPhone",
            desc="Esto es un iphone"
            )
```

Return

Hasta el momento hemos trabajado mucho con la función **print**, que nos ha servido mucho para poder ver los valores con los que estamos trabajando dentro de nuestro código, pero todavía no vemos algo sumamente importante de las funciones.

Si quisiéramos obtener los valores de las operaciones que estamos realizando dentro de una función, para luego poder pasárselos a otra función o eventualmente a otro **print**, para eso vamos a ver ahora la palabra reservada de **return**.

Preparación

Vamos a crear, un archivo en nuestra carpeta "**funciones**" que se va a llamar "**04-return.py**", aquí vamos a definir una nueva función que se va a llamar de suma de la siguiente manera:

funciones/04-return.py

```
1 def suma(a, b):
2     resultado = a + b
3     print(resultado)
4
5
6 suma(1, 2)
```

Y si ejecutamos esto:

Salida de ejecutar: funciones/04-return.py

```
3
```

Vamos a ver qué está imprimiendo el número **3**, que es el resultado de la suma de **1 + 2**.

¿Para qué nos sirve return?

Pero si queremos obtener este resultado y asignárselo a una variable fuera de esta función, para luego poder utilizarlo más adelante, como por ejemplo, nuevamente en la función de **suma**, en ese caso vamos a tener que ver una nueva instrucción, que es la palabra reservada de **return**.

Ya no necesitaremos este **print**, por lo que vamos a modificar la línea 3 de nuestro código de la siguiente manera:

funciones/04-return.py

```
2     resultado = a + b
3     return resultado
4 . . .
```

Está la palabra mágica que nos va a permitir poder tomar esta variable de **resultado** y devolverla cada vez que llamemos a esta función de **suma** o cualquier función en un futuro, la forma de tomar este valor de **resultado** cuando llevamos la **suma**, es de manera sumamente fácil:

funciones/04-return.py

```
c = suma(1, 2)
```

Aquí estamos creando una nueva variable que se llama **c** y asignándole el resultado de suma con los argumentos **1** y **2**, y eso es todo, entonces ahora cuando llamamos a suma esta necesariamente va a devolver y se lo va a asignar a esta variable **c** que acabamos de crear.

Ahora, el problema que tendremos si ejecutamos nuestra aplicación, será que no nos va a mostrar absolutamente, lo que si podemos hacer es lo siguiente, vamos a agregar:

funciones/04-return.py

```
c = suma(1, 2)
d = suma(c, 2)

print(d)
```

En esta nueva línea vamos a crear otra nueva variable en la que le pasaremos como argumentos a la variable **c** y al número **2**, luego lo que haremos será imprimir en nuestro terminal esta variable **d**, ahora cuando ejecutemos vamos a ver el resultado de toda esta operación:

Salida de ejecutar: funciones/04-return.py

```
5
```

Esto pasa porque la primera vez que llamamos a **suma**, con los argumentos **1** y **2**, nos da como resultado **3** y luego eso se lo asignamos **c**, ósea que **c es igual a 3**. A continuación llamamos nuevamente a **suma**, aquí le pasamos el valor de **c**, ósea **3**, y a **2**, entonces al sumarlos nos da como retorno a **5**, y ese valor de **5** lo asignamos a la variable **d**, finalmente a **d** se lo pasamos a **print** entonces esto nos muestra en la terminal el valor de **5**.

Código completo de la lección

Para terminar, te dejaré el código del archivo: "**funciones/04-return.py**"

funciones/04-return.py

```
def suma(a, b):
    resultado = a + b
    return resultado


c = suma(1, 2)
d = suma(c, 2)

print(d)
```

Alcance

En esta lección vamos a hablar sobre el alcance de las funciones.

Preparación

De nuevo crearemos el correspondiente archivo en nuestra carpeta "**funciones**" al cual llamaremos "**05-alcance.py**".

Y ahora sí comenzamos vamos a comenzar creando una función que se va a llamar **saludar**, esta no va a recibir absolutamente ningún parámetro y vamos a definir una variable dentro de esta función que se va a llamar **saludo** y a esta le asignaremos el valor de "Hola mundo":

funciones/05-alcance.py

```
def saludar():
    saludo = "Hola Mundo"
```

Vamos a definir ahora otra función, que se va a llamar **saludaChanchito** y esta tampoco va a recibir ningún parámetro, y también tendrá una variable **saludo** pero con el valor de "Hola Chanchito"

funciones/05-alcance.py

```
def saludaChanchito():
    saludo = "Hola Chanchito"
```

Guardamos, y en este caso hemos creado 2 funciones una que se llama **saludar** y otra que se llama **saludaChanchito**, y ambas contienen una variable que se llama **saludo**, pero cada una contiene un valor completamente distinto al otro, uno contiene el valor de "Hola Mundo" y otra contiene el valor de "Hola Chanchito", entonces sí es que tratáramos de imprimir estas variables de la siguiente manera:

funciones/05-alcance.py

```
print(saludo)
```

Esto lo que va a arrojar es un error, vamos a verlo, si ejecutamos, nos va a indicar:

Salida de ejecutar: funciones/05-alcance.py

```
    print(saludo)
NameError: name 'saludo' is not defined. Did you mean: 'saludar'?
```
```

Esto quiere decir que la variable que se llama **saludo** no existe, no se encuentra definida, pero ¿por qué pasa esto si la tenemos definida dentro de ambas funciones? Esto es porque el alcance de la variable que estamos tratando de llamar es el alcance donde también se encuentran estas mismas funciones.

Podemos definir los alcances de una variable o función dependiendo de dónde se encuentren o dónde se estén definiendo, en este caso, estamos definiendo la variable de **saludo** dentro de **saludaChanchito** y también en la función de **saludar**.
```

Cuando definimos una función que va a contener una variable en este caso **saludo**, **solamente vamos a poder acceder a esa variable dentro de la misma función de saludar** lo que significa que no la vamos a poder llamar desde afuera como lo hicimos en el **print**, solamente la vamos a poder llamar desde dentro de la misma función.

Por eso podemos ver y podemos hacer un **print** de saludo de esta manera:

funciones/05-alcance.py

```
    saludo = "Hola Mundo"
    print(saludo)
. . .
```

Pero para ejecutar el código tenemos que eliminar el primer **print** que habíamos puesto:

funciones/05-alcance.py

~~`    print(saludo)`~~

Y llamar a la función **saludar**:

funciones/05-alcance.py

```
saludar()
```

Si ejecutamos nuevamente nuestro código, vamos a ver:

Salida de ejecutar: funciones/05-alcance.py

```
Hola Mundo
```

Aquí aparece el string de "Hola Mundo".

Ahora, lo que vamos a hacer es tomar este mismo **print**, y se lo vamos a pegar a **saludaChanchito**,

funciones/05-alcance.py

```
    saludo = "Hola Chanchito"
    print(saludo)
```

Y vamos también a llamar a esta función, justamente después del primer llamado de **saludar** en la línea 10 y después de este nuevo llamado volveremos a llamar a **saludar**:

funciones/05-alcance.py

```
11 saludaChanchito()
12 saludar()
```

Vamos a ejecutar:

Salida de ejecutar: funciones/05-alcance.py

```
Hola Mundo
Hola Chanchito
Hola Mundo
```

Algunas personas piensan que cuando hacemos los llamados de esta manera:

- **saludo** va a tener el valor de "Hola Mundo" en el primer llamado, en el de **saludar**,
- y después cuando llamamos a **saludoChanchito**, el valor de saludo se modifica para tener ahora el valor de "**Hola Chanchito**",
- y que finalmente lo que estamos haciendo es asignarle el valor a la misma variable pero en contextos distintos.

Y en este caso esto es lo importante: **la variable de saludo que se encuentra dentro de saludar y la variable de saludo que se encuentra en saludoChanchito son 2 variables completamente distintas**, estas se están guardando en distintos lugares de la memoria del computador.

Entonces, ahora ya sabemos que estas 2 variables son completamente independientes y da exactamente lo mismo si llamamos a una función después a otra y posteriormente volvemos a llamar a una anterior, da exactamente lo mismo.

Ahora si definimos esta misma variable de **saludo**, pero fuera del alcance de la función, por ejemplo, hagámoslo de la siguiente manera:

funciones/05-alcance.py

```
saludo = "Hola Global"


def saludar():
. . .
```

En este caso la variable **saludo**, las funciones **saludar** y **saludaChanchito**, como sus respectivos llamados, se encuentran en lo que se conoce como un contexto global.

```
saludo = "Hola Global"


def saludar():
    saludo = "Hola Mundo"
    print(saludo)


def saludaChanchito():
    saludo = "Hola Chanchito"
    print(saludo)


saludar()
saludaChanchito()
saludar()
```

CONTEXTO GLOBAL

"Área del alcance global"

O sea que el alcance de la variable, si la definimos de esta manera, en el contexto global, va a poder ser accedida por absolutamente todo lo que se encuentre dentro del archivo "funciones/05-alcance.py".

Ahora tenemos 3 variables que se llaman **saludo**:

- tenemos la del alcance global,
- la del alcance de la función de **saludar **,
- y tenemos la del alcance de la función de **saludaChanchito**.

Ahora vamos a llamar a nuestras funciones, pero vamos a realizar un pequeño cambio al código, el cual quedaría así:

funciones/05-alcance.py

```
def saludar():
    print(saludo)
    saludo = "Hola Mundo"


def saludaChanchito():
    saludo = "Hola Chanchito"
    print(saludo)


saludar()
saludaChanchito()
saludar()
```

Hemos eliminado los 2 últimos llamados a las funciones, y el print dentro de **saludar** lo hemos colocado antes de definirla dentro de la función; para este caso algunos desarrolladores piensan que se va a llamar a la variable en el alcance global la cual se llama de **saludo**, pero ese no es el caso lo que va a ocurrir es que nos va a arrojar un error diciendo que esta variable no se encuentra definida, vamos a probarlo ejecutando nuevamente nuestro código:

Salida de ejecutar: funciones/05-alcance.py

```
    print(saludo)
UnboundLocalError: local variable 'saludo' referenced before assignment
```

Y tenemos exactamente el mismo problema, no podemos acceder a una variable local que se llama **saludo** cuando todavía no se le ha asociado un valor, en este caso lo que está haciendo Python es que nos está diciendo "**oye, esta variable saludo que estás colocando acá en verdad es la que se encuentra abajo en la línea 6 y yo no puedo hacer eso, tú lo que tienes que hacer es primero definir esta variable de saludo y después puedes hacer referencia a ella**". Entonces la forma correcta vendría siendo de esta manera:

funciones/05-alcance.py

```
4 def saludar():
5     saludo = "Hola Mundo"
6     print(saludo)
7 . . .
```

Siempre tenemos que definir una variable antes y luego llamarla, y aquí también pudimos ver que cuando estamos imprimiendo la variable de **saludo** nunca vamos a llamar a la variable de **saludo** que se encuentra en un alcance global.

Y ahora vamos a hacer otra cosa, vamos a modificar el código para que quede de la siguiente manera:

funciones/05-alcance.py

```
saludo = "Hola Mundo"
print(saludo)
. . .
```

y

funciones/05-alcance.py

```
print(saludo)
```

Entonces eliminamos el **print** de **saludo**, y después de llamar a **saludo**, vamos a imprimir la variable de **saludo**, algunas personas piensan que cuando llamamos a la función de **saludar**, vamos a reasignarle el valor a **saludo** y va a dejar de ser "Hola Global" y va a empezar a ser "Hola Mundo", vamos a ver qué es lo que ocurre si ejecutamos:

Salida de ejecutar: funciones/05-alcance.py

```
Hola Global
```

¡Esto sigue siendo "Hola Global"!, esto ocurrió porque Python sabe que en este momento estamos trabajando con la variable **saludo** impresa en el **print** que se encuentra definida en el alcance global y cuando llamamos a la función de **saludar**, Python también sabe que nos referimos a la variable que se encuentra dentro de nuestra función.

Y Python hace esto porque cuando estamos utilizando variables globales, estamos entrando en una **mala práctica**, existe un debate gigantesco en Internet y a lo largo de la historia del desarrollo del software de porque utilizar variables globales es una mala práctica, esto no es solamente una opinión mía, esto ya es una discusión que lleva mucho tiempo, y si quieres entrar en las buenas prácticas no utilices variables globales.

Tú deberías utilizar variables dentro del contexto que van a ser utilizadas, porque en este caso tenemos a esta variable de **saludo** y le estamos asignando un string, pero luego vamos a otra función, y en lugar de asignarle un string le asignamos un número, como por ejemplo, podría ser 24, la aplicación podría dejar de funcionar, porque le estamos asignando un valor o un tipo de dato que no necesariamente va a ser el correcto, por eso no tenemos que utilizar variables globales, porque además después cuando intentemos encontrar el error de por qué está ocurriendo esto, vamos a tener que revisar de pronto toda nuestra aplicación para poder encontrar esa única función que está cambiando ese valor por algo que no debería ser.

Así es que no tenemos que utilizar variables globales, pero sí por alguna razón y ojalá nunca tengas que utilizar esta razón, pero si por alguna razón tienes que utilizar variables globales en ese caso, vamos a ver cómo se hace, pero no las utilices.

En ese caso tú tienes que venir a la misma función que está llamando a esta variable, en este caso de la función **saludar**, tienes que escribir justamente al comienzo de la función, **global**, un espacio, y el nombre de la variable que vas a utilizar:

funciones/05-alcance.py

```
def saludar():
    global saludo
    saludo = "Hola Mundo"
```

En este caso vendría siendo **saludo**, pero tiene que ir el nombre de la variable que se encuentra en un alcance anterior o en un alcance global, y aquí Python ya sabe que esta variable de **saludo** en verdad es la que definimos en la primera línea de nuestro código.

Así es que vamos a hacer lo siguiente vamos a imprimir **saludo**, llamaremos a nuestra función **saludar**, y luego vamos a imprimir de nuevo a **saludo**:

funciones/05-alcance.py

```
print(saludo)
saludar()
print(saludo)
```

Ahora sí, vamos a ejecutar nuestra aplicación:

Salida de ejecutar: funciones/05-alcance.py

```
Hola Global
Hola Mundo
```

Y ahora podemos ver que es "Hola Global" y luego y esta variable ha cambiado su valor a "Hola Mundo", pero como mencionábamos esto que acabamos de hacer acá arriba, es una pésima práctica, no lo hagas.

Y vamos a ver un ejemplo inmediatamente, en la función **saludaChanchito**, vamos a cambiar el valor de esta variable de saludo por **24** y la global por **25**,

funciones/05-alcance.py

```
saludo = 25
. . .
```

funciones/05-alcance.py

```
def saludaChanchito():
    saludo = 24
    print(saludo)
. . .
```

Y lo que vamos a hacer ahora es hacer una operación sumamente sencilla, vamos a definir nuestro código al final de esta manera:

funciones/05-alcance.py

```
resultado1 = saludo + 3
print(resultado1)
saludar()
resultado2 = saludo + 3
print(resultado2)
```

Y si ejecutamos esto, tendremos como resultado:

Salida de ejecutar: funciones/05-alcance.py

```
28
Traceback (most recent call last):
File "/home/curso-py/funciones/05-alcance.py", line 17, in <module>
    resultado2 = saludo + 3
TypeError: can only concatenate str (not "int") to str
```

Aquí nos está indicando un error, solamente podemos concatenar strings y no números enteros, entonces lo que está ocurriendo es que Python dice oye, tú estás tratando de concatenar 2 strings. y tu como desarrollador vas a estar rompiéndose la cabeza diciendo porque si **saludo** se supone que es un entero, es más lo puedes ver arriba en la primera línea, ¡es un entero!, bueno, una función de manera escondida le cambió el valor de esa variable de un entero a un string.

Aquí sucede que **resultado1** le asignamos el valor de la variable saludo que es 25 y le sumamos 3, dando como resultado 28, después, ejecutamos a **saludar**, la cual cambia el valor de **saludo** al string de "Hola Mundo", y cuando asignamos a **resultado2** el valor de saludo que es "Hola Mundo" y le concatenamos el número 3, es que nos arroja este error.

Esta es la razón principal por la cual no se tienen que utilizar las variables globales.

Código completo de la lección

Para terminar, te dejaré el código del archivo: **"funciones/05-secuencias-escape.py"**

funciones/05-alcance.py

```
saludo = 25


def saludar():
    global saludo
    saludo = "Hola Mundo"


def saludaChanchito():
    saludo = 24
    print(saludo)


resultado1 = saludo + 3
print(resultado1)
saludar()
resultado2 = saludo + 3
print(resultado2)
```

Depurando Funciones

En esta lección aprenderemos a cómo depurar el código para así encontrar los errores que contenga nuestro código.

Preparación

Lo primero que haremos es crear u nuevo archivo llamado "**06-depuracion.py**" en nuestra carpeta "**funciones**".

Aquí vamos a crear una función que se va a llamar **largo**, y esto es lo que hará, será calcular la longitud o la cantidad de caracteres que tiene un texto. Ya sé que existe la función de **len** para poder hacer exactamente esto mismo, pero es para poder mostrar el uso del depurador y cómo podemos encontrar los errores. Quedará de la siguiente manera:

funciones/06-depuracion.py

```
def largo(texto):
    resultado = 0
    for char in texto:
        resultado += 1
        return resultado
```

Esta función crea una variable que se va a llamar **resultado** y esta va a ser igual a **0**, luego de eso vamos a llamar a **for** recorriendo el texto que recibimos como parámetro, y ahora lo que vamos a hacer es ir sumando cada uno al **resultado** por cada iteración, pero lo que también queremos hacer es poder devolver el valor de resultado cuando llegamos a la función, hemos colocado un **return** de **resultado**, en este caso hemos puesto adrede, que return se encuentre dentro de **for** para así poder después eventualmente encontrar este error.

Ahora aquí estamos viendo que VSCode te mostrará un warning, eso es porque **char** no está siendo utilizando, para que deje de mostrarnos ese warning, vamos a reemplazar a **char** por un guion bajo, y eso inmediatamente va a quitar el warning dentro de nuestro código:

funciones/06-depuracion.py

```
    resultado = 0
    for _ in texto:
        resultado += 1
        return resultado
```

Perfecto, ahora si podemos continuar, un par de líneas más abajo, vamos a llamar al **largo** y vamos a pasarle el string de "Hola Mundo", ahora sí lo que tenemos que hacer guardar el resultado de esta función dentro de una variable, que le vamos a indicar que se va a llamar **l**, la cual vamos a imprimir:

funciones/06-depuracion.py

```
l = largo("Hola Mundo")
print(l)
```

Ahora si, vamos a ejecutar nuestro código y obtendremos:

Salida de ejecutar: funciones/06-depuracion.py

```
1
```

Y aquí ya podemos ver el error, nos está mostrando el valor de **1**, en lugar de la longitud completa que tiene el string de "Hola Mundo", que esto debiese ser **10**, entonces vamos a ver ahora cómo podemos depurar nuestra aplicación, para poder encontrar el error.

Para eso es lo que tenemos que hacer, es irnos a la pestaña del depurador, eso no solo lo hacemos haciendo clic en la pestaña de "Run and debug" de VSCode.

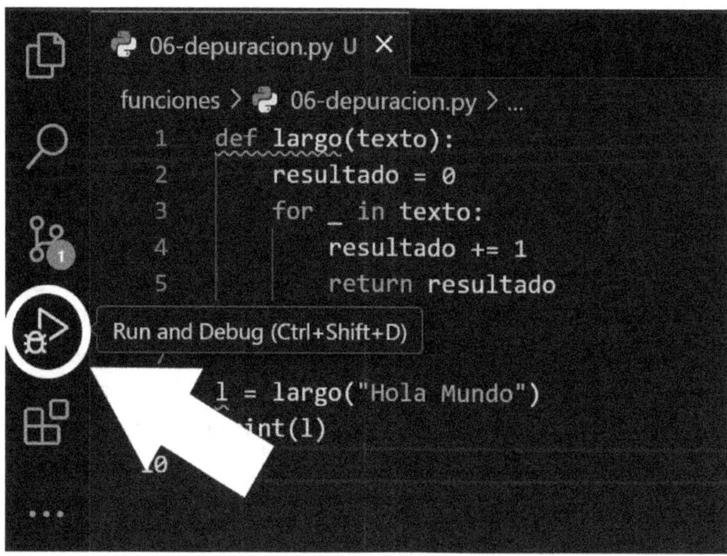

Depurador de VSCode

Ahora que nos encontramos acá, lo primero que vamos a tener que hacer es crear un archivo de "launch.json" de esta manera VSCode va a poder utilizar ese archivo para poder depurar nuestro código y para poder crear ese archivo sencillamente tenemos que hacer clic en este texto que dice "**create a launch.json file**".

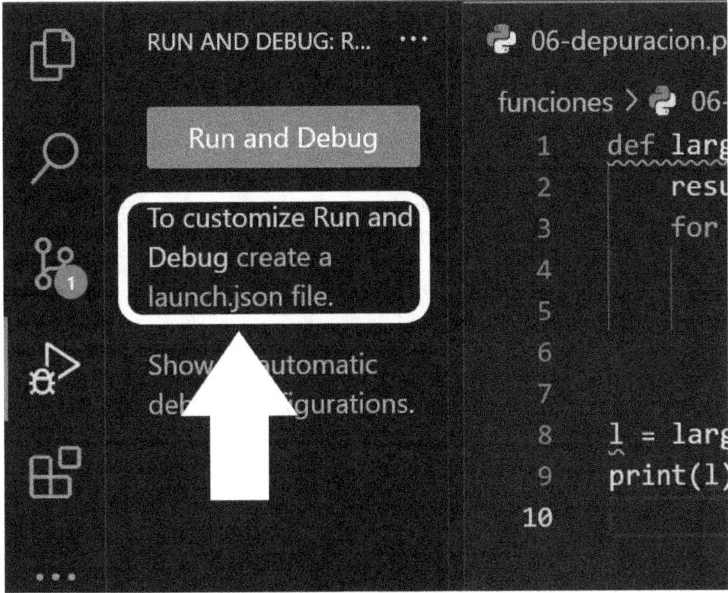

Creando el archivo launch.json

Ahora es cuando se está mostrando un listado de opciones que podemos seleccionar para poder depurar el código de nuestra aplicación, en este listado aparecen muchas opciones que son más avanzadas, como por ejemplo una que nos permite depurar nuestras aplicaciones que construyamos con los frameworks Django, FastAPI o también Flask, no vamos a seleccionar absolutamente ninguna de esas, porque todavía no estamos trabajando con esos frameworks, así que vamos a seleccionar esta que dice "**Python File**"

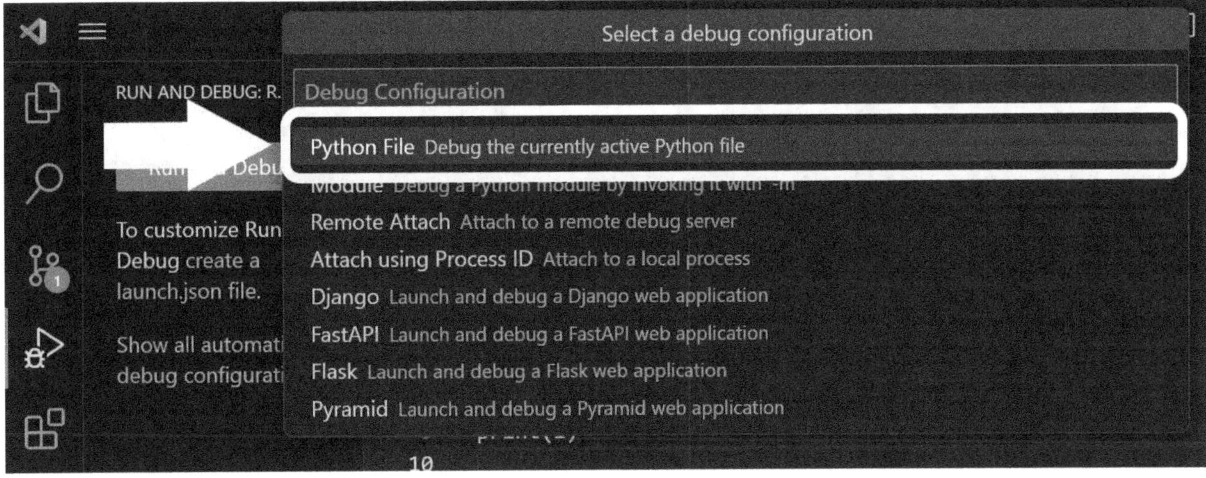

Opciones para Python

Aquí VSCode ya nos ha logrado crear con éxito este archivo que se llama la **launch.json**, que se verá algo así:

curso-py/.vscode/launch.json

```
{
    // Use IntelliSense to learn about possible attributes.
    // Hover to view descriptions of existing attributes.
    // For more information, visit: https://go.microsoft.com/fwlink/?linkid=830387
    "version": "0.2.0",
    "configurations": [
        {
            "name": "Python: Current File",
            "type": "python",
            "request": "launch",
            "program": "${file}",
            "console": "integratedTerminal",
            "justMyCode": true
        }
    ]
}
```

No es necesario que empecemos a indagar en este archivo, así que vamos a cerrarlo, y vamos a ir también aquí al explorador de archivos para ver dónde creó este archivo, y aquí nos vamos a dar cuenta de que tenemos una carpeta nueva que se llama **.vscode**, cuando hagamos clic en ella vamos a ver que tenemos encontraremos nuestro archivo **"launch.json"**

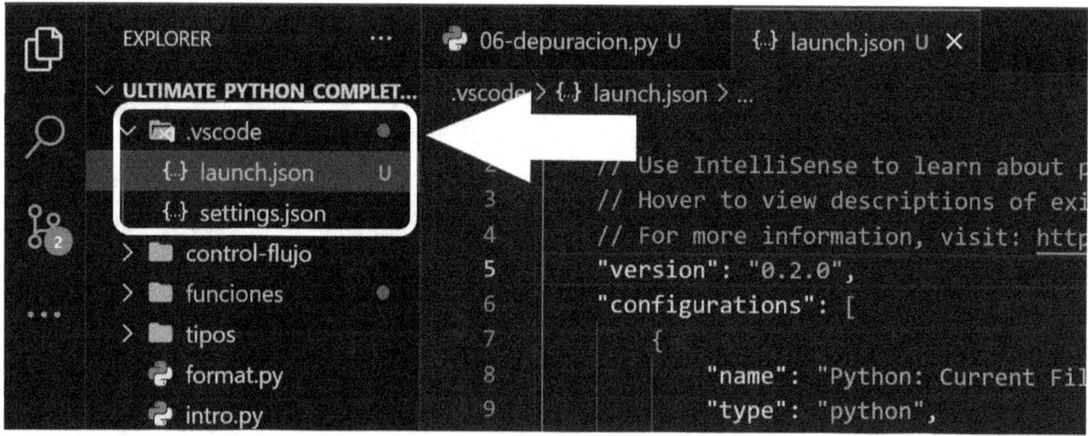

Carpeta .vscode

Vamos a regresar a la pestaña del depurador y ahora vamos a ejecutarlo, sin embargo, si lo ejecutamos ahora vamos a ver qué es lo que va a ocurrir es prácticamente nada nos va a mostrar el resultado y luego de esto lo que hará será cerrar la aplicación, esto va a ocurrir porque **tenemos que agregarle un punto donde el depurador se va a detener, y cuando se detenga vamos a poder empezar a analizar nuestra aplicación.**

Lo que vamos a hacer es crear nuevamente un **print**, justamente antes del llamado la función de **largo** y vamos a indicarle que nos imprima "chanchito" solamente para tener algo de código justamente antes del llamado a la función **largo**.

funciones/06-depuracion.py

```
print("chanchito")
l = largo("Hola Mundo")
print(l)
```

Así es que ahora lo que vamos a hacer es colocar nuestro punto de detención o nuestro punto de quiebre, colocando el mouse sobre esta zona del editor:

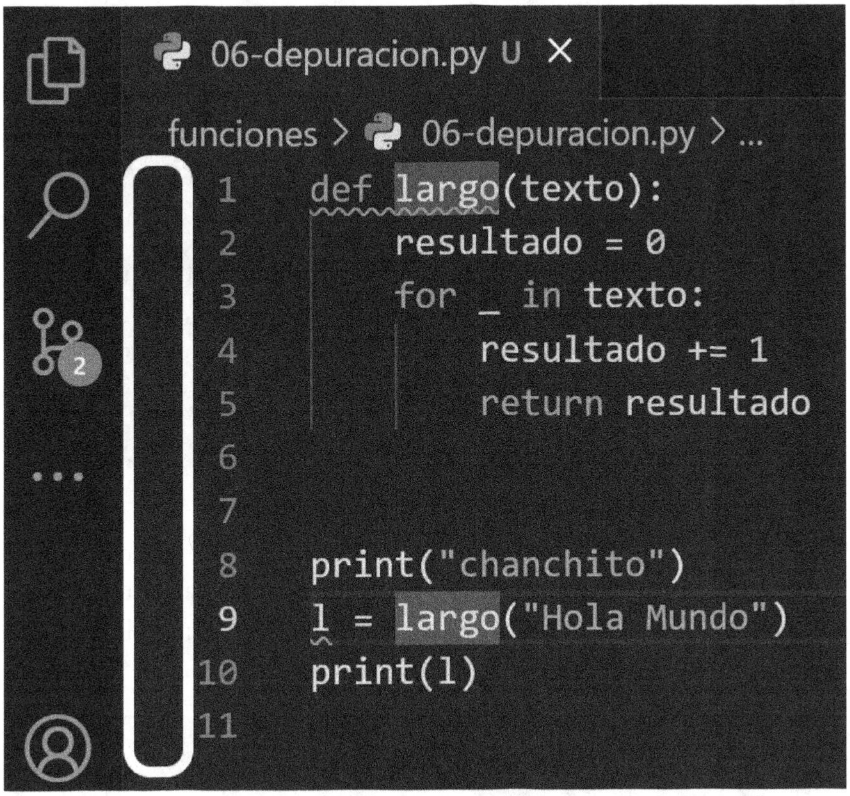

Zona para colocar los breakpoints

Si haces esto, aparecerá un puntito rojo, y para marcar el punto de quiebre tienes que hacer clic sobre él, esto por supuesto lo puedes colocar en todas las líneas en la que quieres colocar un punto de quiebre:

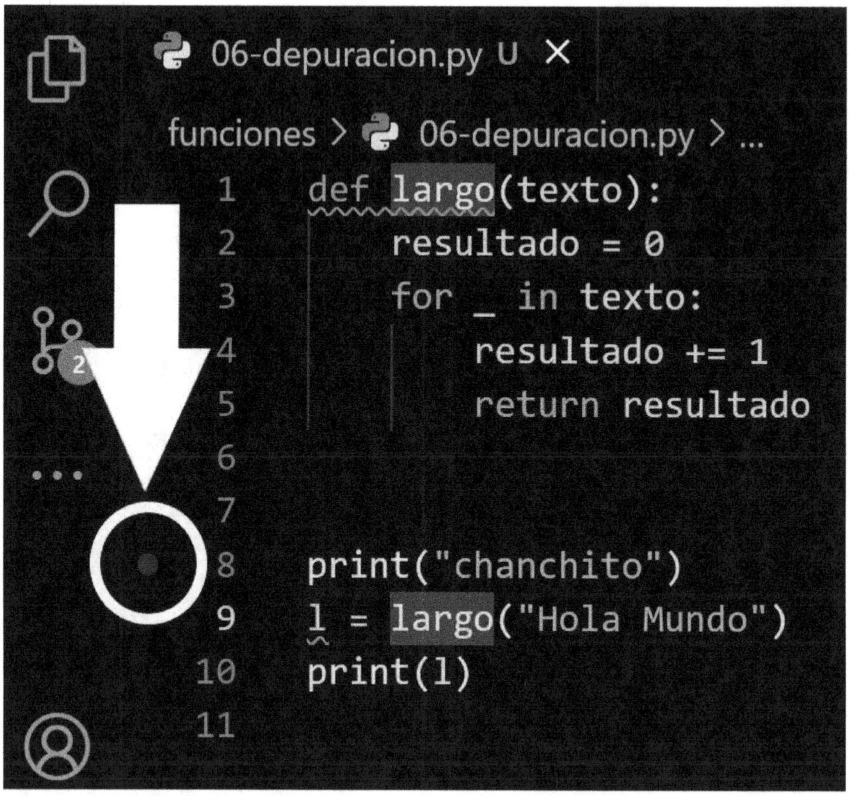

Haciendo hover en un breakpoint

Este puntito rojo que aparece acá se le conoce como **breakpoint**, bueno no técnicamente el punto rojo, sino que cuando colocamos un breakpoint en alguna línea en particular, como por ejemplo está la línea 8, esto es lo que será que el depurador se va a detener específicamente en esta línea antes de seguir avanzando y nos va a mostrar todo lo que se encuentre definido en ese momento.

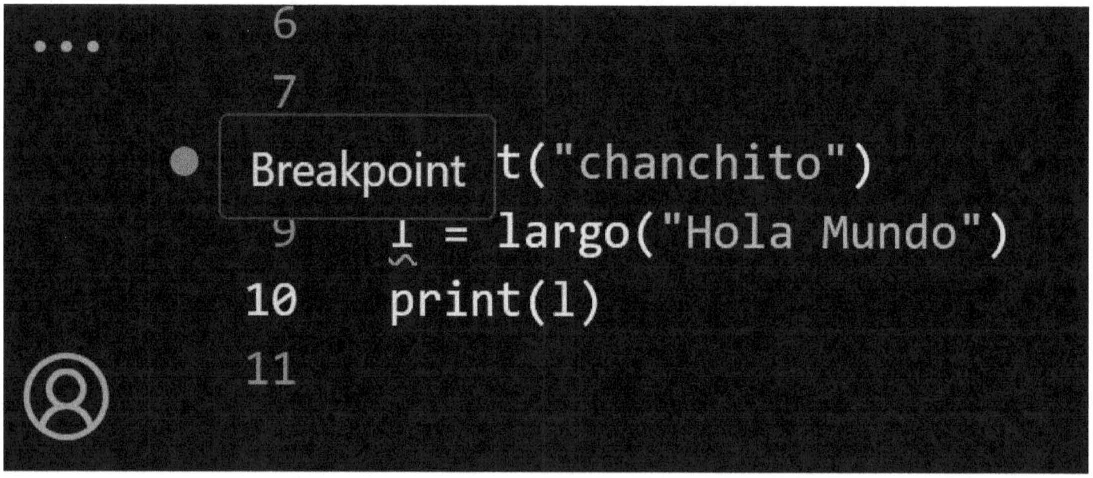

Breakpoint activo

Vamos a verlo, para eso haremos clic en el siguiente botón:

Activando el depurador

Y aquí ya podemos empezar a ver un par de cosas:

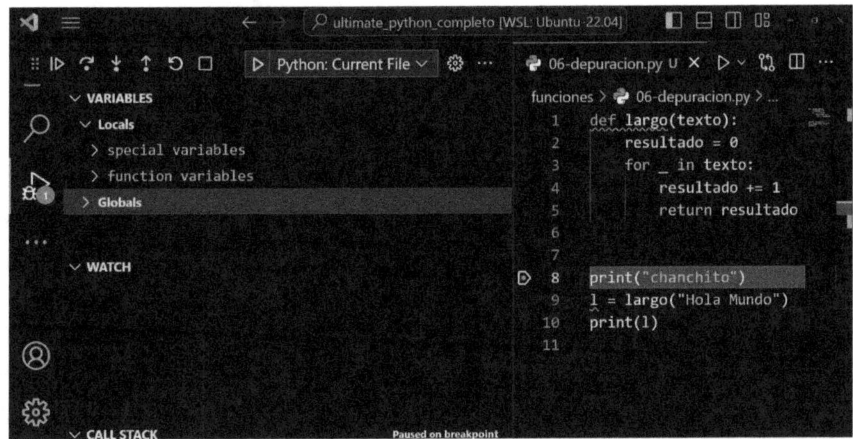

Depurardor en el primer breakpoint

Ya que estamos acá nos vamos a venir aquí a la opción que dice "function variables", vamos a hacer clic en esta:

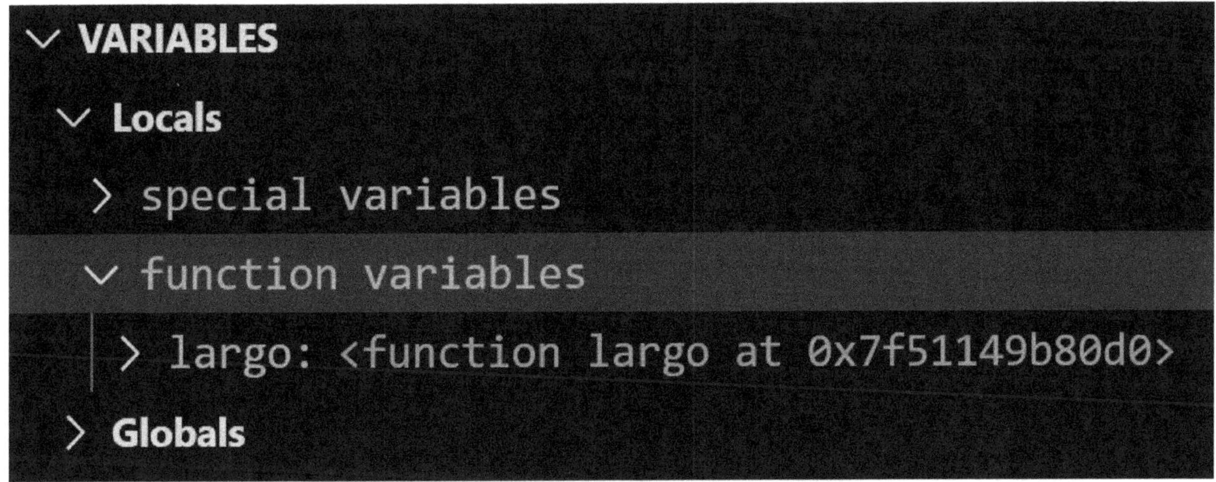

Global variables

Y aquí vamos a poder ver que se encuentra definida la función de **largo**, ahora sí, lo que haremos será continuar, vamos a decirle al depurador que este avance es una línea, para eso tenemos que a la siguiente parte y tenemos que hacer clic en el botón que dice "**step over**" o también lo pueden hacer con el atajo de teclado la **tecla f10** y en el caso que estés en MacOS, tienes que hacerlo presionando la tecla de **function** y luego presiona la tecla de **f10**:

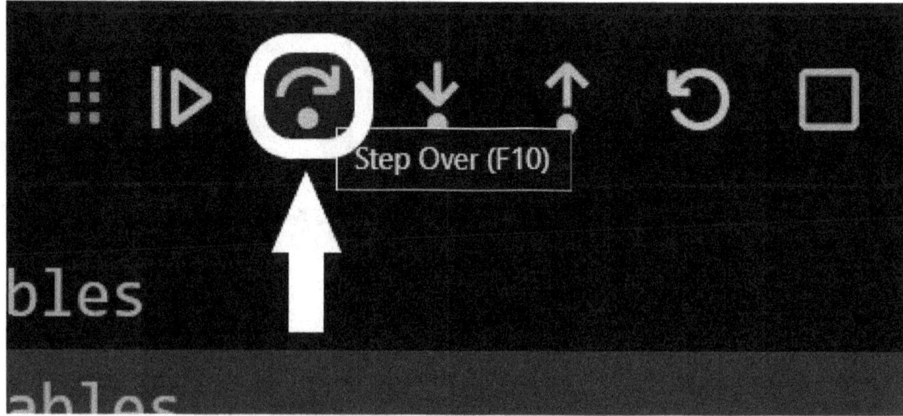

Botón step over

Al hacer clic aquí, hemos avanzado ahora a la línea 9, sin embargo, en este momento aún sigue sin mostrarnos absolutamente nada:

VARIABLES
Locals
> special variables
function variables
> largo: <function largo at 0x7f51149b80d0>
> Globals
WATCH

funciones > 06-depuracion.py

```
1  def largo(texto):
2      resultado = 0
3      for _ in texto:
4          resultado += 1
5          return resultado
6
7
8  print("chanchito")
9  l = largo("Hola Mundo")
10 print(l)
```

Depurador ubicado en la línea 9

Así es que vamos a hacer clic nuevamente acá para avanzar una línea más, porque cuando nos encontramos en esta línea, en verdad lo que está haciendo es decirnos: "oye, estoy en esta línea y la voy a ejecutar, aún no la he ejecutado" así es que esta variable **l** nos debería aparecer en el panel donde aparecen todas las variables una vez que ya hayamos pasado esta línea, así que nos vamos a hacer clic nuevamente en "step over".

Y nos enviará inmediatamente a la línea 10, no ingresó a la función para ver qué es lo que estaba ocurriendo, eso ya lo vamos a ver en un momento, pero lo que quiero que veas es lo siguiente, ahora acaba de aparecer un nuevo valor dentro de las variables locales aquí tenemos a **l** que vendría siendo la variable de la línea 9, y también nos está mostrando abajo que fue lo que le retornó el llamado a la función de largo y nos está indicando que es **1**:

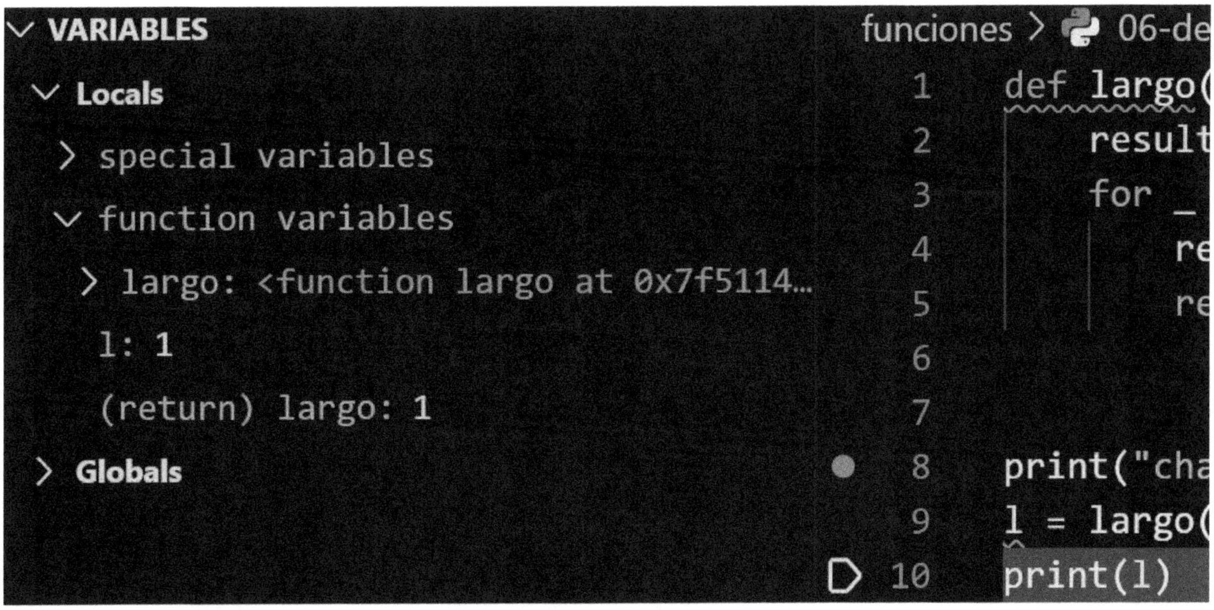

```
VARIABLES                                      funciones > 06-de
  Locals                                        1  def largo(
    > special variables                         2      result
    v function variables                        3      for _
      > largo: <function largo at 0x7f5114...   4          re
      l: 1                                      5          re
      (return) largo: 1                         6
  > Globals                                     7
                                                8  print("cha
                                                9  l = largo(
                                               10  print(l)
```

Depurador en la línea 10

Ahora lo que vamos a hacer es presionar nuevamente en step over, y nuestra aplicación he tenido la depuración. esto no es exactamente lo que queríamos hacer, así que vamos a hacer clic nuevamente aquí en el botón de depuración y ahora vamos a hacer lo siguiente.

Vamos a hacer clic nuevamente aquí en este botón de este over para poder llegar a la línea 9 y una vez que nos encontremos acá vamos a conocer ahora el botón que se llama "step into", o también puede ser ejecutado con la tecla **f11** y en el caso de MasOS con las teclas de **funtion** más la tecla de **f11**:

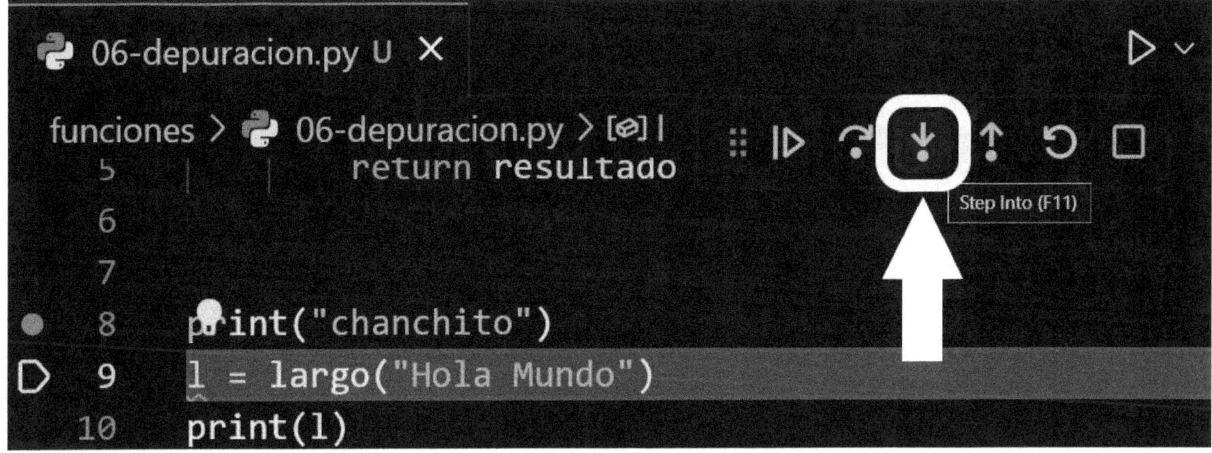

Botón step into

Y vamos a hacer clic en ese botón, esto es lo que ha hecho ha sido ingresarnos inmediatamente dentro de la ejecución de la función:

Depuración en la función

Aquí podemos ver que nos encontramos en la línea 2, todavía no la ha ejecutado por eso no nos aparece acá la variable de **resultado**, pero si nos está apareciendo la variable de **texto**, y también nos está indicando qué valor tiene esta que es el string de "Hola Mundo", si llamamos a esta misma función de **largo** y luego le pasamos otro argumento, por ejemplo "Chanchito Feliz", el valor de texto nos va a aparecer con el texto de "Chanchito Feliz".

Ahora si vamos a continuar con la ejecución de nuestra aplicación, vamos a volver a hacer clic en el botón de "step over" o la tecla **f10**:

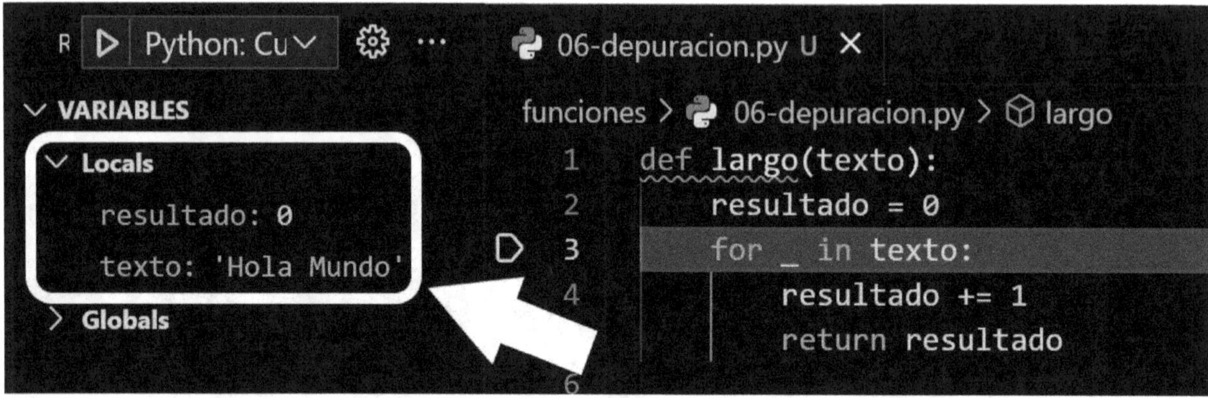

Depuración en la línea 3

Ahora pasamos a la siguiente línea, aquí ahora vemos que tenemos la variable local de **resultado** con el valor de 0, además de **texto** con el valor de "Hola Mundo", ahora ya podemos empezar a ver que nos está empezando a mostrar más información, así es que vamos a hacer clic nuevamente:

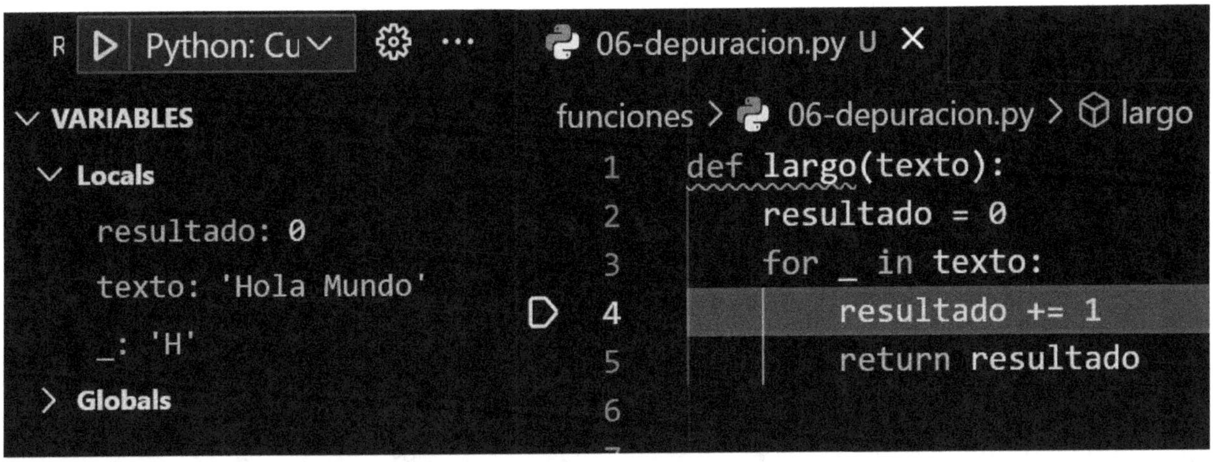

Depuración en la línea 4

Vamos a ver ahora que nos encontramos dentro de la línea cuatro, todavía no la ejecuta, por eso es por lo que todavía no nos aparece con el valor de 1, así es que vamos a volver a hacer clic en **step over**:

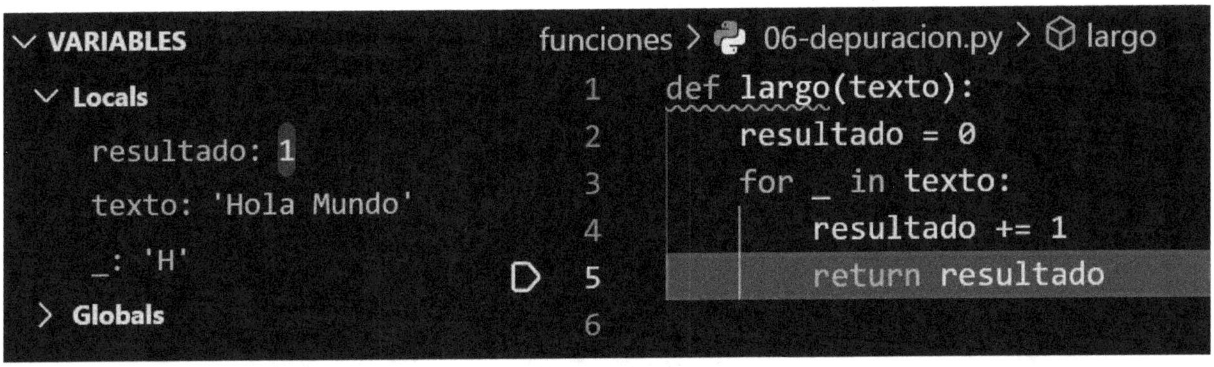

Depuración en la línea 5

Y vemos ahora que se encuentra en la línea 5, donde tenemos el **return** y aquí ya podemos empezar a intuir por qué tenemos este error, porque estamos dentro del ciclo **for**, y nos acaba de sumar el valor de 1 a nuestra variable de **resultado** e inmediatamente la está retornando, y esto debería hacerlo una vez que hayamos llegado al final de la ejecución de este **for**, y también algo interesante aquí vemos que el primer valor que tiene nuestra variable de _ es la letra "H" así es que nuestra función hasta el momento, sabemos que se está ejecutando bien, porque tenemos que el primer carácter que es "H", que corresponde justamente al primer carácter del string, "Hola Mundo".

Ahora si volvemos a presionar en "step over":

```
VARIABLES                     funciones > 06-depuracion.py > ...
  Locals                       1  def largo(texto):
    > special variables        2      resultado = 0
    > function variables       3      for _ in texto:
      l: 1                     4          resultado += 1
      (return) largo: 1        5          return resultado
  > Globals                    6
                               7
                               8  print("chanchito")
                               9  l = largo("Hola Mundo")
                              10  print(l)
```

Depuración en return

Nos vamos a dar cuenta de que hemos salido de la función, y llegamos aquí a la línea 10, donde aparece **print**. Esto claramente no es lo que queremos, así es que ahora vamos a detener nuestro debbuger haciendo clic en el siguiente icono:

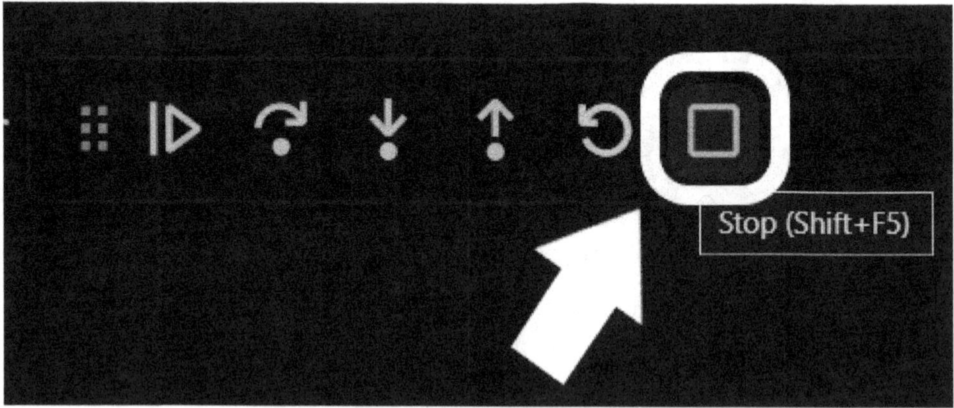

Botón stop debugger

Vamos a subir a la función y vamos a quitar la indentación de la línea que tiene el **return**:

funciones/06-depuracion.py

```
3     for _ in texto:
4         resultado += 1
5     return resultado
6     . . .
```

Y volvemos a ejecutar nuestro depurador, vamos a repetir todo el proceso anterior, ya que estamos en la línea 8, así es que vamos a hacer clic nuevamente este "step over", ahora estaremos en la línea 9, vamos a hacer clic en "step into" para entrar en la función, y ahora vamos a hacer clic nuevamente en "step over" un par de veces, allí vemos que cuando lo volvimos a hacer clic nos devolvió nuevamente a la línea 3 que es donde se encuentra él **for**:

Depurador en el ciclo for

Así que vamos a hacer clic nuevamente en "step over", y ya tenemos algo interesante, el valor que está tomando ahora el _ es la letra **o** y **resultado** sigue siendo **1**:

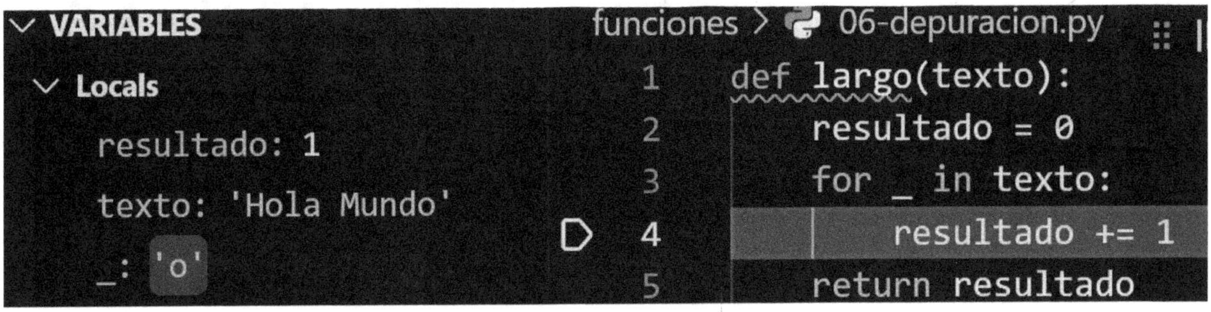

Variable _, con el valor de "o"

Vamos a hacer clic nuevamente en "step over" y ahora tenemos que el valor de la variable **resultado** es 2:

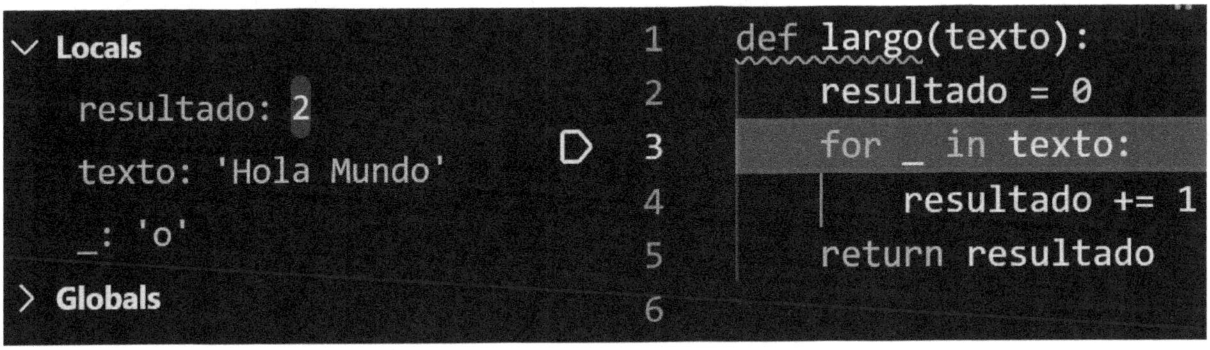

Variable resultado, con el valor de 2

Y si seguimos así vamos a ver cómo ahora nuestra función, está funcionando de la manera correcta, así que ya no es necesario que sigamos depurando esta misma función, sino que ya nos podemos salir de esta, para salirnos de esta función y volver nuevamente al contexto anterior que vendría siendo la línea 9, vamos a hacer clic en el botón de "step out" o también puedes presionar el atajo de teclado de **shift + f11** en el caso de MacOS tienes que mantener presionar la tecla de **function + shift + f11**:

Botón step out

Vamos a hacer clic y nos vamos a ir de vuelta a la línea 9:

```
VARIABLES                      funciones > 06-depuracion.py
  Locals                        5      return resultad
    > special variables         6
    > function variables        7
      (return) largo: 10        8   print("chanchito")
  > Globals                     9   l = largo("Hola Mundo")
                               10   print(l)
```

Línea 10 con el resultado correcto

En el caso de que queramos reiniciar toda la depuración, basta con que hagamos clic en este botón que dice **Restart**, y aquí, comenzar completamente desde cero:

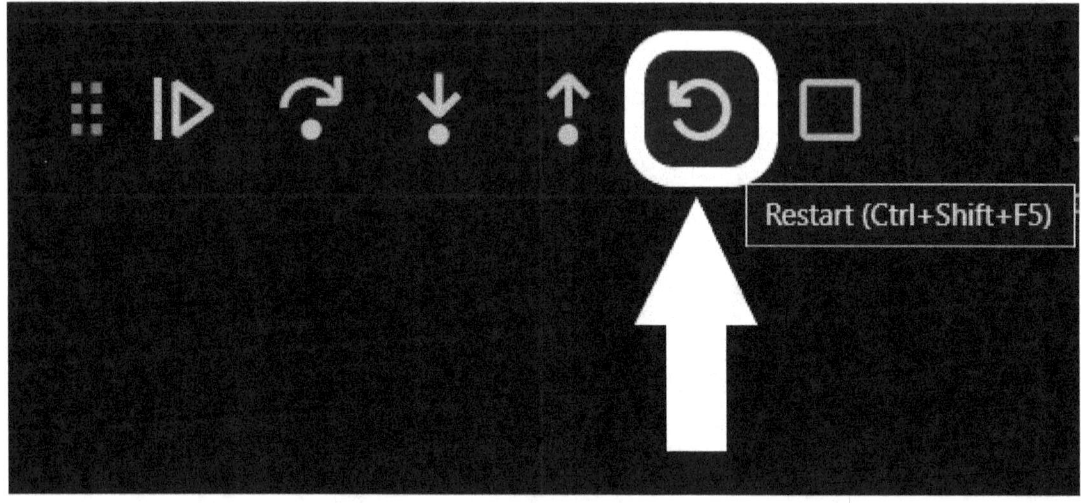

Botón reiniciar

En el caso que quiera continuar hasta el siguiente break point, tengo que hacer clic en el botón de **continue**

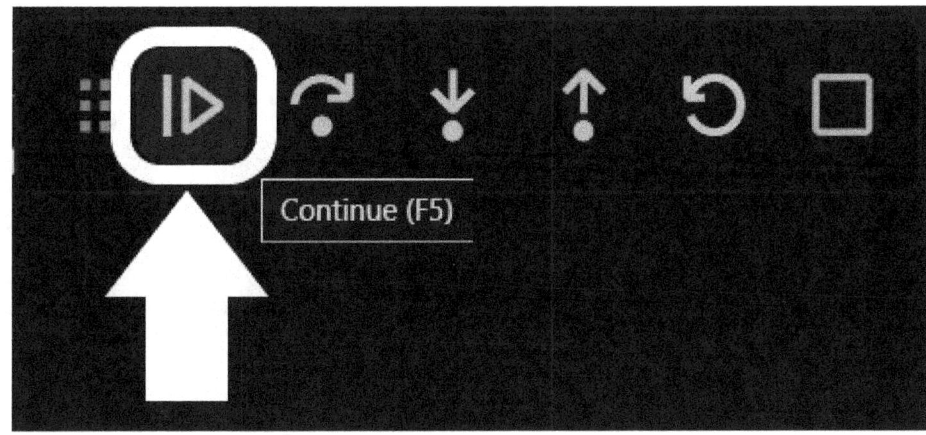

Botón continuar

Pero si hacemos clic, y como podemos ver no existen más break points, así que la depuración se va a detener; para probar esta misma funcionalidad vamos a bajar a la línea 10 para colocar un nuevo breakpoint en esta:

```
print("chanchito")
l = largo("Hola Mundo")
print(l)
```

Agregando otro endpoint

Ejecutamos nuevamente el depurador, y hacemos clic en el botón **continue** y vemos cómo ha saltado inmediatamente a la línea 10, es decir, ha parado en nuestro nuevo breakpoint:

```
VARIABLES                       funciones > 06-depuracion.py
  Locals                              return resultad
    > special variables
    > function variables
      l: 10                     print("chanchito")
  > Globals                     l = largo("Hola Mundo")
                                print(l)
```

Depurador ejecutado

Y de nuevo detendremos el depurador basta con el botón de stop, o con el atajo de teclado que vendría siendo con **shift + f5**:

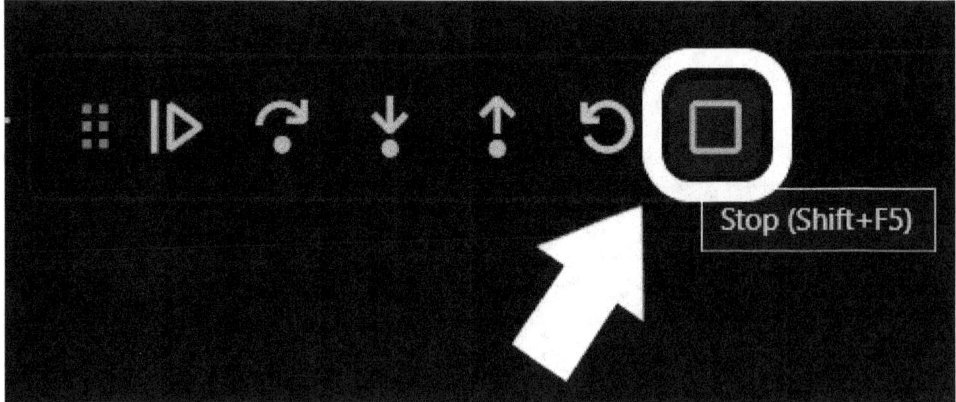

Botón stop

Y listo, esta es la forma en la cual podemos depurar nuestras aplicaciones construidas en Python, y así vamos a poder entender por qué nuestras aplicaciones están fallando o por qué no.

¿Qué hizo return en nuestro ejemplo?

Ahora si, por alguna razón te perdiste justamente en esta parte del **return** de por qué te tenía la ejecución cuando este se encontraba inventado, es porque return inmediatamente va a detener la ejecución de la función y va a retornar el valor para ser asignado a una variable justamente cuando se llame a esta línea, que justo, y esa es la razón por la cual nos estaba devolviendo el valor de **1**, porque el resultado en ese entonces valía **1**, y lo estábamos retornando, por ende el valor de **l** era **1**, pero cuando cambiamos la indentación, la bajamos un nivel, o la corremos un nivel hacia la izquierda, como quieras verlo ahora es cuando **l** ahora sí ya vale **10**.

Código completo de la lección

Para terminar, te dejaré el código del archivo: "**funciones/05-secuencias-escape.py**"

funciones/06-depuracion.py

```
def largo(texto):
    resultado = 0
    for _ in texto:
        resultado += 1
    return resultado


print("chanchito")
l = largo("Hola Mundo")
print(l)
```

Ejercicio

En esta lección vamos a realizar un ejercicio, y vamos a aplicar todo lo aprendido hasta ahora.

Preparación

Lo que vamos a hacer es en nuestra carpeta "**funciones**" crear un archivo que se llame "**07-ejercicio.py**", y en este vamos a definir una función que se llamara **es_palidromo**, y esta va a recibir un parámetro al cual llamaremos **texto**.

funciones/07-ejercicio.py

```
def es_palindromo(texto):
    # Tu código va aquí
```

Un palíndromo, por si no lo sabías, es una palabra, frase u oración, que se escribe exactamente igual, si la escribes al derecho o al revés, por ejemplo, tenemos la banda de música "abba", si es que escribimos esta palabra al revés, nos vamos a dar cuenta de que es "abba", otro palíndromo también conocido es "reconocer", si es que escribimos "reconocer" al revés nos va a dar que esta misma palabra, y así sucesivamente.

Esta función ya la tengo implementada y vamos a ver cómo debería comportarse esta función, lo primero que vamos a hacer es imprimir en nuestra terminal el string que queremos verificar que es un palíndromo, así que vamos a pasarle "abba":

funciones/07-ejercicio.py

```
print("Abba", es_palindromo("Abba"))
```

Si ejecutamos, veremos la siguiente salida:

Salida de ejecutar: funciones/05-alcance.py

```
Abba True
```

Y aquí podemos ver que me está indicando que para "Abba" es **True**, veamos con otro, vamos a duplicar esta línea y vamos a hacerlo con la palabra de "Reconocer":

funciones/07-ejercicio.py

```
print("Reconocer", es_palindromo("Reconocer"))
```

Volvemos a ejecutar y aquí tenemos que para la palabra "Reconocer",

Salida de ejecutar: funciones/07-ejercicio.py

```
Reconocer True
```

También es **True**.

Ahora esta función también tiene que implementar algo sumamente importante que lo vamos a ver ahora, vamos a escribir lo siguiente:

funciones/07-ejercicio.py

```
print("Amo la paloma", es_palindromo("Amo la paloma"))
```

Esto también es un palíndromo, pero vamos a ejecutar la función, lo más probable es que estes pensando, "oye, pero este string tiene unos espacios", bueno te vas a tener que encargar de validar esto mismo.

Vamos a ejecutar de nuevo:

Salida de ejecutar: funciones/07-ejercicio.py

```
Amo la paloma True
```

Y nos está indicando que "Amo La Paloma" también es **True**, ahora puede que pienses que esta función, sencillamente está haciendo un return de **True**, pero vamos a pasar inmediatamente un caso de fracaso, así que vamos a colocar lo siguiente:

funciones/07-ejercicio.py

```
print("Hola Mundo", es_palindromo("Hola Mundo"))
```

Si ejecutamos nuestro script nuevamente, aquí nos indicará:

Salida de ejecutar: funciones/07-ejercicio.py

```
Hola Mundo False
```

Nos regresa **False** lo que quiere decir que no es un palíndromo, si es que no quieren una pista de cómo se tiene que resolver este ejercicio, toma una pausa de 15 a 20 minutos, para poder resolver este ejercicio, si es que quieres la pista de cómo se tienen que resolver este ejercicio, entonces para resolverlo de la manera correcta necesita 2 partes:

- como primero, una función que nos permita a poder eliminar los espacios en blanco de un string.
- luego de haber eliminado los espacios en blanco vamos a tener que crear después otra función, que lo que haga es que tome un string, o un texto y que a este le dé vuelta o que le aplique un reverse.

Esta función no la tienes que buscar en Internet, lo que vas a tener que hacer es construir esta función de **reverse** con lo que sabes hasta ahora, y sí, se puede y te voy a dar una pista, para estas 2 funciones, vas a tener que aplicar **for** e iterar cada uno de los caracteres, y dependiendo del carácter que estés recibiendo, es si es que le aplicas una operación o no, ya te he dado mucha información, ahora sí, toma 15 a 20 minutos para poder resolver este ejercicio, y en la siguiente lección vamos a mostrar cómo se resuelve.

Solución al ejercicio

En esta lección, vamos a ver la solución para el ejercicio anterior, y esta es la implementación de la función **es_palindromo**, recordemos lo que tenemos hasta ahora en código:

funciones/07-ejercicio.py

```
def es_palindromo(texto):
    # Tu código va aquí

print("Abba", es_palindromo("Abba"))
print("Reconocer", es_palindromo("Reconocer"))
print("Amo la paloma", es_palindromo("Amo la paloma"))
print("Hola mundo", es_palindromo("Hola mundo"))
```

Dentro de la función **es_palindromo** vamos a tener que realizar dos cosas, la primera es crear una función que le elimine absolutamente todos los espacios en blanco que podría tener un string. Vamos a reemplazar la variable de texto que recibimos como parámetro, con una función que se llamará **no_space**, está por supuesto vamos a tener que crearla e imprimiremos su valor. Y usaremos "Amo la paloma" para probarla, podemos mientras tanto comentar los otros llamados a la función:

funciones/07-ejercicio.py

```
def es_palindromo(texto):
    texto = no_space(texto)
    print(texto)


es_palindromo("amo la paloma")

# print("Abba", es_palindromo("Abba"))
# print("Reconocer", es_palindromo("Reconocer"))
# print("Amo la paloma", es_palindromo("Amo la paloma"))
# print("Hola mundo", es_palindromo("Hola mundo"))
```

Así, cuando ejecutemos nuestro script, tendrías que ver el texto sin ningún espacio. Ahora vamos a escribir la función **no_space**, vamos a colocarla arriba de la definición de la función **es_palindromo**, esta va a recibir también el parámetro **texto**, dentro de esta función vamos a definir una nueva variable que se llamará **nuevo_texto**, y lo que vamos a hacer es tomar el string que recibimos como parámetro y los vamos a iterar, para concatenar cada uno de los caracteres en la variable **nuevo texto**, siempre y cuando, este no sea un string vacío.

funciones/07-ejercicio.py

```
def no_space(texto):
    nuevo_texto = ""
    if char != " ":
. . .
```

Dentro de la condicional vamos a comenzar a concatenar, entonces lo que tenemos que hacer es concatenar a **nuevo_texto** cada uno de los caracteres a menos que sean un espacio en blanco y vamos a retornar al final del ciclo **for** a **nuevo_texto**, quedando así:

funciones/07-ejercicio.py

```
nuevo_texto = ""
for char in texto:
    if char != " ":
        nuevo_texto += char
return nuevo_texto
. . .
```

Vamos a verificar que el string que le pasamos funcione quitándole todos los espacios en blanco, entonces ejecutamos la función:

Salida de ejecutar: funciones/07-ejercicio.py

```
amolapaloma
```

Y ahora nos regresó el texto, sin ningún espacio entremedio.

Así es que tenemos la mitad del ejercicio resuelto, si es que no lograste resolver todo el ejercicio, pero llegaste hasta este punto, intenta resolver la siguiente función que tienes que crear, que es la de dar vuelta al string.

Para esto vamos a crear una nueva variable que se llamará a **texto_al_reves** y su valor será el resultado de ejecutar a una nueva función llamada **reverse** y le pasaremos como argumentos a **texto**, el cual ya no tendría espacios en blanco, esta nueva variable se la pasaremos a **print**, quedando este código así:

funciones/07-ejercicio.py

```
def es_palindromo(texto):
    texto = no_space(texto)
    texto_al_reves = reverse(texto)
    print(texto_al_reves)
    . . .
```

Y ahora, si podemos crear la función de **reverse**, esta recibirá el parámetro **texto**, y lo primero será definir dentro de esta una variable que se llamará **texto_al_reves**, que será igual a un string vacío.

Siguiente, tendremos que iterar el texto, así que usaremos de nuevo un ciclo **for** ya vamos a concatenar a **texto_al_revez**, pero si lo hacemos como en el ejemplo anterior, este concatenará en el mismo orden todo el texto, para poder hacerlo de la manera correcta, al final, retornaremos a **texto_al_reves**

funciones/07-ejercicio.py

```
def reverse(texto):
    texto_al_reves = ""
    for char in texto:
        texto_al_reves = char + texto_al_reves
    return texto_al_reves
```

Si ejecutamos, vamos a ver lo siguiente:

Salida de ejecutar: funciones/07-ejercicio.py

```
amolapaloma
```

Y aquí estamos viendo que nos está entregando nuevamente "amolapaloma", así que hay 2 opciones, uno la función que implementamos no sirve, o "amo la paloma" es efectivamente un palíndromo, pero para que estemos seguros lo que haremos será duplicar esta línea y aquí en lugar de colocar un nuevo llamado de la función, pero con "hola mundo", esto es para verificar que efectivamente está dando vuelta el string.

funciones/07-ejercicio.py

```
es_palindromo("amo la paloma")
es_palindromo("hola mundo")
```

Así que volvemos a ejecutar

Salida de ejecutar: funciones/07-ejercicio.py

```
amolapaloma
odnumaloh
```

Y aquí vemos cómo tenemos el string de "hola mundo" al revés, así que si efectivamente esta función está funcionando, ahora lo que tenemos que hacer es retornar **texto**, pero comparándolo con **texto_al _reves**:

funciones/07-ejercicio.py

```
texto_al_reves = reverse(texto)
return(texto_al_reves)
. . .
```

Ahora guardamos y esto es lo que debiese hacer es devolvernos un valor booleano, así que en los llamados vamos a tener que colocar un **print**:

funciones/07-ejercicio.py

```
print(es_palindromo("amo la paloma"))
print(es_palindromo("hola mundo"))
```

Y ejecutamos:

Salida de ejecutar: funciones/07-ejercicio.py

```
True
False
```

Y aquí tenemos **True** y también tenemos **False**, sin embargo, nuestra aplicación tiene un pequeño problema, y es el siguiente, ¿qué es lo que pasa si cambiamos la primera "a" de "amo la paloma", por una letra "A"?

funciones/07-ejercicio.py

```
print(es_palindromo("Amo la paloma"))
print(es_palindromo("hola mundo"))
```

Si ejecutamos:

Salida de ejecutar: funciones/07-ejercicio.py

```
False
False
```

Nos está devolviendo que ambos son **False**, así que vamos a corregir eso inmediatamente, justamente en la línea 19, a cada una de estas variables le vamos a aplicar el método de lower:

funciones/07-ejercicio.py

```
19 return texto.lower() == texto_al_reves.lower()
```

Y vamos a ejecutar nuevamente nuestra aplicación:

Salida de ejecutar: funciones/07-ejercicio.py

```
True
False
```

Y aquí tenemos que ahora, si nos está entregando **True** y **False**, respectivamente, ahora sí vamos a validar que esto también esté funcionando con otros strings:

funciones/07-ejercicio.py

```
print(es_palindromo("Hola Mundo"))
print(es_palindromo("Reconocer"))
print(es_palindromo("Somos o no somos"))
```

Y si ejecutamos, nos devolverá:

Salida de ejecutar: funciones/07-ejercicio.py

```
True
False
True
True
```

Y de esta manera es como podemos implementar 2 funciones, una para poder dar la vuelta del texto y otra para poder eliminar todos los espacios que puede tener una cadena de caracteres, y finalmente utilizando estas 2 funciones creamos una función un poco más grande que se llama **es_palindromo**.

Código completo de la lección

Para terminar, te dejaré el código del archivo: "**funciones/07-ejercicio.py**"

funciones/07-ejercicio.py

```
def reverse(texto):
    texto_al_reves = ""
    for char in texto:
        texto_al_reves = char + texto_al_reves
    return texto_al_reves


def no_space(texto):
    nuevo_texto = ""
    for char in texto:
        if char != " ":
            nuevo_texto += char
    return nuevo_texto


def es_palindromo(texto):
    texto = no_space(texto)
    texto_al_reves = reverse(texto)
    return texto.lower() == texto_al_reves.lower()


print(es_palindromo("Amo la paloma"))
print(es_palindromo("Hola Mundo"))
print(es_palindromo("Reconocer"))
print(es_palindromo("Somos o no somos"))

# print("Abba", es_palindromo("Abba"))
# print("Reconocer", es_palindromo("Reconocer"))
# print("Amo la paloma", es_palindromo("Amo la paloma"))
# print("Hola mundo", es_palindromo("Hola mundo"))
```

Capítulo 5: tipos avanzados

Listas

En esta sección vamos a hablar sobre los tipos de datos avanzados que tiene Python, y vamos a empezar con las **listas**, para eso nos vamos a venir nuevamente a nuestro editor y vamos a crear una carpeta y la cual se llamará "**tipos-avanzados**" y en esta vamos a crear un archivo que se va a llamar "**01-listas.py**".

¿Qué son las listas en Python?

Las listas en Python son tal cual como suenan, una lista, como podría ser, por ejemplo, una lista de supermercado, en estas podríamos colocar cosas como, por ejemplo: pan, aceite, zanahorias y así sucesivamente hasta que terminamos nuestra lista y finalmente con eso vamos a ir al supermercado a poder realizar la compra con base en esta lista que hemos creado.

En Python son exactamente lo mismo con la diferencia, que, además de poder colocar pan, aceites y zanahorias, vamos a poder colocar también números, caracteres, otras listas dentro de estas listas que vendría siendo algo así como una sub-lista, vamos a poder juntarlas, entre otras cosas.

Vamos al código, lo primero que vamos a hacer es crear una lista de números, que esto vendría siendo lo más sencillo de poder entender, esta lista contendrá los números 1, 2 y 3:

tipos-avanzados/01-listas.py

```
numeros = [1, 2, 3]
```

Vamos a analizar qué fue lo que escribimos, lo primero que hice fue crear una variable que se llama **numeros**, después de eso estamos utilizando el símbolo de igual, o sea que, lo que se encuentra a la derecha se lo estamos asignando la variable de números como hemos hecho anteriormente, pero esto tiene una sintaxis un poco diferente.

Tenemos el paréntesis de corchete(**[]**), este lo hemos utilizado también para poder acceder a los índices de un string, como, por ejemplo, cuando escribimos el string de "Hola mundo" y le indicábamos que queríamos acceder al índice 2:

Ejemplo de código en Python

```
"hola mundo"[2]
```

En este caso, "h" vendría siendo 0, la "o" vendría siendo 1 y "l" le vendría siendo 2, entonces esto es lo que haría sería devolvernos el string que contiene el carácter "l".

Sintaxis de las listas

Entonces el paréntesis apertura de corchete([) nos sirve para poder indicar que va a comenzar la lista, y el paréntesis de cierre de corchete(]) nos va a indicar que termina nuestra lista.

Y todo lo que se encuentra dentro vendría siendo el contenido de nuestra lista. Y aquí empezamos a colocar nuestros elementos, y podemos colocar todos los que queramos, pero es sumamente importante que, entre cada elemento exista una coma, para así poder indicarle a Python la diferencia entre cuando es un elemento y cuando empieza a ser el otro elemento.

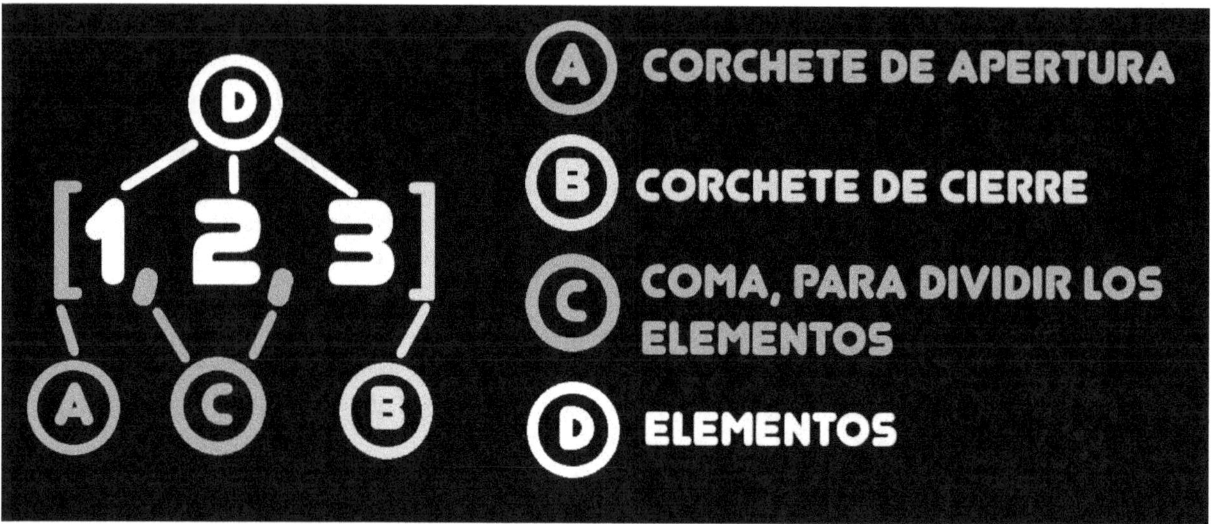

Anatomía de las listas

Entonces acá, tenemos un elemento que contiene el número 1, después tenemos una "coma" para indicarle a Python que ese vendría siendo nuestro primer elemento, posteriormente colocamos nuestro siguiente elemento que en este caso vendría siendo el número 2, seguido de ese dos volvemos a colocar una "coma", y ahí le volvemos a indicar a Python hasta aquí llega nuestro segundo elemento, después de esta coma va a venir el tercer elemento, y aquí colocamos 3.

Detalle sobre las comas en las listas

Fíjate que justamente después del 3 no hemos colocado ninguna "coma", esto es porque este es el último elemento que se encuentra dentro de nuestra lista, y en el caso del primer elemento tampoco colocamos debe de llevar una coma antes, pero todos los elementos entre medio tienen que llevar necesariamente una coma.

Así que usaremos un **print**:

tipos-avanzados/01-listas.py

```
print(numeros)
```

Y ejecutamos:

Salida de ejecutar: tipos-avanzados/01-listas.py

```
[1, 2, 3]
```

Vemos que nos está imprimiendo prácticamente lo mismo que escribimos. Vamos a continuar ahora creando otra lista, vamos a eliminar el **print**:

tipos-avanzados/01-listas.py

```
print(numeros)
```

Y ahora vamos a escribir:

tipos-avanzados/01-listas.py

```
numeros = [1, 2, 3]
letras = ["a", "b", "c"]
```

Esta es una variable que se llama **letras**, y esto va a ser igual a por supuesto una lista, que va a contener el carácter de "a", va a contener el carácter de "b" y luego va a contener el carácter de "c".

En este caso a esta lista le estamos indicando que su contenido van a ser 3 caracteres "a", ""b y "c", y se lo estamos indicando como que si estos fuesen strings, tenemos el string "a" tenemos el string de "b", y tenemos el string de "c".

Podemos colocar por supuesto más tipos de datos, vamos a crear otra lista que se va a llamar **palabras**

tipos-avanzados/01-listas.py

```
palabras = ["chanchito", "feliz"]
```

Ahora podemos crear listas de más de 3 elementos, crearemos una nueva variable que se llame **palabrasFelices** con los siguientes elementos:

tipos-avanzados/01-listas.py

```
palabrasFelices = ["chanchito", "feliz", "Felipe", "alumno"]
```

Usaremos un **print** para ver primero a palabras:

tipos-avanzados/01-listas.py

```
print(palabras)
```

Y su resultado de ejecutar es:

Salida de ejecutar: tipos-avanzados/01-listas.py

```
['chanchito', 'feliz']
```

Y si ahora imprimimos a palabras felices:

tipos-avanzados/01-listas.py

```
print(palabrasFelices)
```

Veremos a todos los elementos de esta lista:

Salida de ejecutar: tipos-avanzados/01-listas.py

```
['chanchito', 'feliz', 'Felipe', 'alumno']
```

Además de strings, caracteres y números, también podemos colocar más valores, como los **booleans**, y lo haremos con una variable con este nombre:

tipos-avanzados/01-listas.py

```
palabrasFelices = ["chanchito", "feliz", "Felipe", "alumno"]
booleans = [True, False, True, True]
. . .
```

Y cambiaremos el **print** del final e imprimiremos a esta variable:

tipos-avanzados/01-listas.py

```
print(booleans)
```

Ejecutamos:

Salida de ejecutar: tipos-avanzados/01-listas.py

```
[True, False, True, True]
```

Dentro de las listas también podemos colocar otras listas y de esta manera crear una matriz, esta se va a llamar **matriz**, y va a ser igual un listado cuyo primer elemento va a ser también un listado con los siguientes valores:

tipos-avanzados/01-listas.py

```
booleans = [True, False, True, True]
matriz = [[0, 1]]
. . .
```

Entonces, acá tenemos una lista cuyo contenido, en su primer elemento es otra lista, que va a tener el valor de **0** y **1**, para agregar otra lista después de eso, tenemos que separar la primera de la segunda lista, estas también las separaremos con una coma como lo hemos hecho con las otras listas, la segunda tendrá el valor de **1** y **0**:

tipos-avanzados/01-listas.py

```
booleans = [True, False, True, True]
matriz = [[0, 1], [1, 0]]
. . .
```

Acá tenemos una matriz o también podría ser un listado de coordenadas, donde el primero podría ser la coordenada **x** y el segundo valor la **y**, lo importante en este caso es que podemos crear una matriz, y una matriz es un listado que contiene más listados, ahora vamos a imprimir esto con:

tipos-avanzados/01-listas.py

```
print(matriz)
```

Y el resultado sería:

Salida de ejecutar: tipos-avanzados/01-listas.py

```
[[0, 1], [1, 0]]
```

Ahora que pasaría si por alguna razón necesitamos crear un listado que contenga 10 ceros, para ver esto, crearemos una variable que se va a llamar **ceros**:

tipos-avanzados/01-listas.py

```
matriz = [[0, 1], [1, 0]]
ceros = [0, 0, 0, 0, 0, 0, 0, 0, 0, 0]
. . .
```

Pero esto tomaría mucho tiempo, y la verdad que esto se vería bastante feo, existe una forma bastante mejor de poder crear esto, colocamos un arreglo o listado que contiene el número 0 fuera de este arreglo, utilizaremos el símbolo de la multiplicación y le colocamos el número 10:

tipos-avanzados/01-listas.py

```
matriz = [[0, 1], [1, 0]]
ceros = [0] * 10
. . .
```

Lo que esto hará es, tomar este listado y lo va a multiplicar, pero el contenido lo va a colocar 10 veces, vamos a imprimir esta variable:

tipos-avanzados/01-listas.py

```
print(ceros)
```

Ejecutamos:

Salida de ejecutar: tipos-avanzados/01-listas.py

```
[0, 0, 0, 0, 0, 0, 0, 0, 0, 0]
```

Y acá vemos que tenemos un listado que contiene 10 ceros.

Ahora, si ahora queremos, por ejemplo, un listado que tiene ceros y unos, esto lo haríamos de la siguiente manera:

tipos-avanzados/01-listas.py

```
matriz = [[0, 1], [1, 0]]
ceros = [0, 1] * 10
. . .
```

Si volvemos a ejecutar:

Salida de ejecutar: tipos-avanzados/01-listas.py

```
[0, 1, 0, 1, 0, 1, 0, 1, 0, 1, 0, 1, 0, 1, 0, 1, 0, 1, 0, 1]
```

Y este nuevo listado tiene 10 parejas de ceros y unos.

Unir Listas

Si tuviéramos dos listas, pero quisiéramos juntarlas, algo así como una superlista, una lista maestra que contenga muchas listas, eso también lo podemos hacer, vamos a crear una nueva variable que se va a llamar alfanuméricos:

tipos-avanzados/01-listas.py

```
alfanumerico = numeros + letras
print(alfanumerico)
```

Lo que estamos haciendo acá estamos tomando nuestra primera lista, llamada **numeros** y la segunda lista **letras**, y lo que sucede es que primero ubicamos a los elementos de **numeros** y a su lado estamos colocando los elementos del listado de **letras**, e imprimimos su contenido, ejecutamos y debemos ver esto:

Salida de ejecutar: tipos-avanzados/01-listas.py

```
[1, 2, 3, 'a', 'b', 'c']
```

Entonces aquí tenemos el listado con los elementos: **1**, **2** y **3**, e inmediatamente dentro de la misma lista tenemos los elementos: **'a'**, **'b'** y **'c'**, de esta manera podemos juntar 2 listas en una gran lista.

Lista con rango de números

Y ahora para crear un listado que contenga un rango de números, como, por ejemplo, podría ser vamos a colocar una variable de rango que tenga el número del 1 al 10:

tipos-avanzados/01-listas.py

```
alfanumerico = numeros + letras
rango = [1..10]
print(alfanumerico)
```

Pero, esto **no lo podemos hacer con esta sintaxis**, afortunadamente podemos utilizar una función la cual habíamos visto antes, esta es la función de **range**, la cual podemos usar de la siguiente manera:

tipos-avanzados/01-listas.py

```
alfanumerico = numeros + letras
rango = list()
print(alfanumerico)
```

En esta función nueva llamada **list**, pasando el mouse sobre los paréntesis y utilizando la herramienta que instalamos previamente, vamos a poder ver que el argumento que tenemos que pasarle tiene que ser un iterable, siempre cuando lo especifiquemos.

Argumentos de la funcion list

Pero igualmente nos menciona que podemos no pasarle nada, de ser este el caso, de no pasarle nada, lo que hará será crear una lista completamente vacía, pero lo que queremos es crear una lista que vaya desde por el rango del número 1 hasta el 10, esto lo haremos de la siguiente manera:

tipos-avanzados/01-listas.py

```
alfanumerico = numeros + letras
rango = list(range(10))
print(rango)
```

Esto es lo que hará será crearme una lista con 10 elementos, si es que te acuerdas de cómo se utiliza la función de **range**, sabes que esto nos va a devolver algo extraño, vamos a ejecutar:

Salida de ejecutar: tipos-avanzados/01-listas.py

```
[0, 1, 2, 3, 4, 5, 6, 7, 8, 9]
```

Y aquí vemos que tenemos un listado con 10 elementos, pero tienes que recordar que esta comienza con el 0 y terminara con el 9, entonces para hacer que nuestro listado vaya del 1 a 10, podemos cambiar como utilizamos la función de **range** a la siguiente forma:

tipos-avanzados/01-listas.py

```
alfanumerico = numeros + letras
rango = list(range(1, 11))
print(rango)
```

Si ejecutamos:

Salida de ejecutar: tipos-avanzados/01-listas.py

```
[1, 2, 3, 4, 5, 6, 7, 8, 9, 10]
```

Teniendo como resultado nuestra lista, que va desde 1 hasta 10.

También podemos crear una lista de un string, vamos a colocar una nueva variable llamada **chars**, que va a contener los caracteres de un string que le vamos a pasar, usaremos de nuevo a **list** para crear nuestra lista y donde tenemos que pasarle el argumento, si recuerdas los strings también son iterables, entonces a **list** podemos pasarle el string de "hola mundo":

tipos-avanzados/01-listas.py

```
rango = list(range(1, 11))
chars = list("hola mundo")
print(chars)
```

Ejecutamos:

Salida de ejecutar: tipos-avanzados/01-listas.py

```
['h', 'o', 'l', 'a', ' ', 'm', 'u', 'n', 'd', 'o']
```

Y vemos ahora que tenemos los strings de "hola mundo", separados por cada uno de los elementos dentro de este listado, entonces el primer elemento la "h", el segundo elemento es la "o", el tercero es la "l" y así sucesivamente hasta que llegamos al último elemento que es la "o" de la palabra "mundo".

Código completo de la lección

Para terminar, te dejaré el código del archivo **tipos-avanzados/01-listas.py**:

tipos-avanzados/01-listas.py

```
numeros = [1, 2, 3]
letras = ["a", "b", "c"]
palabras = ["chanchito", "feliz"]
palabrasFelices = ["chanchito", "feliz", "Felipe", "alumno"]
booleans = [True, False, True, True]
matriz = [[0, 1], [1, 0]]
ceros = [0, 1] * 10

alfanumerico = numeros + letras
rango = list(range(1, 11))
chars = list("hola mundo")
print(chars)
```

Manipulando listas

En esta lección, vamos a manipular las listas.

Preparación

Vamos a crear un nuevo archivo que se va a llamar "**02-manipulando-listas.py**" en nuestra carpeta "**tipos-avanzados**".

Lo primero que necesitamos es una lista que se va a llamar **mascotas**:

tipos-avanzados/02-manipulando-listas.py

```
mascotas = ["Wolfgang", "Pelusa", "Pulga", "Copito"]
print(mascotas)
```

Si ejecutamos, debemos ver a todas estas mascotas:

Salida de ejecutar: tipos-avanzados/02-manipulando-listas.py

```
['Wolfgang', 'Pelusa', 'Pulga', 'Copito']
```

Podemos acceder a cada uno de los elementos de un listado exactamente igual cómo accedemos a un carácter de un string, eso lo hacemos utilizando el paréntesis cuadrado o de corchete(**[]**), indicándole el índice del elemento al cual queremos acceder, supongamos que queremos acceder a "Wolfgang", en este caso, tenemos que colocar el número cero, porque recuerda que **las listas comienzan desde el índice cero al igual que los strings**, así que, pero el "Pelusa" vendría siendo 1 y así sucesivamente hasta llegar al último elemento. Si es que nuestra lista tiene por ejemplo 4 elementos, el último elemento vendría siendo 3, acuérdate de eso porque será importante. Entonces escribimos en nuestro **print**:

tipos-avanzados/02-manipulando-listas.py

```
mascotas = ["Wolfgang", "Pelusa", "Pulga", "Copito"]
print(mascotas[0])
```

Ahora sí ejecutamos:

Salida de ejecutar: tipos-avanzados/02-manipulando-listas.py

```
Wolfgang
```

Y vemos nuestro primer elemento.

Ahora si queremos cambiar un elemento del listado, eso la hacemos utilizando también los paréntesis de llaves, accediendo así al elemento y con el símbolo "igual" le indicamos cuál es el nuevo valor que va a tener este elemento del listado, en este caso que el primer elemento ahora va a ser "bicho" en lugar de "Wolfgang":

tipos-avanzados/02-manipulando-listas.py

```
mascotas[0] = "Bicho"
print(mascotas)
```

Si ejecutamos:

Salida de ejecutar: tipos-avanzados/02-manipulando-listas.py

```
Wolfgang
['Bicho', 'Pelusa', 'Pulga', 'Copito']
```

Ahora vemos que cuando imprimimos de nuevo la lista, el primer elemento ha sido modificado, antes era "Wolfgang" y los demás siguen exactamente igual. Así que, dependiendo qué elemento quieras modificar, es que lo puedes hacer seleccionando el índice correspondiente.

Supongamos que ahora queremos obtener una parte parcial de la lista, al igual que con el string podemos usar exactamente la misma convención o nomenclatura:

tipos-avanzados/02-manipulando-listas.py

```
print(mascotas[0:3])
```

Aquí estamos diciendo que queremos desde el elemento 0 y luego de eso, que queremos 3 elementos, ejecutamos:

Salida de ejecutar: tipos-avanzados/02-manipulando-listas.py

```
['Bicho', 'Pelusa', 'Pulga']
```

Aquí nos ha devuelto los primeros 3 elementos.

Ahora si omitimos el primer elemento dentro del paréntesis de corchetes:

tipos-avanzados/02-manipulando-listas.py

```
print(mascotas)
print(mascotas[:3])
```

Si recuerdas, en este caso Python va a considerar que el índice de la izquierda, como lo omitimos va a tomar que es por defecto cero, así que si ejecutamos esto:

Salida de ejecutar: tipos-avanzados/02-manipulando-listas.py

```
['Bicho', 'Pelusa', 'Pulga']
```

Y va a ocurrir exactamente lo mismo si es que eliminamos el elemento de la derecha y le indicamos el índice de la izquierda, y como estamos omitiendo el valor de la derecha por defecto nos van a tomar la longitud del arreglo, o en este caso el último elemento:

tipos-avanzados/02-manipulando-listas.py

```
print(mascotas)
print(mascotas[2:])
```

Ejecutamos:

Salida de ejecutar: tipos-avanzados/02-manipulando-listas.py

```
['Pulga', 'Copito']
```

Entonces, recuerda que el elemento de la izquierda es el índice del arreglo en el cual queremos comenzar a recortar, y el de la derecha vendría siendo hasta donde vamos a llegar.

Veamos otra situación, de que pasa si tenemos un índice negativo, por ejemplo:

tipos-avanzados/02-manipulando-listas.py

```
print(mascotas[-1])
```

Si ejecutamos:

Salida de ejecutar: tipos-avanzados/02-manipulando-listas.py

```
Copito
```

En este caso me va devolviendo "Copito", al igual que los strings, si estamos utilizando los índices negativos, 0 vendría siendo "Wolfgang" , pero si busca a **-1**, va a buscar uno a la izquierda, pero al no haber mas elementos se va al final de la lista, que en este caso vendría siendo "Copito", si colocamos "-2" nos devolverá a "Pulga", con **-3** nos devolverá a "Pelusa", y así sucesivamente.

Ahora si queremos por alguna razón acceder solamente a los elementos pares de un listado, eso lo podemos hacer redactando el siguiente código:

tipos-avanzados/02-manipulando-listas.py

```
print(mascotas[::2])
```

Con esto le estamos diciendo al código, que tome al primer elemento, el siguiente, sáltalo, toma el siguiente, el siguiente sáltalo y así sucesivamente, entonces si ejecutamos veremos:

Salida de ejecutar: tipos-avanzados/02-manipulando-listas.py

```
['Bicho', 'Pulga']
```

Esta nomenclatura es tan familiar porque está basada exactamente a la anterior, el primer lugar puede ser el índice en el que queremos comenzar, por ejemplo:

tipos-avanzados/02-manipulando-listas.py

```
print(mascotas[-1])
print(mascotas[1::2])
```

Aquí colocamos en primer lugar 1, que es el lugar por el cual queremos comenzar, entonces con esta indicación, le decimos que tome el segundo elemento, salte el tercero, y después tome el cuarto y así sucesivamente, así que ejecutamos:

Salida de ejecutar: tipos-avanzados/02-manipulando-listas.py

```
['Pelusa', 'Copito']
```

Ya no va a comenzar desde "Wolfgang" porque este es el índice 0, "Pelusa", es el índice 1, saltando a "Pulga", y tomando el siguiente que vendría siendo "Copito".

Pero, si tenemos un listado con más elementos, en ese caso podríamos colocar en medio de los dos puntos, nuevamente un número, para indicarle hasta cuánto queremos llegar de los elementos a seleccionar, entonces podríamos poner:

tipos-avanzados/02-manipulando-listas.py

```
print(mascotas[-1])
print(mascotas[1:2:2])
```

Pero vamos a ver un ejemplo un poco más práctico de esta misma nomenclatura, comentaremos todos los prints anteriores, y más abajo vamos a crear un listado que se va a llamar **números** que va a ser igual a **list** con un **range** de 21, para que así tengamos un listado de números del 0 hasta el 20, y lo vamos a imprimir:

tipos-avanzados/02-manipulando-listas.py

```
# print(mascotas)
# print(mascotas[2:])
# print(mascotas[-1])
# print(mascotas[1:2:2])

numeros = list(range(21))
print(numeros)
```

Si ejecutamos, verás que tenemos nuestro listado:

Salida de ejecutar: tipos-avanzados/02-manipulando-listas.py

```
[0, 1, 2, 3, 4, 5, 6, 7, 8, 9, 10, 11, 12, 13, 14, 15, 16, 17, 18, 19, 20]
```

En este ejemplo, solamente vamos a acceder a los números impares, vamos a escribir lo siguiente:

tipos-avanzados/02-manipulando-listas.py

```
numeros = list(range(21))
print(numeros[::2])
```

Vamos a ejecutar a ver que nos devuelve:

Salida de ejecutar: tipos-avanzados/02-manipulando-listas.py

```
[0, 2, 4, 6, 8, 10, 12, 14, 16, 18, 20]
```

Y nos está devolviendo los pares, pero queremos los números impares, para esto debemos de indicarle que tienen que comenzar un elemento después y no desde el índice 0:

tipos-avanzados/02-manipulando-listas.py

```
numeros = list(range(21))
print(numeros[1::2])
```

Y si ejecutamos:

Salida de ejecutar: tipos-avanzados/02-manipulando-listas.py

```
[1, 3, 5, 7, 9, 11, 13, 15, 17, 19]
```

Esto se puede resolver de otra manera, y esto es modificando a **range** de la siguiente manera:

tipos-avanzados/02-manipulando-listas.py

```
numeros = list(range(1, 21))
print(numeros[::2])
```

Le estamos indicando que queremos comenzar en el número 1, si ejecutamos:

Salida de ejecutar: tipos-avanzados/02-manipulando-listas.py

```
[1, 3, 5, 7, 9, 11, 13, 15, 17, 19]
```

Vamos a ver que nos devuelve exactamente lo mismo, pero redactamos nuestro código de manera diferente, este es el ejemplo clásico de todos los caminos llegan a Roma, podemos escribir dos líneas de código que son sutilmente diferentes, pero que hacen exactamente lo mismo, en este caso, devolvernos los números impares.

Si queremos dos listas una que nos de los números impares y otra con los números pares, podemos hacer esto:

tipos-avanzados/02-manipulando-listas.py

```
numeros = list(range(21))
print(numeros[::2])
print(numeros[1::2])
```

Si ejecutamos:

Salida de ejecutar: tipos-avanzados/02-manipulando-listas.py

```
[0, 2, 4, 6, 8, 10, 12, 14, 16, 18, 20]
[1, 3, 5, 7, 9, 11, 13, 15, 17, 19]
```

Tenemos una lista que va a contener los números pares y otra que va a contener los números impares.

Código completo de la lección

Para terminar, te dejaré el código del archivo: "**tipos-avanzados/02-manipulando-listas.py**"

tipos-avanzados/02-manipulando-listas.py

```
mascotas = ["Wolfgang", "Pelusa", "Pulga", "Copito"]
print(mascotas[0])
mascotas[0] = "Bicho"
# print(mascotas)
# print(mascotas[2:])
# print(mascotas[-1])
# print(mascotas[1:2:2])

numeros = list(range(21))
print(numeros[::2])
print(numeros[1::2])
```

Desempaquetar Listas

En esta lección vamos a desempaquetar las listas.

Preparación

Crearemos un archivo que se va a llamar **"03-desempaquetar-listas.py"** en la carpeta **"tipos-avanzados"**

Y acá vamos a comenzar, lo primero que debemos será crear una lista que se va a llamar **numeros** con los siguientes valores:

tipos-avanzados/03-desempaquetar-listas.py

```
numeros = [1, 2, 3]
```

Si quisiéramos obtener cada uno de estos números o cada uno de los valores que se encuentran dentro de estas listas, de manera que no solo podamos utilizarlas como variables independientes, tendríamos que necesariamente, según lo que hemos aprendido hasta ahora, hacer esto:

tipos-avanzados/03-desempaquetar-listas.py

```
primero = numeros[0]
segundo = numeros[1]
primero = numeros[2]
```

Y de esta manera sabemos que: **primero**, contiene el valor de 1, **segundo** contiene el valor de 2, y **tercero** contiene el valor de 3, ahora esto que estamos haciendo acá es **feo**, es **horrible**, vamos a ver una manera bastante más elegante de poder hacer exactamente esto mismo, vamos a colocar acá un comentario que va a decir "Feo!", y vamos a aprovechar también de comentar todas estas líneas:

tipos-avanzados/03-desempaquetar-listas.py

```
# Feo!
# primero = numeros[0]
# segundo = numeros[1]
# primero = numeros[2]
```

Vamos a ver una mejor forma de poder hacer exactamente esto mismo, justamente más abajo vamos a escribir esto:

tipos-avanzados/03-desempaquetar-listas.py

```
primero, segundo, tercero = numeros
```

Esta es la forma corta que tenemos para poder obtener cada uno de los elementos que se encuentran dentro de un listado, en el que **primero** va a ser 1, **segundo** va a ser 2 y **tercero** va a ser 3.

Pero lo comprobaremos, imprimiendo estas variables:

tipos-avanzados/03-desempaquetar-listas.py

```
print(primero, segundo, tercero)
```

Y vamos a ejecutar nuestra aplicación:

Salida de ejecutar: tipos-avanzados/03-desempaquetar-listas.py

```
1 2 3
```

Y aquí vemos que tenemos los valores de 1, 2 y 3.

Pero si solamente necesitamos el primer elemento de este listado, **no debemos hacer lo siguiente**:

tipos-avanzados/03-desempaquetar-listas.py

```
primero, = numeros
print(primero)
```

Ya que, si ejecutamos esto, vamos a ver el siguiente error:

Salida de ejecutar: tipos-avanzados/03-desempaquetar-listas.py

```
Traceback (most recent call last):
File "<tu-ruta>/curso-py/tipos-avanzados/03-desempaquetar-listas.py", line 8, in <mo\
dule>
    primero, = numeros
ValueError: too many values to unpack (expected 1)
```

Esto nos está arrojando un error, porque no podemos obtener solamente el primer elemento de un listado, al menos no de esta manera, para lograr esto vamos a escribir lo siguiente:

tipos-avanzados/03-desempaquetar-listas.py

```
primero, *otros = numeros
print(primero)
```

Justamente antes al comienzo de la definición de **otros**, a esta variable le vamos a colocar un asterisco y si ejecutamos nuevamente nuestra aplicación:

Salida de ejecutar: tipos-avanzados/03-desempaquetar-listas.py

```
1
```

Con este cambio, ahora sí estamos obteniendo el número **1**, el primer elemento, entonces, ¿Qué magia negra está ocurriendo acá?, es exactamente lo mismo cuando definimos nuestras funciones, le estamos pasando parámetros que contiene un asterisco al comienzo , por ejemplo:

Ejemplo de código en Python

```
def n(*numeros):
    print(numeros)

n(1, 2, 3)
```

Aquí a esta función le pasamos a **numeros** y ya sabemos que este es un iterable y que podemos utilizar a **for** para poder acceder a todos los elementos que contiene, después podemos llamar a la función con los argumentos **1, 2, y 3** y finalmente, esto es lo que hará será tomar todos estos elementos y ejecutar la lógica de la función.

Estamos haciendo exactamente lo mismo en nuestro ejemplo de ***otros**, estamos tomando todos los elementos que se encuentran dentro del listado a excepción del primero, que es el que estamos desempaquetando con la definición de la función, y los estamos empaquetando dentro de una lista, entonces esta lista vendría teniendo el valor de 2 y 3, mientras **primero** tendría el valor de 1, vamos a imprimir a **otros**, y no es necesario que coloquemos el asterisco para poder hacer referencia a esta variable, exactamente igual que cuando teníamos nuestras funciones:

tipos-avanzados/03-desempaquetar-listas.py

```
primero, *otros = numeros
print(primero, otros)
```

Ahora sí vamos a ejecutar:

Salida de ejecutar: tipos-avanzados/03-desempaquetar-listas.py

```
1 [2, 3]
```

Y vemos ahora que tenemos el valor de 1, que corresponde a imprimir la variable **primero**, y después de eso tenemos una lista que contiene los valores de 2 y 3, que corresponde a la variable **otros**.

Hasta ahora estamos funcionando perfecto, pero si ya no tenemos un listado que contiene 3 elementos, sino que ahora tenemos un listado que también va a contener números por ejemplo del 1 al 9, o muchos más elementos, vamos a editar nuestro listado de la siguiente manera:

tipos-avanzados/03-desempaquetar-listas.py

```
numeros = [1, 2, 3, 4, 5, 6, 7, 8, 9]
. . .
```

Vamos a guardar primero y vamos a verificar que nuestro código siga funcionando:

Salida de ejecutar: tipos-avanzados/03-desempaquetar-listas.py

```
1 [2, 3, 4, 5, 6, 7, 8, 9]
```

primero sigue siendo 1 y el resto del listado se encuentra en **otros**, para acceder también al segundo elemento es muy fácil, se hace de la siguiente manera:

tipos-avanzados/03-desempaquetar-listas.py

```
primero, segundo, *otros = numeros
print(primero, segundo, otros)
```

Si ejecutamos:

Salida de ejecutar: tipos-avanzados/03-desempaquetar-listas.py

```
1 2 [3, 4, 5, 6, 7, 8, 9]
```

¡Magia! Hemos guardado el segundo elemento en una variable, y después todo el resto de nuestro listado, pero ahora si quisiéramos el primer y el último elemento, eso también es fácil, colocamos justamente después de la variable de **otros** que está agrupando los elementos de nuestro listado, otra variable que se llamará último, de la siguiente manera:

tipos-avanzados/03-desempaquetar-listas.py

```
primero, *otros, ultimo = numeros
print(primero, ultimo, otros)
```

Entonces, aquí va a pasar que **primero**, contendrá el valor del primer elemento, es decir 1, **ultimo** va a contener el valor de 9, y **otros** va a contener absolutamente todos los valores intermedios, vamos a ver esto si ejecutamos nuestra aplicación:

Salida de ejecutar: tipos-avanzados/03-desempaquetar-listas.py

```
1 9 [2, 3, 4, 5, 6, 7, 8]
```

Vamos a ver ahora cómo obtener el penúltimo y el segundo número, utilizando esta sintaxis,

tipos-avanzados/03-desempaquetar-listas.py

```
primero, segundo, *otros, penultimo, ultimo = numeros
print(segundo, penultimo, otros)
```

Si ejecutamos:

Salida de ejecutar: tipos-avanzados/03-desempaquetar-listas.py

```
2 8 [3, 4, 5, 6, 7]
```

Vemos cómo tenemos el segundo, el penúltimo número y el resto de los elementos se encuentran agrupados en la variable **otros**, esta variable la podemos iterar, pero eso es materia de nuestra siguiente lección.

Código completo de la lección

Para terminar, te dejaré el código del archivo "**tipos-avanzados/03-desempaquetar-listas.py**"

tipos-avanzados/03-desempaquetar-listas.py

```
numeros = [1, 2, 3, 4, 5, 6, 7, 8, 9]

# Feo!
# primero = numeros[0]
# segundo = numeros[1]
# primero = numeros[2]

primero, segundo, *otros, penultimo, ultimo = numeros
print(segundo, penultimo, otros)
```

Iterando listas

En esta lección vamos a iterar los elementos de un listado.

Preparación

Para eso crearemos un nuevo archivo en nuestra carpeta “**tipos-avanzados**” llamado “**04-iterar-listas.py**”.

Vamos a crear el siguiente listado de mascotas:

tipos-avanzados/04-iterar-listas.py
```
mascotas = ["Pelusa", "Pulga", "Felipe", "Chanchito Feliz"]
```

La gracia que tienen las listas es que son “**iterables**”, al igual que los **string** y el resultado de usar la función **range**, para estos dos últimos hemos utilizado el operador **for**, así que vamos a utilizar a **for** para iterar todos los elementos de nuestra lista:

tipos-avanzados/04-iterar-listas.py
```
for mascota in mascotas:
    print(mascota)
```

Cuando ejecutemos nuestro código, veremos:

Salida de ejecutar: tipos-avanzados/04-iterar-listas.py
```
Pelusa
Pulga
Felipe
Chanchito Feliz
```

Si dentro de esta iteración, quisiéramos acceder al índice del elemento que estamos iterando, de esta manera, no lo podemos hacer, pero lo que sí podemos hacer es pasarle **mascotas** a una función que nos devuelva este iterable con el índice que necesitamos, esta se llama **enumerate** y le vamos a pasar como argumento a **mascotas**:

tipos-avanzados/04-iterar-listas.py
```
for mascota in enumerate(mascotas):
    print(mascota)
```

Lo que devuelve esta función de **enumerate** lo vamos a ver si ejecutamos nuestro código:

Salida de ejecutar: tipos-avanzados/04-iterar-listas.py
```
(0, 'Pelusa')
(1, 'Pulga')
(2, 'Felipe')
(3, 'Chanchito Feliz')
```

Y vamos a ver que ahora nos está devolviendo algo que pareciera que tiene unos paréntesis redondos, es casi como el llamado de una función, bueno a esto se le conoce como **tupla**, y esta es un tipo de datos que vamos a ver más adelante, lo importante que tienes que saber de estas **tuplas**, es que podemos acceder a estos elementos exactamente igual que como un listado.

Esto quiere decir que dentro de mascotas podemos abrir los paréntesis cuadrados y acceder a estos elementos:

tipos-avanzados/04-iterar-listas.py

```
for mascota in enumerate(mascotas):
    print(mascota[0])
```

Y si ejecutamos:

Salida de ejecutar: tipos-avanzados/04-iterar-listas.py

```
0
1
2
3
```

Vamos a ver que ahora nos está devolviendo el primer elemento adentro de esta **tupla**, y si cambiamos el 0 por un 1:

tipos-avanzados/04-iterar-listas.py

```
for mascota in enumerate(mascotas):
    print(mascota[1])
```

Volvemos a ejecutar:

Salida de ejecutar: tipos-avanzados/04-iterar-listas.py

```
Pelusa
Pulga
Felipe
Chanchito Feliz
```

Ahora nos está devolviendo los nombres de las mascotas. Entonces, vamos a ver qué podemos hacer con lo que nos está devolviendo **enumerate**, y recuerdas que vimos una forma de poder desempaquetar las listas, como el siguiente ejemplo:

tipos-avanzados/04-iterar-listas.py

```
primero, segundo = [1, 2]
for mascota in enumerate(mascotas):
    print(mascota[1])
```

Pues esto también lo podemos hacer con las tuplas, entonces vamos a poder tomar todos los elementos que nos está devolviendo la función de **enumerate**, que esto finalmente nos está devolviendo un listado de tuplas, vamos a poder tomar por cada una de sus interacciones con **for**, vamos a poder tomar el primer elemento que vendría siendo el **índice**, y el segundo vendría siendo el **nombre**, vamos a hacer esto en nuestro ejemplo:

tipos-avanzados/04-iterar-listas.py

```
for indice, mascota in enumerate(mascotas):
    print(indice, mascota)
```

Entonces, estamos extrayendo o desempaquetando el **indice** y a **mascota** de cada **iteración** que nos devuelve **enumerate** en este ciclo, ahora ya no necesitamos colocar acá los paréntesis cuadrados para poder llamar al índice de la tupla, basta con que sencillamente dentro del print a **indice** y a **mascota** y ahora cuando ejecutemos:

Salida de ejecutar: tipos-avanzados/04-iterar-listas.py

```
0 Pelusa
1 Pulga
2 Felipe
3 Chanchito Feliz
```

Nos va a mostrar el índice del elemento que estamos iterando y también el nombre, y de esta manera es cómo podemos acceder a los índices de una lista.

Código completo de la lección

Para terminar, te dejaré el código del archivo "**tipos-avanzados/03-desempaquetar-listas.py**"

tipos-avanzados/04-iterar-listas.py

```
mascotas = ["Pelusa", "Pulga", "Felipe", "Chanchito Feliz"]

primero, segundo = [1, 2]
for indice, mascota in enumerate(mascotas):
    print(indice, mascota)
```

Buscar elementos

En esta lección vamos a aprender a buscar elementos dentro de una lista, para eso vamos a tomar la primera línea del archivo que acabamos de trabajar en la lección anterior:

tipos-avanzados/04-iterar-listas.py

```
mascotas = ["Pelusa", "Pulga", "Felipe", "Chanchito Feliz"]
. . .
```

Preparación

Esta la vamos a pegar en un nuevo archivo, el cual se va a llamar "**05-buscar-elemento.py**" igualmente en nuestra carpeta "**tipos-avanzados**".

tipos-avanzados/05-buscar-elemento.py

```
mascotas = ["Pelusa", "Pulga", "Felipe", "Chanchito Feliz"]
```

Si quisiéramos encontrar un elemento dentro de este listado, podemos hacer uso del método **index**, y lo usamos de la siguiente manera:

tipos-avanzados/05-buscar-elemento.py

```
mascotas.index("Pulga")
```

Como argumento a este método le tenemos que pasar cuál es el elemento que estamos buscando, para que este nos devuelva el **index**, siempre y cuando este exista, entonces en este ejemplo estamos buscando a "Pulga" entre comillas dobles, porque este es un string dentro del listado, pero para ver el resultado tenemos que imprimir el resultado:

tipos-avanzados/05-buscar-elemento.py

```
print(mascotas.index("Pulga"))
```

Entonces, si ejecutamos:

Salida de ejecutar: tipos-avanzados/05-buscar-elemento.py

```
1
```

Aquí nos dirá que este se encuentra dentro del índice **1** del arreglo.

Pero si buscamos algún elemento que no existe, por ejemplo a Wolfgang:

tipos-avanzados/05-buscar-elemento.py

```
print(mascotas.index("Wolfgang"))
```

Ahora, si lo ejecutamos, vamos a ver lo siguiente:

Salida de ejecutar: tipos-avanzados/05-buscar-elemento.py

```
    print(mascotas.index("Wolfgang"))
ValueError: 'Wolfgang' is not in list
```

Y nos está mostrando un error, en otros lenguajes de programación, lo que esto debiese hacer es devolvernos el valor de **-1**, pero en el caso de Python esto no es así, y si no queremos que esto nos arroje un error, necesariamente vamos a tener que revisar primero si es que el elemento se encuentra dentro del listado, y eso lo hacemos escribiendo un sencillo **if**, lo haremos de la siguiente manera:

tipos-avanzados/05-buscar-elemento.py

```
if "Wolfgang" in mascotas:
    print(mascotas.index("Wolfgang"))
```

Entonces en el caso que el valor buscado sea encontrado, lo vamos a imprimir, si ejecutamos podremos ver que como este valor no se encuentra en la lista, no se va a imprimir absolutamente nada, pero si lo agregamos a la lista:

tipos-avanzados/05-buscar-elemento.py

```
mascotas = ["Pelusa", "Pulga", "Felipe", "Wolfgang", "Chanchito Feliz"]
. . .
```

Si volvemos a ejecutar, ahora vemos que nos devolverá el índice 3:

Salida de ejecutar: tipos-avanzados/05-buscar-elemento.py

```
3
```

Ahora, para contar cuántas veces existe un elemento dentro de una lista, esto nos va a servir en la siguiente situación, vamos a modificar nuestra lista:

tipos-avanzados/05-buscar-elemento.py

```
mascotas = ["Pelusa", "Wolfgang", "Felipe", "Wolfgang", "Chanchito Feliz"]
. . .
```

Si ejecutamos:

Salida de ejecutar: tipos-avanzados/05-buscar-elemento.py

```
1
```

Ahora vamos a ver que a "Wolfgang" lo va a encontrar en el índice 1, sabemos que si se encuentra dentro del índice 1, pero también se encuentra dentro del índice 3, entonces aquí tenemos que contar cuántas veces se encuentra "Wolfgang" dentro de esta lista, así que aquí lo que vamos a hacer es usar el método **count**, el cual irá de la siguiente manera:

tipos-avanzados/05-buscar-elemento.py

```
print(mascotas.count("Wolfgang"))
if "Wolfgang" in mascotas:
    print(mascotas.index("Wolfgang"))
```

A este método tenemos que pasarle como argumento qué es lo que estamos buscando dentro del listado, y lo que estamos buscando en este caso es a "Wolfgang", ahora si podemos ejecutar:

Salida de ejecutar: tipos-avanzados/05-buscar-elemento.py

```
2
1
```

Y podemos ver que aparece impreso el número 2 veces dentro de nuestro listado, entonces el número 1 que aparecía anteriormente es la primera ocurrencia que encontró el método **index** del elemento "Wolfgang". En este caso estamos viendo que tenemos un elemento duplicado dentro de esta lista, por ende, si queremos trabajar con una lista que se encuentre más limpia o con datos ya trabajados, necesariamente vamos a tener que eliminar alguna de estas 2 ocurrencias del elemento "Wolfgang", cualquiera de las 2, de preferencia la primera, entonces para eso tenemos que aprender a agregar y eliminar elementos dentro de un arreglo y eso es materia de nuestra siguiente lección.

Código completo de la lección

Para terminar, te dejaré el código del archivo: **"tipos-avanzados/05-buscar-elemento.py"**

tipos-avanzados/05-buscar-elemento.py

```
mascotas = ["Pelusa", "Wolfgang", "Felipe", "Wolfgang", "Chanchito Feliz"]

print(mascotas.count("Wolfgang"))
if "Wolfgang" in mascotas:
    print(mascotas.index("Wolfgang"))
```

Agregando y eliminando

En esta lección vamos a ver cómo podemos agregar y eliminar elementos a un listado.

Preparación

Crearemos un nuevo archivo que se va a llamar "**06-agregando-eliminando.py**" en nuestra carpeta "**tipos-avanzados**".

En este archivo, vamos a pegar nuevamente el listado que hemos estado trabajando, el de las mascotas, pero haciendo un par de modificaciones:

tipos-avanzados/06-agregando-eliminando.py

```
mascotas = [
    "Wolfgang",
    "Pelusa",
    "Pulga",
    "Felipe",
    "Pulga",
    "Chanchito Feliz"
]
```

Y vamos a comenzar:

Método Insert

Lo que haremos será agregar un elemento en el índice 1, moviendo todos los demás hacia abajo, hacer espacio en el índice1, y asignarle un nuevo valor en él, para esto vamos a usar el método de **insert**.

Así que lo usaremos de la siguiente manera:

tipos-avanzados/06-agregando-eliminando.py

```
mascotas.insert(1, "Melvin")
print(mascotas)
```

Los argumentos que recibe este método son:

1. el primero que sería el **índice** que queremos sustituir, y
2. el segundo, que sería el **valor** que tendría este elemento dentro de la lista.

Si ejecutamos este código:

Salida de ejecutar: tipos-avanzados/06-agregando-eliminando.py

```
['Wolfgang', 'Melvin', 'Pelusa', 'Pulga', 'Felipe', 'Pulga', 'Chanchito Feliz']
```

Vamos a ver que el elemento Melvin se ha agregado con éxito en el índice 1 del listado.

Ahora si quisiéramos agregar un elemento final del listado podríamos, pasar como primer argumento a "-1" de la siguiente manera:

Ejemplo de código en Python

```
mascotas.insert(-1, "Melvin")
print(mascotas)
```

Pero vamos a ver una manera bastante más elegante de hacer exactamente esto mismo.

Método Append

Este método lo usaremos de la siguiente manera:

tipos-avanzados/06-agregando-eliminando.py

```
mascotas.insert(1, "Melvin")
mascotas.append("Chanchito triste")
print(mascotas)
```

En este método solo tendremos que pasarle el elemento que queremos agregar a nuestra lista, y le indicamos que va a ser "Chanchito triste" para que acompañe a "Chanchito feliz", ahora si vamos a ejecutar nuevamente el código:

Salida de ejecutar: tipos-avanzados/06-agregando-eliminando.py

```
['Wolfgang', 'Melvin', 'Pelusa', 'Felipe', 'Pulga', 'Chanchito Feliz', 'Chanchito tr\
iste']
```

Y acá vemos que tenemos "Chanchito Triste", que ya no está tan triste porque está con "Chanchito Feliz".

Método remove

Ahora lo que haremos será ir eliminando elementos que se encuentran dentro de un listado, vamos a utilizar el método **remove** de la siguiente manera:

tipos-avanzados/06-agregando-eliminando.py

```
mascotas.append("Chanchito triste")
mascotas.remove("Pulga")
print(mascotas)
```

El argumento que recibe esta función es directamente el elemento que queremos eliminar, aquí **no va a ir el índice**, entonces estamos eliminando el elemento duplicado "Pulga", ojo algo muy importante con el método de **remove** este solamente elimina el primero, así que si que existe más de alguna ocurrencia y queremos eliminar las todas vamos a tener que empezar a contar cuántas veces aparece ese elemento, y luego vamos a tener que comenzar a borrarlo, utilizando la sintaxis de **remove**.

Ahora, si ejecutamos nuestro código:

Salida de ejecutar: tipos-avanzados/06-agregando-eliminando.py

```
['Wolfgang', 'Melvin', 'Pelusa', 'Pulga', 'Felipe', 'Pulga', 'Chanchito Feliz', 'Cha\
nchito triste']
```

Vamos a ver que en nuestro listado, ahora tenemos solamente una vez a "Pulga".

Método pop

Si quisiéramos eliminar solamente el último elemento de nuestras listas para eso podemos utilizar el método **pop**, y acá no tenemos que pasarle absolutamente nada como argumento; si tenemos la posibilidad de pasarle un índice como argumento, esto es opcional, eso lo vamos a ver después; entonces lo dejaremos escrito de la siguiente manera:

tipos-avanzados/06-agregando-eliminando.py

```
mascotas.remove("Pulga")
mascotas.pop()
print(mascotas)
```

Ahora sí, vamos a ejecutar nuestro código:

Salida de ejecutar: tipos-avanzados/06-agregando-eliminando.py

```
['Wolfgang', 'Melvin', 'Pelusa', 'Felipe', 'Pulga', 'Chanchito Feliz']
```

Y vamos a ver que ya no se encuentra "Chanchito triste", sino que está "Chanchito feliz" como el último elemento, pero si queremos eliminar un elemento en particular, en ese caso si le podemos pasar el índice como argumento:

tipos-avanzados/06-agregando-eliminando.py

```
mascotas.remove("Pulga")
mascotas.pop(1)
print(mascotas)
```

Pasándole este índice debería eliminar al elemento "Melvin", que es el que está en la posición 1 de nuestra lista, vamos a ejecutar:

Salida de ejecutar: tipos-avanzados/06-agregando-eliminando.py

```
['Wolfgang', 'Pelusa', 'Felipe', 'Pulga', 'Chanchito Feliz', 'Chanchito triste'
```

Así es que lo hemos eliminado con éxito.

Palabra reservada del

Existe otra palabra reservada que podamos utilizar para poder eliminar el elemento de una lista y eso es utilizando la palabra reservada de **del**, seguido del listado al cual le queremos eliminar el elemento, y le tenemos que indicar el índice de la siguiente manera:

tipos-avanzados/06-agregando-eliminando.py

```
mascotas.pop(1)
del mascotas[0]
print(mascotas)
```

Si volvemos a ejecutar:

Salida de ejecutar: tipos-avanzados/06-agregando-eliminando.py

```
['Pelusa', 'Felipe', 'Pulga', 'Chanchito Feliz', 'Chanchito triste']
```

Vamos a ver que ahora "Wolfgang" ya no se encuentra en el listado como el primer elemento.

Método clear

Y finalmente si quisiéramos eliminar completamente esta lista, lo que tenemos que hacer es usar el método **clear**, de la siguiente manera:

tipos-avanzados/06-agregando-eliminando.py

```
del mascotas[0]
mascotas.clear()
print(mascotas)
```

Si ejecutamos:

Salida de ejecutar: tipos-avanzados/06-agregando-eliminando.py

```
[]
```

Vamos a ver que ahora nos está devolviendo un listado completamente vacío, y en nuestra siguiente lección vamos a ver cómo podemos ordenar los elementos de una lista.

Código completo de la lección

Para terminar, te dejaré el código del archivo: **"tipos-avanzados/06-agregando-eliminando.py"**

tipos-avanzados/06-agregando-eliminando.py

```
mascotas = [
"Wolfgang",
"Pelusa",
"Pulga",
"Felipe",
"Pulga",
"Chanchito Feliz"
]
mascotas.insert(1, "Melvin")
mascotas.append("Chanchito triste")
mascotas.remove("Pulga")
mascotas.pop(1)
del mascotas[0]
mascotas.clear()
print(mascotas)
```

Ordenando listas

En esta lección vamos a aprender a ordenar las listas.

Preparación

Crearemos un nuevo archivo que se va a llamar "**07-ordenando-listas.py**" en nuestra carpeta "**tipos-avanzados**".

Comenzamos creando una nueva lista que se va a llamar **numeros** y esta va a contener números al azar, escribe todos lo que tú quieras:

tipos-avanzados/07-ordenando-listas.py

```
numeros = [2, 4, 1, 45, 75, 22]
```

Método sort

Lo primero que tenemos que hacer es llevar al método de **sort** en ese caso sencillamente llamamos a este método, y luego de eso podemos imprimir nuestra lista de **numeros**:

tipos-avanzados/07-ordenando-listas.py

```
numeros.sort()
print(numeros)
```

Ahora sí, vamos a ejecutar:

Salida de ejecutar: tipos-avanzados/07-ordenando-listas.py

```
[1, 2, 4, 22, 45, 75]
```

Y aquí podemos ver que nos está mostrando nuestra lista completamente ordenada.

Pero si quisiéramos ordenar este mismo listado, pero al revés, podemos hacerlo pasándole un siguiente argumento a esta función de **sort**; si quieres saber cuáles son los argumentos que le puedes pasar, sencillamente eliminarlos paréntesis y vuelves a colocar él abre paréntesis, y aquí vamos a ver estas 2 opciones, aquí tenemos al parámetro de **key**, que ese lo vamos a ver inmediatamente, y después tenemos a **reverse**.

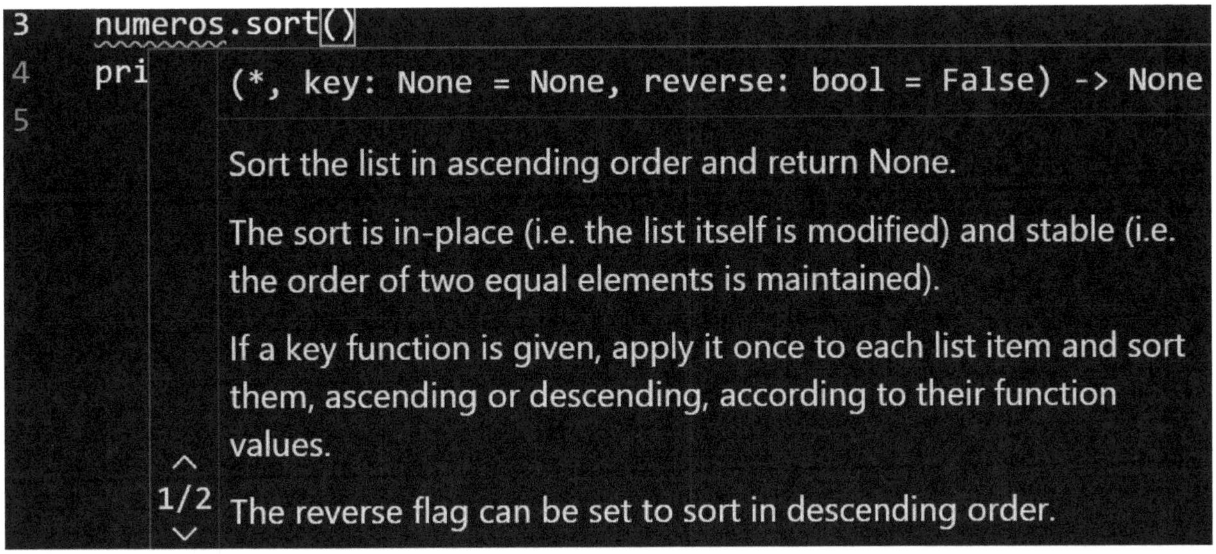

```
numeros.sort()
pri    (*, key: None = None, reverse: bool = False) -> None
```

Sort the list in ascending order and return None.

The sort is in-place (i.e. the list itself is modified) and stable (i.e. the order of two equal elements is maintained).

If a key function is given, apply it once to each list item and sort them, ascending or descending, according to their function values.

1/2 The reverse flag can be set to sort in descending order.

Argumentos del método Sort

Y lo que queremos hacer es pasarle el argumento, pero utilizando el nombre del parámetro **reverse** de la siguiente manera:

tipos-avanzados/07-ordenando-listas.py

```
numeros.sort(reverse=True)
print(numeros)
```

Si volvemos a ejecutar:

Salida de ejecutar: tipos-avanzados/07-ordenando-listas.py

```
[75, 45, 22, 4, 2, 1]
```

Vamos a ver que tenemos ahora nuestro listado ordenado, pero en orden descendente.

Método sorted

Existe otro método que podemos utilizar para poder ordenar los elementos de una lista, así que vamos a comentar la línea que utiliza a **sort** y vamos a llamar ahora a una función que se llama **sorted** y aquí lo que tenemos que hacer es pasarle como argumento al iterable que queremos ordenar que en este caso va a ser **números**, la diferencia entre **sorted** y **sort**, es que **sorted**, va a devolver una nueva lista, esto quiere decir que no va a afectar el listado anterior a diferencia de **sort**, lo que hará es ordenar el original o sea a **numeros**.

Vamos a hacerlo de esta manera:

tipos-avanzados/07-ordenando-listas.py

```
# numeros.sort(reverse=True)
numeros2 = sorted(numeros)
print(numeros)
print(numeros2)
```

Ejecutaremos esto:

Salida de ejecutar: tipos-avanzados/07-ordenando-listas.py

```
[2, 4, 1, 45, 75, 22]
[1, 2, 4, 22, 45, 75]
```

El primer **print** que vemos es el de **numeros** que sigue manteniendo el orden completamente normal, pero luego cuando llamamos **sorted** y le pasamos a **numeros**, este crea una nueva lista, la cual está ordenada, entonces, **numeros** no ha sido afectada, sino que lo que hizo la función de **sorted** fue devolver una nueva lista la cual fue asignada a la variable **numeros2**, por eso **numeros** se encuentra todavía no ordenada, pero **numeros2**, si se encuentra ordenada, esa es la diferencia entre **sort** y **sorted**.

Y si quisiéramos cambiar el orden en **sorted**, tendremos que modificar la lista, y lo que tenemos que hacer es pasarle, al igual que con **sort**, el parámetro **reverse** y con el valor de **True**:

tipos-avanzados/07-ordenando-listas.py

```
# numeros.sort(reverse=True)
numeros2 = sorted(numeros, reverse=True)
print(numeros)
print(numeros2)
```

Si ejecutamos:

Salida de ejecutar: tipos-avanzados/07-ordenando-listas.py

```
[2, 4, 1, 45, 75, 22]
[75, 45, 22, 4, 2, 1]
```

Vamos a ver ahora, como nuestra nueva lista **numeros2**, se encuentra ordenada, pero al revés.

Ahora si intentáramos ordenar una lista que sea un poco más compleja y no tenga solamente números, sino que, por ejemplo, sea un listado que contenga otras listas adentro, vamos a ver eso inmediatamente, y vamos a escribir una nueva variable que se llamará **usuarios**, y esto solamente va a un listado, en el que cada uno de sus elementos, va a ser el identificador del usuario y el nombre del usuario:

tipos-avanzados/07-ordenando-listas.py

```
usuarios = [
    [4, "Chanchito"],
    [1, "Felipe"],
    [5, "Pulga"]
]
```

Y ahora lo que haremos será llamar al método de **sort** de nuestra lista de **usuarios** para ver si la ordena con éxito:

tipos-avanzados/07-ordenando-listas.py

```
usuarios.sort()
print(usuarios)
```

Vamos a ejecutar esto:

Salida de ejecutar: tipos-avanzados/07-ordenando-listas.py

```
[[1, 'Felipe'], [4, 'Chanchito'], [5, 'Pulga']]
```

Y acá vemos que nos ha ordenado nuestro listado con éxito, sin necesidad de que hagamos algo más, esto no necesariamente va a pasar siempre así, porque en este caso le estamos pasando el ID al comienzo, pero ¿y si pasamos el ID al final?, vamos a cambiar el orden de esto:

tipos-avanzados/07-ordenando-listas.py

```
usuarios = [
    ["Chanchito", 4],
    ["Felipe", 1],
    ["Pulga", 5]
]
. . .
```

Vamos a ejecutar nuevamente nuestro script:

Salida de ejecutar: tipos-avanzados/07-ordenando-listas.py

```
[['Chanchito', 4], ['Felipe', 1], ['Pulga', 5]]
```

Y aquí vemos que el listado no está ordenado, entonces acabamos de aprender algo, lo primero si tenemos un listado, y este además contiene listados, o también podría contener tuplas, que esas se colocan con los paréntesis redondos, siempre y cuando el primer elemento sea algo ordenable, en ese caso si lo va a ordenar, pero en este caso como colocamos el número al final, necesariamente le vamos a tener que indicar a **sort** cómo queremos que ordene estos elementos de esta lista.

Esto lo podemos hacer pasándole una función a nuestro método de **sort**, así que vamos a definir ahora una función, la cual se va a llamar **ordena**, y esta va a recibir uno de los elementos que tiene este listado:

tipos-avanzados/07-ordenando-listas.py

```
def ordena(elemento):
    return elemento[1]

usuarios.sort(ordena)
print(usuarios)
```

En este caso **elemento** vendría siendo cada uno de los elementos que conforman a la lista **usuarios**, y que hace esta función de **ordenar** es que tiene que retornar el elemento por el cual queremos que este listado sea ordenado, que por defecto esté lo que hace es que retorna el primer elemento o el índice cero, pero en nuestro ejemplo queremos que sea el segundo elemento o el de índice uno, al final le estamos pasando la función **ordena** a nuestro método de **sort**. Ahora sí vamos a ejecutar:

Salida de ejecutar: tipos-avanzados/07-ordenando-listas.py

```
    usuarios.sort(ordena)
TypeError: sort() takes no positional arguments
```

Y aquí estamos viendo el error en el que nos dice que el método de **sort** no toma absolutamente ningún argumento posicional, esto significa que necesariamente todos los parámetros que recibe este método, se le tiene que indicarle el nombre del parámetro, en este caso tenemos que ver cuál es el nombre del parámetro:

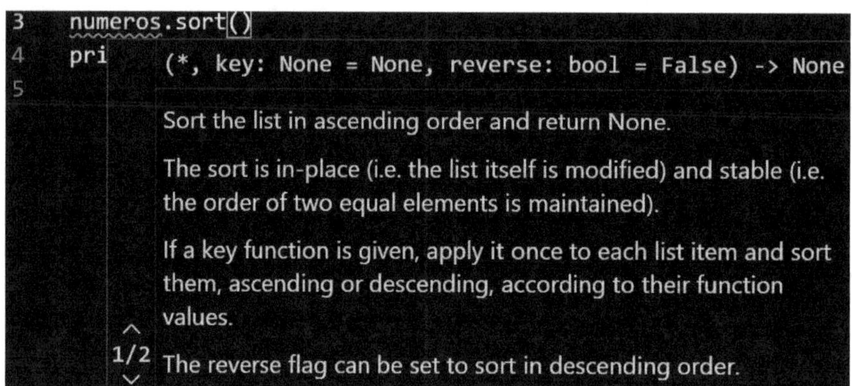

3 numeros.sort()
4 pri
5
(*, key: None = None, reverse: bool = False) -> None
Sort the list in ascending order and return None.
The sort is in-place (i.e. the list itself is modified) and stable (i.e. the order of two equal elements is maintained).
If a key function is given, apply it once to each list item and sort them, ascending or descending, according to their function values.
1/2
The reverse flag can be set to sort in descending order.

Argumentos del método sort

Aquí vemos qué dice **key**, y lo tenemos que usar de esta manera:

Salida de ejecutar: tipos-avanzados/07-ordenando-listas.py

```
usuarios.sort(key=ordena)
print(usuarios)
```

Ahora sí vamos a ejecutar:

Salida de ejecutar: tipos-avanzados/07-ordenando-listas.py

```
[['Felipe', 1], ['Chanchito', 4], ['Pulga', 5]]
```

Y ahora podemos ver como se encuentra ordenado nuestro listado tenemos 1, 4 y después tenemos 5, si quisiéramos que esto fuese al revés, tenemos que pasarle un segundo argumento, que el nombre del parámetro seria **reverse**, y para este le pasaremos el valor de **True**:

tipos-avanzados/07-ordenando-listas.py

```
usuarios.sort(key=ordena, reverse=True)
print(usuarios)
```

Ahora podemos volver a ejecutar:

Salida de ejecutar: tipos-avanzados/07-ordenando-listas.py

```
[['Pulga', 5], ['Chanchito', 4], ['Felipe', 1]]
```

Y ahora tenemos nuestro listado ordenado, pero al revés.

Aquí hay algo que hicimos, que la verdad es que se ve bastante feo, que es crear una función justamente antes de llamar a **sort**, entonces cada vez que queramos ejecutar a **sort** significaría que necesariamente tendríamos que crear una nueva función para cada caso, afortunadamente esto no va a ser necesario porque en la siguiente lección vamos a ver cómo podemos hacer exactamente esto mismo, pero de una manera mucho más elegante.

Código completo de la lección

Para terminar, te dejaré el código del archivo **tipos-avanzados/07-ordenando-listas.py**

tipos-avanzados/07-ordenando-listas.py

```
numeros = [2, 4, 1, 45, 75, 22]

# numeros.sort(reverse=True)
numeros2 = sorted(numeros, reverse=True)
print(numeros)
print(numeros2)

usuarios = [
    ["Chanchito", 4],
    ["Felipe", 1],
    ["Pulga", 5]
]


def ordena(elemento):
    return elemento[1]

usuarios.sort(key=ordena, reverse=True)
print(usuarios)
```

Expresiones lamba

En esta lección vamos a utilizar las funciones lambda o las expresiones lambda, o si es que vienes de algún otro lenguaje de programación lo más probable es que tú conozcas esto como funciones anónimas.

Preparación

En esta lección volveremos a trabajar en nuestro archivo de la lección pasada: **"tipos-avanzados/07-ordenando-listas.py"**

Lo que alcanzamos a ver en la lección pasada fue definir una función y luego pasársela a nuestro método de **sort**, con el parámetro nombrado **key**, es que al llamar a la función no colocamos acá el abre y cierra paréntesis:

tipos-avanzados/07-ordenando-listas.py

```
usuarios.sort(key=ordena, reverse=True)
. . .
```

Esto es porque no queremos ejecutarla directamente, sino lo que queremos hacer es pasar una referencia de esta función, por eso tomamos solamente el nombre y la pasamos sin ejecutarla y sin pasarle absolutamente ningún argumento, porque **sort** se va a encargar por debajo de la implementación de **ordena**, y se va a encargar de pasarle el argumento cuando este necesite llamar a la función de **ordenar**

Ahora vamos a ver cómo podemos escribir esto mismo, pero de una manera mucho más elegante, para eso vamos a dejar de pasarle la función **ordena** y vamos a escribir lo siguiente:

tipos-avanzados/07-ordenando-listas.py

```
usuarios.sort(key=lambda , reverse=True)
print(usuarios)
```

Y seguido de usar la palabra reservada **lambda** tenemos que indicarle 2 valores, el primero vendrían siendo los argumentos que recibe esta función y seguido de eso tenemos que indicarle 2 valores, el primero vendría siendo los parámetros que recibe la función, y seguido de eso tenemos que indicarle el contenido de la función, pero en este ejemplo le vamos a indicar el valor de retorno:

tipos-avanzados/07-ordenando-listas.py

```
usuarios.sort(key=lambda el:el[1] , reverse=True)
print(usuarios)
```

Entonces, lo que estamos hacienda acá, es indicarle que va a recibir un parámetro llamado **el**, que vendría siendo cada "elemento" que recibirá de **sort**, y lo que tenemos que indicarle inmediatamente después de los dos puntos es decirle el valor de retorno que va a tener, que como lo fue en la función **ordena**, tenemos que regresar el segundo elemento de cada lista o el que tiene el índice 1.

Cuando estamos utilizando las funciones **lambda**, nos ahorramos:

- tener que utilizar la palabra reservada **def**,
- de entregarle un nombre a la función,
- de tener que pasarle los paréntesis redondos, y
- además, de tener que pasarle la palabra reservada de **return**

Pero, ¿acaso no será esto mala práctica el estar constantemente escribiendo funciones anónimas? Y si es que en tu código solamente tienes funciones **lambda** la respuesta es sí, pero en este caso cuando tú vas a utilizar una función una única vez, y no la vas a volver a utilizar nunca más, no hay absolutamente ningún problema en pasar una función **lambda** en tu código, y en este caso lo que está haciendo esta función **lambda**, es sencillamente acceder al segundo elemento de un listado.

Así que ahora podemos eliminar la función **ordena**

tipos-avanzados/07-ordenando-listas.py

```
def ordena(elemento):
    return elemento[1]
. . .
```

Y vamos a ejecutar nuevamente nuestra aplicación:

Salida de ejecutar: tipos-avanzados/07-ordenando-listas.py

```
[['Pulga', 5], ['Chanchito', 4], ['Felipe', 1]]
```

Y aquí no solo vemos que nuevamente está nuestro listado, pero ordenado al revés y aparece al revés porque tenemos habilitada esta opción de reverse, pero si la eliminamos:

tipos-avanzados/07-ordenando-listas.py

```
usuarios.sort(key=lambda el: el[1])
print(usuarios)
```

Vamos a ejecutar de nuevo:

Salida de ejecutar: tipos-avanzados/07-ordenando-listas.py

```
[['Felipe', 1], ['Chanchito', 4], ['Pulga', 5]]
```

Aquí vemos cómo finalmente tenemos ordenado nuestro listado utilizando expresiones **lambda**

Código completo de la lección

Para terminar, te dejaré el código del archivo: "**tipos-avanzados/07-ordenando-listas.py**"

tipos-avanzados/07-ordenando-listas.py

```
numeros = [2, 4, 1, 45, 75, 22]

# numeros.sort(reverse=True)
numeros2 = sorted(numeros, reverse=True)
print(numeros)
print(numeros2)

usuarios = [
    ["Chanchito", 4],
    ["Felipe", 1],
    ["Pulga", 5]
]


usuarios.sort(key=lambda el: el[1])
print(usuarios)
```

Listas de compresión

En esta lección vamos a ver la comprensión de listas en Python, vamos a copiar esta lista de usuarios, que usamos anteriormente:

tipos-avanzados/07-ordenando-listas.py

```
usuarios = [
    ["Chanchito", 4],
    ["Felipe", 1],
    ["Pulga", 5]
]
```

Preparación

Y vamos a crear un nuevo archivo el cual se va a llamar "**08-comprension-listas.py**" en nuestra carpeta "**tipos-avanzados**", y acá vamos a pegar nuestro listado anterior.

tipos-avanzados/08-comprension-listas.py

```
usuarios = [
    ["Chanchito", 4],
    ["Felipe", 1],
    ["Pulga", 5]
]
```

Y vamos a hacer lo siguiente, de este listado de **usuarios** que tenemos, vamos a querer obtener solamente el nombre, porque en este caso el identificador que se encuentra en la segunda posición de cada listado, **no nos interesa**, así es que lo que queremos hacer es tomar esta lista de **usuarios** y vamos a aplicarle una transformación para que nos devuelva una lista de nombres, y finalmente vamos a pasar de un listado de usuarios, a un listado de nombres.

Con lo que hemos aprendido hasta ahora perfectamente, podríamos utilizar un ciclo **for** y podríamos iterar este listado, crear una nueva variable que se llame **nombres** y con el método de **append**, iríamos agregando cada uno de estos nombres, esto se haría en código así:

tipos-avanzados/08-comprension-listas.py

```
nombres = []
for usuario in usuarios:
    nombres.append(usuario[0])
print(nombres)
```

Y si ejecutamos:

Salida de ejecutar: tipos-avanzados/08-comprension-listas.py

```
['Chanchito', 'Felipe', 'Pulga']
```

Ahora veremos cómo haríamos esto de una forma mucho más elegante y en una sola línea. Primero comentaremos todo este ciclo **for**:

tipos-avanzados/08-comprension-listas.py

```
# nombres = []
# for usuario in usuarios:
#     nombres.append(usuario[0])
# print(nombres)
```

Y ahora modificaremos la variable **nombres**:

tipos-avanzados/08-comprension-listas.py

```
# print(nombres)
# map
nombres = [usuario[0] for usuario in usuarios]
print(nombres)
```

Vamos a explicar esta sintaxis, dentro de los paréntesis de corchete, le vamos a indicar cómo queremos crear esta nueva lista, vamos a ir de derecha a izquierda:

- **usuarios** es el elemento que vamos a iterar,
- **usuario** es cada elemento que es iterado, en este caso, cada elemento de la lista, es decir en la primera iteración vendría siendo ["Chanchito", 4] y así sucesivamente con todos los demás elementos que estamos recorriendo,
- La expresión usuario[0] es el valor de retorno

En esta sintaxis **for** e **in** son palabras reservadas que siempre tendremos que colocar para este tipo de ejemplos, esta sería su sintaxis:

Ejemplo de código en Python

```
nombres = [expresion for item in items]
```

Si ejecutamos:

Salida de ejecutar: tipos-avanzados/08-comprension-listas.py

```
['Chanchito', 'Felipe', 'Pulga']
```

Ahora vemos que obtuvimos exactamente lo mismo, pero de una manera bastante más concisa y más elegante, de esta manera podemos tomar una lista que en este caso vendría siendo **usuarios**, y le podemos aplicar una transformación a cada uno de los elementos, dependiendo de qué es lo que queramos, en este caso en esta lista queríamos obtener el primer elemento, así es que accedimos al primer elemento que contenía la lista, que contiene el nombre de cada usuario, suena un poco extraño pero en el fondo tenemos una lista, que contiene usuarios, y no sólo le estamos indicando que queremos acceder al primer elemento, ahora vamos a hacer esto mismo, pero en lugar de transformar nuestro listado, lo que vamos a hacer es filtrarlo.

Entonces vamos a comentar esto:

tipos-avanzados/08-comprension-listas.py

```
# nombres = []
# for usuario in usuarios:
#     nombres.append(usuario[0])
# print(nombres)

# nombres = [usuario[0] for usuario in usuarios]
```

Para eso vamos a crear nuevamente a **nombres**, y esto va a ser igual a nuevamente un paréntesis de corchete, y tenemos que utilizar exactamente la misma convención, que sería esta:

Ejemplo de código en Python

```
nombres = [expresion for item in items]
```

Quedando nuestro código así:

tipos-avanzados/08-comprension-listas.py

```
nombres = [usuario for usuario in usuarios if usuario[1] > 2]
print(nombres)
```

Entonces aquí queremos que solamente nos devuelva el elemento siempre y cuando cumpla con una condición, así que estamos colocando una condicional con **if** para cuando el **id** del usuario, es decir, el segundo elemento de cada lista es mayor a 2, entonces solamente retorna esos elementos, así que si ejecutamos:

Salida de ejecutar: tipos-avanzados/08-comprension-listas.py

```
[['Chanchito', 4], ['Pulga', 5]]
```

Entonces, utilizando la comprensión de listas podemos crear otras listas a partir de una lista ya existente, con esta comprensión de listas podemos modificar los elementos de una lista y también los podemos filtrar, pero además, podemos utilizar las 2 operaciones simultáneamente, podemos modificar una lista y filtrarla utilizando la misma comprensión de lista para eso vamos a comentar esta línea, la copiaremos una línea debajo y descomentaremos la que acabamos de pegar:

tipos-avanzados/08-comprension-listas.py

```
# nombres = [usuario for usuario in usuarios if usuario[1] > 2]
nombres = [usuario for usuario in usuarios if usuario[1] > 2]
print(nombres)
```

Ahora para filtrar, tendremos que hacer lo siguiente:

tipos-avanzados/08-comprension-listas.py

```
# nombres = [usuario for usuario in usuarios if usuario[1] > 2]
nombres = [usuario[0] for usuario in usuarios if usuario[1] > 2]
print(nombres)
```

Salida de ejecutar: tipos-avanzados/08-comprension-listas.py

```
['Chanchito', 'Pulga']
```

Y vamos a ver que, nuestra lista ha sido filtrada y además fue transformada.

Código completo de la lección

Para terminar, te dejaré el código del archivo: "**tipos-avanzados/08-comprension-listas.py**"

tipos-avanzados/08-comprension-listas.py

```
usuarios = [
    ["Chanchito", 4],
    ["Felipe", 1],
    ["Pulga", 5]
]

# nombres = []
# for usuario in usuarios:
#     nombres.append(usuario[0])
# print(nombres)

# nombres = [usuario[0] for usuario in usuarios]

# nombres = [usuario for usuario in usuarios if usuario[1] > 2]
nombres = [usuario[0] for usuario in usuarios if usuario[1] > 2]
print(nombres)
```

Map y Filter

Preparación

En esta lección volveremos a trabajar en nuestro archivo de la lección pasada: "**tipos-avanzados/08-comprension-listas.py**"

Cuando te toque ver código en otras aplicaciones lo más probable es que veas también otras formas de poder realizar esto mismo, que vimos en la lección pasada:

tipos-avanzados/08-comprension-listas.py

```
nombres = [usuario[0] for usuario in usuarios if usuario[1] > 2]
. . .
```

Que vendría siendo las **listas de comprensión**, y estas alternativas tienen unos nombres muy específicos que son en el primer caso:

tipos-avanzados/08-comprension-listas.py

```
# map
nombres = [usuario[0] for usuario in usuarios]
. . .
```

Esta operación que estamos realizando la vas a conocer con el nombre de **map** y la siguiente:

tipos-avanzados/08-comprension-listas.py

```
# filter
# nombres = [usuario for usuario in usuarios if usuario[1] > 2]
print(nombres)
```

Y esta le vas a conocer con el nombre de **filter**.

Y en el caso que quieras realizar **map** y **filter**, al mismo tiempo, como en nuestras listas de comprensión, necesariamente vamos a tener que realizar esta misma operación en 2 pasos, primero vamos a tener que filtrar y luego vamos a tener que realizar la operación map:

tipos-avanzados/08-comprension-listas.py

```
nombres = [usuario[0] for usuario in usuarios if usuario[1] > 2]
print(nombres)
```

La forma sugerida sería que utilizaras casi siempre las listas de comprensión, pero podría ser que te topes con código que contengan los métodos también de **filter** y **map**, vamos a ver inmediatamente cómo se pueden utilizar estos métodos, para que sepas mantener estos códigos en el caso que te los llegues a topar, así que vamos a comentar esta línea:

tipos-avanzados/08-comprension-listas.py

```
# nombres = [usuario[0] for usuario in usuarios if usuario[1] > 2]
print(nombres)
```

Y vamos a escribir lo siguiente:

tipos-avanzados/08-comprension-listas.py

```
# nombres = [usuario[0] for usuario in usuarios if usuario[1] > 2]
nombres = list(map(lambda usuario: usuario[0], usuarios))
print(nombres)
```

Lo que estamos haciendo aquí es transformar a los usuarios, usamos a **list** para crear una nueva lista, y usamos al método **map** para hacer la transformación de la lista, este método recibe una función, que en este caso estamos haciendo uso de las funciones **lambda** que vimos en un par de lecciones pasadas, en la que recibe un argumento llamado **usuario**, que es cada elemento de la lista, devuelve en su retorno al primer elemento de cada **usuario** haciendo uso de los paréntesis de corchete, y él segundo argumento que recibe **map** segundo argumento es la lista que va a iterar, que sería en este caso nuestra lista de **usuarios**.

Y si ejecutamos:

Salida de ejecutar: tipos-avanzados/08-comprension-listas.py

```
['Chanchito', 'Felipe', 'Pulga']
```

Si imprimimos los nombres, deberíamos ver lo mismo que con las comprensiones de listas o listas de comprensión, aquí tenemos a "Chanchito", "Felipe" y a "Pulga".

Ahora vamos a ver cómo podemos realizar la misma operación, pero de **filter**, así que vamos a comentar la última línea que acabamos de escribir:

tipos-avanzados/08-comprension-listas.py

```
# nombres = [usuario[0] for usuario in usuarios if usuario[1] > 2]
# nombres = list(map(lambda usuario: usuario[0], usuarios))
print(nombres)
```

Y vamos a crear un nuevo listado, y a este le llamaremos "**menosUsuarios**" y lo escribiremos de la siguiente manera:

tipos-avanzados/08-comprension-listas.py

```
menosUsuarios = list(filter(lambda usuario: usuario[1] > 2, usuarios))
print(menosUsuarios)
```

Al igual que con **map**, vamos a comenzar por usar el método **list** al cual vamos a pasarle el método **filter**, en el que también en su primer argumento recibe a una función, que será en nuestro caso una función **lambda**, que recibe como parámetro a un **usuario**, retornando a los **usuarios** cuyo elemento en la posición 1, es decir su **id** sea mayor que 2, y el segundo parámetro del método **filter** es la lista que tiene que iterar, es decir a **usuarios**.

Ahora, si vamos a ejecutar nuestra aplicación:

Salida de ejecutar: tipos-avanzados/08-comprension-listas.py

```
[['Chanchito', 4], ['Pulga', 5]]
```

Y ahora vemos que tenemos a los elementos: **Chanchito** y también a **Pulga**,

De esta manera podemos utilizar las funciones de **filter** y **map** para poder ser exactamente lo mismo que hicimos antes, pero con las listas de comprensión y la razón por la cual vimos **filter** y **map**, es porque muchos desarrolladores que prefieren la programación funcional, van a preferir utilizar estos dos métodos, y acá va a ser netamente tu preferencia por cual decides utilizar, si quieres utilizar a estos en lugar de la comprensión de listas está bien, pero si prefieres utilizar la comprensión de listas también está bien, ahora sabes cómo realizar exactamente la misma operación con ambas formas.

Código completo de la lección

Para terminar, te dejaré el código del archivo: "**tipos-avanzados/08-comprension-listas.py**"

tipos-avanzados/08-comprension-listas.py

```python
usuarios = [
    ["Chanchito", 4],
    ["Felipe", 1],
    ["Pulga", 5]
]

# nombres = []
# for usuario in usuarios:
#     nombres.append(usuario[0])
# print(nombres)
# map
# nombres = [usuario[0] for usuario in usuarios]

# filter
# nombres = [usuario for usuario in usuarios if usuario[1] > 2]

# nombres = [usuario[0] for usuario in usuarios if usuario[1] > 2]
# nombres = list(map(lambda usuario: usuario[0], usuarios))

menosUsuarios = list(filter(lambda usuario: usuario[1] > 2, usuarios))
print(menosUsuarios)
```

Tuplas

En esta lección vamos a ver el tipo de dato **Tupla**.

Preparación

Para esta vamos a crear un nuevo archivo que se va a llamar “**09-tupla.py**” en nuestra carpeta “**tipos-avanzados**”.

¿Qué es una tupla?

Una tupla, es casi lo mismo que una lista, tiene sola una sutil diferencia, y es que no la puedes modificar en lo absoluto, es decir, no puedes agregar, modificar o eliminar elementos

Pero lo que si podemos hacer, es crear una nueva lista o tupla basándonos en tuplas existentes, o sea puedes crear nuevas tuplas, pero no puedes modificar las ya existentes.

Vamos a definir una tupla, la cual se llamará **numeros** y para definir una tupla a diferencia de la lista, tenemos que utilizar los paréntesis redondos de la siguiente manera:

tipos-avanzados/09-tupla.py

```
numeros = (1, 2, 3)
print(numeros)
```

Si ejecutamos esto, veremos en la terminal:

Salida de ejecutar: tipos-avanzados/09-tupla.py

```
(1, 2, 3)
```

Podemos concatenar dos tuplas de la siguiente manera:

tipos-avanzados/09-tupla.py

```
numeros = (1, 2, 3) + (4, 5, 6)
print(numeros)
```

Si ejecutamos:

Salida de ejecutar: tipos-avanzados/09-tupla.py

```
(1, 2, 3, 4, 5, 6)
```

Vamos a ver, que tenemos en una sola tupla la combinación de las dos tuplas anteriores, y vemos que en ambos casos que hemos impreso nuestra variable, que el resultado está entre dos paréntesis, lo que significa que esta secuencia de elementos no podrá ser modificados.

Vamos a utilizar las tuplas cuando no queramos de manera accidental modificar los elementos que se encuentran dentro de un listado.

La forma de crear una tupla en base de los elementos de un listado es la siguiente, supongamos que tenemos el siguiente listado:

tipos-avanzados/09-tupla.py

```
punto = [1, 2]
```

Lo que haremos será transformar este listado en una nueva tupla, entonces lo que hacemos será usar el método **tuple**, y este recibe como argumento cualquier elemento que sea iterable, es decir que también podríamos pasarlo un string, entonces lo usaremos de la siguiente manera:

tipos-avanzados/09-tupla.py

```
punto = tuple([1, 2])
print(punto)
```

Y si imprimimos:

Salida de ejecutar: tipos-avanzados/09-tupla.py

```
(1, 2)
```

Vemos que esta lista fue transformada en una tupla. Si colocas el cursor sobre nuestra variable **punto**, notarás que nos muestra que esta es una variable de tipo tupla.

```
(variable) punto: tuple[int, ...]
punto = tuple([1, 2])
```

Tipo de dato al usar el método "tuple"

Las operaciones que podemos realizar con las tuplas son todas las que podemos hacer con las listas, excepto por supuesto las que modifican las listas, por ejemplo, **append** o **pop**, es más, vamos a verlo, escribiremos lo siguiente:

tipos-avanzados/09-tupla.py

```
punto.pop()
```

Y vamos a darnos cuenta de que nos subrayará en rojo esta línea, y nos muestra que este elemento no tiene el método **pop**, por tanto, no podemos llamarlo.

tipos-avanzados/09-tupla.py

```
punto.pop()
```

Pero lo que sí podemos hacer es usar los paréntesis de corchetes para acceder a los elementos de la tupla:

tipos-avanzados/09-tupla.py

```
menosNumeros = numeros[:2]
print(menosNumeros)
```

Y si ejecutamos, vamos a ver:

Salida de ejecutar: tipos-avanzados/09-tupla.py

```
(1, 2)
```

Vamos a ver que nos ha devuelto una nueva tupla, esta operación que acabamos de realizar no modifica a números, sino lo que hace es crearnos una nueva tupla, la cual estamos asignando a la variable **menosNumeros**.

Lo que también podemos realizar es desempaquetar las tuplas, de la siguiente manera:

tipos-avanzados/09-tupla.py

```
primero, segundo, *otros = numeros
print(primero, segundo, otros)
```

Si ejecutamos:

Salida de ejecutar: tipos-avanzados/09-tupla.py

```
1 2 [3, 4, 5, 6]
```

Vemos que hemos accedido a su primer y segundo elemento, y el resto de los elementos los ha guardado, pero en esta ocasión lo ha realizado en una lista, no en una tupla.

Lo siguiente que haremos, será recorrer los elementos de esta tupla con un ciclo **for**:

tipos-avanzados/09-tupla.py

```
for n in numeros:
    print(n)
```

Y si ejecutamos:

Salida de ejecutar: tipos-avanzados/09-tupla.py

```
1
2
3
4
5
6
```

Vamos a ver cómo aparecen todos los elementos correspondientes a esta tupla. Pero si tratamos de acceder y modificar alguno de sus elementos de esta manera:

tipos-avanzados/09-tupla.py

```
numeros[0] = 5
```

Vamos a ver de nuevo, inmediatamente, que la línea se subrayará en rojo mostrándonos un error, porque no podemos modificar las tuplas o sus elementos, esto solo lo podemos hacer con las listas. Comentaremos esta línea.

tipos-avanzados/09-tupla.py

```
# numeros[0] = 5
```

Así que por si necesitas modificar una tupla, que no deberías hacerlo, pero si lo necesitaras, lo que tendrías que hacer es crear una lista a partir de los elementos de una tupla, de la siguiente manera:

tipos-avanzados/09-tupla.py

```
listaNumeros = list(numeros)
```

Y ahora si podríamos ingresar a modificar el primer elemento, como lo queríamos realizar hace un momento:

tipos-avanzados/09-tupla.py

```
listaNumeros[0] = "Chanchito Feliz"
print(listaNumeros)
```

Ejecutamos este código:

Salida de ejecutar: tipos-avanzados/09-tupla.py

```
['Chanchito Feliz', 2, 3, 4, 5, 6]
```

Y vemos que, en este caso, sí hemos podido hacer la modificación de la lista. **Pero en ningún momento hemos modificado la tupla, lo que hicimos fue crear una lista en base a la tupla y esta fue la que modificamos.**

Código completo de la lección

Para terminar, te dejaré el código del archivo: “**tipos-avanzados/09-tupla.py**”

tipos-avanzados/09-tupla.py

```
numeros = (1, 2, 3) + (4, 5, 6)
print(numeros)

punto = tuple([1, 2])
print(punto)

menosNumeros = numeros[:2]
print(menosNumeros)

primero, segundo, *otros = numeros
print(primero, segundo, otros)

for n in numeros:
    print(n)

# numeros[0] = 5

listaNumeros = list(numeros)
listaNumeros[0] = "Chanchito Feliz"
print(listaNumeros)
```

Sets

En esta lección vamos a utilizar los **sets**, que en su traducción al español sería muy parecido a conjunto o grupo.

Preparación

Para comenzar, crearemos un nuevo archivo que se va a llamar "**10-sets.py**" en la carpeta "**tipos-avanzados**"

¿Qué es un set?

Un set es una conexión de datos que no se puede repetir y que tampoco está ordenada.

Esto quiere decir que, si intentamos crear un set, por ejemplo:

tipos-avanzados/10-sets.py

```
# set significa grupo o conjunto
primer = {1, 1, 2, 2, 3, 4}
print(primer)
```

Si ejecutamos esto:

Salida de ejecutar: tipos-avanzados/10-sets.py

```
{1, 2, 3, 4}
```

Vamos a ver que tenemos este set, pero que el número 1 y al 2, que se encontraban duplicados, solamente nos aparece una ocurrencia de cada uno de estos datos, lo que quiere decir que, si es que llegásemos a tener datos duplicados en algún set, como los tenemos acá al momento de crear el set, Python se va a encargar de remover los datos duplicados, para nuestro ejemplo va a eliminar el 1 y el 2 duplicado.

La gracia de usar los **sets**, es que estos se pueden trabajar muy similar a como se trabajan en las listas, que quiere decir que podemos llamar a **primer**, usando el método **add** para poder agregar un elemento, y también podemos colocar el método **remove** de la siguiente manera:

tipos-avanzados/10-sets.py

```
primer = {1, 1, 2, 2, 3, 4}
primer.add(5)
primer.remove(1)
print(primer)
```

Aquí estamos añadiendo un nuevo elemento al set con el método **add**, en este caso, estamos añadiendo el elemento con valor 5, y en la línea que está debajo usamos a **remove**, para eliminar el elemento con el valor 1, si ejecutamos:

Salida de ejecutar: tipos-avanzados/10-sets.py

```
{2, 3, 4, 5}
```

Vamos a ver ahora que, se eliminó el número 1, pero se agregó también el número 5, pero esto es muy fácil, esto ya lo tendrías que haber visto, y ya sabes inmediatamente qué es lo que hace esto, vamos a pasar a algo mucho más entretenido, y también más complicado, así que vamos a eliminar esto último que hemos escrito:

tipos-avanzados/10-sets.py

```
primer = {1, 1, 2, 2, 3, 4}
primer.add(5)
primer.remove(1)
print(primer)
```

Y ahora vamos a crear un segundo **set**, el cual, por ahora va a ser una lista:

tipos-avanzados/10-sets.py

```
primer = {1, 1, 2, 2, 3, 4}
segundo = [3, 4, 5]
```

Entonces vamos a transformar esta lista a un **set**, así que vamos a reemplazar el valor de esta variable, y esto se va a crear a partir de la función **set**, que recibe un iterable:

tipos-avanzados/10-sets.py

```
segundo = set(segundo)

print(segundo)
```

Entonces lo que estamos haciendo es que le vamos a pasar a segundo, que vendría siendo la lista que definimos anteriormente, si ejecutamos esto:

Salida de ejecutar: tipos-avanzados/10-sets.py

```
{3, 4, 5}
```

Lo que estamos haciendo es crear un **set** con base en una **lista**, pero también lo podríamos hacer en base a una **tupla**.

Ahora, vamos a ver los operadores interesantes que tienen los **sets** dentro de Python:

Operador de unión

El primer operador se le conoce como unión, y como bien dice el nombre se va a encargar de juntar un primer con un segundo set, y los va a unir en uno solo, este se usa con el siguiente símbolo:

Ejemplo de código en Python

```
|
```

Vamos a ver un ejemplo:

tipos-avanzados/10-sets.py

```
print(primer | segundo)
```

Ejecutamos a ver que nos devuelve:

Salida de ejecutar: tipos-avanzados/10-sets.py

```
{1, 2, 3, 4, 5}
```

Con esto obtenemos un **set** con los números del 1 al 5, **este operador nos va a permitir hacer la unión de dos sets**, y en este ejemplo quedaría de la siguiente manera, sumando este set llamado **primer**:

Ejemplo de código en Python

```
{1, 2, 3, 4}
```

Y es set llamado **segundo**:

Ejemplo de código en Python

```
{3, 4, 5}
```

Obtendríamos algo así:

Ejemplo de código en Python

```
{1, 2, 3, 3, 4, 4, 5}
```

Pero recordemos que los sets no tienen datos repetidos, por lo que se eliminarían los datos duplicados, quedando de la forma que hemos obtenido en el **print**:

Ejemplo de código en Python

```
{1, 2, 3, 4, 5}
```

El siguiente operador es el de:

Operador de intersección

Este se usa con el siguiente símbolo:

Ejemplo de código en Python

```
&
```

Y la forma de usarse es muy similar al que vimos anteriormente, vamos a aprovechar de comentar la línea que escribimos con el operador de unión:

tipos-avanzados/10-sets.py

```
# print(primer | segundo)
print(primer & segundo)
```

Y vamos a ejecutar nuestro código:

Salida de ejecutar: tipos-avanzados/10-sets.py

```
{3, 4}
```

Y aquí vemos que nos está devolviendo el 3 y el 4, porque el operador de la intersección, solamente nos va a devolver los elementos que se encuentren tanto en primer set, como en el segundo. En este momento, los únicos elementos que se encuentran tanto en el primer como en el segundo son 3 y 4.

Vamos a pasar al siguiente operador:

Operador de diferencia

Este se usa con el símbolo de diferencia:

Ejemplo de código en Python

```
-
```

Y se utiliza así, igualmente, aprovecharemos de comentar el ejemplo que usamos con el operador anterior:

tipos-avanzados/10-sets.py

```
# print(primer & segundo)
print(primer - segundo)
```

Y vamos a ejecutar nuestro script:

Salida de ejecutar: tipos-avanzados/10-sets.py

```
{1, 2}
```

Y acá vemos que tenemos los númeroo 1 y 2, en este ejemplo no vemos, el 3, 4 o el 5.

Vamos a ver lo que ocurrió es que, al usar diferencia lo que estamos tratando de hacer es mostrar solamente los datos que se encuentran en el conjunto de la izquierda, es decir:

Ejemplo de código en Python

```
{1, 2, 3, 4}
```

Pero a este, le estamos quitando además los que se encuentran a la derecha, si vemos los elementos de nuestro segundo set:

Ejemplo de código en Python

```
{3, 4, 5}
```

Lo que sucede es, que se busca al elemento 1 del primer set en el segundo, y al no encontrarlo, entonces se agrega a la diferencia:

Ejemplo de código en Python

```
{1}
```

Posteriormente, buscaremos al elemento 2, este tampoco se encuentra en el segundo set, por lo que igualmente lo agregaremos a la diferencia:

Ejemplo de código en Python

```
{1, 2}
```

Ahora el siguiente elemento que buscaremos será el 3, este, si se encuentra, entonces no lo agregaremos a la diferencia, quedando igual que antes:

Ejemplo de código en Python

```
{1, 2}
```

Y por último buscaremos al elemento 4 dentro del segundo set, que, de nuevo esté si se encuentra, por lo que tampoco lo agregaremos a la diferencia:

Ejemplo de código en Python

```
{1, 2}
```

Con esto hemos terminado, y este es justo lo que obtenemos de resultado cuando utilizamos este operador en este ejemplo

Ejemplo de código en Python

```
{1, 2}
```

Ahora vamos a continuar con el siguiente operador:

Operador de diferencia simétrica

Este se usa con el símbolo de caret, el que parece el de un sombrerito:

Ejemplo de código en Python

```
^
```

Igualmente, lo ocuparemos de esta manera:

tipos-avanzados/10-sets.py

```
# print(primer - segundo)
print(primer ^ segundo)
```

La diferencia simétrica nos va a devolver los elementos que se encuentren en el primero y en el segundo, pero que no se encuentren, entre el uno y el otro, es decir que, si tenemos un set que contiene 1, 2 y 3, y otro set que contiene 2, 3 y 4, esto lo que hará será devolverme el 1 y el 4, entonces lo que se encuentran duplicados, los va a eliminar.

Vamos a ejecutar nuestro código:

Salida de ejecutar: tipos-avanzados/10-sets.py

```
{1, 2, 5}
```

Y aquí vemos que tenemos 1, 2 y 5, esto pasa porque los elementos 3 y 4 se encuentran en ambos sets de datos, entonces lo saca de esta operación, estas operaciones las vamos a utilizar muchísimo cuando estemos trabajando con datos reales, y ahora el problema que tienen los sets, es que no se encuentran ordenados, y tampoco podemos acceder a un elemento de estos como lo hemos realizado con otro tipo de datos:

tipos-avanzados/10-sets.py

```
segundo[0]
```

Con esta notación, nos va a mostrar un error, y es porque con los **sets** no podemos acceder a los elementos de esta manera, pero lo que sí podemos hacer es preguntar con un **if** si un elemento existe, y esto lo haremos de la siguiente manera:

tipos-avanzados/10-sets.py

```
if 5 in segundo:
    print("Hola Mundo")
```

Ejecutamos:

Salida de ejecutar: tipos-avanzados/10-sets.py

```
Hola Mundo
```

Y vemos que nos esté imprimiendo el string de "Hola Mundo" porque el número 5 sí existe en el set de datos "**segundo**".

Código completo de la lección

Para terminar, te dejaré el código del archivo: "**tipos-avanzados/10-sets.py**"

tipos-avanzados/10-sets.py

```
# set significa grupo o conjunto
primer = {1, 1, 2, 2, 3, 4}
segundo = [3, 4, 5]
segundo = set(segundo)

# print(primer | segundo)
# print(primer & segundo)
# print(primer - segundo)
print(primer ^ segundo)

if 5 in segundo:
    print("Hola Mundo")
```

Diccionarios

En esta lección vamos a ver qué son los diccionarios, y estos, son uno de los tipos de datos más utilizados en Python en conjunto con las listas.

Preparación

Para comenzar, en nuestra carpeta "**tipos-avanzados**" vamos a crear un nuevo archivo que se va a llamar "**11-diccionarios.py**".

¿Que es un diccionario?

Los diccionarios son una conexión de datos, que se encuentran agrupados por una llave y un valor.

Esto quiere decir que podemos tener una colección, que va a tener por ejemplo, un identificador como **nombre**, que vendría siendo muy similar a lo que vendría siendo un nombre de variable, y a esta llave le vamos a asignar un valor, que podría ser por ejemplo, "**Hola Mundo**", podríamos después tener otra llave que podría ser la **edad** y la edad podría tener el valor de 27, y así sucesivamente.

Vamos a ver ahora cómo podemos crear un diccionario, y a todo esto los diccionarios son sumamente utilizados, porque por lo general es cómo a las bases de datos nos devuelven los datos, cómo, por ejemplo, podría ser un listado de usuarios, o de productos.

Para hacer el ejercicio sumamente fácil vamos a crear primero un **punto**, este va a tener un eje "x" y un eje "y", vamos a definir este punto de esta manera:

tipos-avanzados/11-diccionarios.py

```
punto = {"x": 25, "y": 50}
print(punto)
```

Nuestro diccionario comenzará con el paréntesis de llaves (**{}**), y cada elemento de nuestro diccionario tiene que estar dividido por una coma.

En este caso hemos definido la llave "**x**", enseguida colocamos dos puntos, y del lado derecho a este le asignamos el valor que para esta llave será de 25, algo importante, es que **la llave o key siempre tiene que ir definida con comillas, ya que este solo acepta strings**, sin embargo, el **valor** que le asignemos, el que le colocamos a la derecha, puede ser cualquier cosa.

Así que esto es lo que nos tenemos que acordar, lo de izquierda son strings y lo de la derecha es absolutamente cualquier cosa.

Vamos a ejecutar esto:

Salida de ejecutar: tipos-avanzados/11-diccionarios.py

```
{'x': 25, 'y': 50}
```

Aquí podemos ver que tenemos una sintaxis parecida a cómo definimos nuestro diccionario, pero en lugar de utilizar las comillas dobles, la **llave** se imprime con las comillas simples, para poder indicar cuándo es una **llave**, y luego a la derecha es indicando cuál es el valor que está **llave**

Ahora si queremos acceder a alguno de los valores que se encuentran asociados a estas **llaves**, podemos utilizar el paréntesis cuadrado, ahora estas no son **listas** y tampoco son **sets**, así que no podemos acceder a estos valores utilizando el índice, como la hacíamos en estos datos, como usar el 0 o el 1.

Aquí tenemos que indicarle mediante un string, cuál es la llave a la cual queremos acceder, entonces, si queremos acceder al valor de la llave "**x**", dentro de este paréntesis cuadrado, tenemos que colocar string "**x**":

tipos-avanzados/11-diccionarios.py

```
print(punto["x"])
```

Vamos a ejecutar nuestra aplicación:

Salida de ejecutar: tipos-avanzados/11-diccionarios.py

```
25
```

Y aquí nos está indicando el valor que se encuentra asociado a la llave de "**x**", el cual es 25, ahora vamos a duplicar esta línea para que veamos que también podemos acceder a "**y**":

tipos-avanzados/11-diccionarios.py

```
print(punto["y"])
```

Si ejecutamos:

Salida de ejecutar: tipos-avanzados/11-diccionarios.py

```
25
50
```

Vamos a ver que tenemos nuestro valor de "**x**" y de "**y**":

Agregar elementos a un diccionario

Continuando con los diccionarios, podemos también agregarles más llaves a los diccionarios bajo demanda, esta quiere decir que esto no solo podemos llamar a punto utilizamos los paréntesis cuadrados para acceder a los valores, estos también los podemos utilizar para agregar nuevos elementos a nuestro diccionario, por ejemplo:

tipos-avanzados/11-diccionarios.py

```
punto["z"] = 45
print(punto)
```

Aquí hemos agregado la llave **z** con el valor de **45**, y si imprimimos a **punto**:

Salida de ejecutar: tipos-avanzados/11-diccionarios.py

```
{'x': 25, 'y': 50, 'z': 45}
```

Vamos a ver ahora que nuestro diccionario tiene las llaves de "**x**", "**y**" y ahora también tiene el valor de "**z**". Lo que hicimos acá fue crear una nueva llave dentro de este diccionario.

Acceder a los elementos a un diccionario

Pero si intentamos acceder algún valor que se encuentra dentro de diccionario, pero cuya llave no existe, por ejemplo:

tipos-avanzados/11-diccionarios.py

```
punto["z"] = 45
print(punto, punto["lala"])
```

Vamos a ejecutar nuestra aplicación:

Salida de ejecutar: tipos-avanzados/11-diccionarios.py

```
    print(punto, punto["lala"])
KeyError: 'lala'
```

Y acá, vemos que tenemos un error, nos está indicando KeyError: 'lala', esto quiere decir que la llave "lala" no existe, entonces tenemos 2 alternativas, para poder ahorrarnos este problema, el primero es preguntar si es que la llave "lala" se encuentra dentro de nuestro punto, eso lo hacemos con un **if**:

tipos-avanzados/11-diccionarios.py

```
punto["z"] = 45
# print(punto, punto["lala"])

if "lala" in punto:
    print("encontré lala", punto["lala"])
```

Entonces lo que estamos haciendo es buscar, la llave de **"lala"** dentro del diccionario **punto**, para esta hacemos uso de la palabra reservada **in** y si es encontrada dentro del diccionario se ejecutará el **print**. Igualmente, para que todo funcione, tenemos que comentar la línea con la que imprimíamos la llave que no existía, para evitar el error anterior.

Si ejecutamos, no vamos a ver absolutamente nada de este código que acabamos de escribir, ya que, como la llave "lala" no existe dentro de nuestro diccionario, entonces no se ejecuta el código que está en el bloque de este **if**

Esta es una manera, y el método que podemos utilizar para poder acceder a un valor del diccionario sin que nuestra aplicación explote, es utilizando el método **get**, que tienen los diccionarios, en este caso, vamos a ocuparlo de la siguiente manera:

tipos-avanzados/11-diccionarios.py

```
print(punto.get("x"))
```

El parámetro que recibe este método es la llave que estamos buscando en el diccionario, acá vamos a colocar "x", ejecutamos:

Salida de ejecutar: tipos-avanzados/11-diccionarios.py

```
25
```

Y vemos que tenemos nuevamente el valor de 25, ahora siel valor no existiese, como lo vimos hace un momento con la llave "lala":

tipos-avanzados/11-diccionarios.py

```
print(punto.get("lala"))
```

Ejecutamos:

Salida de ejecutar: tipos-avanzados/11-diccionarios.py

```
None
```

Esto nos está devolviendo **None** esto quiere decir que el valor por supuesto no existe dentro de este diccionario, afortunadamente lo que también podemos hacer es pasarle un valor por defecto, en el caso que la llave no exista, y eso lo podemos definir pasándole un segundo argumento al método **get**:

tipos-avanzados/11-diccionarios.py

```
print(punto.get("x"))
print(punto.get("lala", 97))
```

Ejecutamos de nuevo:

Salida de ejecutar: tipos-avanzados/11-diccionarios.py

```
97
```

Y para este **print**, acá vemos que tenemos el valor de **97**.

Eliminar elementos de un diccionario

Ya vimos cómo agregar y modificar los elementos de nuestro diccionario, pero si quisiéramos eliminar alguna de estas llaves, incluyendo su valor, lo que podemos hacer es usarla palabra reservada **del** de la siguiente manera:

tipos-avanzados/11-diccionarios.py

```
del punto["x"]
```

Tenemos que indicarle, el diccionario que queremos eliminar e indicándole con los paréntesis de corchete la llave que queremos eliminar, pero también existe una función que se llama **del** que nos va a permitir eliminar la llave asociada al diccionario y esta se usa de la siguiente manera, igualmente agregaremos un **print** para ver cómo ha quedado nuestro diccionario:

tipos-avanzados/11-diccionarios.py

```
del(punto["y"])

print(punto)
```

Si ejecutamos:

Salida de ejecutar: tipos-avanzados/11-diccionarios.py

```
{'z': 45}
```

Con esto, tenemos nuevamente el diccionario, pero este solamente tiene el valor de "z".

Iterar los elementos de un diccionario

Vamos a aprovechar de agregar nuevamente el valor de "x" porque hay algo que debemos ver, entonces debajo de todo nuestro código vamos a escribir:

tipos-avanzados/11-diccionarios.py

```
punto["x"] = 25
```

Si necesitamos iterar todas las llaves con su valor dentro de Python, podemos hacer eso con un **for**, el cual usaremos de la siguiente manera:

tipos-avanzados/11-diccionarios.py

```
for valor in punto:
    print(valor)
```

Vamos a ver quién lo que esto nos devuelve, porque lo más probable es que no nos devuelvan lo que tú estás esperando, ejecutamos:

Salida de ejecutar: tipos-avanzados/11-diccionarios.py

```
z
x
```

Y para este ciclo **for**, nos está devolviendo, "z" y "x" que vendrían siendo las llaves que tiene asociado este diccionario, entonces si es que quisiéramos acceder a los valores, lo que podemos hacer es lo siguiente:

tipos-avanzados/11-diccionarios.py

```
for valor in punto:
    print(valor, punto[valor])
```

Si ejecutamos:

Salida de ejecutar: tipos-avanzados/11-diccionarios.py

```
z 45
x 25
```

Aquí lo que está sucediendo es que lo que nos regresa cada iteración de nuestro diccionario, son solo las llaves que este contiene asociadas, por lo que tenemos que hacer es de nuestro diccionario buscar el valor de cada llave, esto es:

- En la primera iteración, valor es igual a "z", entonces cuando buscamos a punto["z"], este nos regresará 45,
- Para la segunda, valor es igual a "x", entonces cuando buscamos a punto["x"], este nos regresará 25,

Ahora, no es necesario que estemos utilizando esta sintaxis para poder acceder a los elementos del diccionario, podemos utilizar otra que podría ser más conveniente:

tipos-avanzados/11-diccionarios.py

```
for valor in punto.items():
    print(valor)
```

Aquí estamos llamando al método **items** a nuestro diccionario y recogiendo sus elementos con un ciclo, **for**, vamos a ver que nos regresa si ejecutamos:

Salida de ejecutar: tipos-avanzados/11-diccionarios.py

```
('z', 45)
('x', 25)
```

Vemos que nos está devolviendo tuplas, donde el primer elemento vendría siendo la llave y el segundo elemento vendría siendo el valor, y como aprendimos podemos hacer un desempaquetado de las tuplas, para poder acceder a sus valores al igual que con las listas, así que vamos a hacer eso mismo más abajo en nuestro código:

tipos-avanzados/11-diccionarios.py

```
for llave, valor in punto.items():
    print(llave, valor)
```

Aquí lo que estamos haciendo es desempaquetar primero la llave y después el valor, cada una en variables individuales, si ejecutamos nuestra aplicación:

Salida de ejecutar: tipos-avanzados/11-diccionarios.py

```
z 45
x 25
```

Vamos a ver que tenemos nuevamente la llave y el valor de cada elemento del diccionario.

Y estas son todas las formas que tenemos para poder acceder a los diccionarios, podemos agregar y eliminar llaves con sus valores a estos diccionarios, pero por supuesto que esto no vendría siendo real de estos, así que vamos a ver ahora inmediatamente un uso bastante más realista.

Ejemplo de uso real de los diccionarios

Para eso vamos a crear un listado de usuarios de la siguiente manera:

tipos-avanzados/11-diccionarios.py

```
usuarios = [
    {"id": 1, "nombre": "Chanchito"},
]
```

Aquí estamos creando una lista y acá le estamos pasando a los diccionarios, que cuando estamos trabajando con elementos que vienen de una base de datos, necesariamente vamos a tener que tener un identificado único, algo así como el número de impuestos que tú podrías tener en tu país, en Chile es el RUT, en México es el RFC, pero finalmente es un número que solamente tienes asociado tu y esto es cosa que cuando tu quieres buscar algo dentro de la base de datos, si ingresamos este identificador a nuestra búsqueda nos va a traer todos los datos de esa persona.

En base de datos o en este caso, cuando lo tengo trabajando con Python, es exactamente lo mismo, y este identificador por lo general se le llama **"id"** y el valor que no solo le vamos a colocar es un número, en este primer caso el número 1, porque este es el primer usuario que vamos a crear en esta lista, también vamos a asignarle un **"nombre"** su valor va a ser el de "Chanchito", al final de haber declarado este diccionario vamos a colocarle una coma para seguir agregando elementos con la misma estructura, así que escribiremos lo siguiente:

tipos-avanzados/11-diccionarios.py

```
usuarios = [
    {"id": 1, "nombre": "Chanchito"},
    {"id": 2, "nombre": "Feliz"},
    {"id": 3, "nombre": "Nicolas"},
    {"id": 4, "nombre": "Felipe"},
]

for usuario in usuarios:
    print(usuario["nombre"])
```

Ejecutamos nuestra aplicación:

Salida de ejecutar: tipos-avanzados/11-diccionarios.py

```
Chanchito
Feliz
Nicolas
Felipe
```

Aquí vemos, que usando este listado y un ciclo **for** accediendo a la llave de "nombre", pudimos obtener todos los nombres de los usuarios.

Código completo de la lección

Para terminar, te dejaré el código del archivo: **"tipos-avanzados/11-diccionarios.py"**

tipos-avanzados/11-diccionarios.py

```
punto = {"x": 25, "y": 50}
print(punto)
print(punto["x"])
print(punto["y"])

punto["z"] = 45
# print(punto, punto["lala"])

if "lala" in punto:
    print("encontré lala", punto["lala"])

print(punto.get("x"))
print(punto.get("lala", 97))

del punto["x"]
```

```
del (punto["y"])

print(punto)

punto["x"] = 25

for valor in punto:
    print(valor, punto[valor])

for valor in punto.items():
    print(valor)

for llave, valor in punto.items():
    print(llave, valor)

usuarios = [
    {"id": 1, "nombre": "Chanchito"},
    {"id": 2, "nombre": "Feliz"},
    {"id": 3, "nombre": "Nicolas"},
    {"id": 4, "nombre": "Felipe"},
]

for usuario in usuarios:
    print(usuario["nombre"])
```

Operador de desempaquetamiento

En esta lección vamos a ver el operador de desempaquetamiento.

Preparación

Para eso crearemos un nuevo archivo llamado "**12-desempaquetar.py**" en nuestra carpeta "**tipos-avanzados**".

Vamos a suponer que tenemos una lista:

tipos-avanzados/12-desempaquetar.py

```
lista = [1, 2, 3, 4]
print(lista)
```

Si lo ejecutamos:

Salida de ejecutar: tipos-avanzados/12-desempaquetar.py

```
[1, 2, 3, 4]
```

Vamos a ver que lo que nos va a imprimir es un listado, pero si quisiéramos tener todos estos elementos dentro de esta función de **print**, pero que en lugar de imprimir como usa lista, que los imprima como:

Ejemplo de código en Python

```
1 2 3 4
```

Esto quiere decir que tomaría el primer elemento de nuestra lista, es decir, 1, y se lo pasa a la función **print** como su primer argumento, el 2 como el segundo argumento, el 3 como tercer argumento y 4 como cuarto argumento, esto es sumamente poderoso, para hacer esto mismo podemos hacer uso del operador de desempaquetamiento.

Esto lo vamos a usar de esta manera:

tipos-avanzados/12-desempaquetar.py

```
lista1 = [1, 2, 3, 4]
print(*lista1)
```

Para cualquier iterable, tenemos que colocarle antes un asterisco, y ahora si ejecutamos nuestro código:

Salida de ejecutar: tipos-avanzados/12-desempaquetar.py

```
1 2 3 4
```

Como mencionábamos, esto también lo podemos hacer con las tuplas, si editamos nuestro código:

tipos-avanzados/12-desempaquetar.py

```
lista1 = (1, 2, 3, 4)
print(*lista1)
```

Y vamos a ejecutar:

Salida de ejecutar: tipos-avanzados/12-desempaquetar.py

```
1 2 3 4
```

Vemos que tenemos exactamente lo mismo.

Esto nos va a servir en el caso que tengamos una función definida, por ejemplo:

Ejemplo de código en Python

```
def n(n1,n2,n3):
```

Y por alguna razón tenemos estos 3 argumentos, pero estos estando dentro de una lista, en ese caso, lo que podemos hacer es llamar esta misma función pasándole a nuestra lista, pero agregamos el operador de desempaquetamiento, para que así se los pase uno a uno como sus argumentos.

Ahora, con el operador de desempaquetamiento, también lo que podemos hacer es combinar listas, así es que lo que vamos a hacer ahora es crear una **lista2**, dejando a nuestro código de la siguiente manera:

tipos-avanzados/12-desempaquetar.py

```
lista2 = [5, 6]
```

Y ahora lo que vamos a hacer es generar una lista combinada que se va a llamar **combinada**:

tipos-avanzados/12-desempaquetar.py

```
combinada = [*lista1, *lista2]
print(combinada)
```

Y en esta vamos a utilizar el operador de desempaquetamiento para ambas listas, introduciendo así los valores de ambos para generar una nueva lista combinada, si ejecutamos:

Salida de ejecutar: tipos-avanzados/12-desempaquetar.py

```
[1, 2, 3, 4, 5, 6]
```

Vamos a ver que tenemos una nueva lista que contiene absolutamente todos los elementos de la **lista1** y también de la **lista2**.

También podemos agregar elementos al comienzo, en medio o al final de usar este operador de desempaquetamiento, por ejemplo, vamos a modificar le que hicimos anteriormente:

tipos-avanzados/12-desempaquetar.py

```
combinada = ["Hola", *lista1, "mundo", *lista2, "chanchito"]
print(combinada)
```

Y vamos a volver a ejecutar:

Salida de ejecutar: tipos-avanzados/12-desempaquetar.py

```
['Hola', 1, 2, 3, 4, 'mundo', 5, 6, 'chanchito']
```

Vemos que tenemos a todos los elementos que hemos agregado a nuestra lista. Ahora, este operador también lo podemos utilizar con los diccionarios, la única diferencia es que la sintaxis va a ser similar a esta, pero en lugar de utilizar un asterisco va a utilizar 2, vamos a ver ahora cómo se haría esto, primero vamos a comentar todo nuestro código anterior:

tipos-avanzados/12-desempaquetar.py

```
# lista1 = [1, 2, 3, 4]
# print(*lista)

# lista2 = [5, 6]

# combinada = ["Hola", *lista1, "mundo", *lista2, "chanchito"]
# print(combinada)
```

Y crearemos un diccionario:

tipos-avanzados/12-desempaquetar.py

```
punto1 = {"x": 19}
punto2 = {"y": 15}
```

Y vamos a generar una variable que se llamará **nuevoPunto** de la siguiente manera:

tipos-avanzados/12-desempaquetar.py

```
nuevoPunto = {**punto1, **punto2}

print(nuevoPunto)
```

Esto es bastante similar a lo que hicimos anteriormente con las listas, solo que utilizaremos los dos asteriscos, ahora vamos a ejecutar:

Salida de ejecutar: tipos-avanzados/12-desempaquetar.py

```
{'x': 19, 'y': 15}
```

Aquí vemos que tenemos un nuevo diccionario creado con las propiedades de ambos diccionarios, las de **punto1** y también las propiedades de **punto2**, y esto se encuentran dentro de **nuevoPunto**.

Pero, en caso de que tuviéramos repetida alguna propiedad, editaremos nuestro código para que quede de la siguiente manera:

tipos-avanzados/12-desempaquetar.py

```
punto1 = {"x": 19, "y": "hola"}
punto2 = {"y": 15}
. . .
```

Vamos a ver qué sucede con esto si ejecutamos:

Salida de ejecutar: tipos-avanzados/12-desempaquetar.py

```
{'x': 19, 'y': 15}
```

En este caso vamos a ejecutarlo, y tenemos nuevamente el valor de 19 para la llave "**x**", y también el de 15 para la llave "**y**", lo que está ocurriendo, es que la forma de asignar las propiedades es desde la derecha hacia la izquierda, lo que quiere decir, es que, si **lista1** tiene la llave "**y**" pero también lo tiene **punto2**, como este último está a la derecha, va a reemplazar el valor que haya tenido desde **punto1**, pero si no se encontrará en **punto1**, se va a asignar directamente.

Ahora también lo que podemos hacer es agregarle más llaves con valores a este diccionario, como lo hicimos en el ejemplo de las listas:

tipos-avanzados/12-desempaquetar.py

```
nuevoPunto = {**punto1, "lala": "hola mundo", **punto2, "z": "mundo"}
. . .
```

Salida de ejecutar: tipos-avanzados/12-desempaquetar.py

```
{'x': 19, 'y': 15, 'lala': 'hola mundo', 'z': 'mundo'}
```

Vemos ahora que tenemos este nuevo diccionario y qué la propiedad de "**x**" viene de **punto1**, la propiedad "**y**" viene de **punto2**, la propiedad "**lala**" la agregamos justamente entre medio de desempaquetar a **punto1** y **punto2** y al final volvimos a agregar una nueva propiedad la cual es "**z**" y su valor es "mundo".

Código completo de la lección

Para terminar, te dejaré el código del archivo: "**tipos-avanzados/12-desempaquetar.py**"

tipos-avanzados/12-desempaquetar.py

```
# lista1 = [1, 2, 3, 4]
# print(*lista)

# lista2 = [5, 6]

# combinada = ["Hola", *lista1, "mundo", *lista2, "chanchito"]
# print(combinada)

punto1 = {"x": 19, "y": "hola"}
punto2 = {"y": 15}

nuevoPunto = {**punto1, "lala": "hola mundo", **punto2, "z": "mundo"}
print(nuevoPunto)
```

Filas

En esta lección vamos a ver las filas en Python.

¿Qué es una fila?

Una fila vendría siendo exactamente igual como una fila del supermercado, una fila del cine, o una fila en la tienda, imagina que vamos a tener un cajero y a este van a empezar a llegar personas, a la primera persona que llegue es a la que van a atender, en el caso que llegue otra persona, esta iría atrás, y luego iría a otra persona atrás y luego iría a otra persona atrás. En este caso tenemos una fila de 4 personas, es decir que son cuatro elementos.

Las filas cumplen con la característica de ser "**FIFO**", que quiere decir "**First In First Out**", esto quiere decir el primero que llega es el primero que se va, el segundo que llega es el segundo que se va, el tercero que llega el tercero que se va, y así sucesivamente, entonces si quisiéramos agregar una nueva persona dentro de esta fila necesariamente tendríamos que agregarla al final, y si la primera persona de esta fila ya fue atendida, necesariamente tendríamos que tomar todas las otras personas de la fila, y moverlos un lugar hacia adelante para que tengan su turno.

Preparación

Vamos a ver esto en código, en nuestra carpeta "**tipos-avanzados**" vamos a crear un nuevo archivo que se llamará "**13-filas.py**", y escribiremos una lista la cual tendría, por ejemplo, cuatro personas vamos a tener a 1,2,3 y cuatro:

tipos-avanzados/13-filas.py

```
lista = [1, 2, 3, 4]
```

Entonces la primera persona que llegó a nuestra fila vendría siendo el número 1 y esta debería ser también la primera persona o el primer elemento en ser atendido, lo que quiere decir que, si tenemos que quitar un elemento, en ese caso, el primer elemento que deberíamos quitar debiese ser este **1**.

El problema en Python, si es que quitamos este elemento deberíamos necesariamente tomar el segundo elemento que vendría siendo **2**, el tercero que vendría siendo **3**, y el cuarto que vendría siendo **4** y correrlos todos en un espacio hacia atrás, o hacia la izquierda, y esto lo que hace es que puede ser sumamente pesado de operar para el computador, o en este caso también puede ser un servidor. Esto por supuesto que no nos va a pasar con una lista que tiene solamente 3 o 4 elementos, en este caso Python va a poder funcionar con esta cantidad de elementos, el problema vendría siendo si es que tenemos una lista que es un rango de por ejemplo 100,000,000, si empezamos a quitar el primer elemento de nuestra lista esto va a empezar a tener un impacto en el rendimiento de nuestra aplicación, afortunadamente, existe algo que podemos hacer para poder solucionar este mismo problema.

Para eso vamos a tener que importar un **módulo**, estos los vamos a ver los más adelante en otro capítulo, así que no te preocupes por ahora, **vamos a pensar que los módulos son códigos que escribió alguien que podemos traer y reutilizar**. El módulo lo vamos a importar de la siguiente manera:

tipos-avanzados/13-filas.py

```
from collections import deque

lista = [1, 2, 3, 4]
```

Esto se pronuncia "dikiu", si queremos utilizar este módulo, vamos a tener que crear en este caso una fila, así que vamos a crear una nueva lista, que se va a llamar fila y esta se va a crear a partir de **deque**:

tipos-avanzados/13-filas.py

```
fila = deque([1, 2])
```

deque es una clase, estás igualmente las vamos a ver más adelante en este libro, así que no te preocupes, por eso ahora **deque** tiene que recibir como primer argumento una lista, la cual le estamos pasando que tiene a 1 y a 2, va a contener 2. Ahora si es que quisiéramos agregarle más elementos a nuestra fila tendríamos que llamar al método de **append**, le pasaremos los siguientes:

tipos-avanzados/13-filas.py

```
fila.append(3)
fila.append(4)
fila.append(5)
print(fila)
```

Si ejecutamos esto:

Salida de ejecutar: tipos-avanzados/13-filas.py

```
deque([1, 2, 3, 4, 5])
```

Vemos que contiene a **deque** y dentro de esto hay una lista que contienen los valores de 1,2,3,4 y 5, ahora si queremos eliminar elementos de esta fila en este caso tenemos que utilizar el método de **popleft**

tipos-avanzados/13-filas.py

```
fila.popleft()
print(fila)
```

Y así podemos empezar a eliminar elementos que se encuentran a la izquierda, ahora podemos ejecutar nuevamente:

Salida de ejecutar: tipos-avanzados/13-filas.py

```
deque([2, 3, 4, 5])
```

Y con esto vemos que nuestra fila ya no tiene el número 1.

Ahora, si quisiéramos verificar que la fila ya se encuentra vacía acá podemos usar lo siguiente:

tipos-avanzados/13-filas.py

```
if not fila:
    print("Fila vacía")
```

Podemos ocupar esto, en este caso vendría siendo una lista vacía, y la lista vacía corresponde a ser **falsy**, esto lo vimos en nuestra clase de valores que pueden evaluar en **False**, dentro de los boolean debes de recordar que los valores que evalúan el falso son:

- un arreglo vacío,
- string vacío, y
- lo puede ser en número cero.

Ahor vamos a modificar nuestro código para que quede así:

tipos-avanzados/13-filas.py

```
fila = deque([1, 2])
# fila.append(3)
# fila.append(4)
# fila.append(5)
print(fila)
fila.popleft()
fila.popleft()
print(fila)

if not fila:
    print("Fila vacía")
```

Y ahora vamos a ejecutar de nuevo nuestro código:

Salida de ejecutar: tipos-avanzados/13-filas.py

```
deque([1, 2])
deque([])
Fila vacía
```

Y ahora podemos ver que nos indica fila vacía, y esto es todo lo que tenemos que aprender con respecto a las filas.

Código completo de la lección

Para terminar, te dejaré el código del archivo: "**tipos-avanzados/13-filas.py**"

tipos-avanzados/13-filas.py

```
from collections import deque

fila = deque([1, 2])
# fila.append(3)
# fila.append(4)
# fila.append(5)
print(fila)
fila.popleft()
fila.popleft()
print(fila)

if not fila:
    print("Fila vacía")
```

Pilas

En esta lección vamos a ver cómo funcionan las pilas en Python.

¿Qué es una pila?

Una pila vendría siendo como una pila de monedas, donde vamos a tener apiladas 4 monedas, entonces si quisiéramos tomar una moneda, vamos a quitar aquella que se encuentra más arriba, esto se conoce como **LIFO** que quiere decir **"Last In First Out"** o el último que ingresa es el primero en salir.

Los ejemplos en la vida real de una pila cuando estamos programando, uno podría ser el historial de navegación, cuando tenemos un historial de navegación por lo general vamos a tener:

1. una página de inicio, sobre la página de inicio, haríamos clic sobre algo, que por ejemplo podría ser, la página de productos,
2. luego de eso hacemos clic sobre un producto en particular que nos gustó,
3. vamos a decir que este tiene un ID de uno, y luego de eso,
4. vamos a presionar en el botón de comprar,

Ahora, si decidimos no comprar y presionamos el botón hacia atrás, lo que tenemos que hacer es:

1. eliminar la página de comprar,
2. y devolver al usuario a la página del producto de ID uno, si volvemos a presionar hacia atrás,
3. tenemos que eliminar esto de nuestra pila y volver a la página de productos y luego si decidimos volver a presionar el botón hacia atrás,
4. tenemos que eliminar eso también de nuestra pila y lo tenemos que devolver a nuestra página de inicio

Pero si por alguna razón el usuario decide también presionar el botón hacia atrás en este punto, dependiendo de cómo tú tengas configurado tu explorador, te debería enviar a una página que debiese llamarse algo así como **blank**, y acá el botón de poder volver hacia atrás debiese quedar completamente deshabilitado.

Preparación

Ahora vamos a ver cómo se implementa una pila en Python, en nuestra carpeta "**tipos-avanzados**" crearemos un nuevo archivo llamado "**14-colas.py**".

Vamos a crear una pila que va a ser igual a una lista completamente vacía y vamos a comenzar a agregar elementos:

tipos-avanzados/14-colas.py

```
pila = []
pila.append(1)
pila.append(2)
pila.append(3)
print(pila)
```

Y ejecutamos:

Salida de ejecutar: tipos-avanzados/14-colas.py

```
[1, 2, 3]
```

Acá vemos que nos está mostrando una lista con los números 1, 2 y 3. Si quisiéramos eliminar un elemento dentro de esta pila, lo que necesariamente vamos a tener que ejecutar el método de **pop**, este método lo que hará será retornar el último elemento, entonces guardaremos su valor en otra variable e imprimiremos dicho valor:

tipos-avanzados/14-colas.py

```
ultimoElemento = pila.pop()
print(ultimoElemento)
```

Y vamos a ejecutar:

Salida de ejecutar: tipos-avanzados/14-colas.py

```
3
```

Vemos que tenemos el elemento 3, que vendría siendo justamente el último de esta pila y si además imprimimos la pila:

tipos-avanzados/14-colas.py

```
print(pila)
```

Y ejecutamos esto:

Salida de ejecutar: tipos-avanzados/14-colas.py

```
[1, 2]
```

Vamos a ver que esta contiene una lista solamente con los elementos 1 y 2. Finalmente, todo lo que estamos viendo acá es exactamente lo mismo que la implementación de una lista, la única diferencia es que estamos trabajando de una manera lógica para que funcione como pila, y para que funcione como pila tenemos que utilizar solamente los métodos de **append** y **pop**.

Ahora, si quisiéramos acceder al último elemento de esta pila podemos hacerlo, si te acuerdas bien es con el índice de **-1**, y esto es lo que hará será devolvernos el último elemento que se encuentra dentro de la lista:

tipos-avanzados/14-colas.py

```
print(pila[-1])
```

Ejecutamos:

Salida de ejecutar: tipos-avanzados/14-colas.py

```
2
```

Ahora, si tuviéramos una lista que se encuentra completamente vacía, o para nuestro ejemplo, que esté sin historial de navegación, o que se hayan acabado los elementos que teníamos que procesar, en ese caso, podemos preguntar cómo lo hicimos en la lección pasada:

tipos-avanzados/14-colas.py

```
if not pila:
    print("pila vacía")
```

Con este **if** es que preguntamos si es que esta pila se encuentra vacía y recuerda que los elementos que evalúan en **falsy** como podría ser, por ejemplo, una lista vacía, nos va a devolver el valor de **False**, así es que esto que se encuentra acá es completamente válido, entonces si es que la pila se encuentra vacía, en este caso nos va a mostrar el string "pila vacía", si lo ejecutas de esta manera, por supuesto que no te va a mostrar nada, ya que la pila aún contiene elementos.

Entonces vamos a eliminar todos los elementos de esta pila agregando lo siguiente a nuestro código:

tipos-avanzados/14-colas.py

```
print(pila[-1])
pila.pop()
pila.pop()
. . .
```

Si ejecutamos esto:

Salida de ejecutar: tipos-avanzados/14-colas.py

```
pila vacía
```

Y nos muestra el string de pila vacía, de tal manera podemos validar si la pila se encuentra vacía y por ende de poder tomar otro camino dentro de nuestra aplicación.

Código completo de la lección

Para terminar, te dejaré el código del archivo: "**tipos-avanzados/14-colas.py**"

tipos-avanzados/14-colas.py

```
pila = []
pila.append(1)
pila.append(2)
pila.append(3)
print(pila)
ultimoElemento = pila.pop()
print(ultimoElemento)
print(pila)
print(pila[-1])
pila.pop()
pila.pop()

if not pila:
    print("pila vacía")
```

Enunciado del ejercicio

En esta lección vamos a explicar un ejercicio que vas a tener que resolver, bueno… en verdad son varios ejercicios:

1.- Vas a tener que crear una función que se encargue de eliminar los espacios en blanco de un string, hicimos esto antes, pero ahora vas a tener que utilizar la comprensión de listas y con esto finalmente vas a tener que devolver una lista con los caracteres restantes.

Entonces con esta entrada:

Ejemplo de entrada

```
Hola mundo este es mi string
```

Tendrás que obtener:

Salida esperada

```
['H', 'o', 'l', 'a', 'm', 'u', 'n', 'd', 'o', 'e', 's', 't', 'e', 'e', 's', 'm', 'i'\
, 's', 't', 'r', 'i', 'n', 'g']
```

2.- El segundo ejercicio, va a ser contar en un diccionario, cuanto se repiten los caracteres de un string, esto quiere decir si tenemos un string que contiene 'aabc' vas a tener que crear un diccionario que va a contener la llave de **a** y el valor que va a tener va a ser **2**, la llave de **b** va a tener el valor de 1 y la llave de **c** va a deber tener el valor de **1** también.

Para la entrada:

Ejemplo de entrada

```
['H', 'o', 'l', 'a', 'm', 'u', 'n', 'd', 'o', 'e', 's', 't', 'e', 'e', 's', 'm', 'i'\
, 's', 't', 'r', 'i', 'n', 'g']
```

Tendrás que obtener:

Salida esperada

```
{'H': 1, 'o': 2, 'l': 1, 'a': 1, 'm': 2, 'u': 1, 'n': 2, 'd': 1, 'e': 3, 's': 3, 't'\
: 2, 'i': 2, 'r': 1, 'g': 1}
```

3.- En el siguiente vamos a tener que ordenar las llaves de un diccionario por el valor que tienen, y devolver una lista que contenga tuplas, entonces lo mismo con el ejercicio anterior, si tenemos un diccionario con las llaves a, b, c y d, y estos tienen respectivamente los valores 3, 2, 4, y 4, lo que tienes que hacer es devolver una lista que contenga tuplas, con los pares clave valor.

Para la entrada:

Ejemplo de entrada

```
{'H': 1, 'o': 2, 'l': 1, 'a': 1, 'm': 2, 'u': 1, 'n': 2, 'd': 1, 'e': 3, 's': 3, 't'\
: 2, 'i': 2, 'r': 1, 'g': 1}
```

Tendrás que obtener:

Salida esperada

```
[('e', 3), ('s', 3), ('o', 2), ('m', 2), ('n', 2), ('t', 2), ('i', 2), ('H', 1), ('l\
', 1), ('a', 1), ('u', 1), ('d', 1), ('r', 1), ('g', 1)]
```

4.- El cuarto ejercicio, de un listado de tuplas, o sea de nuestro resultado anterior, devolver las tuplas que tengan el mayor valor, entonces para la entrada:

Ejemplo de entrada

```
[("a", 3), ("b", 2), ("c", 4), ("d", 4)]
```

Debemos de devolver una lista con los siguientes valores, ya que son las tuplas que tienen los valores más altos:

Salida esperada

```
[("c", 4), ("d", 4)]
```

Esto sí hay varios elementos con el mayor número de elementos repetidos, pero si no existiera la tupla de la letra "d", por ejemplo:

Ejemplo de entrada

```
[("a", 3), ("b", 2), ("c", 4)]
```

Y la salida correspondiente será:

Salida esperada

```
[("c", 4)]
```

5.- A continuación, lo que vas a tener que hacer es crear un mensaje que diga "los caracteres que más se repiten con la cantidad de repeticiones son: " y vas a tener que formar una lista con los caracteres que más se hayan repetido, e importante, estos caracteres tienen que estar con mayúscula.

Para la entrada:

Ejemplo de entrada

```
{'e': 3, 's': 3}
```

La salida correspondiente será:

Ejemplo de entrada

```
Los que más se repiten son:
- E con 3 repeticiones
- S con 3 repeticiones
```

6.- Y una vez que hayas terminado estos 5 ejercicios, lo que haremos será combinarlos absolutamente todos para poder crear una gran funcionalidad, la cual vendría siendo el ejercicio número 6, juntar la solución de los ejercicios anteriores para encontrar los caracteres que más se repiten de un string.

Así que inicia e intenta resolver este ejercicio y vamos a ver en la siguiente lección la solución

Solución del ejercicio

En esta lección, vamos a ver la solución de los ejercicios anteriores.

Preparación

Primero crearemos en nuestra carpeta "**tipos-avanzados**" un nuevo archivo llamado "**15-ejercicio.py**" y vamos a comenzar con el primero:

1. Eliminar los espacios en blanco de un string

Así que lo que tenemos que hacer ahora es crear un string, que vamos a decir que tiene el valor de "hola mundo este es mi string":

tipos-avanzados/15-ejercicio.py

```
string = "Hola mundo este es mi string"
```

Lo que tenemos que hacer es crear una función, que nos devuelva este mismo string, pero sin estos espacios en blanco, así que vamos a crear una función que se llamará **quita_espacios**, este va a recibir un texto como parámetro, y aquí lo que tenemos que hacer es retornar una **comprensión de listas** de la siguiente manera:

tipos-avanzados/15-ejercicio.py

```
def quita_espacios(texto):
    return [char for char in texto if char != " "]


sin_espacios = quita_espacios(string)
print(sin_espacios)
```

Así es que, usando la compresión de listas, vamos a retornar a cada **char**, que representa a cada letra que contenga el **texto**, pero solamente aquellas que no sean un espacio vacío, teniendo así nuestra lista de letras sin espacios si es que ejecutamos nuestro código:

Salida de ejecutar: tipos-avanzados/15-ejercicio.py

```
['H', 'o', 'l', 'a', 'm', 'u', 'n', 'd', 'o', 'e', 's', 't', 'e', 'e', 's', 'm', 'i'\
, 's', 't', 'r', 'i', 'n', 'g']
```

Ahora vamos a continuar con nuestro siguiente ejercicio, el número 2

2. Contar en un diccionario cuanto se repiten los caracteres de un string

Como sabemos, las listas como los strings son iterables, así que la función que hayamos escrito para los strings también nos va a servir para las listas. Así que lo siguiente que tenemos que hacer para resolver este ejercicio es crear una función, la cual llamaremos como **cuenta_caracteres** y esta recibirá como parámetro a una **lista**:

tipos-avanzados/15-ejercicio.py

```
def cuenta_caracteres(lista):
    chars_dict = {}
    for char in lista:
...
```

Lo primero hacemos en esta función es definir nuestro diccionario vacío en una variable que se llamara **chars_dict**, **chars** es por los caracteres, y **dict** viene del inglés de “dictionary”, lo siguiente es iterar la lista que le estamos pasando como argumento, o sea al parámetro que hemos nombrado como **lista**.

Y aquí viene algo muy fácil tenemos que preguntar si es que existe este carácter dentro de este diccionario, y en el caso de que exista vamos a incrementar su valor en uno, y si es que no existe debemos asignar que tiene un valor de uno.

tipos-avanzados/15-ejercicio.py

```
def cuenta_caracteres(lista):
    chars_dict = {}
    for char in lista:
        if char in chars_dict:
            chars_dict[char] += 1
        else:
            chars_dict[char] = 1
...
```

Entonces, para la entrada [“a”,”a”,”b”], en la primera iteración, char será igual a la letra “**a**”, y como no existe en nuestro diccionario porque está completamente vacío, le asignaremos a la llave “**a**” del diccionario el valor de 1, para la segunda iteración también es “**a**”, pero en este caso la llave **a** si existe, por lo que no asignaremos el valor de 1, sino que sumaremos en uno su valor actual terminando la llave a con el valor de 2, y para la última iteración de este pequeño ejemplo, se trata de la letra “**b**”, la cual pasa por la misma condicional, la cual no existe dentro de nuestro diccionario, entonces se asigna para la llave **b** el valor de 1.

Pero aún nos faltó algo sumamente importante, que nuestra función no retorna ningún valor, por lo que ahora agregaremos el return de nuestro diccionario:

tipos-avanzados/15-ejercicio.py

```
            chars_dict[char] = 1
    return chars_dict
...
```

Ahora más abajo vamos a llamar, justamente después del llamado de **quitar_espacios**, a **cuenta_caracteres** y le vamos a pasar a la variable que creamos anteriormente **sin_espacios**, este resultado lo vamos a guardar en una nueva variable que se llamará **contados** y la imprimiremos para ver que todo ha funcionado correctamente:

tipos-avanzados/15-ejercicio.py

```
sin_espacios = quita_espacios(string)
contados = cuenta_caracteres(sin_espacios)
print(contados)
```

Si ejecutamos esto, veremos lo siguiente:

Salida de ejecutar: tipos-avanzados/15-ejercicio.py

```
{'H': 1, 'o': 2, 'l': 1, 'a': 1, 'm': 2, 'u': 1, 'n': 2, 'd': 1, 'e': 3, 's': 3, 't'\
: 2, 'i': 2, 'r': 1, 'g': 1}
```

Aquí tenemos todos los caracteres que se están utilizando en el string: "Hola mundo este es mi string"

Lo que hicimos cuando ejecutamos nuestro código fue que nos mostró nuestro diccionario el cual visualmente es bastante difícil de leer, así que les vamos a ver un truco para poder leer exactamente estos mismos diccionarios, pero que se vea un poco más fácil, así que lo que vamos a hacer es que vamos a subir al comienzo de nuestro archivo y vamos a escribir lo siguiente:

tipos-avanzados/15-ejercicio.py

```
from pprint import pprint
string = "Hola mundo este es mi string"
. . .
```

Lo que estamos haciendo es indicar acá desde nuestro módulo **pprint** vamos a importar la función de **pprint**, ahora bajamos hasta la última línea de nuestro código y sustituiremos a **print** por **pprint** y lo usaremos de esta manera:

tipos-avanzados/15-ejercicio.py

```
contados = cuenta_caracteres(sin_espacios)
pprint(contados, width=1)
```

A este le estamos colocando un segundo argumento, que es el de **width** con el valor de 1, si ejecutamos nuestro código, nos formateará el resultado de esta manera:

Salida de ejecutar: tipos-avanzados/15-ejercicio.py

```
{'H': 1,
'a': 1,
'd': 1,
'e': 3,
'g': 1,
'i': 2,
'l': 1,
'm': 2,
'n': 2,
'o': 2,
'r': 1,
's': 3,
't': 2,
'u': 1}
```

Esto se está imprimiendo ahora bastante más elegante, con esto es más fácil ver que los caracteres que más se repiten son **e** y **s** con 3 apariciones cada uno.

3. Ordenar las llaves de un diccionario por el valor que tienen y devolver una lista que contiene tuplas

Vamos a implementar lo siguiente, creando una función que se va a llamar **ordenar** y esta va a recibir un **diccionario**:

tipos-avanzados/15-ejercicio.py

```
def ordena(dict):
. . .
```

Y ahora tenemos que llamar a **return**, la cual va a retornar a la función de **sorted** de la siguiente manera:

tipos-avanzados/15-ejercicio.py

```
def ordena(dict):
    return sorted(
        dict.items(),
        key=lambda key: key[1]
    )
. . .
```

El primer argumento va a ser nuestro diccionario, pero vamos a llamar al método de **items**, esto hará que tengamos una lista de tuplas de cada uno de los elementos de nuestro diccionario, después de esto vamos a pasar el siguiente argumento que va a ser la forma en que se ordenará nuestra lista de elementos y con ayuda de una función lambda le decimos que tome el segundo elemento de cada iteración que hacemos de la lista, y este es el segundo que corresponde al número de ocurrencias.

Ahora vamos a llamar ahora a **ordena**, vamos a bajar un poco aquí vamos a crear una nueva variable que se va a llamar **ordenados** y esto va a ser igual a **ordena** y aquí le tenemos que pasar a la variable **contados** como argumento, quedando esta parte de la siguiente manera:

tipos-avanzados/15-ejercicio.py

```
sin_espacios = quita_espacios(string)
contados = cuenta_caracteres(sin_espacios)
ordenados = ordena(contados)
print(ordenados)
```

Si ejecutamos esto:

Salida de ejecutar: tipos-avanzados/15-ejercicio.py

```
[('H', 1), ('l', 1), ('a', 1), ('u', 1), ('d', 1), ('r', 1), ('g', 1), ('o', 2), ('m\
', 2), ('n', 2), ('t', 2), ('i', 2), ('e', 3), ('s', 3)]
```

Y ahora vemos que estos caracteres se encuentran ordenados, pero se encuentran ordenados en orden ascendente, entonces los caracteres que menos se repiten están al comienzo y los que más se repiten están al final, pero queremos hacer exactamente lo opuesto. Que nos devuelva los que más se repiten al comienzo para que sea más fácil después de integrar con nuestra siguiente función. Entonces nos vamos a devolver aquí a nuestra función de **ordena** y le vamos a pasar el argumento **reverse** con el valor de **True**, quedando así:

tipos-avanzados/15-ejercicio.py

```
        dict.items(),
        key=lambda key: key[1],
        reverse=True
leanpub-ed-insert
    )
. . .
```

Ejecutamos de nuevo:

Salida de ejecutar: tipos-avanzados/15-ejercicio.py

```
[('e', 3), ('s', 3), ('o', 2), ('m', 2), ('n', 2), ('t', 2), ('i', 2), ('H', 1), ('l\
', 1), ('a', 1), ('u', 1), ('d', 1), ('r', 1), ('g', 1)]
```

Y ahora sí estamos obteniendo los caracteres que más se repiten en el comienzo. Ahora sí podemos ir a ver el siguiente ejercicio.

4. De un listado de tuplas, devolver las tuplas que tengan el mayor valor.

Esto quiere decir si tenemos esto:

Salida de ejecutar: tipos-avanzados/15-ejercicio.py

```
[('e', 3), ('s', 3), ('o', 2), ('m', 2), ('n', 2), ('t', 2), ('i', 2), ('H', 1), ('l\
', 1), ('a', 1), ('u', 1), ('d', 1), ('r', 1), ('g', 1)]
```

Nos tendría que devolver las que tienen mayor valor, y gracias al cambio que hicimos anteriormente, las tuplas con el mayor valor se encuentran al comienzo del listado, que serían:

Salida esperada

```
[('e', 3), ('s', 3)]
```

Entonces, justamente después de la función de **ordena** vamos a definir otra función que se va a llamar **mayores_ tuplas**, y esto, por supuesto, va a recibir un listado, al cual le vamos a nombrar como **lista**:

tipos-avanzados/15-ejercicio.py

```
def mayores_tuplas(lista):
. . .
```

Aquí vamos a indicar cuál va a ser el valor máximo o el mayor valor que se encuentra dentro de este listado, aquí ya sabemos que es el del primer elemento, así que lo que podemos hacer es crear una variable que se va a llamar **máximo** y esto va a ser igual a **lista**, en la cual vamos a acceder al primer elemento:

tipos-avanzados/15-ejercicio.py

```
def mayores_tuplas(lista):
    maximo = lista[0]
. . .
```

En el cual, si le pasáramos a esta función nuestro resultado del ejercicio anterior, veríamos a:

Salida esperada

```
('e', 3)
```

Y de este primer elemento accederemos al de las repeticiones que este vendría siendo el segundo elemento. Por lo que vamos a acceder a este de esta manera:

tipos-avanzados/15-ejercicio.py

```
def mayores_tuplas(lista):
    maximo = lista[0][1]
. . .
```

Entonces si viéramos ahora el valor de máximo, tomando el mismo ejemplo, el valor de máximo sería ahora:

Salida esperada

```
3
```

Ahora tenemos que crear un diccionario el cual va a contener las respuestas de los elementos que contienen los mayores números, y con esto podremos iterar a nuestra lista de la siguiente manera:

tipos-avanzados/15-ejercicio.py

```
def mayores_tuplas(lista):
    maximo = lista[0][1]
    respuesta = {}
    for orden in lista:
        if maximo > orden[1]:
            break
. . .
```

Lo primero que hacemos en este primer ciclo **for**, es preguntar si es que **maximo** es mayor que el valor que se encuentra dentro del primer elemento de la iteración, y si esto es así vamos a hacer es terminar nuestra interacción con un **break**, pero sabemos que no va a ser en la primera iteración, porque si recuerdas, en nuestro ejemplo, **maximo** tiene el valor de 3, y la primera iteración de nuestra lista de elementos tendrá justo el mismo valor de 3, entonces siempre este ciclo for por lo menos se repetirá 2 veces, ahora cuando no se ejecute el **break** vamos a escribir lo siguiente:

tipos-avanzados/15-ejercicio.py

```
            break
        respuesta[orden[0]] = orden[1]
    return respuesta
```

Entonces nuestra respuesta tiene que contener como llave el primer valor de la tupla, que sería el valor de la letra, y como valor estamos asignando el segundo elemento de la tupla, con esto podemos hacer el **return** de **respuesta** una vez que hemos terminado de iterar los elementos. Y vamos a probarla de la siguiente manera:

tipos-avanzados/15-ejercicio.py

```
sin_espacios = quita_espacios(string)
contados = cuenta_caracteres(sin_espacios)
ordenados = ordena(contados)
mayores = mayores_tuplas(ordenados)
print(mayores)
```

Si ejecutamos, vamos a obtener:

Salida de ejecutar: tipos-avanzados/15-ejercicio.py

```
{'e': 3, 's': 3}
```

Y ahora vemos que los caracteres que más se repiten son "e" y "s", pero para asegurarnos que nuestra implementación está funcionando correctamente, vamos a colocarle una "e" de más a nuestro string:

tipos-avanzados/15-ejercicio.py

```
string = "Hola mundo este es mi stringe"
. . .
```

Cuando ejecutemos de nuevo:

Salida de ejecutar: tipos-avanzados/15-ejercicio.py

```
{'e': 4}
```

Esto nos va a mostrar solamente a la letra "e", ya que es la letra con más repeticiones en nuestro string. Antes de continuar, vamos a dejar nuestro string como estaba anteriormente:

tipos-avanzados/15-ejercicio.py

```
string = "Hola mundo este es mi string"
. . .
```

Vamos con el siguiente ejercicio, que vendría siendo:

5. Crear un mensaje que diga los caracteres que más se repiten.

Vamos a crear una nueva función que se va a llamar **crea_mensaje** y esta va a recibir un parámetro, que se va a llamar **diccionario**

tipos-avanzados/15-ejercicio.py

```
def crea_mensaje(diccionario):
. . .
```

En esta crearemos una variable que se va a llamar mensaje y escribiremos lo siguiente:

tipos-avanzados/15-ejercicio.py

```
def crea_mensaje(diccionario):
    mensaje = "Los que mas se repiten son: \n"
. . .
```

Aquí utilizamos el backlash y la **n** para generar una nueva línea.

Y vamos a continuar iterando nuestro diccionario para que podamos acceder a cada uno de sus elementos, para eso vamos a crear un **for**:

tipos-avanzados/15-ejercicio.py

```
def crea_mensaje(diccionario):
    mensaje = "Los que más se repiten son: \n"
    for key, valor in diccionario.items():
        mensaje += f"- {key} con {valor} repeticiones \n"
. . .
```

Entonces para este ciclo convertimos al diccionario en un listado con tuplas de cada una de las **keys** como lo hicimos en el ejercicio 2, desempaquetaremos la **key** y su **valor** para cada iteración y estos valores los pasamos a un string formateado el cual concatenaremos al string de mensaje, igualmente con un salto de línea al final.

Lo último que tenemos que agregar es retornar el valor de mensaje, por supuesto:

tipos-avanzados/15-ejercicio.py

```
        mensaje += f"- {key} con {valor} repeticiones \n"
    return mensaje
. . .
```

Es momento de probar nuestro ejercicio, lo cual haremos de la siguiente manera:

tipos-avanzados/15-ejercicio.py

```
mayores = mayores_tuplas(ordenados)
mensaje = crea_mensaje(mayores)
print(mensaje)
```

Ahora sí vamos a ejecutar:

Salida de ejecutar: tipos-avanzados/15-ejercicio.py

```
Los que más se repiten son:
- e con 3 repeticiones
- s con 3 repeticiones
```

Y podemos ver acá que ahora nos entrega el mensaje con éxito y si volvemos a modificar a **string**:

tipos-avanzados/15-ejercicio.py

```
string = "Hola mundo este es mi stringe"
```

Y ejecutamos nuevamente:

Salida de ejecutar: tipos-avanzados/15-ejercicio.py

```
Los que más se repiten son:
- e con 4 repeticiones
```

Esto ahora nos está indicando que solamente "e" es el que más se repite y que este tiene 4 repeticiones.

Código completo de la lección

Para terminar, te dejaré el código del archivo: "**tipos-avanzados/15-ejercicio.py**"

tipos-avanzados/15-ejercicio.py

```
from pprint import pprint
string = "Hola mundo este es mi stringe"


def quita_espacios(texto):
    return [char for char in texto if char != " "]


def cuenta_caracteres(lista):
    chars_dict = {}
    for char in lista:
        if char in chars_dict:
            chars_dict[char] += 1
        else:
            chars_dict[char] = 1
    return chars_dict


def ordena(dict):
    return sorted(
        dict.items(),
        key=lambda key: key[1],
        reverse=True
    )
```

```python


def mayores_tuplas(lista):
    maximo = lista[0][1]
    respuesta = {}
    for orden in lista:
        if maximo > orden[1]:
            break
        respuesta[orden[0]] = orden[1]
    return respuesta


def crea_mensaje(diccionario):
    mensaje = "Los que más se repiten son: \n"
    for key, valor in diccionario.items():
        mensaje += f"- {key} con {valor} repeticiones \n"
    return mensaje


sin_espacios = quita_espacios(string)
contados = cuenta_caracteres(sin_espacios)
ordenados = ordena(contados)
mayores = mayores_tuplas(ordenados)
mensaje = crea_mensaje(mayores)
print(mensaje)
```

Y esto ha sido todo por esta sección, ahora vamos a pasar a la siguiente.

Capítulo 6: Clases

Introducción a las clases

En esta sección vamos a ver absolutamente todo lo que necesitas saber acerca de las clases en Python. Estas son una cosa sumamente importante en el desarrollo de software que vas a estar utilizando absolutamente todos los días, es más también hasta el momento en este libro, las hemos estado utilizando, y lo más probable es que ni siquiera te hayas dado cuenta.

Preparación

Así que vamos a crear una nueva carpeta que se llamara "**clases**" y dentro de esta carpeta, crearemos un archivo que se llamara "**01-introduccion.py**".

Lo que vamos a hacer es definir un string que este se va a llamar **mensaje**:

clases/01-introduccion.py

```
mensaje = "Hola mundo"
```

Ahora, como comentamos, ya habíamos trabajado con clases hasta ahora, en este caso vamos a ver cuál es el tipo de dato que tiene esta variable que se llama **mensaje**, esto lo haremos de la siguiente manera:

clases/01-introduccion.py

```
print(type(mensaje))
```

type es una función que nos permite a poder ver el tipo de algún dato y entre paréntesis como parámetro le tenemos la variable de la que queremos saber el tipo de dato, y ahora si vamos a ejecutar nuestra aplicación:

Salida de ejecutar: clases/01-introduccion.py

```
<class 'str'>
```

Esto nos está mostrando algo sumamente interesante, nos está indicando la palabra **class** y seguido de eso nos está indicando un string que dice 'str', esto quiere decir que esto es un string, pero este string también pertenece a la clase string.

Cuando estamos hablando de una **clase** estamos hablando del **plano de construcción**, algo así como el plano de construcción de una casa o también el plano o esquemático que vamos a utilizar para poder crear algo en un futuro, entonces, la clase vendría siendo algo muy parecido al plano de construcción de una casa, ahora una clase propiamente tal es un plano de construcción, que nos va a servir para poder crear objetos, y para poder hacer la comparación con las casas y también con sus planos de construcción, es que estamos utilizando esta comparación, entonces, tenemos la clase y la clase vendría siendo el plano de construcción de la casa, y luego la clase construida vendría siendo un objeto.

Un objeto es una instancia de una clase, entonces fíjate en lo que estamos diciendo acá, una instancia es lo que vendría siendo una casa en particular si es que hacemos la comparación con las casas y el plano de construcción el plano de construcción vendría siendo esta clase y una casa construida vendría siendo una instancia.

Ahora podemos tener múltiples casas construidas, con base en este mismo plano y eso haría que todas esas casas que construimos sean todas absolutamente todas una instancia de la clase, en este caso del plano de construcción, entonces ahora vamos a colocar un par de ejemplos:

- clases son por ejemplo el plano de construcción de una casa,
- objeto vendría siendo la casa construida

Otro ejemplo sería:

- una clase que se va a llamar **Humano**, y humano vendría siendo la raza humana,
- y ahora los ejemplos de objetos de la clase humano, podemos colocar a Nicolás, Felipe, María, Juan, y así sucesivamente, finalmente tú que estás leyendo esto y yo que estoy escribiendo esto seríamos objetos o instancias de la clase **Humano**.

Y ahora que ya hemos visto esto ahora, si podemos empezar viendo cómo podemos crear una clase en Python.

Código completo de la lección

Para terminar, te dejaré el código del archivo: "**clases/01-introduccion.py**"

clases/01-introduccion.py

```
mensaje = "Hola mundo"
print(type(mensaje))
```

Creando clases

En esta lección vamos a crear clases en Python.

Preparación

Para eso dentro de nuestra carpeta de "**clases**", vamos a crear un archivo que se va a llamar "**02-clases.py**".

Para crear una clase dentro de Python, tenemos que utilizar la palabra reservada de **class** y después de eso tenemos que indicar el nombre que queremos que tenga esta clase:

clases/02-clases.py

```
class Perro:
```

Algo sumamente importante que debemos notar aquí, cuando creamos una clase estamos utilizando una convención que se llama "**Pascal Case**" o también es conocida, está como "**Upper Camel Case**", ambas se refieren exactamente a lo mismo, esto quiere decir que todas las palabras que agregamos dentro de los nombres de nuestras variables o, en este caso, nuestras clases, la primera letra tiene que ir siempre con mayúscula y en el caso que tengamos una variable o, una clase en este caso, con más de una palabra incluido dentro del nombre de la variable cada vez que hacemos mención de una nueva palabra esta también tiene que ir con mayúscula, por ejemplo, si es que en lugar de llamar a esta clase de **Perro** la llamáramos **MiPerro**, debemos colocar la "M" con mayúscula y también la "P" con mayúscula.

Aquí, a diferencia de la convención anterior que vendría siendo la de "**underscore**", cuando creamos una función con esta convención la tendríamos que nombrar como **mi_perro**, pero en el caso de las clases tenemos que utilizar esta otra convención, ya vamos a ver por qué.

Vamos a comenzar por agregar todas las funciones y variables que se encuentren asociadas a la clase de **MiPerro**, para eso vamos a presionar enter y todo lo que vayamos a agregar tiene que encontrarse anidado o intentado una vez hacia la derecha, como la siguiente definición de función:

clases/02-clases.py

```
class MiPerro:
    def habla():
```

Ahora, absolutamente, todas las **funciones** que se encuentran asociadas a una clase van a cumplir con 2 cosas:

1. la primera es que estas ya dejan de llamarse funciones, pasan a llamarse "**métodos**" y los métodos son funciones que se encuentran dentro de una clase,
2. de lo siguiente que te tienes que acordar es que dentro de los paréntesis, para poder definir a este método, siempre, absolutamente, siempre, tiene que venir, incluido el parámetro **self** como primer parámetro, la razón de esto lo vamos a ver después, pero lo importante es que todos tus métodos que definas tienen que ir de la siguiente manera, de la siguiente manera:

clases/02-clases.py

```
class MiPerro:
    def habla(self):
```

Después de esto, vamos a escribir lo siguiente dentro del bloque de código de nuestro método:

clases/02-clases.py

```
class MiPerro:
    def habla(self):
        print("Guau!")
```

La siguiente que tenemos que aprender a hacer es a crear una instancia de la clase de **MiPerro**, pero antes vamos a cambiarle el nombre, y lo vamos a dejar solamente como **Perro**:

clases/02-clases.py

```
class Perro:
    def habla(self):
        print("Guau!")
```

Tenemos que hacer lo siguiente, vamos a ir más abajo en el código y tenemos que llamar a la clase de **Perro** tal cual como si estuviésemos invocando a una función, así que escribimos:

clases/02-clases.py

```
Perro()
```

Esta es la principal razón por la cual queremos utilizar "Pascal Case" o "Upper Camel Case" porque así podemos diferenciar si es que estamos creando una nueva instancia de una clase o si es que estamos llamando a una función, en ese caso sabemos que va a ser una clase porque va a tener la convención de "Pascal Case", pero si es una función va a tener la convención de "underscore".

Ahora en otros lenguajes de programación para poder identificar inmediatamente que estamos creando una instancia de una clase utilizamos la palabra reservada de **new**, en este caso en Python, no lo utilizamos.

Ahora podemos asignar este llamado a una nueva variable que se va a llamar **mi_perro**:

clases/02-clases.py

```
mi_perro = Perro()
```

Y fíjate que acá sí estamos colocando el nombre de la variable con "underscore". Ahora vamos a imprimir el tipo de esta variable de la siguiente manera:

clases/02-clases.py

```
print(type(mi_perro))
```

Vamos a ejecutar nuestra aplicación:

Salida de ejecutar: clases/01-introduccion.py

```
<class '__main__.Perro'>
```

Y aquí podemos ver que nos está indicando que tenemos una clase y que esta clase se llama **Perro**, pero antes de eso nos está indicando ** __ main __ , **esto es el módulo de donde estamos creando nuestra instancia de** **Perro**, esto lo vamos a ver más adelante cuando lleguemos al capítulo de módulos, por ahora le prestaremos atención a **class** y **Perro**.

Ahora si quisiéramos llamar al método de **habla**, vamos a utilizar algo que ya hemos usado en múltiples veces:

clases/02-clases.py

```
mi_perro = Perro()
mi_perro.habla()
print(type(mi_perro))
```

Cuando escribiste la variable, enseguida de que escribiste el punto, habrás visto que VSCode nos ofrece opciones que podemos escribir:

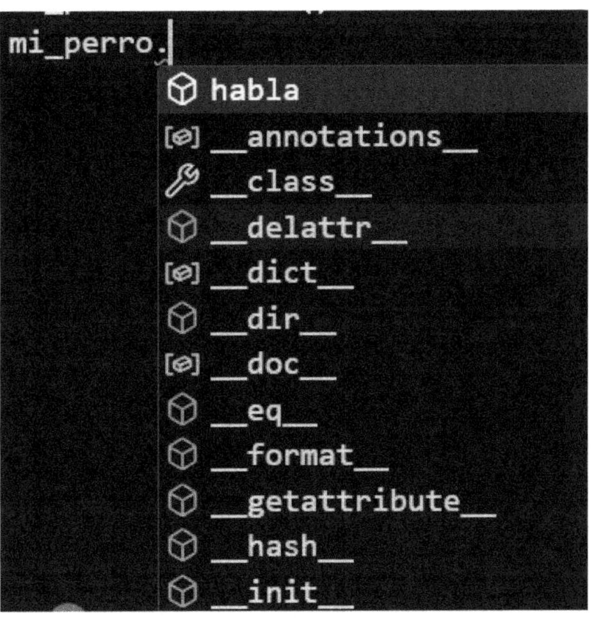

Métodos disponibles para las clases

Estos corresponden a métodos que son heredados de una clase maestra o una clase que se encuentra más arriba, eso también lo vamos a ver después así que no te preocupes, lo importante los métodos que podemos llamar los cuales fueron los que creamos al momento de crear nuestra lección, van a aparecer al comienzo, y sumamente importante, van a aparecer con un cubo color morado, puede ser que tengas ese cubo de otro color, pero acuérdate de ese color.

Si haces clic en cualquiera de esas opciones o presionas la tecla **tab**, VSCode escribirá el nombre de este método, solo tendremos que agregar un abre y cierra paréntesis para poder invocarlo, y acá **no tenemos que pasarle absolutamente ningún argumento**, ya que el argumento de **self** se lo va a pasar automáticamente Python, solamente tenemos que preocuparnos de pasarle más argumentos a este método siempre y cuando coloquemos más dentro de la definición de nuestro método.

Vamos a ejecutar nuestra aplicación:

Salida de ejecutar: clases/02-clases.py

```
Guau!
```

Y vemos como nuestra instancia de la clase pero está diciendo "¡Guau!".

Algo que también podemos hacer es verificar si es que este objeto que hemos creado pertenece o es instancia de alguna clase en particular, para eso vamos a colocar lo siguiente:

clases/02-clases.py

```
mi_perro.habla()
print(isinstance(mi_perro, Perro))
```

isinstance recibe 2 argumentos, el primero es el objeto que queremos verificar, en nuestro ejemplo **mi_perro**, y el segundo es la clase, en nuestro ejemplo, la clase **Perro**, y con esta vamos a preguntar si es que este objeto es una instancia de la clase que le pasemos, entonces lo que hacemos es preguntar si qué **mi_perro** es una instancia de la clase de **Perro**, vamos a ejecutar nuestra aplicación:

Salida de ejecutar: clases/02-clases.py

```
True
```

Y vamos a ver qué nos está colocando **True**, pero si cambiamos esto por ejemplo por la clase de **str**:

clases/02-clases.py

```
mi_perro.habla()
print(isinstance(mi_perro, str))
```

Y ejecutamos esto:

Salida de ejecutar: clases/02-clases.py

```
False
```

Vamos a ver que nos está indicandoFalse, porque claramente **mi_perro**, no es una instancia de la clase de **string**.

Código completo de la lección

Para terminar, te dejaré el código del archivo: "**clases/02-clases.py**"

clases/02-clases.py

```
class Perro:
    def habla(self):
        print("Guau!")


mi_perro = Perro()
mi_perro.habla()
print(isinstance(mi_perro, str))
```

Constructor

En esta lección vamos a ver qué es el constructor y sus propiedades.

Preparación

Para esto, en nuestra carpeta "**clases**" vamos a crear un nuevo archivo que se llamara "**03-constructor.py**" y vamos a copiar algo de nuestro código anterior, dejándolo de esta manera:

clases/03-constructor.py

```
class Perro:
    def habla(self):
        print("Guau!")


mi_perro = Perro()
```

El constructor es una función que podemos definir dentro de cada una de las clases que definamos, el cual se va a ejecutar, siempre que creemos una nueva instancia de la clase, entonces si se lo agregamos a la clase de **Perro** un constructor, al momento de llamar a **Perro** para crear una nueva instancia como hacemos acá:

Ejemplo de código en Python

```
mi_perro = Perro()
```

En este ejemplo, el constructor se va a ejecutar, así que vamos a crear un constructor, y tenemos que hacerlo de esta manera:

clases/03-constructor.py

```
class Perro:
    def __init__(self):
    print("Guau!")
```

Y al igual que todos los métodos que vamos a crear dentro de todas las clases, vamos a tener que pasarle el parámetro de **self** a nuestro constructor, así que recuerda que es una convención y absolutamente todos los métodos deben tenerlo, incluyendo al constructor.

self

Vamos a aprovechar de ver lo que es **self**, entonces lo que vamos a hacer ahora es agregar otro parámetro más que va a ser el **nombre** del perro, así es que vamos a agregarlo:

clases/03-constructor.py

```
class Perro:
    def __init__(self, nombre):
        print(nombre)
    print("Guau!")
```

¿Qué es self?

self es una palabra reservada que se utiliza absolutamente dentro de todas las clases que se encuentran en Python, y se utilizan para referenciar las instancias de las clases, lo que quiere decir esto es que para la instancia que tenemos creada **mi_perro** es quien vendría siendo **self**, pero si creáramos otra instancia de la clase **Perro** como la siguiente:

clases/03-constructor.py

```
mi_perro2 = Perro()
```

Para esta nueva instancia, **mi_perro2** va a ser el valor de **self**, entonces **self** es un valor que va a ir cambiando, dependiendo de cuántas instancias hayamos creado, entonces:

Para nuestra primera instancia que creamos, **self** va a ser **mi_perro**, y para la segunda **self** va a ser **mi_perro2**.

Vamos a eliminar la línea que contienen a la instancia de **mi_perro2**:

clases/03-constructor.py

```
~~mi_perro2 = Perro()~~
```

Y ahora que ya sabemos que **self** vendría siendo una referencia a la instancia de esta clase, podemos asignarle el nombre que le pasemos a la clase cuando la estemos instanciando, esto suena muy complicado, vamos a verlo, esto es superfácil.

Propiedades de las clases

Vamos a crearle una nueva propiedad **self**, y una propiedad vendría siendo una variable que se encuentra asociada a una instancia de una clase, en este caso vamos a decir que se llama **nombre** y la vamos a agregar de la siguiente manera:

clases/03-constructor.py

```
class Perro:
    def __init__(self, nombre):
        self.nombre = nombre
. . .
```

Entonces lo que estamos haciendo es que cada que se cree una nueva instancia de **Perro** se va a ejecutar el constructor, y lo que hará será asignarle una propiedad de **nombre**, en este caso a nuestra instancia de **mi_perro**, con el valor de lo que le llegue en el parámetro **nombre**.

Vamos a aprovechar también de pasarle un nombre aquí abajo cuando estemos creando una instancia de esta clase:

clases/03-constructor.py

```
mi_perro = Perro("Chanchito")
```

Y vamos a imprimir ahora en nuestro terminal nuestra nueva propiedad de **nombre**:

clases/03-constructor.py

```
print(mi_perro.nombre)
```

Si lo notaste ahora, también aparece la propiedad de nombre cuando acabábamos de escribir el punto en VSCode en la herramienta de intellisense:

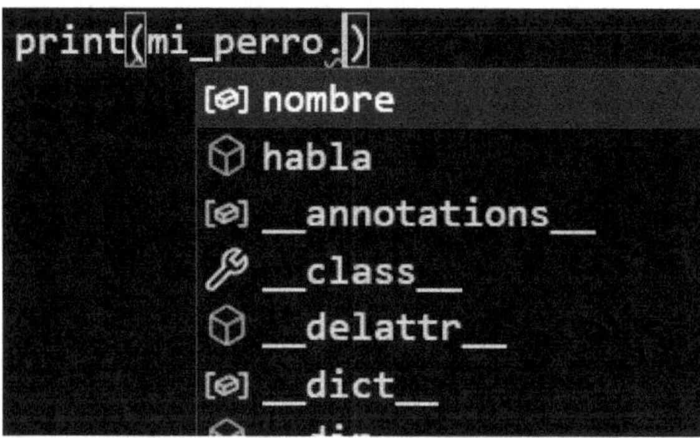

Propiedad nombre en las opciones

Nos **aparece** habla que vendría siendo el método que creamos en la lección anterior, y también **nombre** que es la propiedad que acabamos de agregar en el constructor, y vamos a ejecutar:

Salida de ejecutar: clases/03-constructor.py

```
Chanchito
```

Aquí podemos ver que nos estamos tomando el nombre que vendría siendo "Chanchito".

Ahora veamos algo muy importante, si modificamos cómo se llama esta propiedad de la siguiente manera:

clases/03-constructor.py

```
    def __init__(self, nombre):
        self.name = nombre
    . . .
```

Y si guardas el archivo, el editor va a comenzar a mostrar un error:

Instance of 'Perro' has no 'nombre' member Pylint(E1101:no-member)

(variable) mi_perro: Perro

View Problem (Alt+F8) No quick fixes available

print(mi_perro.nombre)

Error en propiedades

Este error pasa porque en este caso, porque esta instancia de la clase **Perro** no contiene la propiedad **nombre**, y esto sucede porque nos está tomando el nombre de la propiedad, no por el parámetro que le pasamos en el constructor, si no por el valor que le indicamos cuando estamos haciendo la referencia a la instancia de la clase con **self.name** o el nombre que le coloquemos a la instancia, entonces, si quisiéramos ver este valor nuevamente deberíamos cambiar la propiedad que estamos llamando de la instancia **nombre** por **name**, que tendría que ser así:

clases/03-constructor.py

```
mi_perro = Perro("Chanchito")
print(mi_perro.name)
```

Esto solo fue para ejemplificar, así que regresaremos el código a como estaba antes:

clases/03-constructor.py

```
    def __init__(self, nombre):
        self.nombre = nombre
    . . .
```

Y

clases/03-constructor.py

```
mi_perro = Perro("Chanchito")
print(mi_perro.nombre)
```

Ahora vamos a crear otra instancia, igualmente de esta vamos a imprimir el nombre:

clases/03-constructor.py

```
mi_perro = Perro("Chanchito")
mi_perro2 = Perro("Felipe")
print(mi_perro.nombre)
print(mi_perro2.nombre)
```

Vamos a ejecutar esto:

Salida de ejecutar: clases/03-constructor.py

```
Chanchito
Felipe
```

Tenemos a "Chanchito" y que tenemos a "Felipe", de esta manera queda bastante más claro que **self** hace referencia a la instancia de la clase y no necesariamente es un valor que se encuentra compartido entre todas las instancias.

También podemos agregar otro valor al constructor, para esto vamos a eliminar todo lo que acabamos de escribir que tenga que ver con el valor de **mi_perro2** y el llamado a la propiedad de **nombre** de nuestra instancia **mi_perro**:

clases/03-constructor.py

```
mi_perro = Perro("Chanchito")
mi_perro2 = Perro("Felipe")
print(mi_perro.nombre)
print(mi_perro2.nombre)
```

Enseguida vamos a pasarle también la **edad** como una nueva propiedad:

clases/03-constructor.py

```
    def __init__(self, nombre, edad):
        self.nombre = nombre
        self.edad = edad
        . . .
```

Recordemos que habíamos creado un método que se llama **habla**, si queremos hacer referencia en este caso a la propiedad **edad** o a **nombre** que le asignamos en el constructor, es bastante fácil:

clases/03-constructor.py

```
    def habla(self):
        print(f"{self.nombre} dice: Guau!")
. . .
```

Entonces, para poder acceder a las propiedades de un objeto dentro de nuestra misma clase tenemos que hacer referencia a **self** + . + **el nombre de la propiedad**, que en este caso como queremos acceder a la propiedad **nombre** es lo que hemos colocado, también hicimos uso de un string formateado y con esto tenemos listo el método **habla**.

Por supuesto, a nuestra instancia le tenemos que pasar antes el valor de la **edad** para que no nos arroje error:

clases/03-constructor.py

```
mi_perro = Perro("Chanchito", 1)
```

Y vamos a llamar al metodo **habla**:

clases/03-constructor.py

```
mi_perro.habla()
```

Vamos a ejecutar:

Salida de ejecutar: clases/03-constructor.py

```
Chanchito dice: Guau!
```

Esto nos imprime el **nombre** de nuestro perro y el texto "dice Guau!", ahora recapitulemos que aprendimos:

- el constructor se tiene que definir utilizando la palabra reservada de**__init__**,
- también que **self** vendría siendo una referencia a la instancia,

- después de eso aprendimos que podemos pasarle valores al constructor, y después asignárselos como propiedades a la instancia de la clase, y
- aprendimos que en los métodos podemos acceder a estas propiedades haciendo uso de la palabra reservada de **self**+ "." + el nombre de la propiedad.

Código completo de la lección

Para terminar, te dejaré el código del archivo: **"clases/03-constructor.py"**

clases/03-constructor.py

```
class Perro:
    def __init__(self, nombre, edad):
        self.nombre = nombre
        self.edad = edad

    def habla(self):
        print(f"{self.nombre} dice: Guau!")


mi_perro = Perro("Chanchito", 1)
mi_perro.habla()
```

Propiedades de clase

Es esta lección, vamos a ver cuál es la diferencia entre las propiedades de clase y las propiedades de las instancias:

Preparación

Para esta vamos a crear un nuevo archivo en nuestra carpeta "**clases**" que se va a llamar "**clases/04-propiedades-clase.py**", acá lo queremos será pegar absolutamente todo el contenido del archivo anterior para que la explicación sea bastante más sencilla.

Quedando de la siguiente manera:

clases/04-propiedades-clase.py

```
1  class Perro:
2      def __init__(self, nombre, edad):
3          self.nombre = nombre
4          self.edad = edad
5
6      def habla(self):
7          print(f"{self.nombre} dice: Guau!")
8
9
10 mi_perro = Perro("Chanchito", 1)
11 mi_perro.habla()
```

Lo que hemos visto hasta ahora son las propiedades de las **instancias** y para poder crear propiedades de una instancia estamos utilizando dentro de la clase esta palabra reservada de **self** seguido de un punto y el nombre de la propiedad, y a todo esto hemos estado hablando constantemente de esto, de **propiedad**, que este es el nombre que se le da por lo general cuando estás aprendiendo programación orientada a objetos, pero cuando veas el compilador te vas a dar cuenta de que a las propiedades se les dice **atributo**, conceptualmente **propiedad** y **atributo** son exactamente lo mismo, pero en Python existe una función que la vamos a hacer después que se llama **propiedad** y para poder hacer la diferencia entre la **función de propiedad** y las **propiedades de las clases** es que cuando veas los errores nos indicará que es un atributo, pero si en estas lecciones hablamos de **propiedades** o **atributos** nos estamos refiriendo a las **propiedades de una clase**.

Continuando, vimos las propiedades de las instancias de las clases, pero también podríamos tener una propiedad que sea asignada a la misma clase.

Entonces, si quisiéramos asignar una propiedad a la clase de **Perro** tendría que ser algo que tengan absolutamente todas las instancias de la clase de **Perro**, entonces si creamos las instancias: **mi_perro**, **mi_perro2** y **mi_perro3** , cuando accedamos a esta propiedad de la clase **Perro** para absolutamente todas las instancias deberían devolver exactamente el mismo valor, por ejemplo, si nosotros tuviésemos humanos vendría siendo que los humanos tenemos 2 ojos, si estamos hablando de casas todas las casas tienen puertas y ventanas, y si estamos hablando de perros, todos los perros o la mayoría tienen también patas, en este caso la vamos a definir en la línea 2 de nuestro código, de la siguiente manera:

clases/04-propiedades-clase.py

```
class Perro:
    patas = 4
    def __init__(self, nombre, edad):
. . .
```

Y vamos a eliminar la última línea en la que llamábamos a habla esta línea:

clases/04-propiedades-clase.py

```
mi_perro.habla()
```

Así quisiéramos acceder a este valor de la propiedad **patas** de nuestra clase, tenemos 2 opciones:

1.- La primera es que llamamos directamente a la clase + "." + el nombre de la propiedad:

clases/04-propiedades-clase.py

```
mi_perro = Perro("Chanchito", 1)
print(Perro.patas)
```

Si ejecutamos:

Salida de ejecutar: clases/04-propiedades-clase.py

```
4
```

Aquí vemos el valor que le asignamos a la propiedad de clase **patas**.

2.- Y la segunda que sería, si es que creamos otra instancia de **Perro** vamos a volver a crear nuestra instancia de **mi_perro2** con los siguientes valores:

clases/04-propiedades-clase.py

```
mi_perro = Perro("Chanchito", 1)
mi_perro2 = Perro("Felipe", 1)
print(Perro.patas)
print(mi_perro.patas)
```

Si ejecutamos, veremos que también podemos llamar a la propiedad tambien con cada instancia:

Salida de ejecutar: clases/04-propiedades-clase.py

```
4
4
```

Aquí es donde vamos a ver una magia negra, si justamente antes de crear todas estas instancias, cambiamos el valor de la propiedad de **Patas**:

clases/04-propiedades-clase.py

```
Perro.patas = 3
mi_perro = Perro("Chanchito", 1)
. . .
```

Cuando ejecutemos todo el código:

Salida de ejecutar: clases/04-propiedades-clase.py

```
3
3
```

El valor que nos está entregando tanto para ejecutar el método desde la clase, como desde la instancia es **3**, por ende podemos cambiar las propiedades de clase, más abajo, después de haber definido la clase, y en ese caso lo va a cambiar para absolutamente todas las instancias que hayamos creado, sin embargo, si intentamos cambiar el número de patas que tiene la instancia **mi_perro**, por ejemplo:

clases/04-propiedades-clase.py

```
Perro.patas = 3
mi_perro = Perro("Chanchito", 1)
mi_perro.patas = 5
. . .
```

Vamos a ver qué es lo que pasa si ejecutamos:

Salida de ejecutar: clases/04-propiedades-clase.py

```
3
5
```

El valor de 3 corresponde al valor de patas en la clase **Perro**, y ahora hemos modificado el valor de patas, pero para la instancia **mi_perro**, por ende, si intentamos cambiar una variable de clase, pero desde la instancia lo que hará será cambiar solamente el valor para la instancia, pero no lo hará para la clase.

Ahora vamos a imprimir al final de nuestro código con el valor de patas, pero de nuestra otra instancia, desde **mi_perro2**:

clases/04-propiedades-clase.py

```
print(mi_perro2.patas)
```

Si, ejecutamos, el valor de este **print** será:

Salida de ejecutar: clases/04-propiedades-clase.py

```
3
```

El valor que nos va a arrojar en este es el valor de **3**, porque en este caso **patas**, va a tener el valor de la cantidad de patas que se encuentran asociadas en la clase, y no en la instancia de **mi_perro** que cambiamos.

Nuevamente, cuando cambiamos la propiedad de **patas** dentro de una instancia lo va a cambiar solamente para esa instancia, pero si creamos otra instancia como, por ejemplo, puede ser acá el perro Felipe, el valor que va a tener la propiedad de clase va a seguir siendo el que definimos en la clase inicialmente.

Recapitulando, podemos crear variables de clase que van a ser asociadas a la clase y absolutamente todas las instancias que creemos a partir de esta clase, pero si decidimos cambiar el valor de esta propiedad más adelante en el código lo que hará será cambiar ese valor para absolutamente todas las instancias, pero si decidimos cambiar el valor de esta propiedad de clase en la instancia, lo va a cambiar solamente para esa instancia y no para todas las instancias de la clase.

El código de nuestra lección ha quedado de la siguiente manera:

Código completo de la lección

Para terminar, te dejaré el código del archivo: **"clases/04-propiedades-clase.py"**

clases/04-propiedades-clase.py

```
class Perro:
patas = 4

def __init__(self, nombre, edad):
    self.nombre = nombre
    self.edad = edad

def habla(self):
    print(f"{self.nombre} dice: Guau!")


Perro.patas = 3
mi_perro = Perro("Chanchito", 1)
mi_perro.patas = 5
mi_perro2 = Perro("Felipe", 1)
print(Perro.patas)
print(mi_perro.patas)
print(mi_perro2.patas)
```

Métodos de clase

En esta lección vamos a ver qué son los métodos de clase.

Preparación

Vamos a copiar todo el código de nuestra clase anterior y vamos a crear un nuevo archivo en nuestra carpeta **clases** que se va a llamar **05-metodos-clase.py**, y vamos a copiar nuestro código de la lección anterior hasta la línea 9:

clases/05-metodos-clase.py

```
1 class Perro:
2     patas = 4
3 
4     def __init__(self, nombre, edad):
5         self.nombre = nombre
6         self.edad = edad
7 
8     def habla(self):
9         print(f"{self.nombre} dice: Guau!")
```

En nuestra lección pasada vimos cómo podemos utilizar las propiedades de clase, y que estas están asociadas única y exclusivamente a la clase que hemos creado, en este caso, **patas** vendría estando asociado a nuestra clase de **Perro** y que podríamos acceder exactamente a esta misma propiedad de clase incluso en las instancias de nuestra clase de **Perro**, ahora existe algo que funciona de la misma manera, pero con los métodos, en este caso tenemos un método de **habla**, que imprime el nombre de nuestro perro e imprime **dice Guau!**.

Ahora, lo que vamos a hacer es modificar este método:

clases/05-metodos-clase.py

```
def habla(self):
    print("Guau!")
```

Y podemos mover todo este método para que este sea un método de clase y así cuando queramos que el perro ladre, sencillamente podemos llamar a la clase junto a su método **habla**, vamos a hacer eso mismo, de la siguiente manera:

clases/05-metodos-clase.py

```
@classmethod
def habla(cls):
    print("Guau!")
```

Justamente antes de la definición de nuestro método, esto quiere decir justamente en la línea de arriba, vamos a escribir una arroba o este símbolo "@" seguido de la palabra **classmethod**, te habrás dado cuenta de que cuando escribiste la arroba y los primeros caracteres, la herramienta de autocompletado nos estaba indicando que podemos seleccionarlo, y ahora vamos a guardar esto.

Lo que esta va a hacer es tomar este método de **habla** y lo va a transformar a un método propio de la clase **Perro**, ahora vamos a tener que hacer un par de cambios para que esto haga más sentido en lugar de colocar que recibe el método **self** vamos a escribir que recibe a **cls**, que esta es una convención que se utiliza cuando estamos creando métodos de clase, para referirnos a la clase misma, en este caso vendría siendo **Perro** entonces **cls** es lo mismo que escribiéramos **Perro**.

Entonces vamos a llamar a nuestro método de clase como lo habíamos mencionado hace un momento, al final de nuestro código de la siguiente manera:

clases/05-metodos-clase.py

```
Perro.habla()
```

Y ejecutamos:

Salida de ejecutar: clases/05-metodos-clase.py

```
Guau!
```

Vemos ahora como nuestra clase de perro está diciendo "Guau!" sin necesidad de haber creado ninguna instancia.

Factory Methods

Ahora vamos a crear un ejemplo quizás un poco más práctico, supongamos que queremos crear varias instancias de nuestra clase:

clases/05-metodos-clase.py

```
perro1 = Perro("Chanchito", 2)
perro2 = Perro("Felipe", 3)
```

Como estos ejemplos, pensemos que queremos seguir creando más instancias de nuestra clase, esto hace que constantemente tengamos que pasarle un nombre y una edad, esto sucesivamente hasta tener "n" perros. Existe una manera bastante más corta de poder hacer exactamente esto mismo y esto es creando un método de clase, pero que lo que haga sea crearnos una instancia de perro y que este la retorne.

Esto que vamos a hacer se conoce como un **"Factory Method"** y se llama así porque lo que hace es que crea es una "fábrica" que nos crea objetos de la clase a la cual lo estamos llamando, o sea en este caso este es una fábrica para la clase de **Perro**, que es lo que hace es que nos crea instancias de esta clase, vamos a implementar este **"Factory Method"** en nuestro ejemplo de la siguiente manera, debajo del último método:

clases/05-metodos-clase.py

```
        print("Guau!")

    @classmethod
    def factory(cls):
        return cls("Chanchito feliz", 4)
...
```

En este método estamos retornando a **cls**, que es lo que recibe como parámetro esta función, pero también podríamos escribirlo de la siguiente manera:

clases/05-metodos-clase.py

```
    def factory(cls):
        return Perro("Chanchito feliz", 4)
. . .
```

Esto es exactamente lo mismo, pero acá, cuando colocamos **cls**, sabemos que estamos haciendo referencia a la clase de **Perro** que definimos un poco más arriba, vamos a ir a la última línea de nuestro código para agregar lo siguiente:

clases/05-metodos-clase.py

```
perro3 = Perro.factory()
print(perro3.edad, perro3.nombre)
```

Aquí estamos creando un tercer perro, pero en lugar de llamarlo como lo hemos estado llamando hasta ahora, estamos llamando al método de clase **factory** de la clase **Perro**, nota que acá no tenemos que pasarle la clase de perro como argumento, esto es exactamente igual que con los métodos normales, pero en lugar de automáticamente recibir a **self** vamos a recibir a **cls**, esto es lo que hará será crearme un perro, por último, estamos imprimiendo las propiedades **edad** y **nombre** de nuestra instancia creada con esta clase, vamos a ejecutar:

Salida de ejecutar: clases/05-metodos-clase.py

```
4 Chanchito feliz
```

Y aquí vemos como me está imprimiendo "4" que es la **edad** y también me está imprimiendo "Chanchito feliz" que es el **nombre**, de esta manera es cómo podemos crear métodos de clase, para que estos nos creen perros por defecto o finalmente instancias de la misma clase, y también lo podemos utilizar para acciones que podrían ser en común de todas las instancias de nuestras clases.

Código completo de la lección

Para terminar, te dejaré el código del archivo: **"clases/05-metodos-clase.py"**

clases/05-metodos-clase.py

```
class Perro:
    patas = 4

    def __init__(self, nombre, edad):
        self.nombre = nombre
        self.edad = edad

    @classmethod
    def habla(cls):
        print("Guau!")

    @classmethod
    def factory(cls):
        return cls("Chanchito feliz", 4)
```

```
perro1 = Perro("Chanchito", 2)
perro2 = Perro("Felipe", 3)
perro3 = Perro.factory()
print(perro3.edad, perro3.nombre)
```

Propiedades y métodos privados

En esta lección vamos a ver lo que son las propiedades y métodos privados.

Preparación

Para eso nos vamos a venir al archivo de la clase anterior, vamos a copiar a absolutamente todo, y lo pegaremos en un nuevo en nuestra carpeta "**clases**" archivo llamado "**06-privados.py**" y haremos un par de modificaciones para que quede de la siguiente manera:

clases/06-privados.py

```
class Perro:
    def __init__(self, nombre, edad):
        self.nombre = nombre
        self.edad = edad

    def habla(self):
        print(f"{self.nombre} dice: Guau!")

    @classmethod
    def factory(cls):
        return cls("Chanchito feliz", 4)
```

Finalmente, deberíamos quedarnos con una clase que se llama **Perro** la cual tiene un constructor que tiene un método que se llama **habla** y también un método de clase que se llama **factory**.

Propiedades privadas

Ahora cuando creamos una instancia de **Perro** por lo general vamos a asignarle un **nombre** y una **edad**, sin embargo, cuando le entregamos un **nombre** a nuestro perro en la vida real nunca vamos a cambiarle el nombre, una vez que ya lo hayamos nombrado, sin embargo, en el código que tenemos actualmente, si es que llegamos a crear una instancia de esta clase de **Perro**, vamos a poder acceder a la propiedad de **nombre**, y, por lo tanto, vamos a poder cambiarle su valor. Esto no es lo que queremos, porque queremos es que los desarrolladores que trabajan en este ejemplo no puedan cambiar la propiedad de **nombre** más adelante en el código, para eso **lo que tenemos que hacer es transformar esta propiedad de nombre en una propiedad privada**, para que nadie más pueda acceder a esta propiedad, y solamente se pueda acceder desde la clase de **Perro**.

Para hacer esto, lo que tenemos que hacer es definir el nombre de esta propiedad con dos guiones bajos, pero vamos a aprovechar de ver una funcionalidad que tiene VSCode, esta nos permitirá cambiar todas las definiciones que tenemos en nuestro archivo sin necesidad de cambiar una a una, para usar esta, tenemos que hacer clic en la propiedad que queremos cambiar, en este caso a nombre.

En nuestro ejemplo, tienes dos opciones:

Ejemplo de código en Python

```
    self.nombre = nombre
```

Ejemplo de código en Python

```
    print(f"{self.nombre} dice: Guau!")
```

Da igual en cuál definición hagas clic, lo siguiente es presionar el atajo: **shift** + **control** + **p**, en el caso de Windows y para MacOS es **shift** + **comando** + **p**, con esto se desplegará una barra de búsqueda la cual se llama paleta de comandos:

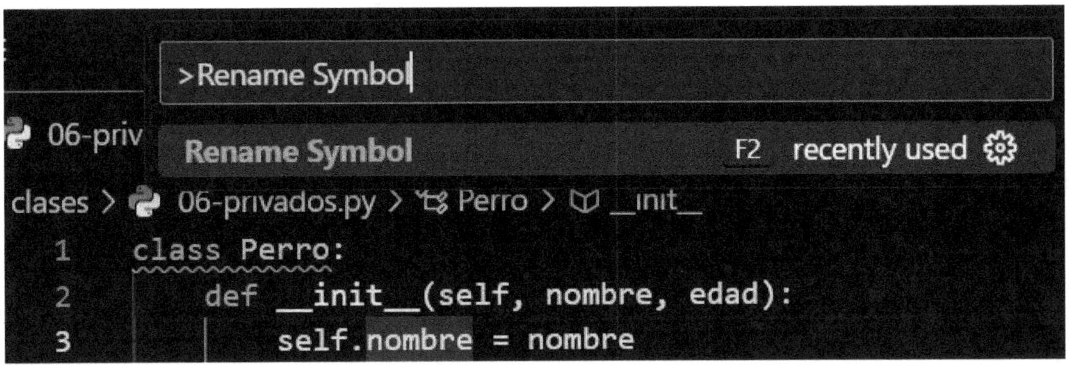

Opción Rename Symbol

Y en esta vamos a escribir "rename symbol", si la seleccionas o presionas **enter** en esta, vas a poder reescribir el nombre de nuestra propiedad, a la cual le agregaremos los dos guiones que mencionamos:

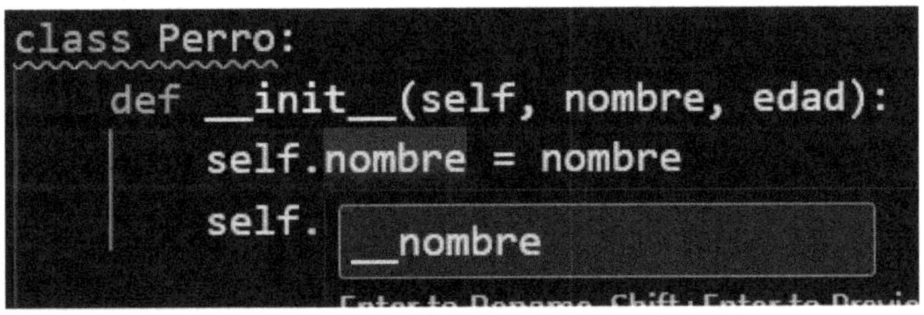

Sustituyendo a nombre

Cuando hayamos cambiado el nombre, lo que haremos será presionar **enter**. Con esto el valor que colocaste habrá sustituido al que seleccionaste antes de presionar el atajo, entonces esta parte de tu código quedará de la siguiente manera:

clases/06-privados.py

```
class Perro:
    def __init__(self, nombre, edad):
        self.__nombre = nombre
        self.edad = edad

    def habla(self):
        print(f"{self.__nombre} dice: Guau!")
...
```

Así es que cuando tengamos que cambiar los nombres de las propiedades, lo mejor que podemos hacer es utilizar la opción de "rename symbol".

Vamos ahora a crear uno nueva instancia de **Perro** usando nuestro método de clase **factory** que creamos antes:

clases/06-privados.py

```
perro1 = Perro.factory()
perro1.habla()
```

Si ejecutamos esto, vamos a ver qué nos dice:

Salida de ejecutar: clases/05-metodos-clase.py

```
Chanchito feliz dice: Guau
```

Por ende, todas estas variables que sean privadas o las propiedades que cumplan con el carácter de ser privadas, vamos a poder acceder a estas dentro de la misma clase, esto quiere decir, dentro de los métodos vamos a poder hacer referencia a propiedades privadas, pero si intentamos acceder a esta desde fuera, por ejemplo:

clases/06-privados.py

```
print(perro1.__nombre)
```

Vamos a ejecutar nuestra aplicación:

Salida de ejecutar: clases/05-metodos-clase.py

```
    print(perro1.__nombre)
AttributeError: 'Perro' object has no attribute '__nombre'
```

Y aquí nos va a indicar un error, el cual nos está indicando que **Perro** no tiene el atributo de **__nombre**, y esto es porque esto es completamente privado no se puede acceder desde fuera y tampoco podríamos modificarlo.

Ahora, si quisiéramos acceder al nombre del **Perro**, lo que podemos hacer es crear un método que nos devuelva el nombre de este y eso lo podemos hacer creando un método que se llame **get_nombre**, este lo implementaremos después de la declaración del método **__init__**:

clases/06-privados.py

```
    def get_nombre(self):
        return self.__nombre
. . .
```

A continuación, vamos a acceder a nuestro valor de **nombre** y la haríamos llamando a este método, sustituyendo la última línea que tenía el error con lo siguiente:

clases/06-privados.py

```
perro1.habla()
print(perro1.get_nombre())
```

Si ejecutamos esto:

Salida de ejecutar: clases/05-metodos-clase.py

```
Chanchito feliz
```

Vemos que ahora podemos obtener el **nombre** del **perro1**, de esta manera podemos crear propiedades que van a ser privadas, que no se van a poder acceder ni modificar desde fuera, pero aun así podemos acceder a su valor dentro de la misma clase.

Y si quisiéramos cambiar el nombre que tiene el **Perro**, pero queremos validar esto antes lo que podemos hacer es crear nuevamente un método, el cual se va a llamar **set_nombre**, este lo definiremos después del método **get_nombre**:

clases/06-privados.py

```
def set_nombre(self, nombre):
    self.__nombre = nombre
. . .
```

Esto va a recibir como parámetro un **nombre** y lo agregará como el nuevo valor de la propiedad privada **nombre** de la instancia.

La razón de hacerlo de esta manera, y no hacerlo directamente en el código, es porque podríamos querer, por ejemplo, validar que no le pongamos un nombre que esté completamente vacío, como un string vacío, o podríamos querer cambiar el nombre del perro, pero siempre y cuando este perro haya sido puesto en adopción. En fin, todas estas validaciones de negocio para poder cambiar el nombre del perro, lo vamos a poder hacer dentro de la lógica de este método, y así no vamos a correr el riesgo de asignarle un nombre a un **Perro** que podría ser, por ejemplo, un número negativo.

Métodos privados

Esto no es exclusivo de las propiedades, también podemos hacer métodos privados, y para eso no solo necesariamente tenemos que colocar los dos guiones bajos como lo hicimos anteriormente con las propiedades al nombrarlas, como por ejemplo sería:

clases/06-privados.py

```
    def __get_nombre(self):
        return self.__nombre
. . .
```

Pero esto no lo vamos a hacer para este método, tú puedes tomar este como ejercicio para crear un método privado.

Acceder a las propiedades privadas

Y aprovechando de ver también las propiedades y métodos privados en Python igualmente tenemos una forma de poder acceder a estas propiedades, la diferencia es que va a ser un poco más difícil poder acceder a estos, vamos a ver como se hace, sin embargo, no deberíamos poder hacerlo, ya que esta es una forma de decirles a otros desarrolladores y a nosotros mismos que no debemos modificar estas propiedades y estos métodos porque son privados, sin embargo, vamos a conocer cómo podemos acceder a estos.

Modificaremos nuestra última línea:

clases/06-privados.py

```
perro1.habla()
print(perro1.__dict__)
```

Donde **dict** es un diccionario que contiene todas las propiedades de un objeto. Vamos a ver qué es lo que nos imprime esto, ejecutamos:

Salida de ejecutar: clases/05-metodos-clase.py

```
{'_Perro__nombre': 'Chanchito feliz', 'edad': 4}
```

Vemos que tenemos _ **Perro__nombre**, acompañado de su valor y luego tenemos edad con el valor de **4**. Entonces lo que hace Python cuando tenemos una propiedad privada, es que le va a agregar un guion bajo, el nombre de la clase, seguido de otros 2 guiones bajos y el nombre de la propiedad, entonces si queremos acceder a esta propiedad que es privada, tenemos que tomar esto, copiarlo y pegarlo dentro de nuestro **print**:

clases/06-privados.py

```
perro1.habla()
print(perro1._Perro__nombre)
```

Ejecutamos de nuevo:

Salida de ejecutar: clases/05-metodos-clase.py

```
Chanchito feliz
```

Y ahora vemos cómo podemos acceder nuevamente al valor "Chanchito feliz", sin embargo, esto no lo deberías hacer, esto era solamente para mostrarte que aun así podemos acceder a las propiedades privadas de nuestros objetos.

Código completo de la lección

Para terminar, te dejaré el código del archivo: "**clases/06-privados.py**"

clases/06-privados.py

```
class Perro:
    def __init__(self, nombre, edad):
        self.__nombre = nombre
        self.edad = edad

    def __get_nombre(self):
        return self.__nombre

    def set_nombre(self, nombre):
        self.__nombre = nombre

    def habla(self):
        print(f"{self.__nombre} dice: Guau!")

```

```
    @classmethod
    def factory(cls):
        return cls("Chanchito feliz", 4)


perro1 = Perro.factory()
perro1.habla()
print(perro1._Perro__nombre)
```

Decorador Property

En esta lección vamos a explicar cómo funciona el decorador **property**.

Preparación

En nuestra carpeta "**clases**" crearemos un nuevo archivo que se va a llamar "**07-decorador-properties.py**" con el siguiente código para comenzar:

clases/07-decorador-properties.py

```
class Perro:
    def __init__(self, nombre):
        self.nombre = nombre
```

Acá tenemos una clase de **Perro** exactamente igual como hemos estado trabajando hasta ahora, la cual contiene un **constructor** que recibe un **nombre**, este se le asigna a una propiedad que se llama **nombre**.

Ahora vamos a crear una instancia de **Perro** la cual se va a llamar **perro** y vamos a imprimirlo con un **print**:

clases/07-decorador-properties.py

```
perro = Perro("Choclo")
print(perro)
```

Ejecutamos:

Salida de ejecutar: clases/07-decorador-properties.py

```
<__main__.Perro object at 0x7fd835047f10>
```

Nos está devolviendo **main**, donde **Perro** que se refiere a que este es un objeto y el espacio en memoria, hasta ahora todo bien, sin embargo, con la implementación que tenemos de la clase **Perro** hasta el momento no hay absolutamente nada, que nos prohíba implementar algo como, por ejemplo, un string vacío:

clases/07-decorador-properties.pyy

```
perro = Perro(" ")
print(perro)
```

O asignándole un valor como lo es **True**

clases/07-decorador-properties.py

```
perro = Perro(True)
print(perro)
```

Si llegaremos a ejecutar esto, va a seguir siendo código completamente válido, pero sabemos que esto está mal, una forma de prevenir esto vendría siendo implementando lógica en el **constructor** cosa que antes de asignar el nombre validamos primero que este tuviese ciertas características como, por ejemplo, que no sea un string vacío, el problema es que después vamos a poder acceder a esta propiedad en la misma instancia, entonces lo que podemos hacer es crear un método que se llame **set_nombre**, tal cual como lo habíamos hecho antes:

clases/07-decorador-properties.py

```
class Perro:
    def __init__(self, nombre):
        self.set_nombre(nombre)

    def set_nombre(self, nombre):
        if nombre.strip():
            self.__nombre = nombre
        return nombre
```

Y acá lo que haremos será recibir, por supuesto, **self**, y también el **nombre** y podemos validar si el parámetro nombre contiene texto, y de no ser así, sencillamente retornamos, además de esto si hacemos la propiedad privada no vamos a poder acceder a su valor, por lo que necesariamente vamos a tener que crear también un método **getter**, así es que creamos un nuevo método que se va a llamar **get_nombre**:

clases/07-decorador-properties.py

```
def get_nombre(self):
    return self.__nombre
. . .
```

Este también recibe **self** y su objetivo va a ser retornar a la propiedad privada **nombre**, ahora podríamos bajar y cambiar el valor para el nombre de nuestra instancia, por algo más realista, e imprimiremos el valor de la propiedad:

clases/07-decorador-properties.py

```
perro = Perro("Choclo")
print(perro.get_nombre())
```

Y ejecutamos:

Salida de ejecutar: clases/07-decorador-properties.py

```
Choclo
```

Vamos a ver que nos devuelve correctamente "Choclo", sin embargo, esto nos trae un problema y es que, si vamos a ir a buscar los nombres de estos métodos o las propiedades con ayuda de nuestro editor, nos va a indicar que tenemos a:

- get_nombre
- set_nombre
- __nombre

Y así se vería en el editor:

```
perro = Perro("Choclo")
print(perro.)
    get_nombre
    set_nombre
    __nombre
```

Opciones disponibles en el editor

Esto no es lo que queremos porque para poder manipular una única variable el autocompletado ya nos está mostrando 3 alternativas, y que además sabemos que **__nombre**, derechamente no nos va a servir. Afortunadamente, Python tiene una forma de poder implementar esto mismo, pero de una manera bastante más elegante, para esto lo que vamos a tener que hacer es tomar el método **get_nombre** y lo vamos a colocar antes del **set_nombre** y vamos a hacer estos cambios:

clases/07-decorador-properties.py

```
    @property
    def nombre(self):
        return self.__nombre
. . .
```

¿Qué es @property, getters y setters?

@property es un decorador exactamente igual que el anterior que vivimos el de **@classmethod**, pero est nos va a servir para poder indicarle al método que se encuentra debajo que lo transforme en una propiedad, pero primero vamos a tener que cambiar cómo se llama el método sencillamente por **nombre** en lugar de **get_nombre**:

Una aclaración más, **@property** solamente se tiene que utilizar con las funciones que nos van a devolver el valor en este caso con los **getters**, y un **getter** vendría siendo un método que nos devuelve un valor mientras que los **setter** vendría siendo la parte opuesta, sería un método que se encarga de settear o asignar un valor, que es como lo estamos viendo en el método **set_nombre**

Ahora que ya hemos asignado nuestro decorador de **property** tenemos que indicarle cuál va a ser el método que se va a encargar de "**settear**" el valor y para eso vamos a llamar a otro decorador, el cual es el decorador que será el siguiente:

clases/07-decorador-properties.py

```
    @nombre
    def set_nombre(self, nombre):
. . .
```

El decorador **property** va a crear sin que se lo indiquemos, otro decorador que va a tener el nombre del método al cual le hayamos colocado **property**, que en este caso va a ser a **nombre** así que acá lo podemos modificar así:

clases/07-decorador-properties.py

```
    @nombre.setter
    def nombre(self, nombre):
        if nombre.strip():
            self.__nombre = nombre
        return nombre
. . .
```

Ambos métodos el del **getter** y **setter**, los podemos dejar nombrados como **nombre**, pero ambos van a quedar completamente ocultos, esto quiere decir que no los vamos a poder ver en nuestro editor

Así es que regresaremos a nuestro **print** y veremos que en nuestra herramienta de autocompletado si nos posicionamos después del punto, y presionamos control y la tecla de espacio para que nos vuelva a sugerir los nombres de las variables:

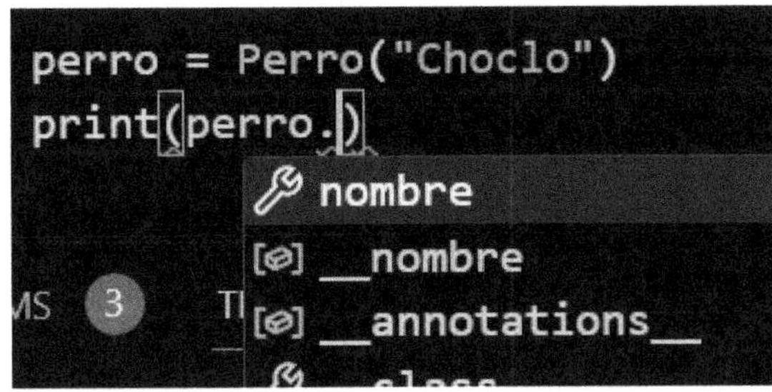

Opciones disponibles usando decoradores

Y aquí ahora tenemos a **nombre** y aquí, por supuesto, que podemos empezar a cambiar los valores de esta propiedad utilizando solamente esta línea:

clases/07-decorador-properties.py

```
perro = Perro("Choclo")
print(perro.nombre)
```

Pero antes de ejecutar esto, vamos a corregir el valor en el constructor:

clases/07-decorador-properties.py

```
class Perro:
    def __init__(self, nombre):
        self.nombre = (nombre)
. . .
```

Esto va a ser que inmediatamente pase por la validación del setter sin tener que llamar a este **setter**, para poder demostrarlo vamos a agregar un **print** dentro del **setter**:

clases/07-decorador-properties.py

```
    @nombre.setter
    def nombre(self, nombre):
        print("Pasando por setter")
    if nombre.strip():
. . .
```

Si vamos a ejecutar nuestra aplicación:

Salida de ejecutar: clases/07-decorador-properties.py

```
Pasando por setter
Choclo
```

Aquí nos está indicando, “Pasando por setter” y también nos está devolviendo el **nombre** de nuestra instancia **perro**.

Vamos a ver que también cuando estamos accediendo a la propiedad también vamos a pasar por el **getter**, vamos a verlo de la siguiente manera:

clases/07-decorador-properties.py

```
    @property
    def nombre(self):
        print("Pasando por getter")
        return self.__nombre
...
```

Y volvemos a ejecutar:

Salida de ejecutar: clases/07-decorador-properties.py

```
Pasando por setter
Pasando por getter
Choclo
```

Vamos a explicar qué está pasando aquí, y es que cuando creamos a nuestra instancia con esta línea de código:

Ejemplo de código en Python

```
perro = Perro("Choclo")
```

Automáticamente, se está ejecutando el constructor, el cual ejecuta en su bloque de código al **setter** para asignarle el valor a la propiedad nombre:

Ejemplo de código en Python

```
def __init__(self, nombre):
    self.nombre = (nombre)
```

Por eso primero vemos a "Pasando por setter", ahora lo siguiente que hacemos es llamar a nuestro método **getter** con la línea:

Ejemplo de código en Python

```
print(perro.nombre)
```

Por eso lo siguiente que vemos es el texto "Pasando por setter", e inmediatamente vemos a "Choclo", que es el dato que nos retorna el **getter**.

De esta manera podemos exponer en la instancia de nuestro objeto, que vendría siendo "perro", solamente el nombre de la propiedad la cual queremos modificar o también queremos obtener, sin necesidad de contaminar con más métodos que no van a ser necesarios las instancias de nuestras clases.

Código completo de la lección

Para terminar, te dejaré el código del archivo **clases/07-decorador-properties.py**

clases/07-decorador-properties.py

```
class Perro:
    def __init__(self, nombre):
        self.nombre = (nombre)

    @property
    def nombre(self):
        print("Pasando por getter")
        return self.__nombre

    @nombre.setter
    def nombre(self, nombre):
        print("Pasando por setter")
        if nombre.strip():
            self.__nombre = nombre
        return nombre


perro = Perro("Choclo")
print(perro.nombre)
```

Métodos mágicos

En esta lección vamos a ver qué son los métodos mágicos.

Preparación

Nuevamente en el editor, en nuestra carpeta "**clases**" y vamos a crear un archivo que se va a llamar "**08-metodos-mágicos.py**" con el siguiente código:

clases/08-metodos-mágicos.py

```
class Perro:
    def __init__(self, nombre, edad):
        self.nombre = (nombre)
        self.edad = edad

    def habla(self):
        print(f"{self.nombre} dice: Guau!")
```

Acá tenemos una clase de **Perro** que contiene un método de **__init__** en este caso es el **constructor** y un método **habla**, hasta el momento nada del otro mundo.

¿Qué son los métodos mágicos?

Estos son los métodos que se van a ejecutar cuando no los estemos llamando directamente, un excelente ejemplo de esto vendría siendo el constructor, que da la coincidencia que este es método mágico, porque cuando estamos tratando de crear una nueva instancia de la clase de **Perro**, como la siguiente:

clases/08-metodos-mágicos.py

```
perro = Perro("Chanchito", 7)
```

De manera completamente automática, vamos a ver llamado al método **__init__** y le va a haber asignado un **nombre** y una **edad** a nuestra instancia con esta ejecución.

Ya sabemos lo más importante y es que se ejecutan de manera indirecta, porque nunca llamamos al método **__init__**.

Sintaxis de los métodos mágicos

Y otra característica sumamente importante de los métodos mágicos es que todos, absolutamente todos, comienzan con 2 guiones bajos y terminan también con 2 guiones bajos, si queremos ver absolutamente todos los métodos mágicos que existen dentro de nuestras clases, podemos hacer eso llamando a nuestra instancia de la clase, le colocamos punto y vamos escribimos seguido "__", esto lo que hará será mostrarnos un listado de todos los métodos mágicos que nuestra instancia tiene disponible y que podemos implementar:

clases/08-metodos-mágicos.py

```
perro.__
```

Y se vería así en el editor:

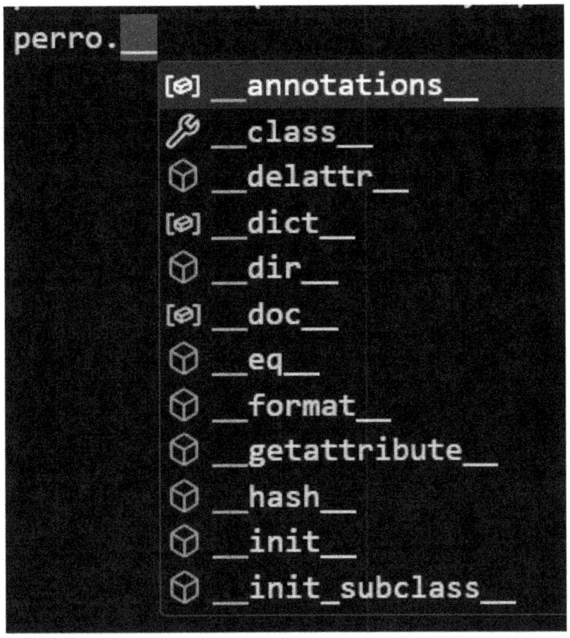

Métodos mágicos

Ahora algo que tienes que saber es que todos estos métodos mágicos que aparecen acá, nuestra instancia los tiene disponibles por algo llamado **herencia** que no te preocupes, ya vamos a ver la herencia más adelante. Lo importante que tienes que saber es que existe otra clase que se encargó de entregarle todos estos métodos a nuestra instancia de **perro**.

Y ahora ¿cuántos métodos mágicos existen y cuántos podríamos llegar a implementar? en estas lecciones vamos a ver los más importantes, y vamos a partir con uno que es sumamente interesante.

str

Vamos a comenzar con este código:

clases/08-metodos-mágicos.py

```
print(perro)
```

Y ejecutamos:

Salida de ejecutar: clases/08-metodos-mágicos.py

```
<__main__.Perro object at 0x7f4883c67fd0>
```

Y aquí estamos viendo que las estamos dando un símbolo de menor que, main punto Perro object y al final el lugar que está ocupando en la memoria o bien este dato: **0x7f4883c67fd0**, este tipo de información para muchos no es muy relevante porque nos está indicando que esto es un objeto de la clase **Perro** pero eso ya lo sabemos, porque esto lo podemos ver directamente cuando creamos la instancia:

Ejemplo de código en Python

```
perro = Perro("Chanchito", 7)
```

Entonces podemos hacer que esto mismo nos entregue información un poco más relevante, para hacer eso mismo, vamos a ir a la línea después de nuestro constructor, y vamos a definir un método que se va a llamar **str** de la siguiente manera:

clases/08-metodos-mágicos.py

```
    def __str__(self):
        return f"Clase Perro: {self.nombre}"
```

¡Atención!, que no se nos puede olvidar colocar a **self** como primer parámetro, y va a retornar el nombre del perro en un string formateado, ahora este método se va a llamar de manera indirecta, cuando tratemos de imprimir nuestra instancia como la hicimos hace un momento, vamos a ver el resultado de la ejecución del método **str**:

Salida de ejecutar: clases/08-metodos-mágicos.py

```
Clase Perro: Chanchito
```

Y acá vemos que nos está mostrando "Clase Perro: Chanchito", pero esto no solamente va a funcionar cuando estemos tratando de imprimir en nuestro terminal nuestra instancia de **perro**. También nos va a funcionar, si es que queremos crear una nueva variable, donde tomemos nuestra instancia de **perro**, e intentemos transformarla en un string con la función de **str** como vemos aquí:

clases/08-metodos-mágicos.py

```
texto = str(perro)
print(texto)
```

Lo que esto hará será llamar al método mágico **str** y se lo va a asignar a texto, así que vamos a ejecutar la aplicación:

Salida de ejecutar: clases/08-metodos-mágicos.py

```
Clase Perro: Chanchito
```

Y vemos que nos está mostrando el mismo resultado.

Hasta ahora hemos visto solamente el método mágico de **__str__**, y de manera silenciosa sin que lo supieras, también vimos el método mágico del **constructor** o **__init__**.

Sin embargo, existen muchos más vamos a ver los principales, pero te voy a mostrar dónde puedes encontrar documentación al respecto sobre estos métodos mágicos. así que acabamos de abrir nuestro explorador web y vamos a buscar: "**magic methods python**", y luego se tienen que venir al siguiente link:

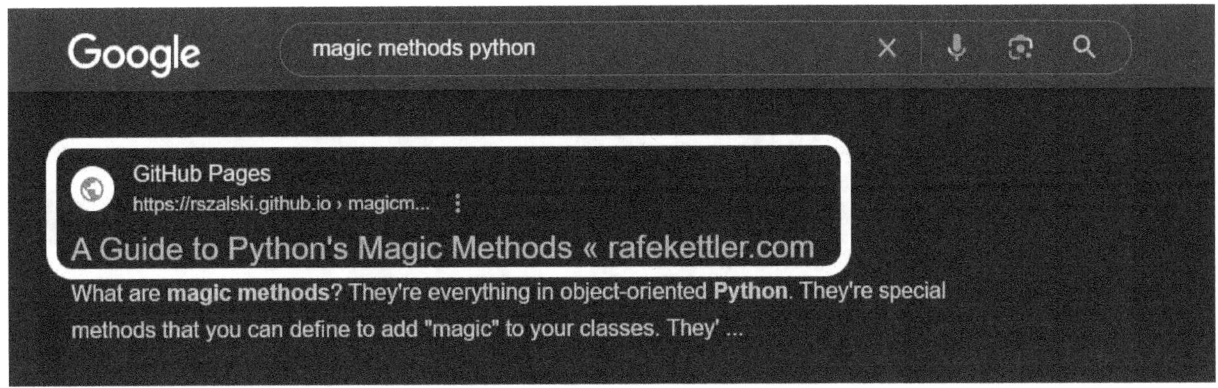

Link a documentación de métodos mágicos

Al hacer clic aquí es que podemos ver la tabla de contenidos de los métodos mágicos que vamos a poder utilizar en Python, y vamos a hacer clic en donde nos dice acá donde dice **Representing your classes**:

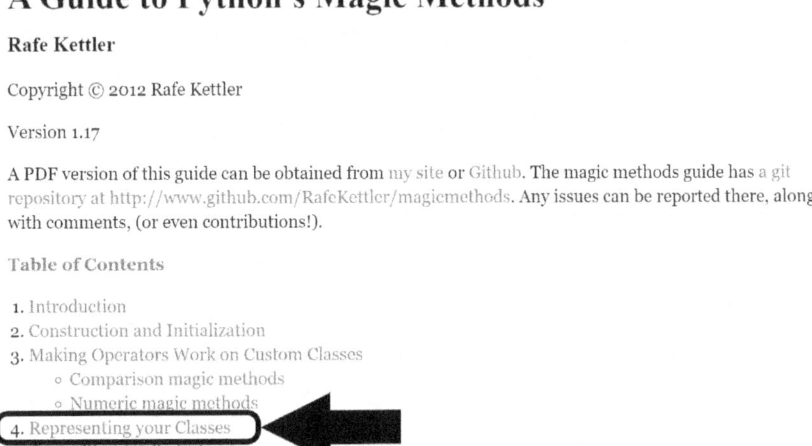

A Guide to Python's Magic Methods

Rafe Kettler

Copyright © 2012 Rafe Kettler

Version 1.17

A PDF version of this guide can be obtained from my site or Github. The magic methods guide has a git repository at http://www.github.com/RafeKettler/magicmethods. Any issues can be reported there, along with comments, (or even contributions!).

Table of Contents

1. Introduction
2. Construction and Initialization
3. Making Operators Work on Custom Classes
   - Comparison magic methods
   - Numeric magic methods
4. Representing your Classes
5. Controlling Attribute Access

Enlace al listado de métodos mágicos

Y el primero que nos está mostrando es el que acabamos de ver, el de **__str__** , acá se está indicando que define el comportamiento cuando se llama a la función de **__str__**, así como todos estos métodos mágicos acá en esta documentación, que por cierto, es mejor que la documentación oficial de Python, esto si quieres darte una mayor idea de estos que vamos a ver en este libro.

Representing your Classes

It's often useful to have a string representation of a class. In Python, there are a few methods that you can implement in your class definition to customize how built in functions that return representations of your class behave.

`__str__(self)`
: Defines behavior for when `str()` is called on an instance of your class.

`__repr__(self)`
: Defines behavior for when `repr()` is called on an instance of your class. The major difference between `str()` and `repr()` is intended audience. `repr()` is intended to produce output that is mostly machine-readable (in many cases, it could be valid Python code even), whereas `str()` is intended to be human-readable.

`__unicode__(self)`
: Defines behavior for when `unicode()` is called on an instance of your class. `unicode()` is like `str()`, but it returns a unicode string. Be wary: if a client calls `str()` on an instance of your class and you've only defined `__unicode__()`, it won't work. You should always try to define `__str__()` as well in case someone doesn't have the luxury of using unicode.

`__format__(self, formatstr)`
: Defines behavior for when an instance of your class is used in new-style string formatting. For instance, `"Hello, {0:abc}!".format(a)` would lead to the call `a.__format__("abc")`. This can be useful for defining your own numerical or string types that you might like to give special formatting options.

Listado de métodos mágicos

Y para terminar, te dejaré el código completo de esta lección, del archivo: **"clases/08-metodos-mágicos.py"**:

clases/08-metodos-mágicos.py

```
class Perro:
    def __init__(self, nombre, edad):
        self.nombre = (nombre)
        self.edad = edad

    def __str__(self):
        return f"Clase Perro: {self.nombre}"

    def habla(self):
        print(f"{self.nombre} dice: Guau!")


perro = Perro("Chanchito", 7)
print(perro)
texto = str(perro)
print(texto)
```

Destructor

En esta lección vamos a ver cómo funciona el método mágico **destructor**.

Preparación

Para este ocuparemos el mismo archivo que la lección pasada "**clases/08-metodos-mágicos.py**".

clases/08-metodos-mágicos.py

```
class Perro:
    def __init__(self, nombre, edad):
        self.nombre = (nombre)
        self.edad = edad

    def __str__(self):
        return f"Clase Perro: {self.nombre}"

    def habla(self):
        print(f"{self.nombre} dice: Guau!")


perro = Perro("Chanchito", 7)
print(perro)
texto = str(perro)
print(texto)
```

¿Qué es el destructor?

Mientras que el **constructor** es un método mágico que se ejecuta cuando creamos un objeto, y el **destructor** es un método mágico que se ejecuta cuando eliminamos un objeto.

Este método destructor se define de la siguiente manera, debajo del constructor, incluiremos lo siguiente:

clases/08-metodos-mágicos.py

```
def __del__(self):
    print(f"Chao Perro :( {self.nombre}")
. . .
```

Y tenemos que eliminar una instancia de la clase **Perro** para que esto funcione primero, eliminaremos las siguientes líneas de nuestro código:

clases/08-metodos-mágicos.py

```
perro = Perro("Chanchito", 7)
print(perro)
texto = str(perro)
print(texto)
```

Y vamos a escribir lo siguiente al final de nuestro código, para eliminar a nuestra instancia:

clases/08-metodos-mágicos.py

```
perro = Perro("Chanchito", 7)
del perro
```

Y ejecutamos nuestra aplicación:

Salida de ejecutar: clases/08-metodos-mágicos.py

```
Chao Perro :( Chanchito
```

Nos mostrará el mensaje que hemos definido en el método mágico destructor.

Código completo de la lección

Para terminar, te dejaré el código del archivo: "**clases/08-metodos-mágicos.py**":

clases/08-metodos-mágicos.py

```
class Perro:
    def __init__(self, nombre, edad):
        self.nombre = (nombre)
        self.edad = edad

    def __del__(self):
        print(f"Chao Perro :( {self.nombre}")

    def __str__(self):
        return f"Clase Perro: {self.nombre}"

    def habla(self):
        print(f"{self.nombre} dice: Guau!")


perro = Perro("Chanchito", 7)
del perro
```

Comparando objetos

En esta lección vamos a ver cómo podemos comparar objetos.

Preparación

En nuestra carpeta "**clases**" crearemos un nuevo archivo que se llamará "**09-comparacion.py**" con la siguiente clase llamada **coordenadas**, donde vamos a guardar las coordenadas de nuestros ejes, que en este caso serán 2 propiedades longitud y latitud, que de manera corta será **lon** y **lat**, pasando estas por el constructor, quedando de la siguiente manera:

clases/09-comparacion.py

```
class Coordenadas:
    def __init__(self, lat, lon):
        self.lat = lat
        self.lon = lon
```

Así que para cuando generemos nuevas instancias de esta clase, vamos a tener que pasarle una **latitud** y una **longitud** al constructor.

Comenzaremos generando un par de instancias:

clases/09-comparacion.py

```
coords = Coordenadas(45, 27)
coords2 = Coordenadas(45, 27)
```

Estos son 2 objetos, que tienen nombres de variables distintos, pero cuyos valores son exactamente iguales, 45 y 27, ahora lo que vamos a hacer es que vamos a imprimir si es que estos objetos son iguales, vamos a intentarlo de la siguiente manera:

clases/09-comparacion.py

```
print(coords == coords2)
```

Vamos a ejecutar:

Salida de ejecutar: clases/09-comparacion.py

```
False
```

Y nos está mostrando **False**, pero si acá claramente tenemos 2 instancias de objetos que contienen exactamente los mismos valores, ¿Por qué estos no son iguales?, para que podamos entender qué lo que está ocurriendo vamos a tener que cambiar este **print** a la siguiente manera:

clases/09-comparacion.py

```
print(coords, coords2)
```

Ejecutamos:

Salida de ejecutar: clases/09-comparacion.py

```
<__main__.Coordenadas object at 0x7f7693bfffd0> <__main__.Coordenadas object at 0x7f\
7693bffee0>
```

Aquí tenemos por supuesto que el string de **main** que es donde estamos ejecutando nuestro código, seguido de la clase donde estamos generando esta instancia, nos dice que es objeto, pero fíjate en la última parte, esto es **el espacio en memoria**, esto es donde se encuentra guardado físicamente en la memoria RAM esta instancia de la clase, esto quiere decir que si la memoria RAM fuese una red de pescar veríamos algo así:

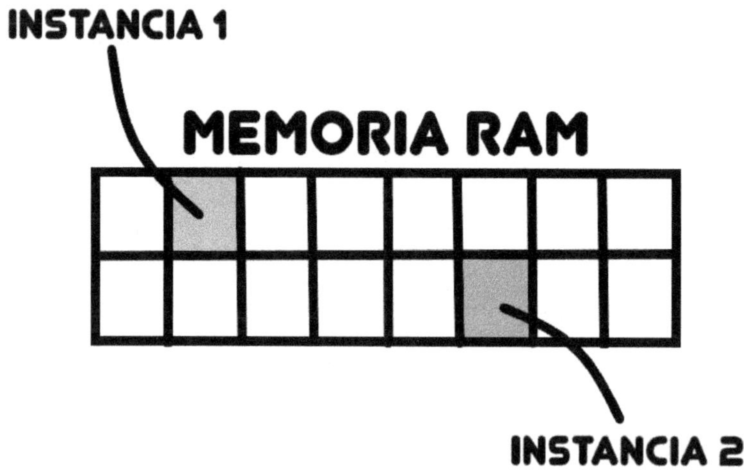

Instancias en memoria RAM

La forma en la que vamos a saber que se encuentran guardados en diferentes partes físicas, es fijándose en los últimos dos dígitos, por ejemplo **coords** tiene **d0**, mientras que **coords2** va a tener **e0**, por ende son lugares físicos de nuestra memoria RAM, entonces cuando hacemos la comparación de 2 objetos con la doble igualdad, que eso fue lo que hicimos, estamos preguntando si es que estos objetos son exactamente el mismo, si es que se están guardando en lugar de la memoria, para saber si es que estos 2 no son copias.

Método "eq"

Este por lo general es el comportamiento que estamos buscando, pero van a existir ciertas condiciones, donde no vamos a querer ese comportamiento, un excelente ejemplo vendría siendo nuestras instancias de las coordenadas. Entonces para poder encontrar si es que dos instancias de nuestra Clase contienen los mismos valores para que nos devuelva así **True**, en ese caso tenemos que implementar otro método mágico el cual será **__eq__** y lo implementaremos de la siguiente manera:

clases/09-comparacion.py

```
    def __eq__(self, otro):
        return self.lat == otro.lat and self.lon == otro.lon
...
```

Con este método mágico tenemos que pasarle 2 cosas el primero vendría siendo **self** y el segundo vendría siendo **otro** que será la otra instancia de otra clase que queramos comparar, y en la lógica de este método compararemos las propiedades que necesitamos retornando el valor que necesitamos, con esto vamos a editar nuestro **print**:

clases/09-comparacion.py

```
print(coords == coords2)
...
```

Ejecutamos:

Salida de ejecutar: clases/09-comparacion.py

```
True
```

Nos está devolviendo el valor de **True**, y de esta manera podemos comparar 2 objetos utilizando el método mágico de **__eq__**.

Método "ne"

Pero esto no se termina acá, existen más métodos mágicos para poder comparar si dos objetos son iguales, el siguiente método mágico es el de **not equal**, para esto agregaremos un nuevo método a nuestra clase, debajo del método **__eq__**, esto de la siguiente manera:

clases/09-comparacion.py

```
    def __ne__(self, otro):
        return self.lat != otro.lat or self.lon != otro.lon
...
```

Con este comparamos si es que los objetos son distintos o no, ahora tendremos que cambiar el **print** para que ese ejecute el método mágico:

clases/09-comparacion.py

```
print(coords != coords2)
```

Con esto vamos a ejecutar:

Salida de ejecutar: clases/09-comparacion.py

```
False
```

Y esto nos va a indicar que esto es **False**, porque estos 2 objetos vendrían siendo lo mismo, sin embargo, podríamos hacer lo siguiente, si eliminamos el método que acabamos de escribir, pero dejamos exactamente igual el **print**:

clases/09-comparacion.py

```
    def __ne__(self, otro):
        return self.lat != otro.lat or self.lon != otro.lon
. . .
```

Y si ejecutamos:

Salida de ejecutar: clases/09-comparacion.py

```
False
```

Vemos que este sigue funcionando correctamente, aquí Python, ya sabe qué hacer cuando definimos el método mágico de **__eq__**, inmediatamente va a inferir cuál va a ser el método mágico de **__ne__** o **not equal**.

Método "lt"

Ahora vamos a lo mágico que va a ser el de **__lt__** o **menor que**, vamos a tener que hacer una implementación para saber si es que alguno de estos es menor o mayor que el otro, y lo que voy a hacer es que voy a sumar la longitud con la latitud, solamente para saber si es que las coordenadas se encuentran en un lugar más positivo que el otro, así que vamos a sumar la latitud con la longitud de la siguiente manera:

clases/09-comparacion.py

```
    def __lt__(self, otro):
        return self.lat + self.lon < otro.lat + otro.lon
```

Lo siguiente que haremos será agregar otro **print** y editar nuestra primera instancia:

clases/09-comparacion.py

```
coords = Coordenadas(44, 27)
coords2 = Coordenadas(45, 27)

print(coords != coords2)
print(coords < coords2)
```

Ahora sí ejecutamos:

Salida de ejecutar: clases/09-comparacion.py

```
True
True
```

En ambos **print** vemos que tenemos el valor de **True**, porque ahora los objetos dejaron de ser iguales, y este efectivamente si es menor al otro.

Vamos a ver si Python es capaz de inferir el método **mayor que**, esto lo podemos ver de la siguiente manera:

clases/09-comparacion.py

```
# print(coords != coords2)
print(coords > coords2)
```

Estamos entonces cambiando el método por el **mayor que** y ejecutamos:

Salida de ejecutar: clases/09-comparacion.py

```
False
```

Y en este caso, sí, lo está interpretando correctamente.

Método "le"

Vamos a ver un método mágico más que en este caso sería el de **menor o igual** o **less or equal**, que en este caso es **__le__**, igualmente tenemos que retornar la lógica para hacer la comparación de menor o igual que, y es sumamente parecida a lo que ya hemos realizado, quedando de la siguiente manera:

clases/09-comparacion.py

```
    def __le__(self, otro):
        return self.lat + self.lon <= otro.lat + otro.lon
```

Y cambiaremos el valor de la última línea, cambiando el símbolo de "menor o igual"(<+):

clases/09-comparacion.py

```
print(coords <= coords2)
```

Ejecutamos:

Salida de ejecutar: clases/09-comparacion.py

```
True
```

Y recibimos el valor de **True**.

Si probamos para ver si Python puede inferir lo contrario, haciendo el siguiente cambio en el último **print**:

clases/09-comparacion.py

```
print(coords >= coords2)
```

Ahora sí ejecutamos:

Salida de ejecutar: clases/09-comparacion.py

```
False
```

Ahora nos está indicando **False**, vamos a probar una última cosa, que es cambiar los valores para que ambos sean iguales y probar si funciona nuestro método:

clases/09-comparacion.py

```
coords = Coordenadas(45, 27)
```

Si ejecutamos:

Salida de ejecutar: clases/09-comparacion.py

```
True
```

Y sí, vemos que está funcionando e infiriendo correctamente.

Código completo de la lección

Para terminar, te dejaré el código del archivo: "**clases/09-comparacion.py**"

clases/09-comparacion.py

```
class Coordenadas:
    def __init__(self, lat, lon):
        self.lat = lat
        self.lon = lon

    def __eq__(self, otro):
        return self.lat == otro.lat and self.lon == otro.lon

    def __lt__(self, otro):
        return self.lat + self.lon < otro.lat + otro.lon

    def __le__(self, otro):
        return self.lat + self.lon <= otro.lat + otro.lon


coords = Coordenadas(45, 27)
coords2 = Coordenadas(45, 27)

# print(coords != coords2)
print(coords >= coords2)
```

Contenedores

En esta lección vamos a ver los contenedores que específicamente cómo podemos meter objetos dentro de otros objetos.

Preparación

En nuestra carpeta "**clases**" crearemos un nuevo que se llamará "**10-contenedores.py**" y vamos a crear dos clases: **Producto** y **Categoria** Estos son los ejemplos más sencillos para poder aprender el concepto de **contenedores**, nuestro objetivo será ingresar productos dentro de una categoría.

Comenzamos con la clase de **Producto**:

clases/10-contenedores.py

```
class Producto:
    def __init__(self, nombre, precio):
        self.nombre = nombre
        self.precio = precio

    def __str__(self):
        return f"Producto: {self.nombre} - Precio {self.precio}"
```

Las instancias de la clase **Producto** van a recibir un **nombre** y un **precio**, estos dos valores los estaremos pasando en el constructor, pero agregaremos también el método mágico **__str__** para que cuando imprimamos nuestras instancias no nos devuelva el típico string feo, sino que nos devuelva un string más formateado, para que podamos ver claramente qué producto es el que está imprimiendo, así que hacemos que nos retorne este string que incluirá el nombre y el precio.

Ahora debajo de esta clase continuaremos con nuestra **categoría**, para eso vamos a necesitar un atributo o propiedad que se encargue de contener todos los productos que tengamos, o que queramos ir agregando a esta categoría, así que agregaremos una propiedad que se llamará productos y será igual a una lista vacía.

clases/10-contenedores.py

```
class Categoria:
    productos = []
```

Seguiremos con definir nuestro constructor, este recibe **self** y vamos a darle un nombre y también le vamos a indicar que en un comienzo vamos a pasarle un listado de productos:

clases/10-contenedores.py

```
    def __init__(self, nombre, productos):
        self.nombre = nombre
        self.productos = productos
```

A continuación, vamos a definir un método para poder agregar más productos dentro de esta clase **Categoría**, así que vamos a definir un método que se vaya para **agregar**, este recibe a **self** y también un **producto**, entonces tendremos que usar el método **append** de la propiedad productos, el cual si recuerdas es una lista, con este podremos agregar el nuevo producto a nuestro listado:

clases/10-contenedores.py

```
    def agregar(self, producto):
        self.productos.append(producto)
```

Ahora vamos a agregar un método más que va a ser el de **imprimir**, y esto es para poder visualizar todos los elementos que se encuentran guardados dentro de la propiedad productos, y en este vamos a imprimir absolutamente todos los productos, para eso los vamos a iterar nuestro listado de la siguiente manera:

clases/10-contenedores.py

```
    def imprimir(self):
        for producto in self.productos:
            print(producto)
```

Con esto, nuestras clases han quedado listas, y deberías tener el siguiente código:

clases/10-contenedores.py

```
class Producto:
    def __init__(self, nombre, precio):
        self.nombre = nombre
        self.precio = precio

    def __str__(self):
        return f"Producto: {self.nombre} - Precio {self.precio}"


class Categoria:
    productos = []

    def __init__(self, nombre, productos):
        self.nombre = nombre
        self.productos = productos

    def agregar(self, producto):
        self.productos.append(producto)

    def imprimir(self):
        for producto in self.productos:
            print(producto)
```

Vamos a crear 3 instancias de la clase **Producto** de la siguiente manera:

clases/10-contenedores.py

```
kayak = Producto("Kayak", 1000)
bicicleta = Producto("Bicicleta", 750)
surfboard = Producto("Sufboard", 500)
```

Ahora lo que vamos a hacer es crear una nueva instancia de esta clase **Categoria**, así que vamos a crear una categoría que se va a llamar **deportes**

clases/10-contenedores.py

```
deportes = Categoria("Deportes", [kayak, Bicicleta])
```

Entonces, hemos creado una nueva instancia de **Categoría**, como nombre le hemos pasado a **deportes** y le pasamos 2 productos, y como vez, no es necesario que creemos una variable que contenga la lista de los dos productos que le pasamos como argumento, derechamente podemos poner la lista con los elementos que queremos pasarle.

Ahora vamos a llamar a deportes y a su método **agregar** y acá le vamos a pasar nuestra **surboard**, que es el único **producto** que no tenemos en la categoría **deportes**:

clases/10-contenedores.py

```
deportes.agregar(surfboard)
```

Ahora, lo que tenemos que hacer para poder ver todo este listado de productos es llamar a deportes y a su método **imprimir**:

clases/10-contenedores.py

```
deportes.imprimir()
```

Y cuando ejecutemos vamos a ver todos los **productos** que contiene la categoría **deportes**:

Salida de ejecutar: clases/10-contenedores.py

```
Producto: Kayak - Precio 1000
Producto: Bicicleta - Precio 750
Producto: Sufboard - Precio 500
```

De esta manera podemos almacenar objetos dentro de objetos, y esto cuando estés programando aplicaciones en la vida real, lo vas a ver muchísimo.

Código completo de la lección

Para terminar, te dejaré el código del archivo: "**clases/10-contenedores.py**"

clases/10-contenedores.py

```
class Producto:
    def __init__(self, nombre, precio):
        self.nombre = nombre
        self.precio = precio

    def __str__(self):
        return f"Producto: {self.nombre} - Precio {self.precio}"


class Categoria:
    productos = []

    def __init__(self, nombre, productos):
        self.nombre = nombre
        self.productos = productos

    def agregar(self, producto):
        self.productos.append(producto)

    def imprimir(self):
        for producto in self.productos:
            print(producto)


kayak = Producto("Kayak", 1000)
bicicleta = Producto("Bicicleta", 750)
surfboard = Producto("Sufboard", 500)
deportes = Categoria("Deportes", [kayak, bicicleta])
deportes.agregar(surfboard)
deportes.imprimir()
```

Herencia

En esta lección vamos a ver cómo funciona la herencia en Python.

Preparación

En nuestra carpeta "**clases**" crearemos un nuevo que se llamara "**11-herencia.py**"

El ejemplo que vamos a ver ahora es sumamente fácil, no tiene absolutamente nada que ver con casos de la vida real, por supuesto vamos a ver un ejemplo de la vida real, pero esto es lo más sencillo que podemos hacer para que podamos entender la herencia.

Así es que lo primero que vamos a hacer es crear nuevamente nuestra clase de **Perro**, con los siguientes métodos pasear y comer, ya que los perros pueden salir a pasear y también tienen que comer, entonces esta clase quedaría de la siguiente manera:

clases/10-contenedores.py

```
class Perro:
    def pasear(self):
        print("paseando")

    def comer(self):
        print("comiendo")
```

Ambos métodos son muy sencillos, ya que solamente imprimirán la acción que estamos llamando con cada método. Lo siguiente que haremos sea crear otra clase que se va a comportar de manera similar, y esta clase se va a llamar **Chanchito**, ahora los chanchitos sabemos que ellos también pueden comer, pero este es un chancho superespecial, que también puede programar, así que le agregaremos el método de **programar**.

clases/11-herencia.py

```
class Chanchito:
    def comer(self):
        print("comiendo")

    def programar(self):
        print("programando")
```

Acá ya empezamos a tener el primer problema, el método que se llama **comer** lo tenemos en la clase **Chanchito** y también lo tenemos más arriba en nuestra clase de **Perro**, como puedes ver la implementación es exactamente lo misma en estas 2 clases, y el problema que nos va a traer es el siguiente, si tenemos que cambiar el comportamiento de nuestra aplicación, por ejemplo de este método de **comer**, vamos a tener que cambiarlo en **Perro** y también en **Chanchito**. Y son muy altas las posibilidades que se nos olvide cambiarlo en alguna de estas 2, por supuesto cuando tengamos muchas clases, por lo que podríamos, sin querer hacerlo, empezar a introducir errores dentro de nuestra aplicación. Y también otro problema que nos podría arrojar es que si encontramos un error dentro de la implementación del método de **comer**, necesariamente tendríamos que ir a cambiarlo a absolutamente todas las clases que tengan implementado este método, y aquí volvemos a lo mismo del caso anterior, podría ocurrir que se nos olvide solucionar el método de **comer** para alguna de estas clases, y aquí es donde entra la herencia para poder solucionar este terrible problema.

Entonces qué cosa tienen en común los perros con los chanchitos ambos son animales, así que lo que vamos a hacer acá hasta arriba de nuestro código, una clase que se va a llamar **Animal**, y lo que haremos será copiar el método de comer y lo vamos a pegar dentro de nuestra clase de Animal, aprovechando de borrar este método de nuestras clases **Perro** y **Chanchito**:

clases/11-herencia.py

```
class Animal:
    def comer(self):
        print("comiendo")

class Perro:
    def pasear(self):
        print("paseando")
    def comer(self):
        print("comiendo")


class Chanchito:
    def comer(self):
        print("comiendo")

    def programar(self):
        print("programando")
```

Y ahora lo que queremos hacer es tomar este método y pasárselo a nuestras clases de **Perro** y **Chanchito**, para lograr esto a nuestras clases vamos a tener que agregarle un abre y cierra paréntesis y vamos a indicar el nombre de la clase de la cual queremos heredar sus propiedades y métodos, que en nuestro ejemplo es la clase **Animal**, entonces tenemos que hacer lo siguiente:

```
class Perro(Animal):
    def pasear(self):
        print("paseando")

class Chanchito(Animal):
    def programar(self):
. . .
```

Con esto le estamos indicando a Python, que la clase de **Perro** y de **Chanchito**, van a heredar de la clase de **Animal** todas las propiedades y métodos.

Vamos a ver si todo esto ha funcionado, vamos a definir una nueva instancia de **Perro** y una de **Chanchito**:

clases/11-herencia.py

```
perro = Perro()
chanchito = Chanchito()
```

Y si tratamos de escribir el nombre de la instancia, después de escribir el punto para tratar de ingresar a sus métodos y propiedades, vamos a ver que ambos tienen, además de sus propios métodos, también el método **comer**:

Para la instancia **perro**:

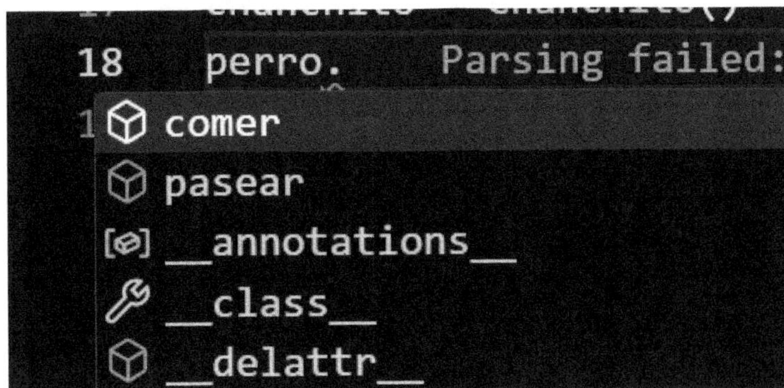

Metodos de Perro

Donde **perro** puede **comer** y **pasear**. Mientras que para la instancia **chanchito**:

Metodos de chanchito

Puede **comer** y **programar**

Y ahora puede que me digas, que hay personas que tienen chanchitos y los sacan a pasear a la calle, bueno, en ese caso lo que podemos hacer es que en lugar de con nuestro **Chanchito** heredar directamente de **Animal** lo que podemos hacer es heredar de nuestra clase de **Perro**, entonces vamos a modificar la definición de nuestra clase **Chanchito**:

clases/11-herencia.py

```
class Chanchito(Perro):
    def programar(self):
. . .
```

Entonces ahora cuando presione el **control** + **espacio**, justamente después del punto de la instancia de **chanchito**:

Chanchito heredando

Ahora vemos que mi chanchito puede **comer**, **pasear** y **programar**, pero esto no pasa con las instancias de la clase **Perro**, vamos a ver que este solo puede **comer** y **pasear**, como habíamos visto anteriormente:

```
18    perro.    Parsing failed:
 comer
 pasear
 __annotations__
 __class__
 __delattr__
```

Metodos de Perro

Lo que está ocurriendo acá es que cuando heredamos directamente de una clase que, en este caso, vendría siendo de la clase **Animal** esto es lo que llamamos como **herencia**.

Pero también podríamos en otra clase como, por ejemplo, esta que es **Chanchito**, heredar de otra clase que ya haya heredado de otra clase como en nuestro ejemplo de **Perro** que había ya heredado de **Animal**, entonces le vamos a decir a la clase **Chanchito** que heredé de la clase de **Perro** y eso es lo que va a hacer es que va a tomar absolutamente todos los métodos y propiedades de **Perro** y de todas las clases que este haya heredado en este caso de **Animal** y se los va a pasar también a **Chanchito** y esto se conoce como **herencia multinivel**.

Y una observación en cuanto a la herencia de multinivel, esto trata de no hacerlo más de 2 veces, porque eventualmente podrías tener un problema donde tengas clases, que estén heredando, por ejemplo, donde una clase va a heredar de otra y esta va a heredar de otra y estaba heredar de otra, y así sucesivamente, y te vas a empezar a dar cuenta que si llegas a realizar un cambio en la primera, vas a afectar el funcionamiento para todas las otras clases que se encuentran heredando de esta, y necesariamente esto podría generar un problema gigantesco que vas a tener que solucionar, así que, si tú vas a hacer esto, trata de que la herencia no sea más allá de uno o de 2 niveles.

Código completo de la lección

Para terminar, este es el código final del archivo “**clases/11-herencia.py**”

clases/11-herencia.py

```python
class Animal:
    def comer(self):
        print("comiendo")


class Perro(Animal):
    def pasear(self):
        print("paseando")


class Chanchito(Perro):
    def programar(self):
        print("programando")


perro = Perro()
chanchito = Chanchito()
# perro.
# chanchito.
```

Herencia múltiple

En esta lección veremos la herencia múltiple.

Preparación

En nuestra carpeta "**clases**"Crearemos un nuevo que se llamara "**12-herencia-multiple.py** y vamos a copiar parte de nuestro código anterior dejándolo de la siguiente manera:

clases/12-herencia-multiple.py

```
class Animal:
    def comer(self):
        print("comiendo")


class Perro:
    def pasear(self):
        print("paseando")


class Chanchito:
    def programar(self):
        print("programando")
```

En este momento tenemos una clase de **Chanchito** que tiene el único método de **programar**, pero si quisiéramos utilizar también el método de **pasear** de la clase de **Perro**, podríamos derechamente aplicar herencia como lo hemos aprendido anteriormente con la clase de **Perro**, y esto es lo que hará que cuando generamos una instancia chanchito a partir de la clase de **Chanchito** nos entregaría también el método de pasear:

clases/12-herencia-multiple.py

```
class Chanchito(Perro):
    def programar(self):
        print("programando")

chanchito = Chanchito()
chanchito.pasear()
```

Ahora supongamos que también quisiéramos acceder al método de **comer** que tiene la clase de **Animal**, pero no quiero que **Perro** necesariamente herede de la clase de **Animal**, porque no quiero que mi perro pueda comer, la forma de hacer que el **Perro** no herede de **Animal** pero aun así dentro de **Chanchito** poder acceder al método de **comer** es utilizando la herencia múltiple, y lo hacemos colocándole una coma seguido de la siguiente clase de la cual queremos heredar, en este caso vamos a decirle que es **Animal**:

clases/12-herencia-multiple.py

```
class Chanchito(Perro, Animal):
    def programar(self):
```

Ahora cuando tratemos de acceder a los métodos del objeto **chanchito**, vamos a poder presionar **control + espacio**", nos vamos a dar cuenta que ahora tenemos los métodos de **pasear**, **comer** y **programar**:

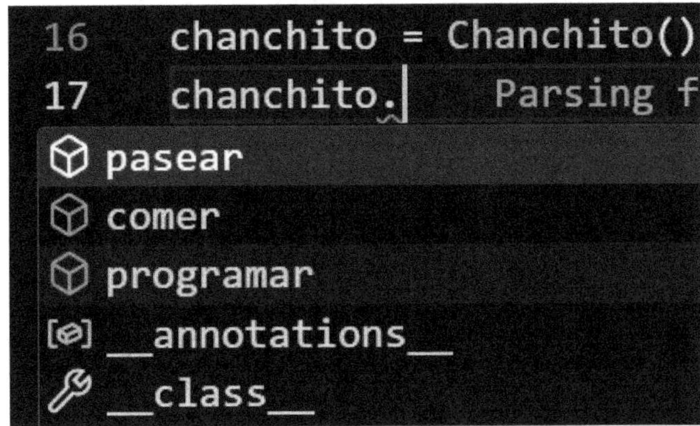

Herencia múltiple

Por el otro lado, **Perro**, como no se encuentra heredando de nadie, no va a tener acceso al método de **comer**, esta es la herencia múltiple.

Ahora vamos a explicar un problema que tiene la herencia múltiple, supongamos ahora que nuestra clase de **Animal**, también pudiese pasear, esto es bastante común que ocurra, que tengamos una clase con un método que sea un poco distinto a otra clase que también tenga el mismo método, vamos a agregar este método a **Animal** y vamos a modificar el método **pasear** que se encuentra en **Perro**:

clases/12-herencia-multiple.py

```
    def pasear(self):
        print("paseando animales")


class Perro:
    def pasear(self):
        print("paseando al perro")
```

Entonces, cuando de nuestra instancia de **chanchito** llamemos al método de **pasear**, ¿cuál método de pasear crees tú que se va a ejecutar primero, el de la clase de **Perro** o el de la clase de **Animal**?:

clases/12-herencia-multiple.py

```
chanchito.pasear()
```

Vamos a mirarlo inmediatamente, ejecutando nuestra aplicación:

Salida de ejecutar: clases/12-herencia-multiple.py

```
paseando al perro
```

Y aquí nos está mostrando "paseando al perro", entonces lo que está ocurriendo es que Python, al momento de aplicar herencia lo va a hacer desde la derecha hacia la izquierda, en nuestro ejemplo, la clase de **Chanchito** va a aplicar primero los métodos que se encuentran dentro de la clase de más a la derecha, es decir de **Animal**, y luego para reemplazarlos, en el caso de que existan, con los que se encuentran en la clase de la izquierda, en este caso **Perro**.

Otra forma también de verlo la clase de **Chanchito**, va a tomar todos los métodos que se encuentran dentro de nuestra clase de **Perro** y si estos métodos también se encuentran dentro de la clase de **Animal**, en este caso esos métodos van a ser omitidos.

El problema que nos entrega esto es que supongamos que algún desarrollador, que no debería hacer esto, pero supongamos que algún desarrollador, se le ocurre tomar esta clase de **Animal**, y cambia el orden en el que se heredan las clases:

clases/12-herencia-multiple.py

```
class Chanchito(Animal, Perro):
    def programar(self):
. . .
```

Lo que se hizo con esta simple modificación es cambiar la implementación de absolutamente todas las clases que estén heredando de **Chanchito** y también si es que **Chanchito**, tenía este método de **pasear** en muchas partes del código, lo más probable es que esto esté introduciendo un error, vamos a ejecutarlo para ver qué es lo que nos muestra:

Salida de ejecutar: clases/12-herencia-multiple.py

```
paseando animales
```

Ahora ha cambiado el resultado de ejecutar el método, entonces, una regla que tenemos que seguir en el caso de que queramos utilizar la herencia múltiple, es que es el método que se encuentre duplicado con otra clase, por ejemplo, en **Animal** lo vamos a eliminar y nos vamos a encargar de tener clases que, si es que las vamos a utilizar para generar la herencia múltiple, estás idealmente que sean lo más pequeñas posibles y que idealmente todos no se repitan:

clases/12-herencia-multiple.py

```
    def pasear(self):
        print("paseando animales")
```

Vamos a hacer un ejemplo de esto, vamos a crear una clase que se va a llamar **Caminador** y en este caso acabamos a colocar el método de **caminar** , después de eso vamos a tener una clase que se va a llamar **Volador**, y el método se va a llamar **volar** y crearemos otra clase que se va a llamar **Nadador** y vamos a definir un método que se va a llamar **nadar**, todos estos métodos solo imprimirán la acción en la consola:

clases/12-herencia-multiple.py

```
class Caminador:
    def caminar(self):
        print("caminando")


class Volador:
    def volar(self):
        print("volando")


class Nadador:
    def nadar(self):
        print("nadando")
. . .
```

Ahora, lo que tenemos que hacer es encargarnos de hacer una herencia múltiple que haga sentido primero, ya no necesitaremos las clases que teníamos:

clases/12-herencia-multiple.py

```
class Perro:
    def pasear(self):
        print("paseando al perro")


class Chanchito(Animal, Perro):
    def programar(self):
        print("programando")
```

Y ahora podríamos tener los siguientes ejemplos para usar la herencia múltiple:

clases/12-herencia-multiple.py

```
class Perro(Caminador, Nadador):
    def programar(self):
        print("programando")
```

Esta clase es un **Perro** porque los perros caminan y también pueden nadar. Pero si quisiéramos heredar de nadador y también de volador, podríamos crear una clase **PezVolador**:

clases/12-herencia-multiple.py

```
class PezVolador(Volador, Nadador):
    def programar(self):
        print("programando")
```

Y si aplicando herencia múltiple heredáramos de **Volador**, **Nadador** y también de **Caminador**, en este caso, podríamos definir una clase que se llamaría **Pato**:

clases/12-herencia-multiple.py

```python
class Pato(Volador, Nadador, Caminador):
    def programar(self):
        print("programando")
```

Porque los patos son capaces de volar, nadar, y también caminar, en fin, de esta manera podemos utilizar la herencia múltiple, para poder heredar los métodos de múltiples clases, pero ten siempre consciente que en el caso de que vayas a optar por esta estrategia que las clases, de las cuales vas a heredar sean lo más pequeñas posibles, para no tener el problema de andar reemplazando los métodos de otras clases.

Código completo de la lección

Para terminar, te dejaré el código del archivo: "**clases/12-herencia-multiple.py**".

clases/12-herencia-multiple.py

```python
class Caminador:
    def caminar(self):
        print("caminando")

class Volador:
    def volar(self):
        print("volando")

class Nadador:
    def nadar(self):
        print("nadando")

class pato(Volador, Nadador, Caminador):
    def programar(self):
        print("programando")
```

Anulación de método

En esta lección vamos a ver lo que es la anulación de método o del inglés mejor overweight, la anulación de método es cuando nosotros tomamos un método que hayamos heredado, y decidimos reemplazarlo por otro para cambiar su funcionalidad, vamos a ver cómo podemos hacer esto mismo.

Preparación

Para comenzar, en nuestra carpeta "**clases**" crearemos un nuevo que se llamará "**13-anulacion-metodo.py**", con el siguiente contenido:

clases/13-anulacion-metodo.py

```
class Ave:
    def vuela(self):
        print("vuela ave")


class Pato(Ave):
    def vuela(self):
        print("vuela pato")
```

Necesitamos de una clase que se va a llamar **Ave**, esta va a tener un método que se va a llamar **vuela**, y va a imprimir el mensaje de "vuela ave", después definimos una clase que se va a llamar **Pato**, y eso también va a tener un método **vuela**, y esto va a imprimir el mensaje de "vuela pato". Pato heredará de **Ave**, y ahora vamos a crear una nueva instancia de **Pato** y llamar a su método vuela.

clases/13-anulacion-metodo.py

```
pato = Pato()
pato.vuela()
```

Vamos a ejecutar nuestra aplicación:

Salida de ejecutar: clases/13-anulacion-metodo.py

```
vuela pato
```

Vemos que no nos aparece el método que heredamos desde **Ave**, acá lo que estamos haciendo cuando nosotros decidimos heredar de la clase que contiene el método de **vuela**, o de cualquier método, en este caso, decidimos reemplazar ese método definiéndolo de nuevo en nuestra clase **Pato**, lo que estamos haciendo es anular el método anterior de la clase padre, y nos quedamos con el método de la subclase. En este caso **Ave vendría siendo la clase padre** y **Pato vendría siendo la subclase**.

Ahora lo que vamos a hacer es intentar llamar a la clase **Ave** dentro de la clase **Pato** para ver qué es lo que ocurre, podemos venir dentro de la clase **Pato** en nuestro método vuela, y usar la palabra reservada de **super**, y la palabra reservada de **super** nos entrega acceso inmediato a todos los métodos y propiedades que tiene la clase padre, o sea esto quiere decir que podemos escribir justamente después de **super** abre y cierra paréntesis, y un punto, y este me va a entregar todos los métodos que contiene la clase padre, en este caso vemos a **vuela**:

clases/13-anulacion-metodo.py

```
class Pato(Ave):
    def vuela(self):
        super().vuela()
        print("vuela pato")
```

Ejecutamos la aplicación:

Salida de ejecutar: clases/13-anulacion-metodo.py

```
vuela ave
vuela pato
```

Vamos a ver qué nos está mostrando "vuela ave", porque estamos ejecutando primero el método de **vuela** de **super** antes del **print**, por supuesto podemos colocar esto una línea más abajo:

clases/13-anulacion-metodo.py

```
class Pato(Ave):
    def vuela(self):
        print("vuela pato")
        super().vuela()
```

Si volvemos a ejecutar:

Salida de ejecutar: clases/13-anulacion-metodo.py

```
vuela pato
vuela ave
```

Ahora vemos que el orden ha cambiado. Y esto que estamos haciendo acá, también lo podemos hacer con el **constructor**, de la siguiente manera:

clases/13-anulacion-metodo.py

```
class Ave:
    def __init__(self):
        self.volador = True

    def vuela(self):
        print("vuela ave")

class Pato(Ave):
    def __init__(self):
        self.nada = True

    def vuela(self):
        print("vuela pato")
        super().vuela()
```

En el **constructor** de la clase **Ave** que recibe a **self**, y lo único que va a hacer esto es asignarle una propiedad que se llamará **volador**, en este caso no la podremos llamar **vuela** ya que hay un método que se llama así en nuestra **clase**, y esta propiedad va a ser igual a **True**, y vamos a aprovechar de copiar esta línea y vamos a pegarla en la clase **Pato**, y lo que hicimos es que agregamos una propiedad de **nada**, a todo esto es "nada" de "nadar".

Ahora sí vamos a bajar hasta acá el final del código, y vamos a imprimir lo siguiente:

clases/13-anulacion-metodo.py

```
print(pato.volador, pato.nada)
```

Si tratamos de ejecutar, vamos a ver lo siguiente:

Salida de ejecutar: clases/13-anulacion-metodo.py

```
print(pato.volador, pato.nada) AttributeError: 'Pato' object has no attribute 'volad\
or
```

Aquí nos está indicando que **Pato** no tiene el atributo de **volador** y esto sucede porque dentro del **constructor** de **Pato** no hemos llamado al **constructor padre** y necesariamente si queremos tener las mismas propiedades que tiene la clase de **Ave**, vamos a tener que llamar en este caso al **constructor**, ahora tenemos que llamar al **constructor** porque es en este donde se está "setteando" nuestra propiedad del **volador** a la instancia, entonces lo tenemos que hacer de la siguiente manera:

clases/13-anulacion-metodo.py

```
class Pato(Ave):
    def __init__(self):
        super().__init__()
        self.nada = True
```

Entonces en el **constructor de pato** vamos a escribir **super.__init__()**, de esta manera es cómo podemos ejecutar el constructor de la clase padre, y vamos a ejecutar nuestro código:

Salida de ejecutar: clases/13-anulacion-metodo.py

```
vuela pato
True True
```

Y ahora vemos que nos está mostrando "vuela pato", y después de eso nos está mostrando **True True**, para que esto quede un poco más claro, vamos a cambiar el primer valor de **volador** y de **nada** de la siguiente manera:

clases/13-anulacion-metodo.py

```
class Ave:
    def __init__(self):
        self.volador = "volador"

    def vuela(self):
        print("vuela ave")

class Pato(Ave):
    def __init__(self):
        super().__init__()
        self.nada = "nadador"
```

Y si ejecutamos:

Salida de ejecutar: clases/13-anulacion-metodo.py

```
vuela pato
volador nadador
```

Vemos cómo aparecen el valor de la propiedad de ambos constructores.

Código completo de la lección

Para terminar, te dejaré el código del archivo "**clases/13-anulacion-metodo.py**"

clases/13-anulacion-metodo.py

```
class Ave:
    def __init__(self):
        self.volador = "volador"

    def vuela(self):
        print("vuela ave")

class Pato(Ave):
    def __init__(self):
        super().__init__()
        self.nada = "nadador"

    def vuela(self):
        print("vuela pato")

pato = Pato()
pato.vuela()
print(pato.volador, pato.nada)
```

Ejemplo Real

En esta lección vamos a ver un ejemplo de la vida real con la herencia en Python.

Preparación

Para comenzar, un nuestra carpeta "**clases**" crearemos un nuevo que se llamará "**14-ejemplo-real.py**".

Más adelante queremos saber bases de datos, nos vamos a dar cuenta de que tenemos cuatro acciones principales:

1. leer,
2. crear,
3. actualizar, y
4. eliminar

Todo esto asociado a un recurso, por ejemplo, podría ser usuario en la base de datos, un usuario por lo general va a tener un nombre, un número de impuestos y puede también tener un apellido. Y podríamos realzar las siguientes acciones:

1. Leer, esto en el sentido que lo vamos a ir a buscar a los usuarios en la base de datos, para después poder acceder a este en Python.
2. Crear nuevos usuarios en la base de datos.
3. Actualizar en el caso que el usuario se cambie el nombre, y
4. Y también vamos a poder eliminarlo en el caso que el usuario se decida dar de baja.

Ya teniendo a estas cuatro acciones definidas vamos a ver cómo podemos implementar un ejemplo de la vida real en Python, entonces lo que necesitamos es crear una clase que implemente todos estos métodos, no vamos a implementar todos, pero si vamos a implementar un método que se va a llamar **guardar**, y este método lo que va a hacer es ir a crear el usuario en la base de datos y si no va a actualizarlo en el caso que este ya exista, no vamos a hacer implementación completa, solamente vamos a colocar un **print** para que veamos qué estamos pasando por este método, y también vamos a crear un método para ir a buscar algún elemento a la base de datos.

Ahora si podemos comenzar, lo que vamos a crear en este momento es una clase que se va a llamar **Model**, este nombre lo vas a ver muchísimo en el futuro y esta clase va a tener un atributo que se va a llamar tabla y este va a tener un valor igual a **False**, vamos a saber el por qué de esto más adelante:

clases/14-ejemplo-real.py

```
class Model():
    tabla = False
```

Ahora lo que vamos a hacer es definir el **constructor** que va a recibir **self** y lo que hará será preguntar si es que no se encuentra definida esta **tabla**, o sea si que no le hemos asignado ningún valor, y en el caso que sea así vamos a imprimir en nuestra consola "error tienes que definir una tabla":

clases/14-ejemplo-real.py

```
    def __init__(self):
        if not self.tabla:
            print("Error, tienes que definir una tabla")
```

Además de esto, pero ahora también un método que se va a llamar **guardar**, este también va a recibir a **self**, y lo que va a hacer es imprimir un string formateado, el cual va a decir "guardando" y en nombre de la tabla:

clases/14-ejemplo-real.py

```
    def guardar(self):
        print(f"Guardando {self.tabla} en BBDD")
```

Donde **BBDD** significa "bases de datos", entonces tenemos un **constructor** que es lo que va a hacer, es verificar que hayamos definido una propiedad que se llama tabla en nuestra clase hijo, y después vamos a crear un método que se llama **guardar** que lo que hará será indicarnos que está guardando este recurso en la base de datos, en este método es donde deberíamos colocar toda la lógica para ir a guardar este recurso en la base de datos.

Ahora lo que vamos a hacer es crear una clase que se va a llamar **Usuario** y esta va a heredar de **Model**, aquí lo que tenemos que hacer es crear esta propiedad que se llama **tabla** y su valor va a ser "Usuario":

clases/14-ejemplo-real.py

```
class Usuario(Model):
    tabla = "Usuario"
```

Vamos a crear una instancia de **Usuario**, que se llamará **usuario** y después vamos a llamar a su método **guardar**:

clases/14-ejemplo-real.py

```
usuario = Usuario()
usuario.guardar()
```

Y vamos a ejecutar la aplicación:

Salida de ejecutar: clases/14-ejemplo-real.py

```
Guardando Usuario en BBDD
```

Y ahora vemos que nos estamos dando el texto de "Guardando usuario en BBDD", entonces ya sabemos con esta propiedad de **tabla**, la cual es el nombre de la tabla a la cual tenemos que ir a guardar los registros.

Ahora implementaremos un método más, para poder ir a buscar elementos a la base de datos, crearemos un método en **Model** que se llamará **buscar_por_id** de la siguiente manera:

clases/14-ejemplo-real.py

```
    def buscar_por_id(self, _id):
        print(f"Buscando por id {_id}")
. . .
```

Es muy similar al anterior, pero vamos a recibir un parámetro que se llamará **_id**, porque ya existe una función nativa en Python que se llama **id**, y vamos a llamar este método al final de nuestro código:

clases/14-ejemplo-real.py

```
usuario.buscar_por_id(123)
```

Y ejecutamos:

Salida de ejecutar: clases/14-ejemplo-real.py

```
Guardando Usuario en BBDD
Buscando por id 123
```

Y ahora vemos que también nos indica "buscando por id" en conjunto con "Guardando usuario en BBDD". Ahora, un usuario no debería ir a buscar por **id**, eso debería hacerlo la clase **Usuario**, así que vamos a hacer uso del decorador **classmethod** de la siguiente manera:

clases/14-ejemplo-real.py

```
    @classmethod
        def buscar_por_id(self, _id):
            print(f"Buscando por id {_id}")
```

Y en lugar de llamar a **buscar_por_id** desde una instancia de **Usuario** lo vamos a hacer desde la clase:

clases/14-ejemplo-real.py

```
Usuario.buscar_por_id(123)
```

Ahora ejecutamos:

Salida de ejecutar: clases/14-ejemplo-real.pyy

```
Buscando por id 123
```

Y vimos que nos está indicando nuevamente "Buscando por id", ahora vamos a asegurarnos que este método va a ir a buscar el usuario, pero a la tabla de usuarios, así que vamos a modificar este método de esta manera:

clases/14-ejemplo-real.py

```
    def buscar_por_id(self, _id):
        print(f"Buscando por id {_id} en la tabla {self.tabla}")
```

Si ejecutamos:

Salida de ejecutar: clases/14-ejemplo-real.py

```
Buscando por id 123 en la tabla Usuario
```

Y esta misma clase que hemos definido arriba, **Model**, vamos a poder utilizarla en absolutamente todas las clases que queramos que estén apuntando a una tabla en específico de las bases de datos.

Código completo de la lección

Para terminar, te dejaré el código del archivo: "**clases/14-ejemplo-real.py**"

clases/14-ejemplo-real.py

```
class Model():
    tabla = False

    def __init__(self):
        if not self.tabla:
            print("Error, tienes que definir una tabla")

    def guardar(self):
        print(f"Guardando {self.tabla} en BBDD")

    @classmethod
    def buscar_por_id(self, _id):
        print(f"Buscando por id {_id} en la tabla {self.tabla}")

class Usuario(Model):
    tabla = "Usuario"

usuario = Usuario()
usuario.guardar()
Usuario.buscar_por_id(123)
```

Clases abstractas

En esta lección veremos lo que son las clases abstractas.

Preparación

Para comenzar, en nuestra carpeta "**clases**" crearemos un nuevo que se llamara "**15-clases-abstractas.py**" y este contendrá el mismo código que la lección pasada, del archivo "**14-ejemplo-real.py**".

clases/15-clases-abstractas.py

```
class Model():
    tabla = False

    def __init__(self):
        if not self.tabla:
            print("Error, tienes que definir una tabla")

    def guardar(self):
        print(f"Guardando {self.tabla} en BBDD")

    @classmethod
    def buscar_por_id(self, _id):
        print(f"Buscando por id {_id} en la tabla {self.tabla}")

class Usuario(Model):
    tabla = "Usuario"

usuario = Usuario()
Usuario.buscar_por_id(123)
```

Ahora nuestro código tiene un problema conceptual sumamente grave, y es que esta clase **Model** podríamos instanciarla, y empezar a generar objetos con base en esta clase, como si estuviéramos completamente libres, y el problema que tiene es que esta clase no está diseñada para que creemos instancias, lo que quiere decir que nosotros podríamos cambiar nuestra instancia de **Usuario** por una de **Model**:

clases/15-clases-abstractas.py

```
model = Model()
Model.buscar_por_id(123)
```

Y vamos a ejecutar:

Salida de ejecutar: clases/15-clases-abstractas.py

```
Error, tienes que definir una tabla
Buscando por id 123 en la tabla False
```

Y vemos: "error tienes que definir una tabla", y después nos está indicando: "buscando por id 123 en la tabla False", esto definitivamente no es lo que queremos, para poder solucionar esto, tendríamos que generar una clase, a la cual podamos indicarle si es que una propiedad o un método son necesarios de definir cuando heredemos de esta clase, esto quiere decir que si dentro de la clase de **Usuario** no llegásemos a definir tabla, y colocamos, por ejemplo un **pass**:

clases/15-clases-abstractas.py

```
class Usuario(Model):
    pass
. . .
```

Esto debería arrojarnos un error, porque necesariamente vamos a tener que definir la tabla de usuario, ya que si no, este código no va a funcionar, porque no va a saber a dónde ir a guardar estos registros.

Así es que la forma de poder solucionar esto es que nos vayamos al comienzo de nuestro código y tenemos que importar un módulo de la siguiente manera:

clases/15-clases-abstractas.py

```
from abc import ABC, abstractmethod
. . .
```

¿Para qué sirven las importaciones del módulo abc?

abstractmethod lo vamos a necesitar ya sea para las propiedades o también para los métodos, independiente de lo que queramos hacer abstracto vamos a necesitar **abstractmethod**, **abc** es de "abstract class" y la importación **ABC**, es la clase de la cual tenemos que ir a heredar.

Entonces para hacer a la clase de **Model** completamente abstracta, que serviría para que no podamos definir instancias de esta clase, tenemos que hacer que esta heredé de **ABC**:

clases/15-clases-abstractas.py

```
class Model(ABC):
    tabla = False
```

Este es el paso número uno, el siguiente paso que tenemos que realizar es indicarle cuál de estos valores de la clase, ya sea una propiedad o un método, tiene que ser estrictamente necesario que lo definamos en la clase de la cual vamos a heredar, que en este caso vendría siendo **Usuario**, entonces lo que necesitamos definir si o si es la propiedad de tabla.

Así que vamos a subir a nuestra clase **Model** y vamos a eliminar la definición de tabla:

clases/15-clases-abstractas.py

```
        tabla = False
```

Y justamente después del constructor vamos a definir un método, yo sé que es un método, pero sígueme con esto, que se va a llamar **tabla**, va a recibir a **self** y colocaremos un **pass**:

clases/15-clases-abstractas.py

```
def tabla(self):
    pass
```

Con esto ya estamos casi listos, ahora nos falta agregar 2 cosas, lo primero que tenemos que hacer es agregar el decorador de **@property** y el siguiente decorador es el de **@abstractmethod**, una vez que hayamos agregado estos 2 decoradores no deberíamos poder generar una instancia de la clase de **Model**:

clases/15-clases-abstractas.py

```
    @property
    @abstractmethod
    def tabla(self):
        pass
```

Vamos a bajar vamos a verificar que estamos correctos y acá tenemos un error cuando intentamos instanciar nuestra clase:

```
22  class Us
23      pass   Abstract class 'Model' with abstract methods
24             instantiated Pylint(E0110:abstract-class-instantiated)
25             View Problem (Alt+F8)   No quick fixes available
26  model = Model()    Abstract class 'Model' with abstract methods instantia
27  Model.buscar_por_id(123)
28
```

Error al crear clase abstracta

El cual nos dice "Abstract class "Model" with abstract methods instantiated", que esto quiere decir que esto no lo podemos hacer incluso si ejecutamos el código nos vamos a ver lo siguiente:

Salida de ejecutar: clases/15-clases-abstractas.py

```
model = Model()
TypeError: Can't instantiate abstract class Model with abstract method tabla
```

Y este error quiere decir que no podemos instanciar una clase abstracta, que en este caso es **Model**, así que si queremos que funcione, tenemos que necesariamente ahora instanciarla desde **Usuario**.

Así que editaremos nuestro código de la siguiente manera:

clases/15-clases-abstractas.py

```
class Usuario(Model):
    tabla = "Usuario"


usuario = Usuario()
Usuario.buscar_por_id(123)
```

Si ejecutamos:

Salida de ejecutar: clases/15-clases-abstractas.py

```
Buscando por id 123 en la tabla Usuario
```

Y ahora vemos que nuestro código está funcionando de la manera correcta o de la manera que estábamos esperando, ahora ya tenemos esta propiedad como **abstracta**, por ende, se tiene que definir en la subclase, ya no necesitamos nuestro constructor, entonces eliminaremos el siguiente código:

clases/15-clases-abstractas.py

```
class Model(ABC):
    def __init__(self):
        if not self.tabla:
            print("Error, tienes que definir una tabla")
```

Y si quisiéramos hacer que otro método sea abstracto, pero no una propiedad, sino que un método, podemos venir por ejemplo al método de **guardar** y tenemos que colocar el decorador de **@abtractmethod** y tenemos que quitarle la implementación, y colocar en su lugar un **pass**:

clases/15-clases-abstractas.py

```
    @abstractmethod
    def guardar(self):
        pass
```

Y ahora el problema que vamos a tener es que abajo en nuestra clase de **Usuario**, vamos a tener que implementar necesariamente nuestro método de **guardar** para que este funcione correctamente:

clases/15-clases-abstractas.py

```
class Usuario(Model):
    tabla = "Usuario"

    def guardar(self):
            print("guardando usuario")
```

Y si ejecutamos:

Salida de ejecutar: clases/15-clases-abstractas.py

```
Buscando por id 123 en la tabla Usuario
```

Vemos que nuestro código está funcionando correctamente. Ahora vamos a agregar el llamado de nuestro método de **guardar**:

clases/15-clases-abstractas.py

```
usuario.guardar()
```

Ejecutamos de nuevo:

Salida de ejecutar: clases/15-clases-abstractas.py

```
guardando usuario
```

Y nuestro código funciona correctamente, y ya no podemos generar una instancia de nuestra clase de **Model**, porque lo que hará será arrojarnos un error, ya sea en el editor VSCode o si es que tratamos de ejecutar nuestra aplicación, esto era lo que estábamos buscando.

Código completo de la lección Para terminar, te dejaré el código del archivo: **"clases/15-clases-abstractas.py"**

clases/15-clases-abstractas.py

```
from abc import ABC, abstractmethod


class Model(ABC):
    @property
    @abstractmethod
    def tabla(self):
        pass

    @abstractmethod
    def guardar(self):
        pass

    @classmethod
    def buscar_por_id(self, _id):
        print(f"Buscando por id {_id} en la tabla {self.tabla}")


class Usuario(Model):
    tabla = "Usuario"

    def guardar(self):
        print("guardando usuario")


usuario = Usuario()
usuario.guardar()
Usuario.buscar_por_id(123)
```

Polimorfismo

En esta lección vamos a explicar lo que es el polimorfismo.

Preparación

Para comenzar en nuestra carpeta "**clases**" crearemos un nuevo que se llamara "**16-polimorfismo.py**".

Para comenzar por crear una clase abstracta, la cual se va a llamar **Model** de la siguiente manera:

clases/16-polimorfismo.py

```
from abc import ABC, abstractmethod


class Model(ABC):
    @abstractmethod
    def guardar(self):
        pass
```

Esta va a extender de **ABC**, y va a tener un método abstracto el cual va a ser **guardar** y por ahora no va a ser nada.

Ahora vamos a implementar 2 clases, la primera será la de **Usuario** está va a extender de modelo y esta por ende tiene que implementar el método de **guardar**:

clases/16-polimorfismo.py

```
class Usuario(Model):
    def guardar(self):
        print("Guardando en BBDD")
```

Lo siguiente será definir una clase que se va a llama **Sesión**, que está también va a extender de **Model**, las sesiones son lo que le permite a un servidor para identificar cuándo un usuario se está conectando, y también a quién pertenece cada una de las peticiones que el usuario está realizando, esto lo vamos a ver más adelante cuando tengamos que ver inicio de sesión, pero por ahora piensa que es una forma de poder identificar cuando una persona se está conectando a este servidor.

Las sesiones por lo general se guardan en disco duro, en un archivo, así que de esta manera haremos la lógica de nuestro método **guardar** que también debe de ser definido en esta clase:

clases/16-polimorfismo.py

```
class Sesion(Model):
    def guardar(self):
        print("Guardando en Archivo")
```

Ahora vamos a definir una función que se va a llamar **guardar** y esta va a recibir una entidad, en este caso la entidad podría ser un **Usuario** o podría ser también una **Sesión**, lo que haremos entonces será llamar al método de guardar de esta entidad:

clases/16-polimorfismo.py

```
def guardar(entidad):
    entidad.guardar()
```

Ahora podemos crear un usuario a partir de la clase de **Usuario** y podemos pasarle a nuestra función **guardar** a esta instancia de usuario:

clases/16-polimorfismo.py

```
usuario = Usuario()

guardar(usuario)
```

Y ahora ejecutamos:

Salida de ejecutar: clases/16-polimorfismo.py

```
Guardando en BBDD
```

Vamos a ver qué nos va a empezar a mostrar el string "Guardando en BBDD", lo que hacemos es que la función ejecuta el método guardar de nuestra entidad **usuario**, hasta ahora no hay absolutamente nada extraño, pero ahora vamos a crear una instancia de sesión y se lo vamos a pasar a nuestra función de **guardar** en lugar de la instancia de usuario:

clases/16-polimorfismo.py

```
sesion = Sesion()
guardar(sesion)
```

Vamos a ejecutar:

Salida de ejecutar: clases/16-polimorfismo.py

```
Guardando en Archivo
```

Lo que está ocurriendo aquí es que al tener dos clases que implementan exactamente el mismo método el de **guardar**, significa que después podríamos ejecutarlos de la misma manera dentro de una función, vamos a actualizar ahora nuestra función de **guardar**, para que, en lugar de recibir solamente una entidad, acepte una lista de entidades:

clases/16-polimorfismo.py

```
def guardar(entidades):
    for entidad in entidades:
        entidad.guardar()
```

Aquí cambiamos el nombre del parámetro a **entidades**, y lo que vamos a hacer es que con un ciclo **for** vamos a ejecutar el método **guardar** de cada una de las **entidades**. Ahora en lugar de pasarle solamente la **sesion**, vamos a pasarle una lista que contiene la **sesión** y el **usuario**:

clases/16-polimorfismo.py

```
guardar([sesion, usuario])
```

Y si ejecutamos:

Salida de ejecutar: clases/16-polimorfismo.py

```
Guardando en Archivo
Guardando en BBDD
```

Ahora nos estamos mostrando "Guardando en archivo" y "Guardando en BBDD", lo que estamos haciendo es que le estamos entregando, a la función de **guardar**, dos objetos que cumplen con una interfaz necesaria para poder ser ejecutados por nuestra función, a esto que tenemos se le llama **polimorfismo** y esto se utiliza mucho en programación, lo que hacemos es que creamos varios objetos que tengan una interfaz muy similar, en este caso vendría siendo el método de **guardar**, y luego se los pasamos a una función que se va a encargar de llamar al método de **guardar** de cada uno de estos objetos, sin necesidad de que tengamos que llamar a cada una por separado. Porque si tuviésemos muchos objetos, empezar a llamar al método de **guardar** de cada uno de estos objetos, sería bastante tedioso, así es que, esta es la razón por la cual implementamos polimorfismo en nuestro código, para el fondo ahorrarnos más trabajo cuando tenemos que llamar a método en particular.

Y lo bueno que también tiene el polimorfismo, es que no tenemos que saber cuál es la implementación de cada uno de estos métodos, cada método puede hacer lo que ellos quieran, en este caso, tenemos a un **usuario** que se va a ir a guardar en la base de datos, pero la **sesión** se va a ir a guardar a un archivo, que se encuentra dentro del servidor físicamente, y esto es lo positivo, no necesitamos tener una implementación exactamente igual, cuando queremos realizar una acción similar, que en este caso es **guardar**.

Código completo de la lección

Para terminar, te dejaré el código del archivo "**clases/16-polimorfismo.py**"

clases/16-polimorfismo.py

```
from abc import ABC, abstractmethod


class Model(ABC):
    @abstractmethod
    def guardar(self):
        pass


class Usuario(Model):
    def guardar(self):
        print("Guardando en BBDD")


class Sesion(Model):
    def guardar(self):
```

```
        print("Guardando en Archivo")


def guardar(entidades):
    for entidad in entidades:
        entidad.guardar()


usuario = Usuario()
sesion = Sesion()

guardar([sesion, usuario])
```

Duck typing

En esta lección vamos a ver lo que es el duck typing.

Preparación

En esta lección usaremos el mismo archivo que la lección pasada "**clases/16-polimorfismo.py**".

En nuestra lección anterior vimos cómo podríamos crear varias clases, en este caso teníamos una clase de **Usuario** y una clase de **Sesión**, ambas las utilizamos para poder generar objetos los cuales iban a ser utilizados después por nuestra función de **guardar**, la única condición que estas tenían que cumplir es que estuviese el método de **guardar**, ahora vamos a ver un pequeño truco para lo cual vamos a eliminar las siguientes líneas, donde tenemos las importaciones y la clase de **Model**:

clases/16-polimorfismo.py

```
from abc import ABC, abstractmethod


class Model(ABC):
    @abstractmethod
    def guardar(self):
        pass
...
```

Y vamos a eliminar también que nuestras clases estén extendiendo de nuestra clase de **Model**:

clases/16-polimorfismo.py

```
class Usuario():
...
```

Y

clases/16-polimorfismo.py

```
class Sesion():
...
```

Código que debes tener

Así deberías tener el código que hemos modificado del archivo "**16-polimorfismo.py**" para continuar con la lección.

clases/16-polimorfismo.py

```
class Usuario():
    def guardar(self):
        print("Guardando en BBDD")


class Sesion():
    def guardar(self):
        print("Guardando en Archivo")


def guardar(entidades):
    for entidad in entidades:
        entidad.guardar()


usuario = Usuario()
sesion = Sesion()

guardar([sesion, usuario])
```

Vamos a ejecutar nuestro código:

Salida de ejecutar: clases/16-polimorfismo.py

```
Guardando en Archivo
Guardando en BBDD
```

Pudiste llegar a pensar que esto iba a fallar, sin embargo, este se sigue ejecutando correctamente, ahora vamos a explicar el porqué, lo que está ocurriendo en este caso con nuestra función de **guardar** es que está lo único que necesita es que le pasemos una lista, esto quiere decir que le podríamos pasar una lista que contenga, por ejemplo, strings, números, que sean otros objetos, o que sea incluso hasta una lista de clases, y el **for** va a funcionar perfectamente.

Empezaría a existir un problema cuando tratemos de llamar al método de **guardar**, entonces vamos a necesitar cumplir con una condición para que esta función se pueda ejecutar correctamente, y la condición en este caso es que sea una lista y que además estos tengan un método que se llame **guardar**, y esto funcionaría porque Python no se va a preocupar de revisar si que esto extiende de una clase de **Model**, y esto es porque Python tiene tipado dinámico, lo que significa que Python no va a revisar a menos que se lo indiquemos, pero este no va a revisar que este esté extendiendo de una clase **Model**, lo único que va a realizar cuando se esté ejecutando nuestra aplicación, es que esto sea un listado y que tenga el método de guardar, eso es de lo único que se va a preocupar.

Definición de duck typing

Así que no tenemos que extender de una clase **Model**, y esto se conoce como "duck typing", que significa: **si es que camina como pato y suena como pato, entonces es un pato.**

Y en este caso, que camine como pato vendría siendo la lista, y que suene como pato, vendría siendo el método de **guardar**, entonces lo que le estamos pasando acá antes siempre y cuando esto funcione, vendría siendo un pato, o en este caso, que vendría siendo ya algo más real, es un **Model**

Código completo de la lección Para terminar, así ha terminado nuestra archivo “**clases/16-polimorfismo.py**”

clases/16-polimorfismo.py

```
class Usuario():
    def guardar(self):
        print("Guardando en BBDD")

class Sesion():
    def guardar(self):
        print("Guardando en Archivo")

def guardar(entidades):
    for entidad in entidades:
        entidad.guardar()

usuario = Usuario()
sesion = Sesion()

guardar([sesion, usuario])
```

Extendiendo tipos nativos

En esta lección vamos a ver cómo puedes extender las clases nativas o también los tipos nativos como la **lista**.

Preparación

Para comenzar, en nuestra carpeta "**clases**" crearemos un nuevo que se llamara "**17-extender-tipos-nativos.py**".

Cuando trabajamos con listas, podemos crear una variable que se va a llamar **lista** y podemos crearlo de esta manera:

clases/17-extender-tipos-nativos.py

```
lista = []
```

O también podemos crearla de esta otra manera:

clases/17-extender-tipos-nativos.py

```
lista = list([])
```

Y le podemos pasar los valores:

clases/17-extender-tipos-nativos.py

```
lista = list([1, 2, 3])
```

Ahora, si es que llamamos a nuestra variable lista, vamos a tener absolutamente todos los métodos que tienen las listas:

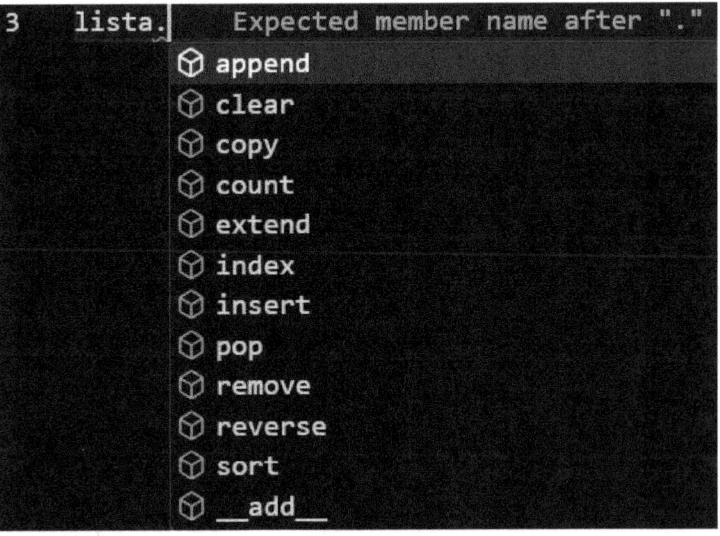

Métodos nativos en las listas

En este caso tenemos a **append**, y vamos a agregar el valor 4:

clases/17-extender-tipos-nativos.py

```
lista.append(4)
```

Hasta el momento, todo bien, pero si quisiéramos tener un método que fuese un poco más intuitivo, para poder agregar un elemento, pero al comienzo de la lista, ese método no existe, para lograr esto necesariamente deberíamos usar a **insert** de esta manera y vamos a imprimir para ver qué ha pasado:

clases/17-extender-tipos-nativos.py

```
lista.insert(0, 0)

print(lista)
```

Y ejecutamos:

Salida de ejecutar: clases/17-extender-tipos-nativos.py

```
[0, 1, 2, 3, 4]
```

Vamos a ver que ahora tenemos una lista con los elementos del 0 al 4, ahora si bien, esto nos puede funcionar, existe una mejor manera de poder crear métodos para estos mismos tipos, que nos van a ayudar a que nuestro código sea estás un poco más intuitivo, así es que vamos a eliminar todo lo que hemos escrito:

clases/17-extender-tipos-nativos.py

```
lista = list([1, 2, 3])

lista.append(4)
lista.insert(0, 0)

print(lista)
```

Y vamos a crear una clase que se va a llamar **Lista**, también lo podríamos colocar como un **List**, pero podría ser que nos terminemos confundiendo con **list**, entonces lo dejaremos como **Lista** y vamos a hacer que esta extienda de **list**:

clases/17-extender-tipos-nativos.py

```
class Lista(list):
```

Ahora, vamos a crear un método que se va a llamar **prepend**, y lo que va a hacer es ser el opuesto de **append**, que agrega los los elementos al final y **prepen** va a agregar los elementos al comienzo, esto lo vamos a definir de esta manera:

clases/17-extender-tipos-nativos.py

```
    def prepend(self, item):
        self.insert(0, item)
```

Este método va a recibir **self** y también tiene que recibir un **item**, y estamos llamando a **insert** con él primen argumento como el índice cero, y vamos a agregar el ítem que nos está llegando como parámetro.

Ahora podemos crear nuevamente una lista, que esta se va a crear con base en nuestra clase **lista** y le agregaremos con **append** el elemento 4:

clases/17-extender-tipos-nativos.py

```
lista = Lista([1, 2, 3])
lista.append(4)
```

Y ahora vamos a llamar también a lista seguido del punto, y verás que más abajo en la lista de métodos disponibles aparece nuestro método **prepend**:

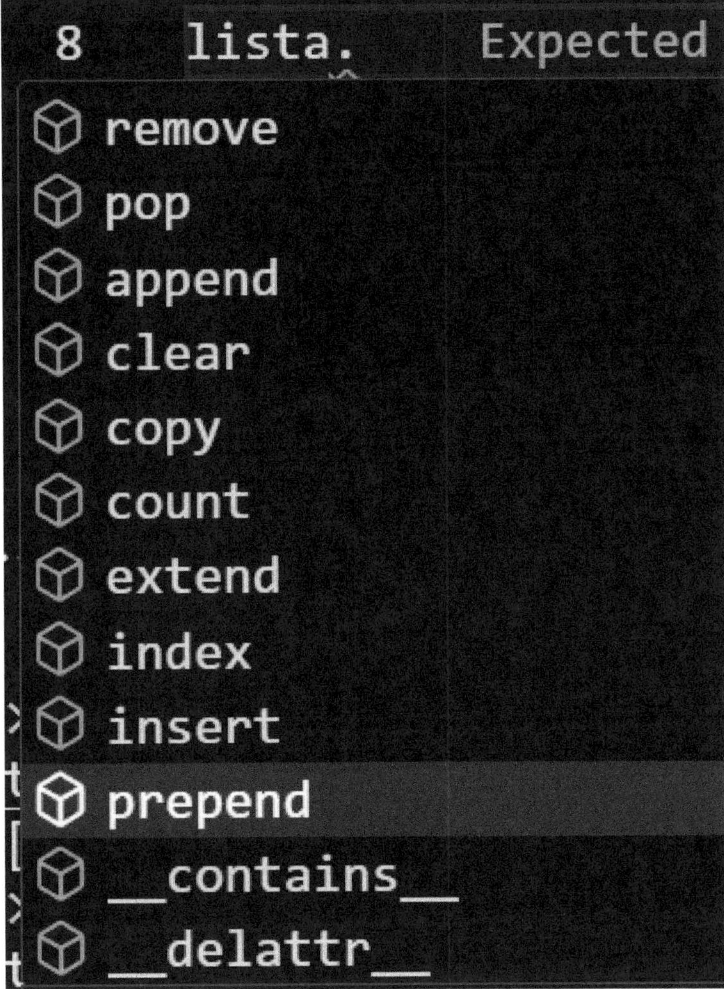

Método prepend disponible

Vamos a llamar a este método, y vamos a pasarle él cómo argumento al número 0, y vamos a imprimir nuestra lista:

clases/17-extender-tipos-nativos.py

```
lista.prepend(0)

print(lista)
```

Y si ejecutamos:

Salida de ejecutar: clases/17-extender-tipos-nativos.py

```
[0, 1, 2, 3, 4]
```

Y vemos que obtuvimos exactamente el mismo resultado.

De esta manera podemos extender los tipos nativos creando nuevas clases como por ejemplo podría ser **Lista**, pero también lo podríamos hacer con los **strings**, **números** o con lo que necesitemos.

Código completo de la lección

Para terminar, así ha terminado nuestra archivo: "**clases/17-extender-tipos-nativos.py**"

clases/17-extender-tipos-nativos.py

```
class Lista(list):
    def prepend(self, item):
        self.insert(0, item)


lista = Lista([1, 2, 3])
lista.append(4)
lista.prepend(0)

print(lista)
```

Capítulo 7: Excepciones

Introducción a las excepciones

En esta sección vamos a hablar acerca de las **excepciones**.

Preparación

Para comenzar, trabajaremos en una nueva carpeta que se llamará "**excepciones**" y dentro de esta crearemos un nuevo que se llamará "**01-intro.py**".

Hasta ahora sabemos cuáles podrían ser potenciales errores que tendríamos en nuestro código como, por ejemplo, podría ser escribir **print** colocaron las comillas dobles y que se nos olvide colocar el cierre de paréntesis:

excepciones/01-intro.py

```
print(""
```

Afortunadamente, tenemos una extensión que nos va a ayudar a identificar e inmediatamente estos errores, nos va a mostrar por ejemplo acá con una línea subrayando en rojo dónde se encuentra el error:

Errores en VSCode

Y de esta manera así podemos presumir cómo podemos solucionarlo, en este caso tenemos que cerrar el paréntesis redondo:

excepciones/01-intro.py

```
print("")
```

Y van a haber otros tipos de errores como, por ejemplo, que quisiéramos acceder a un elemento de una lista, como el siguiente en que no existe el elemento buscado:

excepciones/01-intro.py

```
2 lista = [1, 2]
3 lista[45]
```

Aquí vamos a tener una lista que tiene dos elementos, pero vamos a buscar el elemento 45, vamos a ver qué es lo que ocurre si es que intentamos ejecutar:

Salida de ejecutar: excepciones/01-intro.py

```
lista[45]
IndexError: list index out of range
```

Y acá nos estaba mostrando un error en la línea 3, específicamente nos indica que es en la línea:

excepciones/01-intro.py

```
3 lista[45]
```

Y nos está indicando "IndexError, el índice de esta lista se encuentra fuera de rango".

Excepciones

Entonces este tipo de errores podrían ocurrir muchas veces, cuando estamos programando y es nuestra responsabilidad encargarnos de manejar todos estos errores para que fallen de una manera "elegante" y que no les aparezca estos errores a los usuarios, sino que nos aparezcan a nosotros después para que podamos depurar nuestra aplicación y así poder encontrar una solución, así es que vamos a hablar ahora sobre este tipo de excepciones, las que podemos capturar.

Vamos a eliminar todo el código anterior:

excepciones/01-intro.py

```
print("")
lista = [1, 2]
lista[45]
```

Y vamos a crear lo siguiente, ¿recuerdas nuestra aplicación de calculadora donde teníamos que solicitar los números al usuario?, vamos a hacer exactamente eso mismo, crearemos una variable que se llamará **n1**, que vendría siendo el primer número que debería capturar el usuario, y acá lo que vamos a hacer es intentar transformar inmediatamente el valor que ingrese el usuario a un nuevo entero, aquí tenemos que escribir la función **input** para poder recibir datos del usuario y vamos a indicar ingresa primer número de la siguiente manera:

excepciones/01-intro.py

```
n1 = int(input("Ingresa primer número: "))
```

Ahora vamos a ejecutar nuestra aplicación:

Terminal de comandos al ejecutar: excepciones/01-intro.py

```
Ingresa primer número:
```

Y vamos a colocar como la entrada el número **15**:

Terminal de comandos al ejecutar: excepciones/01-intro.py

```
Ingresa primer número: 15
```

Y si presionamos la tecla **enter**, podemos ver nuestra aplicación está funcionando con éxito.

Ahora si ejecutamos la aplicación nuevamente, pero en lugar de pasarle un número, le pasamos cualquier otra cosa, por ejemplo, con el string de "hola mundo"

Terminal de comandos al ejecutar: excepciones/01-intro.py

```
Ingresa primer número: hola mundo
```

Fíjate qué es lo que nos está devolviendo:

Salida de ejecutar: excepciones/01-intro.py

```
File"/home/ultimate_python_completo/excepciones/01-intro.py", line 1, in <module>
    n1 = int(input("Ingresa primer número: "))
ValueError: invalid literal for int() with base 10: 'hola mundo'
```

Nos indicando "error", en la línea 1 en esta parte al final:

Salida de ejecutar: excepciones/01-intro.py

```
File"/home/ultimate_python/excepciones/01-intro.py", line 1, in <module>
```

En la variable **n1**:

Salida de ejecutar: excepciones/01-intro.py

```
    n1 = int(input("Ingresa primer número: "))
```

Y ahí es donde aparece el error, Python es tan simpático, que nos está indicando exactamente dónde estamos teniendo el problema, y nos está diciendo que es exactamente en esa parte de la aplicación y si vemos más abajo dónde aparece **ValueError**:

Salida de ejecutar: excepciones/01-intro.py

```
ValueError: invalid literal for int() with base 10: 'hola mundo'
```

Nos indica **invalid literal for int()** ósea que le estamos pasando un valor incorrecto a esta función de **int**, y más adelante en el mismo error nos dice que le estamos pasando, que es el valor de **hola mundo**.

Esto es lo que tenemos que aprender a manejar este tipo de excepciones, para esto vamos a conocer una nueva herramienta:

excepciones/01-intro.py

```
try:
    n1 = int(input("Ingresa primer número: "))
except:
    print("ocurrió un error :(")
```

¿Para qué sirve try y except?

Aquí estamos utilizando la instrucción **try**, pusimos nuestra variable **n1** identado dentro del bloque de código de **try**, y además de esto tenemos que agregar **except**, y dentro del bloque de código de este, vamos a colocar lo que va a ocurrir en caso de que ocurra una "excepción", en nuestro ejemplo imprime el texto "ocurrió un error:("

Vamos a ejecutar nuestra aplicación, y le ingresaremos como input el string **aoeu**:

Terminal de comandos al ejecutar: excepciones/01-intro.py

```
Ingresa primer número: aoeu
```

Y si presionamos la tecla enter:

Salida de ejecutar: excepciones/01-intro.py

```
ocurrió un error :(
```

Ahora nos estamos mostrando de manera elegante que ocurrió un error, en este caso es el texto de "ocurrió un error :(".

Y si ahora colocamos un número al ejecutar:

Salida de ejecutar: excepciones/01-intro.py

```
Ingresa primer número: 15
```

Y presionamos enter, vemos que no nos arroja ningún error, por ende, solamente vamos a ingresar al bloque de código de **except**, siempre y cuando ocurra algún tipo de error en la parte del **try**

Código completo de la lección

Para terminar, te dejaré el código del archivo: "**excepciones/01-intro.py**"

01-intro.py

```
try:
    n1 = int(input("Ingresa primer número: "))
except:
    print("ocurrió un error :(")
```

Tipos de excepciones

En esta lección vamos a ver los tipos de excepciones.

Preparación

En nuestra carpeta "**excepciones**", crearemos un nuevo que se llamará "**02-tipos-excepciones.py**", con el mismo código que trabajamos en la lección pasada.

excepciones/02-tipos-excepciones.py

```
try:
    n1 = int(input("Ingresa primer número: "))
except:
    print("ocurrió un error :(")
```

Con lo que hemos construido hasta ahora, donde tenemos este **try/except** lo que va a ocurrir es que absolutamente todas las excepciones que lleguen a ocurrir dentro de nuestro código van a ser manejados por este **except**, ahora la forma de saber cuál es el tipo de excepción que nos está arrojando Python es hacer lo siguiente:

excepciones/02-tipos-excepciones.py

```
except Exception as e:
    print(type(e))
```

Con este ejemplo lo que estamos haciendo es que vamos a manejar absolutamente todas las excepciones y le vamos a indicar que a esto se llame **e**, también le podemos colocar **ex**, ambas son convenciones que existen en Internet, en este libro vamos a colocar solamente **e**.

Lo siguiente que estamos haciendo es imprimir el tipo de excepción que nos está arrojando Python, pasándole a **type** a **e** como argumento, así que vamos a ejecutar nuestra aplicación y le pasamos un string nuevamente como respuesta al input:

Salida de ejecutar: excepciones/02-tipos-excepciones.py

```
<class 'ValueError'>
```

Y acá vemos que nos está devolviendo un error, pero cuyo tipo es **ValueError**, ahora lo que podemos hacer es manejar múltiples tipos de error, en este caso estamos capturando absolutamente todos cuando usamos la clase de **Exception**.

Ahora vamos a escribir lo siguiente:

excepciones/02-tipos-excepciones.py

```
try:
    n1 = int(input("Ingresa primer número: "))
    aoeu
except:
    print("ocurrió un error :(")
```

Aquí estamos escribiendo cualquier cosa, exactamente cualquier cosa, es más hasta incluso el mismo VSCode se va a empezar a quejar, comenzando a decir que **aoeu** no es nada:

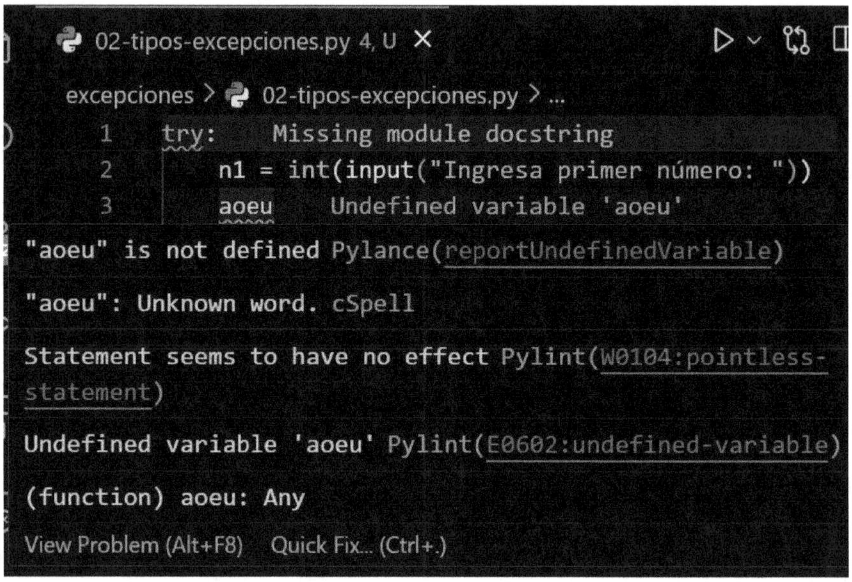

```
02-tipos-excepciones.py 4, U ×
excepciones > 02-tipos-excepciones.py > ...
1  try:   Missing module docstring
2      n1 = int(input("Ingresa primer número: "))
3      aoeu    Undefined variable 'aoeu'
"aoeu" is not defined Pylance(reportUndefinedVariable)
"aoeu": Unknown word. cSpell
Statement seems to have no effect Pylint(W0104:pointless-statement)
Undefined variable 'aoeu' Pylint(E0602:undefined-variable)
(function) aoeu: Any
View Problem (Alt+F8)   Quick Fix... (Ctrl+.)
```

Error en texto que no es nada

Esto evidentemente es error, pero vamos a pensar que eso nos encuentre ahí, y ahora vamos a ejecutar nuestra aplicación, le ingresaremos un número como entrada, ya que si ingresamos un texto como anteriormente hicimos, lo que vamos a ver es que se captura el error que hemos visto anteriormente, esto porque al fallar en la línea del input, falla el **try**, por lo que pasamos al **except**, por lo que tenemos que hacer que nuestra aplicación llegue a fallar hasta la línea 3, entonces al ejecutar:

Terminal de comandos al ejecutar: excepciones/02-tipos-excepciones.py

```
Ingresa primer número: 15
```

Al presionar la tecla enter, veremos:

Salida de ejecutar: excepciones/02-tipos-excepciones.py

```
<class 'NameError'>
```

Nos está indicando otro error, el error que tenemos ahora es **NameError**, la clase de este error se llama **NameError**, quiere decir que podemos tener distintos tipos de errores dependiendo de qué es lo que esté ocurriendo dentro de nuestra aplicación, y no solamente podemos tener distintos tipos de errores, sino que también podemos tener distinta lógica dependiendo del error que nos esté ocurriendo en nuestro código, así que lo que vamos a hacer ahora que vamos a cambiar esto:

excepciones/02-tipos-excepciones.py

```
aoeu
except ValueError as e:
    print("Ingrese un valor que corresponda")
```

Estamos colocando que para cuando ocurra un error de tipo **ValueError** lo que hará la aplicación es imprimir “Ingrese un valor que corresponda”, vamos a ejecutar nuevamente nuestra aplicación y ahora si colocaremos un texto cualquiera como la respuesta al input:

Terminal de comandos al ejecutar: excepciones/02-tipos-excepciones.py

```
Ingresa primer número: aoeu
```

Y presionamos enter:

Salida de ejecutar: excepciones/02-tipos-excepciones.py

```
Ingrese un valor que corresponda
```

Y ahora nos está indicando de manera "elegante", que tenemos que ingresar un valor que corresponda. Ejecutaremos nuevamente la aplicación y vamos a colocar un valor que corresponda de nuevo, como por ejemplo 15:

Terminal de comandos al ejecutar: excepciones/02-tipos-excepciones.py

```
Ingresa primer número: aoeu
```

Si presionamos enter:

Salida de ejecutar: excepciones/02-tipos-excepciones.py

```
File "/home/tu-ruta/curso-py/excepciones/02-tipos-excepciones.py", line 3, in <modul\
e>
    aoeu
NameError: name 'aoeu' is not defined
```

Ahora lo que está haciendo en mi aplicación, que está explotando, porque ahora solamente manejando el error de **ValueError** y no el error que nos está arrojando la línea 3 que es de **NameError**.

Así que lo que vamos a hacer ahora es manejar también el caso para **NameError**, agregando nuevamente otro **except** de la siguiente manera:

excepciones/02-tipos-excepciones.py

```
except NameError as e:
    print("Ocurrió un error")
```

Aquí ya estamos capturando nuestro segundo tipo de error, y le decimos que si nuestra aplicación falla por un **NameError**, imprima "Ocurrió un error", vamos a ejecutar nuevamente nuestra aplicación, colocando 15 como el valor del primer input:

Salida de ejecutar: excepciones/02-tipos-excepciones.py

```
Ingresa primer número: 15
```

Al presionar enter:

Salida de ejecutar: excepciones/02-tipos-excepciones.py

```
Ocurrió un error
```

Y ahora vemos que nos está manejando de manera elegante el siguiente error que es el de la línea 3, que evidentemente es un error, pero ya lo podemos manejar de manera independiente y podemos entregarle otro mensaje al usuario, y así fallar elegantemente y no que sencillamente nuestra aplicación explote porque sí.

Código completo de la lección

Para terminar, te dejaré el código del archivo: "**excepciones/02-tipos-excepciones.py**"

excepciones/02-tipos-excepciones.py

```
try:
    n1 = int(input("Ingresa primer número: "))
    aoeu
except ValueError as e:
    print("Ingrese un valor que corresponda")
except NameError as e:
    print("Ocurrió un error")
```

Else y finally

En esta lección vamos a hablar sobre los bloques **else** y **finally**.

Preparación

Crearemos en nuestra carpeta "**excepciones**" un nuevo que se llamará "**03-else-finally.py**", con el siguiente código:

excepciones/03-else-finally.py

```
try:
    n1 = int(input("Ingresa primer número: "))
except Exception as e:
    print("Ocurrió un error!")
```

Seguimos con código similar a las clases anteriores, y lo único que hicimos fue colocar que estamos manejando absolutamente todas las excepciones y estamos imprimiendo que ocurrió un error.

Else

Existe un bloque extra que podemos utilizar que se llama **else** y este bloque se va a ejecutar siempre y cuando, no se haya arrojado ninguna excepción, vamos a colocar adentro un string que va a decir "no ocurrió ningún error":

excepciones/03-else-finally.py

```
else:
    print("No ocurrió ningún un error")
```

Y ahora, si vamos a ejecutar nuestra aplicación, en la cual ingresaremos un número, vamos a ingresar el número 14:

Terminal de comandos al ejecutar: excepciones/03-else-finally.py

```
Ingresa primer número: 13
```

Y si presionamos enter:

Salida de ejecutar: excepciones/03-else-finally.py

```
No ocurrió ningún un error
```

Y nos está indicando ahora que no ocurrió ningún error, pero si intentáramos ejecutar esta misma aplicación y, en lugar de colocar un número, colocáramos, por ejemplo, un texto:

Terminal de comandos al ejecutar: excepciones/03-else-finally.py

```
Ingresa primer número: aoeu
```

Y si presionamos enter:

Salida de ejecutar: excepciones/03-else-finally.py

```
Ocurrió un error!
```

Bloque else

Aquí nos va a indicar que ocurrió un error, y no nos va a mostrar el mensaje anterior, porque el bloque de **else solamente se va a ejecutar siempre y cuando no existan errores.**

Finally

Bloque finally

Vamos a ver otro bloque que **se va a ejecutar siempre**, **independiente de que existan o no errores** y ese es el bloque **finally**.

Vamos a comentar el bloque **else** y vamos a agregar lo siguiente:

excepciones/03-else-finally.py

```
# else:
#     print("No ocurrió ningún un error")
finally:
    print("Se ejecuta siempre!")
```

Ejecutamos nuestra aplicación y vamos a colocar el número 14 al input:

Terminal de comandos al ejecutar: excepciones/03-else-finally.py

```
Ingresa primer número: 14
```

Al presionar la tecla enter:

Terminal de comandos al ejecutar: excepciones/03-else-finally.py

```
Se ejecuta siempre!
```

Nos está mostrando "se ejecuta siempre", ahora vamos a ejecutarlo de nuevo, pero ahora vamos a colocar texto en la entrada del input:

Terminal de comandos al ejecutar: excepciones/03-else-finally.py

```
Ingresa primer número: aoeu
```

Así que presionamos la tecla **enter**:

Terminal de comandos al ejecutar: excepciones/03-else-finally.py

```
Ocurrió un error!
Se ejecuta siempre!
```

Nos está mostrando que "ocurrió un error" y también que "se está ejecutando siempre".

Encadenar todos los bloques

Ahora podemos encadenar absolutamente todos los bloques, podemos encadenar **finally** también con **else** de la siguiente manera, descomentaremos el bloque **else**:

excepciones/03-else-finally.py

```
else:
    print("No ocurrió ningún un error")
```

Ejecutamos nuevamente nuestra aplicación y vamos a colocar el número 12 en el input:

Terminal de comandos al ejecutar: excepciones/03-else-finally.py

```
Ingresa primer número: 12
```

Presionamos **enter**:

Salida de ejecutar: excepciones/03-else-finally.py

```
No ocurrió ningún un error
Se ejecuta siempre!
```

Y nos está indicando que "no ocurrió ningún error" y "que se está ejecutando siempre", ahora ejecutaremos nuevamente nuestra aplicación, pero ingresemos texto:

Terminal de comandos al ejecutar: excepciones/03-else-finally.py

```
Ingresa primer número: aoeu
```

Nuevamente presionamos enter:

Salida de ejecutar: excepciones/03-else-finally.py

```
Ocurrió un error!
Se ejecuta siempre!
```

Y ahora nos está indicando "ocurrió un error" y también nos está mostrando "se ejecuta siempre".

finally lo vamos a utilizar independientemente de si vas o no vas a tener éxito dentro de un bloque de **try/except**, y el caso de **else** va a ser cuando tú quieras agregar una siguiente ejecución de código, pero solamente cuando no haya ocurrido absolutamente ningún error y te quieras mantener dentro del contexto del **try/except**.

Código completo de la lección

Para terminar, te dejaré el código del archivo: "**excepciones/03-else-finally.py**".

excepciones/03-else-finally.py

```
try:
    n1 = int(input("Ingresa primer número: "))
except Exception as e:
    print("Ocurrió un error!")
else:
    print("No ocurrió ningún un error")
finally:
    print("Se ejecuta siempre!")
```

Invocando excepciones

En esta lección vamos a ver cómo invocar excepciones desde el código.

Preparación

En nuestra carpeta "**excepciones**" crearemos un nuevo que se llamará "**04-invocar-excepcion.py**".

Lo primero que vamos a hacer es definir una función que se va a llamar **division**:

excepciones/04-invocar-excepcion.py

```
def division(n=0):
    return 5 / n
```

Y esta va a recibir un número que por defecto vamos a indicar que es 0, y lo que vamos a hacer acá es retornar la división de 5 entre el número que le pasemos. Este es un ejemplo la verdad bastante simple y es para que podamos entender cómo lanzar las excepciones, según las matemáticas básicas, no podemos dividir absolutamente ningún número entre 0, porque esto no es que de infinito, es que no se puede es una falla matemática, no se puede hacer eso, entonces lo que vamos a tratar de hacer acá en Python es invocar esta misma función.

Vamos a llamar a división:

excepciones/04-invocar-excepcion.py

```
division()
```

Vamos a ejecutar nuestra aplicación:

Salida de ejecutar: excepciones/04-invocar-excepcion.py

```
File "/home/tu-ruta/curso-py/excepciones/04-invocar-excepcion.py", line 2, in divisi\
on
    return 5 / n
ZeroDivisionError: division by zero
```

Y acá nos está mostrando **ZeroDivisiónError**, o sea que estamos dividiendo por cero, y esto no es posible, entonces lo que vamos a hacer es que dentro de nuestra misma función de **división** vamos a agregar lo siguiente:

excepciones/04-invocar-excepcion.py

```
    if n == 0:
        raise
```

Estamos colocando con un **if** que si **n** es igual a 0, en ese caso lo que vamos a hacer es que en lugar de ejecutar la división, vamos a lanzar una excepción con **raise** y delante de este tenemos que colocar el nombre de la excepción que queremos lanzar.

Y la forma en la podemos saber qué excepción vamos a tener que usar es venirnos a la documentación, porque la verdad es que son bastantes excepciones las que podemos lanzar. Entonces vamos a abrir el explorador y dentro de la caja de búsqueda vamos a escribir: **python errors and exceptions**:

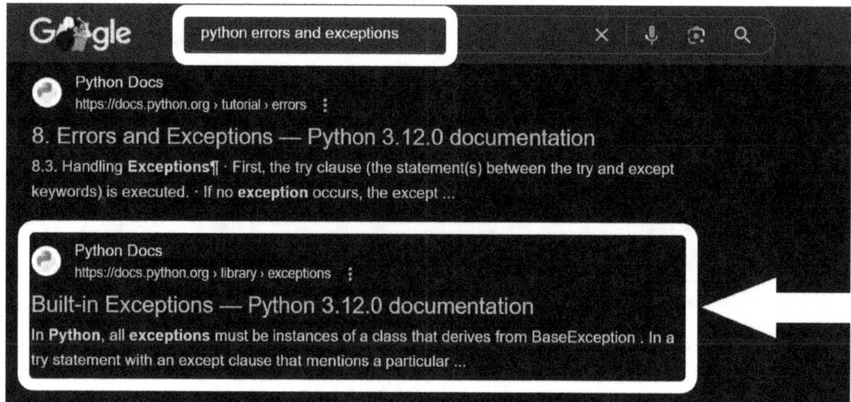

Buscando documentación de las excepciones

Hacemos clic en el link que dice **Built-in Exceptions** y podrías ver que no puede aparecer la misma versión que ves en la imagen, ya que se muestra la versión más reciente de Python, que cuando se tomó esta captura de pantalla es la versión **3.12.0**

Y lo que vamos a hacer es que vamos a bajar hasta el final, y aquí nos va a mostrar una estructura jerárquica de todas las excepciones que podemos llegar a lanzar dentro de Python:

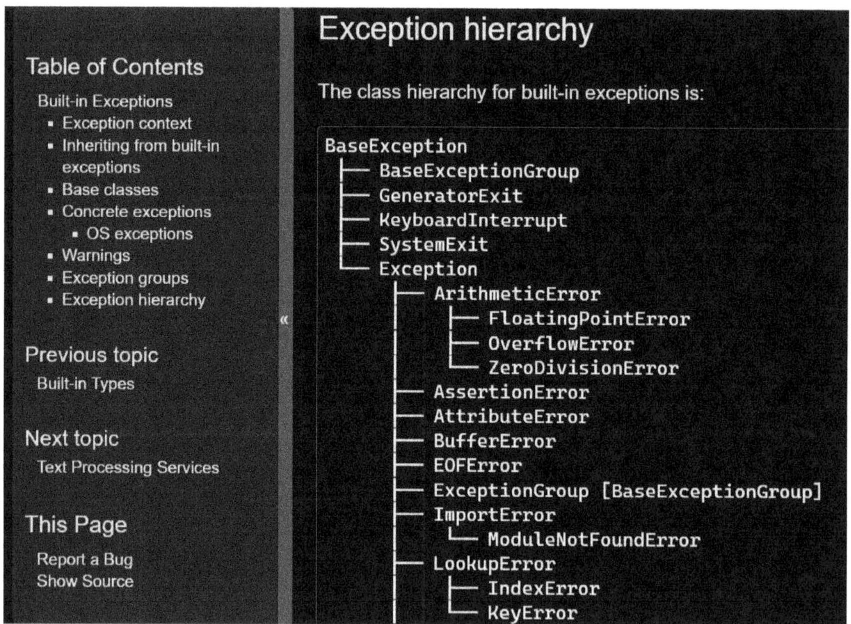

Árbol de excepciones

Y por ejemplo, acá tenemos a **ZeroDivisiónError**, **OverflowError**, y **FloatingPointError**, que estos son parte de **ArithmeticError** el cual es parte de **Exception**:

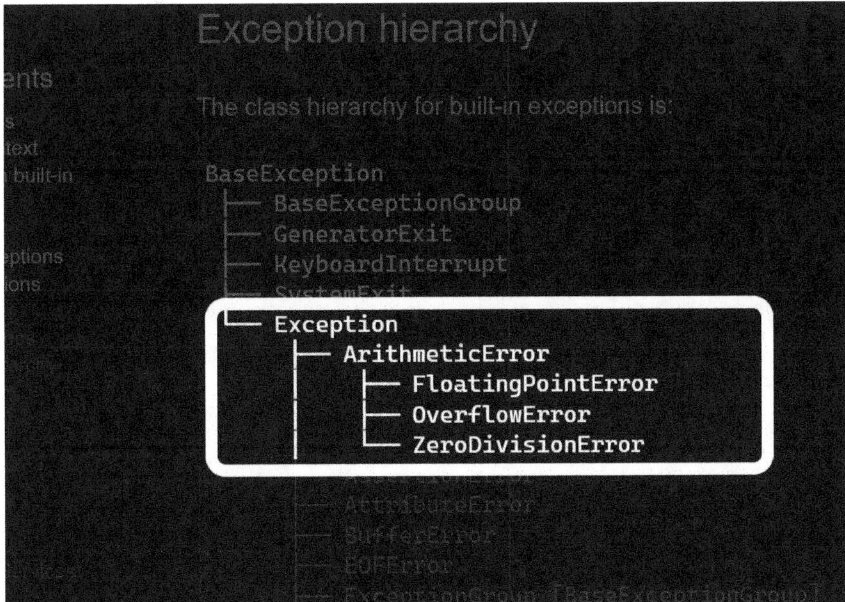

Exeptions

Y siempre tenemos que tratar de evitar lanzar excepciones que vengan de **BaseException** o que vengan de **Exception** tenemos que tratar de ser lo más específico posible, ya que si tratamos de lanzar a **Exception** de esta manera en **raise**:

excepciones/04-invocar-excepcion.py

```
    if n == 0:
        raise Exception("No se puede dividir por 0")
...
```

Esto nos va a indicar un error, ya que ahora el editor nos está subrayando esto con amarillo, y lo que nos está indicando es que la excepción que estamos lanzando es muy general:

```
3        raise Exception("No se puede dividir por 0")
Raising too general exception: Exception Pylint(W0719:broad-
exception-raised)

class Exception(*args: object)

Common base class for all non-exit exceptions.

View Problem (Alt+F8)   No quick fixes available
```

Warning de excepción general

Así es que lo que vamos a hacer es cambiarla por **ZeroDivisionError**:

excepciones/04-invocar-excepcion.py

```
    if n == 0:
        raise ZeroDivisionError("No se puede dividir por 0")
```

Ahora, esta función de división podemos envolverla dentro de un **try/except**:

excepciones/04-invocar-excepcion.py

```
try:
    division()
except ZeroDivisionError as e:
    print(e)
```

Y en el **except** vamos a imprimir el error, aprovechando de capturar nuestro **ZeroDivisionError**, ahora sí ejecutamos:

Salida de ejecutar: excepciones/04-invocar-excepcion.py

```
No se puede dividir por 0
```

Y ahora nos está mostrando nuestro mensaje "no se puede dividir por 0".

Ahora algo interesante, es que todos los argumentos que le pasemos a esta clase **ZeroDivisionError**, se van a pasar inmediatamente a la excepción, o sea que a **e** cuando lo imprimamos, vamos a poder ver todos los argumentos que le hayamos pasado a **ZeroDivisionError**, y esto es con absolutamente todas las excepciones no es solamente con esta, entonces vamos a agregar otro argumento:

excepciones/04-invocar-excepcion.py

```
    if n == 0:
        raise ZeroDivisionError("No se puede dividir por 0", f"{n}")
```

Entonces, con un string formateado pasamos el valor de **n**, ya sabemos que es **0**, pero vamos a colocarlo igual en el fondo para que veas que podemos acceder de todas maneras a los valores que se están recibiendo en esta clase, ahora si vamos a ejecutar de nuevo:

Salida de ejecutar: excepciones/04-invocar-excepcion.py

```
('No se puede dividir por 0', '0')
```

Y vemos ahora que ya no nos está devolviendo un string, nos está devolviendo una tupla, y aquí tenemos el valor del primer argumento y segundo argumento que recibió el error, nuestra excepción que estamos lanzando.

Hasta ahora hemos visto que podemos lanzar excepciones que se encuentran incluidas dentro del lenguaje de Python, sin embargo, existen 2 cosas que tú tienes que saber:

1. Tú no deberías lanzar excepciones muy seguido, porque estas son costosas en rendimiento, sin embargo, si quieres que tus errores sean explícitos lanzar un par de excepciones de vez en cuando la verdad es que no es tan terrible,
2. y otra cosa que también tienes que saber de las excepciones, es que tú puedes crear tus propias excepciones customizadas, y eso es lo que vamos a ver en la siguiente lección

Código completo de la lección

Pero antes de continuar, te dejaré el código del archivo: "**04-invocar-excepcion.py**".

excepciones/04-invocar-excepcion.py

```
def division(n=0):
    if n == 0:
        raise ZeroDivisionError("No se puede dividir por 0", f"{n}")
    return 5 / n


try:
    division()
except ZeroDivisionError as e:
    print(e)
```

Excepciones customizadas

Preparación

Crearemos un nuevo que se llamará "**05-excepciones-custom.py**" en nuestra carpeta "**excepciones**", con el mismo código que la lección pasada:

excepciones/05-excepciones-custom.py

```
def division(n=0):
    if n == 0:
        raise ZeroDivisionError("No se puede dividir por 0", f"{n}")
    return 5 / n


try:
    division()
except ZeroDivisionError as e:
    print(e)
```

En la lección pasada vimos cómo podemos invocar excepciones directamente en nuestro código, para luego poder capturarlas cuando estemos invocando alguna función, esto nos va a servir esto para identificar inmediatamente, si es que está ocurriendo algo indebido dentro de nuestro código, pero que tenemos que tratar de no utilizarlas tanto, siempre y cuando, dependamos mucho del rendimiento, pero la verdad es que esto, si es que bien nos puede afectar el rendimiento, no va a ser tan terrible, así que podemos utilizarlas, y a menos que estemos hilando demasiado fino, en ese caso, deberíamos buscar alternativas, como por ejemplo, manejar esto sencillamente con un **if** y en lugar de lanzar una excepción devolver **None** y después con eso entregarle algún mensaje al usuario.

Ahora vamos a ver cómo podemos crear una excepción personalizada, para eso nos vamos a venir al comienzo del archivo y vamos a escribir lo siguiente:

excepciones/05-excepciones-custom.py

```
class MiError():
...
```

Acá le puedes dar el nombre que quieras porque finalmente esto es una clase, y acá lo que tenemos que hacer es que esta clase tiene que heredar de otra clase de error, por ejemplo, podríamos tomar esta clase de **ZeroDivisionError**:

excepciones/05-excepciones-custom.py

```
class MiError(ZeroDivisionError):
...
```

Pero si tampoco estamos muy seguros de esto, y queremos crear un error personalizado que no se encuentre dentro del listado que vimos en la lección anterior en ese caso podemos pasarle a **Exception**:

excepciones/05-excepciones-custom.py

```
class MiError(Exception):
. . .
```

Y esto está bien, a continuación, estas clases pueden tener también una documentación en particular para qué cosa que cuando otros desarrolladores vayan a ver el código de esta excepción sepan a qué se refiere, y lo podemos hacer colocando derechamente un string, justamente después del nombre de la clase, para nuestro ejemplo vamos a colocar el **string** "Esta clase es para representar mi error":

excepciones/05-excepciones-custom.py

```
class MiError(Exception):
    "Esta clase es para representar mi error"

. . .
```

Ahora lo que podemos hacer es que en lugar de invocar a **ZeroDivisionError** en la función **división**, podemos invocar a nuestra clase **MiError**:

excepciones/05-excepciones-custom.py

```
def division(n=0):
    if n == 0:
        raise MiError("No se puede dividir por 0", f"{n}")
    return 5 / n
. . .
```

Más abajo en el código, lo siguiente que haremos será capturar esto, entonces ahora en lugar de **ZeroDivisionError**, vamos a capturar **MiError**:

excepciones/05-excepciones-custom.py

```
try:
    division()
except MiError as e:
    print(e)
```

Vamos a ejecutar ahora nuestra aplicación:

Salida de ejecutar: excepciones/05-excepciones-custom.py

```
('No se puede dividir por 0', '0')
```

Y vemos cómo nos está devolviendo nuevamente la misma tupla que antes, hasta ahora estamos bien, pero ¿por qué querríamos hacer esto si es que ya podemos utilizar las excepciones que ya existen?, bueno, la razón por la cual queríamos crear nuestras propias excepciones personalizadas, es para que podamos agregarle lógica o también para que podamos agregarle más valores que podrían sernos útiles después, por ejemplo, lo que podemos hacer acá es crear un constructor el cual va a recibir un mensaje, que se vendría siendo el primer argumento que va a recibir y también podríamos pasarle más datos como por ejemplo, el código de error, porque podríamos querer utilizar un código de error para identificar exactamente qué es lo que está pasando dentro de nuestra aplicación, como por ejemplo, podrían ser los códigos de error que se están devolviendo a los exploradores web, por ejemplo, el típico error 404, que significa que no se ha encontrado un recurso. En este caso podríamos querer pasar acá un código o algún diccionario, por ahora para hacer el ejercicio más sencillo vamos a pasar un código:

excepciones/05-excepciones-custom.py

```
def __init__(self, mensaje, codigo):

. . .
```

Acá tenemos que asignárselo a nuestra clase **MiError** como propiedades:

excepciones/05-excepciones-custom.py

```
def __init__(self, mensaje, codigo):
    self.mensaje = mensaje
    self.codigo = codigo
```

Ahora, lo que está ocurriendo es que cuando estemos generando una instancia de **MiError**, el primer argumento que le estamos pasando se va a asignar la propiedad de **mensaje** y el segundo argumento que se está pasando se va a asociar al atributo de **codigo**, así es que aquí lo que vamos a hacer es que vamos a colocar un código, por ejemplo el 805:

excepciones/05-excepciones-custom.py

```
    def division(n=0):
        if n == 0:
            raise MiError("No se puede dividir por 0", 805)
        return 5 / n
. . .
```

Ahora vamos a bajar y con esto hemos logrado acceder a 2 cosas sumamente importantes, primero vendría siendo que cuando ahora imprimimos nuestro error en la línea 18:

excepciones/05-excepciones-custom.py

```
18 print(e)
```

Vamos a poder seguir viendo todos los argumentos que este error está recibiendo, entonces si ejecutamos:

Salida de ejecutar: excepciones/05-excepciones-custom.py

```
('No se puede dividir por 0', 805)
```

Y lo primero que ganamos ahora es que cuando presionemos punto en **e** vamos a poder ver las propiedades que le asignamos a este error cuando definimos la clase:

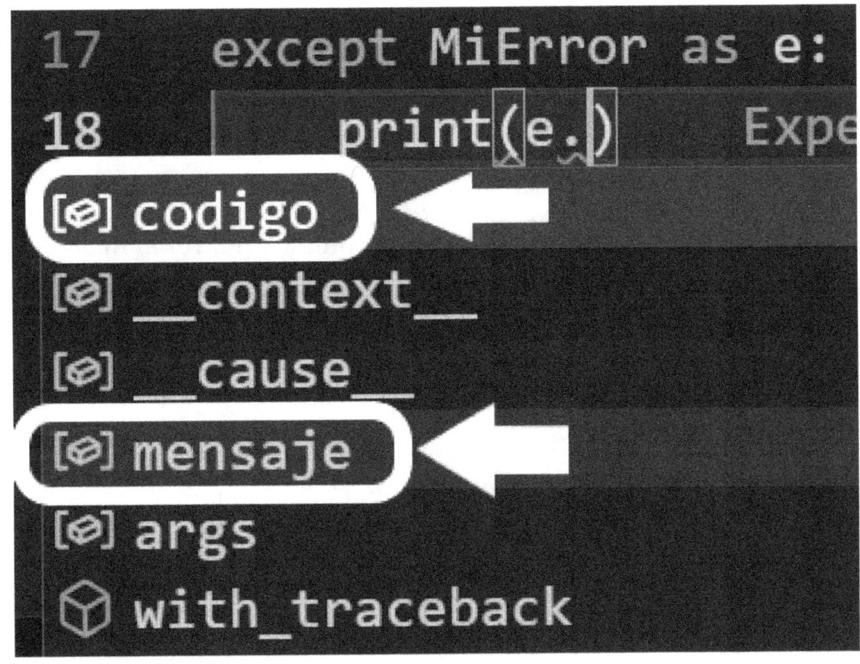

Propiedades en error

Entonces ahora tenemos acceso a **codigo** y a **mensaje**, así que vamos a imprimir solo el código:

Salida de ejecutar: excepciones/05-excepciones-custom.py

```
print(e.codigo)
```

Y vamos a ejecutar nuevamente:

Salida de ejecutar: excepciones/05-excepciones-custom.py

```
805
```

Ahora vemos el código, pero también podemos ver el mensaje:

excepciones/05-excepciones-custom.py

```
print(e.mensaje)
```

Así que vamos a ejecutar:

Salida de ejecutar: excepciones/05-excepciones-custom.py

```
No se puede dividir por 0
```

Y podemos ver el mensaje que está lanzando **MiError**.

Pero podemos acceder a hacer otra cosa ahora, y es que dentro de nuestra clase de **MiError**, vamos a poder definir el método mágico de **__str__**, entonces ahora cuando lo imprimamos, vamos a poder decir algo como por ejemplo un string formateado, esto lo haremos agregando este código a la clase:

excepciones/05-excepciones-custom.py

```
    def __str__(self):
        return f"{self.mensaje} - código: {self.codigo}"
. . .
```

Y vamos a borrar la propiedad de **mensaje** cuando imprimimos el error al final:

excepciones/05-excepciones-custom.py

```
print(e)
```

Cuando ejecutemos, vamos a ver:

Salida de ejecutar: excepciones/05-excepciones-custom.py

```
No se puede dividir por 0 - código: 805
```

Ahora nos está indicando todo el texto formateado con ambas propiedades, de esta manera podemos crear errores personalizados, y otras cosas que yo también he visto que hacen otros desarrolladores, es que cuando lanzan los errores, tratan de formatearlos inmediatamente, para que estos tengan un mensaje un poco más elegante y que haga más sentido para los usuarios, como por ejemplo, lo que acabamos de hacer con el método mágico **__str__**, estamos diciendo no se puede dividir por cero, en este caso lo que podríamos hacer ahora es devolverle el mensaje de este error al usuario, y ahí este sabría que está dividiendo por cero, entonces lo que tendría que hacer es no dividir por cero, de esta manera podemos generar nuestras propias excepciones personalizadas en Python.

Código completo de la lección

Y con esto hemos terminado la sección, por último, aquí está el código completo del archivo "**excepciones/05-excepciones-custom.py**".

excepciones/05-excepciones-custom.py

```
class MiError(Exception):
    "Esta clase es para representar mi error"

    def __init__(self, mensaje, codigo):
        self.mensaje = mensaje
        self.codigo = codigo

    def __str__(self):
        return f"{self.mensaje} - código: {self.codigo}"


def division(n=0):
    if n == 0:
        raise MiError("No se puede dividir por 0", 805)
    return 5 / n


```

```
try:
    division()
except MiError as e:
    print(e)
```

Capítulo 8: Módulos

Introducción

En esta sección vamos a hablar acerca de los módulos en Python.

Hasta ahora lo que hemos hecho ha sido guardar absolutamente todo nuestro código: funciones, variables, clases, absolutamente todo dentro del mismo archivo, pero esa no es la forma en la cual escribimos aplicaciones en el mundo real con Python, lo que queremos hacer siempre absolutamente siempre, es definir nuevos archivos donde vamos a ir a tomar nuestro código existente, lo vamos a recortar y pegar en estos nuevos archivos, esto es con el objetivo de ser más ordenados y que podamos encontrar el código que necesitamos en los archivos dependiendo de como los nombremos y cómo los guardemos.

¿Qué son los módulos?

Entonces los módulos se necesitan exactamente por la misma razón por la cual cuando compramos libros, estos vienen ordenados y tratan siempre sobre una misma temática que finalmente van profundizando, como por ejemplo, cuando tú ves un curso de programación este curso de programación se va a enfocar en su mayoría en un lenguaje o por lo menos va a tener una sección enfocada solamente en ese lenguaje y ahí tú vas a poder encontrar dentro de estas secciones, cosas como las variables o las funciones, pero todo lo relacionado con ese lenguaje, por estas mismas razones que utilizamos los módulos, para poder tomar código que sea relevante entre sí y guardarlo dentro de estos nuevos archivos.

Preparación

Para comenzar, trabajaremos en una nueva carpeta que se llamará "**modulos**" y dentro de esta crearemos un nuevo que se llamará "**app.py**" con el siguiente código.

modulos/app.py

```
def guardar():
    print("guardando")


def pagar_impuestos():
    print("pagando impuestos")
```

En este archivo definimos una función que se llama **guardar** y otra que se llama **pagar_impuestos**, en este caso pareciera que estos hace referencia a un usuario, así es que lo que vamos a hacer es tomar todo este código, y lo vamos a meter dentro de un archivo que se va a llamar "**usuario.py**".

Así es que tomaremos todo este código, lo cortaremos y vamos a pegar en un nuevo archivo en nuestra carpeta "**modulos**" que se va a llamar "**usuario.py**":

Estructura de carpetas y archivos en la carpeta modulos

```
modulos/
    |-- app.py"
    |-- usuario.py
```

Con el siguiente código:

modulos/usuario.py

```
def guardar():
    print("guardando")


def pagar_impuestos():
    print("pagando impuestos")
```

Vamos a dejar estos 2 archivos abiertos y nos vamos a ir nuevamente de regreso a nuestro archivo de **"modulos/app.py"** y en este es donde vamos a **importar**, **requerir** o **traernos las funciones** que tenemos ahora definidas dentro de nuestro archivo **"usuario.py"**, eso tenemos que hacer de la siguiente manera:

modulos/app.py

```
from usuario
```

Vamos a escribir la palabra reservada **from**, espacio, seguido de eso tenemos que colocar el nombre del archivo, que en este caso el nombre del archivo es **usuario** y fíjate en esto que es súper importante, **no tenemos que colocar la extensión** "**.py**", solamente tenemos que colocar el nombre del archivo.

Después de eso, tenemos que decir qué es lo que queremos utilizar, para esto agregaremos la palabra reservada **import**

modulos/app.py

```
from usuario import
```

Algo muy importante es que en algunos tutoriales de programación te van a decir que tú tienes que importar absolutamente todo utilizando el asterisco, pero no hagas nunca eso no te atrevas a hacerlo ya que es una pésima práctica y vamos a ver ahora qué pasaría:

modulos/app.py

```
from usuario import *
```

Acá estamos importando absolutamente todo, vamos a importar por ejemplo la función de **guardar** y si en este archivo acá también tuviésemos una función de guardar definida, ¿cuál crees que se ejecutaría? ¡Así es! Ese es el problema, entonces lo que vamos a hacer es que nunca vamos a importar nuestras variables, funciones, clases, etc., utilizando el asterisco.

Lo que tenemos que hacer es indicarle a Python exactamente qué es lo que necesitamos de este archivo de **usuario** y para poder saber qué es lo que necesitamos de este archivo, podemos hacer

2 cosas, nos vamos directamente al archivo de **usuario** y para ver que tenemos una función de **guardar** y una función de **pagar_impuestos**, que esta vendría siendo la forma más normal en la cual vamos a importar funciones o cualquier cosa en verdad, o lo otro es que delante del **import** presionamos el atajo **control** + **espacio**:

Opciones disponibles para importar

Y acá nos va a indicar las 2 opciones que tenemos para importar, y vamos a importar la función de **guardar**:

modulos/app.py

```
1 from usuario import guardar
```

Y ahora podemos llamar a la función de **guardar** en el archivo "**app.py**":

modulos/app.py

```
3 guardar()
```

Es más, vamos a ejecutar ahora este archivo:

Salida de ejecutar: modulos/app.py

```
1 guardando
```

Y podemos ver que nos está imprimiendo el string de **guardando**.

¿Cómo importar más de un elemento?

Si es que quisiéramos importar además otra función más, lo que tengo que hacer es escribirla en la misma línea donde hicimos la importación, es decir en la línea 1, separando por una coma cada elemento de la siguiente manera:

modulos/app.py

```
1 from usuario import guardar, pagar_impuestos
```

Una vez que has colocado la coma y el espacio que tenemos entre cada importación, volvemos a presionar el atajo **control** + **espacio**, para que VSCode nos entregue las sugerencias de lo que podemos importar:

```
from usuario import guardar,

guardar()

```


Opciones de importación

Y ahora nos aparece inmediatamente **pagar_impuestos**, y solamente nos da esta opción en esta ocasión, ya que **guardar** ya había sido importada en este archivo, y ahora podemos llamar a **pagar_impuestos** :

modulos/app.py

```
pagar_impuestos()
```

¿Cómo nombrar a los archivos de módulos?

Algo sumamente importante, hasta ahora, cuando hemos estado creando los archivos para poder separarlo entre las distintas clases o lecciones, lo hemos estado haciendo de la siguiente forma, tenemos una "**palabra1-palabra2.py**", esto solo lo hemos hecho para poder separar las lecciones en las cuales nos encontramos, por ejemplo: **01-< y el nombre de la lección>**.

Cuando estamos trabajando con módulos, vamos a tener que utilizar la convención que se utiliza en Python, y la convención vendría siendo, que si tenemos algún archivo que tenga múltiples palabras, vamos a tener que separar cada palabra con un guión bajo, entonces tendríamos "**palabra1_ palabra2.py**", y si tuviéramos otra palabra, lo separaríamos nuevamente con un guión bajo.

Para cuando después queramos importar esto, lo tendríamos que hacer con la palabra reservada **from palabra1_palabra2** y de esa manera es cómo deberíamos importar un archivo que contiene múltiples palabras.

Vamos a hacer esto mismo para nuestro ejemplo, vamos a cambiar el nombre del archivo "**usuario.py**" a "**usuario_impuestos.py**". Y ahora tenemos que completar en nuestro archivo "**modulos/app.py**" el nombre de nuestro archivo:

modulos/app.py

```
from usuario_impuestos import guardar, pagar_impuestos
```

Ejemplo de importar con asterisco

Ahora vamos a hacer un ejemplo más, solamente para mostrarte el problema de importar con asterisco, vamos a eliminar absolutamente todas las funciones que hemos importado y vamos a escribir de nuevo el asterisco:

modulos/app.py

```
from usuario_impuestos import *
```

Como puedes notar el código sigue funcionando, no tenemos ningún **warning** en las funciones. Ahora vamos a borrar el llamado de la función **pagar_impuestos**:

modulos/app.py

```
pagar_impuestos()
```

Y vamos a definir ahora una función que se va a llamar **guardar** arriba de nuestro llamado a **guardar**:

modulos/app.py

```
def guardar():
        print("soy app.py")

guardar()
```

Y si ejecutamos:

Salida de ejecutar: app.py

```
soy app.py
```

Pero si decidimos llamarlo antes de esta nueva definición, **que también es una pésima práctica, tampoco se tiene que hacer, siempre tenemos que definirlos antes**:

modulos/app.py

```
guardar()


def guardar():
    print("soy app.py")
```

Si volvemos a ejecutar:

Salida de ejecutar: modulos/app.py

```
guardando
```

Nos está indicando "guardando", entonces el orden en el cual ejecutamos las funciones que estamos importando, va a ser relevante, si es que utilizamos **import** con asterisco, vamos a tener que ejecutarla justamente antes de definir nuevamente esta función, pero por si acaso, no deberíamos hacer esto, si lo llegásemos a hacer podría ocurrir que sin darnos cuenta definamos una función que se encuentre dentro del módulo que importamos, y cuando estemos llamando a **guardar** no vamos a saber necesariamente, si estamos llamando a la función que definimos dentro o a la función que estamos importando, así es que para solucionarnos todos estos problemas de cabeza, y no tener que pensar en eso, lo que vamos a hacer sencillamente es nunca utilizar un import con asterisco, siempre vamos a utilizar un **import nombrado** y de esta manera VSCode tampoco se queja.

Código completo de la lección

Para terminar, te dejaré el código de los archivos: "**modulos/usuario_impuestos**" y "**modulos/app.py**".

modulos/usuario_impuestos.py

```
def guardar():
            print("guardando")


def pagar_impuestos():
         print("pagando impuestos")
```

modulos/app.py

```
from usuario_impuestos import guardar

guardar()
```

Módulos compilados

En esta lección vamos a examinar una carpeta que nos creó Python, sin siquiera saberlo. Para ello nos vamos a ir hacia el explorador de archivos y vamos a tener una nueva carpeta que se llama **__pycache__**, si abrimos su contenido, vamos a ver 2 archivos:

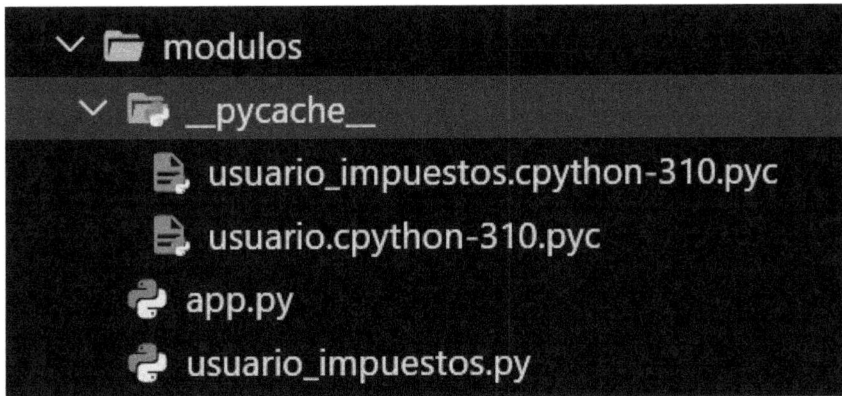

Carpeta pycache y su contenido

1. El primero vendría siendo **usuario.cpython-310.pyc**, que este vendría siendo el archivo de **usuario.py**, que creamos antes y que luego después renombramos por **usuario_ impuestos.py**,y
2. El otro archivo que se encuentra más arriba es el de **usuario.impuestos.cpython-310.pyc**.

Vamos a analizar qué es lo que estaba ocurriendo, cuando importamos un módulo, lo que hará Python será compilar este módulo inmediatamente a **PyCode**, en este caso el primer archivo que compiló a **PyCode** es el de "**usuario.py**" que fue el primero que importamos, luego de eso, lo que hicimos fue renombrar el archivo a "**usuarios_impuestos**" y, por ende Python tuvo que volver a compilar este archivo, esa es la razón por la cual lo vemos acá como "**usuario_impuestos**".

Y ahora nota algo importante, lo que hicimos al momento de renombrar el archivo, Python, inmediatamente no se dio cuenta de que ese archivo ya no existía, así es que no eliminó esta versión compilada, por ende, cuando se genera el caché por parte de Python, este lo único que hará será ir creando nuevos archivos, en lugar de ir verificando si es que algún archivo se cambió de nombre o si es que algún archivo se eliminó, solamente lo que hará será crear nuevos archivos.

Esto es **con el objetivo de mejorar el rendimiento**, pero de carga de módulos, esto quiere decir nuestro código no se va a volver más eficiente, lo que si va a ocurrir es que cuando carguemos un módulo, Python ya no va a compilar nuevamente este código, sino que va a ir a buscar directamente si es que hay algo dentro de esta carpeta de "**pycache**", y si es que no se encuentra el módulo dentro de esta carpeta de "**pycache**" en ese caso lo que hará será ir nuevamente a nuestros archivos, buscar el archivo en cuestión, compilarlo y almacenarlo dentro de esta carpeta.

Python diferencia si es que estos archivos de caché contienen la última versión del código, lo que hace es que va a comparar, por ejemplo, del archivo "**usuario.impuestos.cpython-310.pyc**" va a tomar su fecha de modificación y si la fecha de modificación de este es menor que la fecha de modificación de "**usuario_impuestos.py**" y en ese caso Python va a pensar que este archivo ha cambiado y por ende, como cambió, tiene que recompilarlo y reemplazar el archivo que se encuentra dentro de "**__pycache__**".

Y ahora lo que viene después del punto, es decir **.cpython-310.pyc**, quiere decir:

- **cpython** es la implementación de Python que estamos utilizando,
- **310**, que es la versión de Python que estamos utilizando, y
- después tenemos la extensión que es **pyc** que es Python caché.

Paquetes

En esta lección vamos a hablar sobre los paquetes.

Preparación

En esta clase ocuparemos los mismos archivos y carpetas con las que comenzamos la sección.

Diferencia entre paquetes y módulos

La diferencia entre los paquetes y los módulos es que **los módulos apuntan a archivos** y **los paquetes apuntan a carpetas.**

En esta lección vamos a ver inmediatamente cómo podemos implementar paquetes en nuestro código Python, entonces cuando empezamos a escribir código dentro de nuestros programas en Python, nos vamos a dar cuenta de que nuestro código va a empezar a crecer, crecer y a crecer, y si no encontramos una forma para poder organizar nuestro código, vamos a estar trabajando finalmente con código que va a ser completamente inmantenible, esta es la razón por la cual además de trabajar con módulos, también trabajamos con paquetes.

Y para poder crear un paquete, vamos a irnos directamente dentro de nuestra carpeta de "**modulos**", y acá vamos a crear una nueva carpeta a la cual le vamos a indicar que se llama "**usuarios**". Y ahora vamos a mover nuestro archivo de "**usuario_impuestos.py**" dentro de esta carpeta de **usuario**, y vamos a aprovechar de renombrar este archivo a "**acciones.py**", quedando tu estructura de archivos de la siguiente manera:

Estructura de carpetas en la carpeta modulo

```
modulos/
    |-- __pycache__/
        |-- usuario.cpython-310.pyc
        |-- usuario.impuestos.cpython-310.pyc
    |-- usuarios/
        |-- acciones.py
    |-- app.py
```

Ahora, si nos devolvemos a nuestro archivo de "**app.py**", nos vamos a dar cuenta de que vamos a empezar a tener problemas ahora cuando tenemos de importar a "**usuario_impuestos**" por supuesto porque ahora el archivo "**usuario_impuestos**" ya no existe:

```
1   from usuario_impuestos import guardar    Unable to import 'usuario_impuestos
2     Unable to import 'usuario_impuestos' Pylint(E0401:import-error)
3
4     View Problem (Alt+F8)   Quick Fix... (Ctrl+.)
```

Error en la importación

Lo que sí tenemos, es un paquete que se llama "**usuarios**". Ahora, si intentáramos importar directamente de "**usuarios**":

modulos/app.py

```
1 from usuarios import guardar
```

Con este cambio nos vamos a dar cuenta de que ahora Python, nos está arrojando un error:

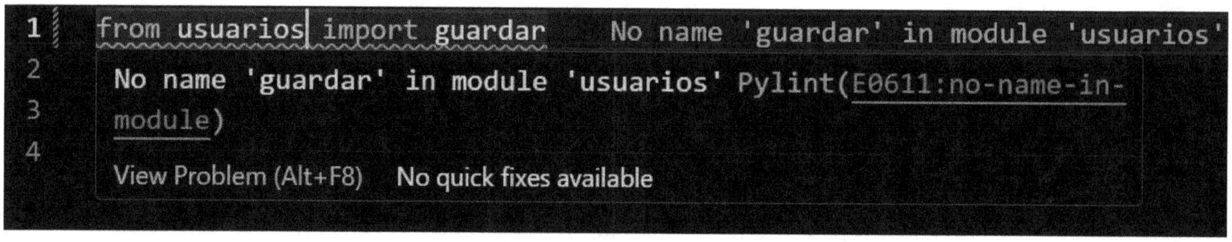

```
1   from usuarios import guardar     No name 'guardar' in module 'usuarios'
2     No name 'guardar' in module 'usuarios' Pylint(E0611:no-name-in-
3     module)
4
      View Problem (Alt+F8)   No quick fixes available
```

Error importando el módulo usuarios

Y es porque por ahora la carpeta "**usuarios**" no es un paquete, entonces nos tenemos que asegurar de poder transformar esta carpeta de "**usuarios**" con todo su contenido en un paquete.

Transformar una carpeta en un paquete

Y para poder transformar esto en un paquete, lo que vamos a tener que hacer es dentro de nuestra carpeta de "**usuarios**" vamos a crear un nuevo archivo, el cual se va a llamar: "**__init__.py**".

Estructura de carpetas en la carpeta modulo

```
modulos/
|-- __pycache__/
    |-- usuario.cpython-310.pyc
    |-- usuario.impuestos.cpython-310.pyc
|-- usuarios/
    |-- __init__.py
    |-- acciones.py
|-- app.py
```

Solamente con realizar esta acción, Python ya sabe que esta carpeta de **usuarios** ahora es un paquete, y como paquete vamos a poder repartir todo nuestro código en distintos archivos y te voy a mostrar inmediatamente cómo.

Ahora tenemos este archivo que se llama "**acciones.py**" que contiene nuestras funciones de **guardar** y también de "**pagar_impuestos**", ahora lo que vamos a hacer es ir nuevamente al archivo de "**app.py**" y para poder importar el paquete que acabamos de crear, vamos a ir a la línea 1 después de "**usuarios**" vamos a colocar un punto y vamos a ver las opciones que nos tiene el editor para importar desde este paquete, si no te aparecen automáticamente también puedes presionar el atajo de teclado **control** + **espacio**, y vamos a ver los distintos módulos que se encuentran dentro de este paquete:

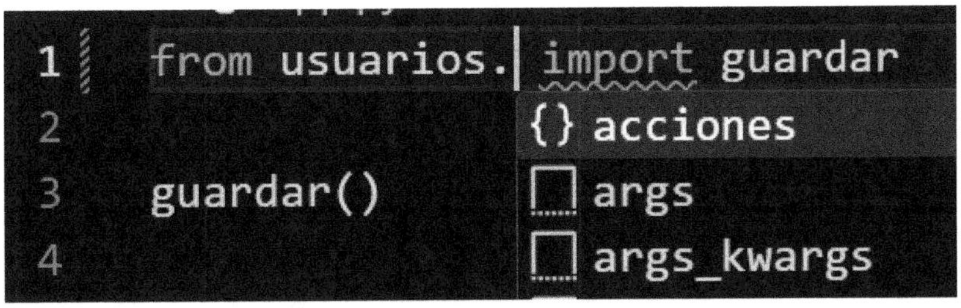

```
1  from usuarios.  import guardar
2                  {} acciones
3  guardar()       args
4                  args_kwargs
```

Módulos dentro del paquete usuarios

Entonces los módulos vendrían siendo los archivos que se encuentran dentro del paquete que vendría siendo la carpeta de "**usuarios**", y VSCode nos está recomendando terminar con **acciones** porque este vendría siendo el módulo que se encuentra dentro del paquete "**usuarios**", así que debemos tener lo siguiente:

modulos/app.py

```
from usuarios.acciones import guardar
```

Con esto vemos que VSCode nos dejará de mostrar el error, y si ejecutamos nuestro código:

Salida de ejecutar: modulos/app.py

```
guardando
```

Vamos a ver qué nos sigue mostrando "guardando".

Importar paquetes con import al principio

Ahora existen algunas personas que prefieren importar su código de la siguiente manera:

modulos/app.py

```
import usuarios.acciones
```

Aquí hemos eliminado a **from**, cuando hacemos esto vamos a poder referenciar a todas las funciones que se encuentra dentro de **acciones**, pero vamos a tener que cambiar un poco nuestra notación, en ese caso vamos a tener que llamar a la función de esta manera:

modulos/app.py

```
usuarios.acciones.guardar()
```

De esta manera vamos a ejecutar:

Salida de ejecutar: modulos/app.py

```
guardando
```

Y nuevamente vemos que nos está imprimiendo "guardando" dentro de nuestra terminal.

Tercera forma de importar con from ... import

Pero por supuesto, que si nos dedicamos a escribir todo nuestro código así, la verdad es que va a ser bastante tedioso, sin embargo, además de poder importar específicamente lo que queremos existe otra forma también de poder importar las funciones dentro de un módulo que se encuentra dentro de un paquete, de una manera más sencilla para que nuestro código también se mantenga ordenado, y así no tener el problema de utilizar el **import con asterisco**, para eso vamos a cambiar nuestro código a la siguiente forma:

modulos/app.py

```
from usuarios import acciones
```

Ahora modificaremos el llamado a la función:

modulos/app.py

```
acciones.guardar()
```

Y si ejecutamos:

Salida de ejecutar: modulos/app.py

```
guardando
```

Tendremos el mismo resultado, lo que hacemos aquí es que desde el paquete de usuarios estamos importando todo el paquete de acciones, lo que nos permite usar acciones para llamar a todas sus funciones.

Resumen de las diferentes formas de importar:

1. Entonces podemos importar las funciones específicas que queremos dentro del módulo que se encuentra dentro de un paquete, esto quiere decir, dentro del archivo que se encuentra dentro de una carpeta:

modulos/app.py

```
from usuarios.acciones import guardar

guardar()
```

1. También podemos importar el archivo completo:

modulos/app.py

```
from usuarios import acciones

acciones.guardar()
```

1. Y también podemos importar el módulo completo, pero esto necesariamente va a requerir que también coloquemos el nombre del paquete, esta forma que aparece acá:

modulos/app.py

```
import usuarios.acciones

usuarios.acciones.guardar()
```

Esta última manera, que si bien no es incorrecta es bastante tedioso de escribir el código así, así que yo te recomiendo usar la forma:

modulos/app.py

```
from usuarios.acciones import guardar

guardar()
```

Si prefieres organizar todas sus funciones y que estas queden todo dentro de un mismo diccionario u objeto, deberías usar esta:

modulos/app.py

```
from usuarios import acciones

acciones.guardar()
```

Estas 2 formas son las que yo te sugiero que utilices, la otra, es que es bastante tediosa, no la utilices, sin embargo, ninguna de estas es una mala práctica, así es que, independiente de la cual quieras utilizar, trata de asegurarte de que cumplas con la convención que está utilizando el equipo al que entres a trabajar.

Sub-paquetes

En esta lección vamos a ver los sub-paquetes.

Preparación

En esta clase ocuparemos los mismos archivos y carpetas con las que comenzamos la sección, pero tendremos que dejar de esta manera el código del archivo **modulos/app.py**:

modulos/app.py

```
from usuarios.acciones import guardar

guardar()
```

¿Para qué se utilizan los sub-paquetes?

Vamos a suponer que nuestro paquete de **usuarios** ha crecido demasiado, entonces lo que nosotros queremos hacer es empezar a organizar nuestro código dentro de sub-carpetas, o **sub-paquetes**.

Así que lo que haremos dentro de la carpeta de **usuarios** vamos a crear una nueva carpeta, la cual se va a llamar **acciones** y vamos a mover el archivo de **acciones.py** dentro de esta carpeta de **acciones** y vamos a renombrar el archivo de **acciones.py** por **utilidades.py**, sin embargo, nuestra carpeta de acciones no es un paquete porque le falta el archivo "**__init__.py**", así que se lo vamos a agregar.

Estructura de carpetas en la carpeta modulo

```
modulos/
    |-- __pycache__/
        |-- usuario.cpython-310.pyc
        |-- usuario.impuestos.cpython-310.pyc
    |-- usuarios/
        |-- __pycache__/
            |-- acciones.cpython-310
        |-- __init__.py
        |-- acciones/
            |-- __init__.py
            |-- utilidades.py
    |-- app.py
```

Ahora nos podemos devolver a nuestro archivo de "**app.py**", por supuesto, acá nosotros vamos a tener el problema que no se reconoce nuestra importación:

```
from usuarios.acciones import guardar    Unable to import 'usua
Unable to import 'usuarios.acciones' Pylint(E0401:import-error)
No name 'acciones' in module 'usuarios' Pylint(E0611:no-name-
in-module)
(module) acciones
View Problem (Alt+F8)   No quick fixes available
```

Error al importar

Esto es porque ese paquete, por supuesto no existe, así que para nosotros poder solucionar eso vamos a tener que apuntar ahora dentro de nuestro paquete de **usuarios** al sub-paquete de **acciones** y finalmente al módulo **utilidades**, así que lo dejaremos de la siguiente manera:

modulos/app.py

```
from usuarios.acciones.utilidades import guardar
```

Y vamos a ejecutar:

Salida de ejecutar: app.py

```
guardando
```

Y seguimos viendo que esto sigue funcionando, y si es que por alguna razón te llega a parecer esta línea de la importación subrayando en rojo, intenta reiniciando el editor VSCode y con esto el error debe desaparecer.

Código completo de la lección

Para terminar, te dejaré el código del archivo "**app.py**".

modulos/app.py

```
from usuarios.acciones.utilidades import guardar

guardar()
```

Referenciando sub-paquetes

En esta lección veremos cómo puedes importar módulos de distintos paquetes o incluso que se encuentre mucho más atrás, o más arriba, en nuestra jerarquía.

Preparación

Lo primero que tendrás que cambiar el **import** que tenemos en el archivo de **app.py** que seguimos teniendo la carpeta de **módulos**, que este vendría siendo el archivo principal, todavía llamamos a la función de **guardar**, pero esto se importará de la siguiente manera:

modulos/app.py

```
from usuarios.gestion.crud import guardar

guardar()
```

Ahora como ves esta importación viene de un paquete que se llama **usuarios** que a su vez este contiene un **sub-paquete** que se llama **gestión** que tendrá un archivo "**__init__.py**" y el módulo que finalmente se llama **crud.py** y desde acá estamos importando la función **guardar**.

Por lo tanto, debes de tener la siguiente estructura de carpetas y archivos:

Estructura de carpetas en la carpeta modulo

```
modulos/
    |-- __pycache__/
        |-- usuario.cpython-310.pyc
        |-- usuario.impuestos.cpython-310.pyc
    |-- usuarios/
        |-- __pycache__/
    |       -- acciones.cpython-310
        |-- gestion/
            |-- __init__.py
            |-- crud.py
        |-- __init__.py
    |-- app.py
```

Y el contenido del archivo "**crud.py**" es el siguiente:

modulos/usuarios/gestion/crud.py

```
def guardar():
    print("guardando")
```

Vamos a ver que este tiene la función de **guardar** y esta solamente está imprimiendo en pantalla "guardando"

La siguiente carpeta que tenemos que tener se llamará "**impuestos**", este también tiene que tener su archivo de "**__init__.py**", por ende, este también es un paquete, y tendremos nuestro archivo de "**utilidades.py**"

Estructura de carpetas en la carpeta modulo

```
modulos/
    |-- __pycache__/
        |-- usuario.cpython-310.pyc
        |-- usuario.impuestos.cpython-310.pyc
    |-- usuarios/
        |-- __pycache__/
            |-- acciones.cpython-310
        |-- gestion/
        |-- __init__.py
        |-- crud.py
    |-- impuestos/
        |-- __init__.py
        |-- utilidades.py
    |-- __init__.py
    |-- app.py
```

Y utilidades va a tener el siguiente contenido:

modulos/usuarios/impuestos/utilidades.py

```
def pagar_impuestos():
    print("pagando impuestos")
```

Esta es la función que, igual que la anterior, solo nos imprime en consola "pagando impuestos"

Ahora vamos a suponer que dentro del módulo de **utilidades**" lo que vamos a hacer es que después de pagar impuestos, queremos guardar al usuario, esto para guardar una referencia de que este usuario ya pagó el impuesto y de cuándo fue la última vez que este usuario pagó impuestos.

Entonces, lo que tendríamos que hacer es ir a buscar el módulo de **utilidades**, dentro de **gestión** el módulo de **crud.py**, ahí deberíamos sacar la función de **guardar**, que a todo esto **CRUD** significa: **create read, update y delete**, o sea, **crear leer actualizar y eliminar**.

La forma de importar el módulo de **crud** desde "**utilidades.py**" tenemos que ir al comienzo del archivo y acá vamos a escribir:

modulos/usuarios/impuestos/utilidades.py

```
from .

. . .
```

Te habrás dado cuenta que VSCode nos ha dado varias opciones, y si no las ves, al igual que los casos anteriores, presionando el atajo **control** + **espacio**:

Opciones de importación

Este **punto** quiere decir el paquete o la ubicación en la cual nos encontramos y como puedes ver nos está sugiriendo escribir **utilidades**, que es exactamente donde nos encontramos, si es que se encontraran más módulos dentro del paquete de impuestos, nos ofrecería también **autocompletar** esos módulos, sin embargo, para ir al que buscamos, debemos de ir más atrás, o subir un poco más atrás dentro de la jerarquía, o bajar, como lo prefieras, pero lo que tenemos que hacer es pasar de la carpeta **impuestos** a **usuarios**, para hacer eso escribiremos un segundo **punto**:

modulos/usuarios/impuestos/utilidades.py

```
from ..


. . .
```

Y de nuevo nos mostrará ahora los paquetes que tenemos disponibles:

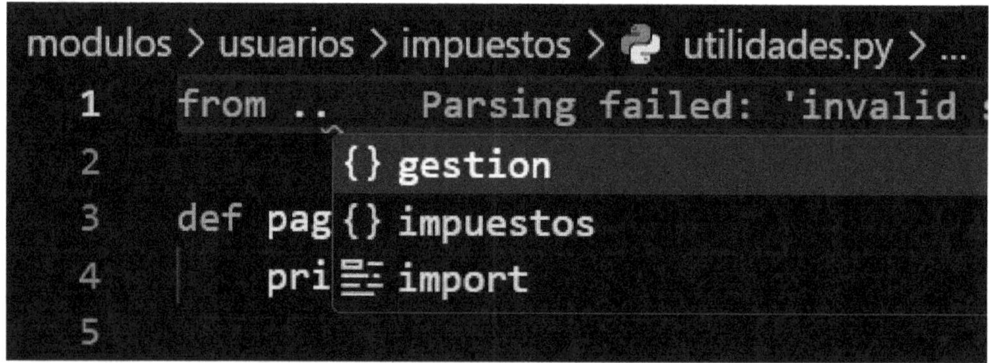

Módulos disponibles yendo hacia atrás

Tenemos a los paquetes de **gestión** y también a **impuestos**, pero antes de llegar y derechamente a escribir **gestión** la forma de regresar a una carpeta más dentro del listado de paquetes se puede hacer agregando otro punto:

modulos/usuarios/impuestos/utilidades.py

```
from ...


. . .
```

Y ahora veremos las opciones:

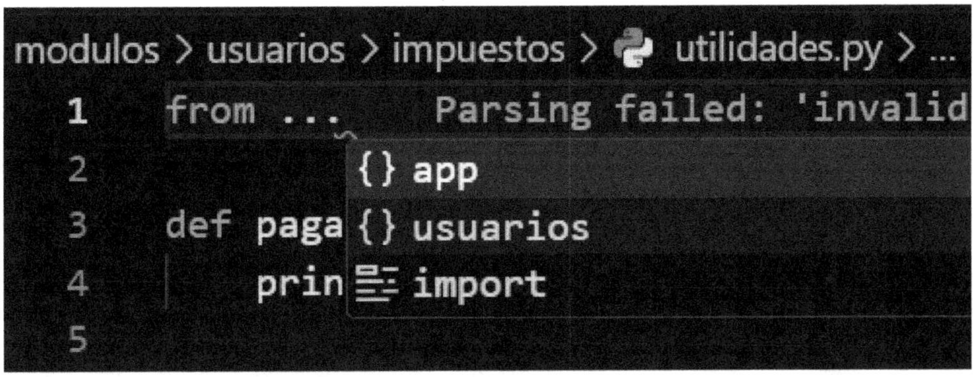

Módulos disponibles yendo dos puntes hacia atrás

Y ahora nos está mostrando el archivo de "**app.py**" y el paquete de **usuarios**, y si quisieras seguir subiendo tendrías que seguir colocando cada vez más y más puntos, sin embargo, eso no es lo que queremos, estamos buscando a **gestión**, así que voy a colocar solamente, dos puntos en la importación, y si por alguna razón el auto-completado no te muestra las sugerencias, deberás presionar sobre él o los puntos, el atajo **control** y **espacio* y delante de estos dos puntos colocaremos el paquete de **gestion:

modulos/usuarios/impuestos/utilidades.py

```
from ..gestion


. . .
```

Delante de **gestión** colocaremos nuevamente un punto para entrar en el contenido de este paquete:

modulos/usuarios/impuestos/utilidades.py

```
from ..gestion.


. . .
```

Y aquí aparece nuevamente **crud** como sugerencia:

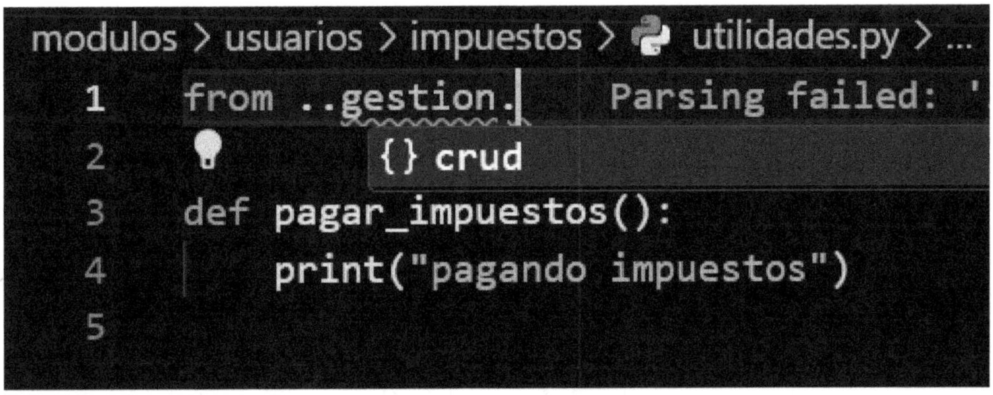

Módulo crud como sugerencia

Importamos a **crud** y después escribiremos en espacio y seguido a **import**:

modulos/usuarios/impuestos/utilidades.py

```
from ..gestion.crud import


. . .
```

Y seguido de **import** presionaremos nuevamente el atajo **control** y **espacio**, para que nos muestre las sugerencias, y vemos que nos aparece **guardar**:

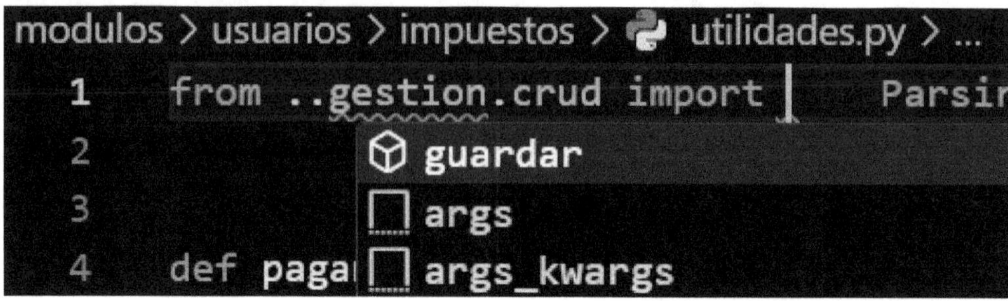

Importando a guardar

Dejando completa nuestra importación de la siguiente manera:

modulos/usuarios/impuestos/utilidades.py

```
from ..gestion.crud import guardar


. . .
```

Y justamente después del **print** en la función **pagar_impuestos**, podemos hacer el llamado al método de **guardar**:

modulos/usuarios/impuestos/utilidades.py

```
def pagar_impuestos():
    print("pagando impuestos")
    guardar()
```

Ahora regresaremos al archivo "**app.py**" ya no vamos a importar a **crud**, lo que haremos es importar desde **impuestos** al paquete de **impuestos** y, finalmente al módulo **utilidades** trayendo a la función de **pagar_impuestos**:

modulos/app.py

```
from usuarios.impuestos.utilidades import pagar_impuestos

guardar()
```

Ahora, en lugar de llamar a **guardar** vamos a llamar a **pagar_impuestos**:

modulos/app.py

```
from usuarios.impuestos.utilidades import pagar_impuestos

pagar_impuestos()
```

Y ejecutaremos nuestra aplicación:

Salida de ejecutar: modulos/app.py

```
    pagando impuestos
    guardando
```

Vemos cómo nos está imprimiendo "pagando impuestos" pero también nos está mostrando que estamos "guardando", de esta manera podemos importar distintos módulos dentro de los mismos paquetes y también podemos llegar a importar módulos que se encuentren más arriba dentro de nuestra jerarquía.

Código completo de la lección

Para terminar, te dejaré la estructura de archivo y carpetas y el código de los archivos **"modulos/app.py"**, **"modulos/usuarios/impuestos/utilidades.py"** y " **modulos/usuarios/impuestos/utilidades.py**".

Estructura de carpetas en la carpeta modulo

```
modulos/
    |-- __pycache__/
        |-- usuario.cpython-310.pyc
        |-- usuario.impuestos.cpython-310.pyc
    |-- usuarios/
        |-- __pycache__/
            |-- acciones.cpython-310
        |-- gestion/
            |-- __pycache__/
                |-- __init__.cpython-310
                |-- crud.cpython-310
            |-- __init__.py
            |-- crud.py
        |-- impuestos/
            |-- __pycache__/
                |-- __init__.cpython-310
                |-- utilidades.cpython-310
            |-- __init__.py
            |-- utilidades.py
        |-- __init__.py
    |-- app.py
```

modulos/app.py

```
from usuarios.impuestos.utilidades import pagar_impuestos

pagar_impuestos()
```

modulos/usuarios/impuestos/utilidades.py

```
from ..gestion.crud import guardar


def pagar_impuestos():
    print("pagando impuestos")
    guardar()
```

modulos/usuarios/gestion/crud.py

```
def guardar():
    print("guardando")
```

dir

En esta lección vamos a ver la función **dir**.

Preparación

Para esta lección, deberás de utilizar el mismo código que hemos trabajado en la lección anterior. Comenzaremos a trabajar en el archivo **modulos/app.py**.

Vamos a cambiarlo un poco para que tenga más sentido de la función de **dir**, vamos a escribir **import usuarios** y vamos a eliminar el llamado de la función **pagar_impuestos**:

modulos/app.py

```
from usuarios.impuestos.utilidades import pagar_impuestos
import usuarios

pagar_impuestos()
```

Lo siguiente que vamos a hacer es llamar a la función **print** haciendo uso de **dir** de la siguiente manera:

modulos/app.py

```
from usuarios.impuestos.utilidades import pagar_impuestos
import usuarios

print(dir(usuarios))
```

A **dir** le estamos pasando a **usuarios** y con esto listo vamos a ejecutar:

Salida de ejecutar: modulos/app.py

```
['__doc__', '__file__', '__loader__', '__name__', '__package__', '__path__', '__spec\
__', 'gestion', 'impuestos']
```

En la ejecución del código podemos ver un listado de cosas sumamente interesantes, pero después vamos a ver esas, lo importante que quiero que veas acá, es que además de todo este listado de métodos mágicos que Python nos está agregando, también está listando los sub-paquetes que se encuentran dentro del paquete de **usuarios**, al final podemos ver a **gestión** y a **impuestos**, entonces esta función de **dir** nos va a servir para poder listar absolutamente todos los paquetes que se encuentran dentro de algún paquete de específico, y esto nos sirve en el caso de que estemos construyendo algún **framework** que esto es un poco más avanzado, lo importante es que sepas para qué se utiliza, vas a poder crear distintos paquetes, los cuales van a hacer referencia a distintas partes de su aplicación, y de esta manera los vas a poder llamar y con esto ejecutar acciones que van a ser completamente estándar, pero eso no lo vamos a ver ahora.

Vamos a pasar a ver ahora algunos de los métodos mágicos que nos ha agregado Python, por ejemplo, vemos a:

1. **‘file’**,
2. **‘name’**,

3. **'package'**, y a
4. **'path'**

Entonces vamos a modificar este **print** de la línea 4 y agregaremos otros 3 con estos métodos de la siguiente manera:

modulos/app.py

```
4 print(usuarios.__name__)
5 print(usuarios.__package__)
6 print(usuarios.__path__)
7 print(usuarios.__file__)
```

Y ahora volvemos a ejecutar:

Salida de ejecutar: modulos/app.py

```
usuarios
usuarios
['/home/ultimate_python/modulos/usuarios']
/home/ultimate_python/modulos/usuarios/__init__.py
```

Aquí vemos que nos estamos mostrando en este orden:

1. el nombre del paquete
2. el paquete per se
3. después de esto nos está mostrando dentro de un listado, el lugar o la ruta en específico donde se encuentra este paquete y me está indicando que se encuentra dentro de esta dirección: '/home/ultimate_python/modulos/usuarios', que, por supuesto, para tu computador va a cambiar, en el caso de Windows va a ser algo así c:/<la ruta de donde esta tu proyecto>, y en el caso de los usuarios de MacOS, les va a mostrar una ruta completamente distinta a esta que nos aparece aquí.
4. Y al último tenemos el nombre del archivo al cual está siendo referencia, y fíjate que nos está haciendo referencia al archivo **__init.py**,

Ahora lo que vamos a hacer es que además de imprimir nuestro paquete **usuarios**, vamos a agregarle también el nombre de alguno de los sub-paquetes: de la siguiente manera:

modulos/app.py

```
print(usuarios.gestion.__name__)
print(usuarios.impuestos.__package__)
print(usuarios.gestion.__path__)
print(usuarios.impuestos.__file__)
```

Volvemos a ejecutar:

Salida de ejecutar: modulos/app.py

```
usuarios.gestion
usuarios.impuestos
['/home/ultimate_python/modulos/usuarios/gestion']
/home/ultimate_python/modulos/usuarios/impuestos/__init__.py
```

Y aquí volvemos a tener:

1. el nombre del paquete,
2. el paquete mismo,
3. el path o ruta,
4. y después tenemos el archivo que se está ejecutando.

Código completo de la lección

Para terminar, te dejaré el código del archivo "**modulos/app.py**" que hemos modificado en esta lección:

modulos/app.py

```
from usuarios.impuestos.utilidades import pagar_impuestos
import usuarios

print(usuarios.gestion.__name__)
print(usuarios.impuestos.__package__)
print(usuarios.gestion.__path__)
print(usuarios.impuestos.__file__)
```

Paquetes con nombres dinámicos

En esta lección vamos a ver que los módulos y paquetes tienen nombres dinámicos.

Preparación

Para esta lección, deberás de utilizar el mismo código que hemos trabajado en la lección anterior. Comenzaremos a trabajar en el archivo **modulos/app.py** pero haremos las siguientes modificaciones al código, comentando el **import** a usuarios, los **prints** que trabajamos en la clase anterior, y agregando un llamado a **pagar_impuestos**:

modulos/app.py

```
from usuarios.impuestos.utilidades import pagar_impuestos
# import usuarios
pagar_impuestos()
# print(usuarios.gestion.__name__)
# print(usuarios.impuestos.__package__)
# print(usuarios.gestion.__path__)
# print(usuarios.impuestos.__file__)
```

Y en este código vamos a escribir **print**, y acá adentro vamos a pasar la propiedad que vimos que tenían los módulos y los paquetes en nuestra lección anterior, que vendría siendo **__name__**:

modulos/app.py

```
print(__name__)
. . .
```

Ahora, si la vamos a ejecutar:

Salida de ejecutar: modulos/app.py

```
pagando impuestos
guardando
__main__
```

Y acá vemos que este **print** nos está entregando **__main__**, pero en la lección pasada vimos que este debiese ser **app, y esto es porque **los paquetes y módulos en Python son dinámicos, dependiendo de cómo se estén ejecutando, es el nombre que esto para tener.**

Por ejemplo, acá solo tenemos nuestro módulo de **utilidades** y estamos importando **pagar_impuestos** vamos justamente a este módulo de **utilidades** y en este archivo vamos a colocar el mismo **print**:

modulos/usuarios/impuestos/utilidades.py

```
print(__name__)

. . .
```

Pero antes de ejecutar, en el editor, vamos a devolvernos al archivo **modulos/app.py**y acá, cuando estamos en el contexto de este archivo hay recién vamos a ejecutarlo:

Salida de ejecutar: modulos/app.py

```
usuarios.impuestos.utilidades
pagando impuestos
guardando
__main__
```

Y nos está indicando que el nombre del módulo es **usuarios.impuestos.utilidades**, este es del **print** que acabamos de agregar, después nos está mostrando "pagando impuestos" que es del llamado a la función y después **guardando** y finalmente "**main**' para que esto quede todavía más claro vamos a comentar esta línea:

modulos/app.py

```
    # pagar_impuestos()
. . .
```

Ahora, si volvemos a ejecutar:

Salida de ejecutar: modulos/app.py

```
usuarios.impuestos.utilidades
__main__
```

Y ahora vemos que nos está mostrando solamente el nombre del módulo y luego **__main__**. Ahora ve que es lo que ocurre, si, en lugar de ejecutarlo dentro de **modulos/app.py**, lo ejecutamos dentro del archivo de **modulos/usuarios/impuestos/utilidades.py **, una vez acá dentro de este archivo, vamos a comentar estas líneas:

modulos/usuarios/impuestos/utilidades.py

```
    # from ..gestion.crud import guardar

print(__name__)


def pagar_impuestos():
    print("pagando impuestos")
    # guardar()
```

Ya que si no lo hacemos esto nos va a arrojar un error, ahora sí vamos a ejecutar desde este archivo:

Salida de ejecutar: modulos/usuarios/impuestos/utilidades.py

```
__main__
```

Y ahora vemos que el nombre es el de **__main__**, lo que pasa aquí es que Python es tan inteligente que nos entrega una herramienta para saber si es que estamos ejecutando este archivo de manera directa, esto es importante porque podríamos querer, por ejemplo, dentro de **utilidades** realizar tareas de mantenimiento, siempre y cuando ejecutemos este **script** de manera directa, eso no solo lo podemos hacer de la siguiente manera:

modulos/usuarios/impuestos/utilidades.py

```
if __name__ == "__main__":
    print("tarea de mantenimiento")
```

Así que con este **if** verificamos que el resultado de **__name__** es igual a **__main__**, y si esto es así si es podríamos colocar alguna tarea de mantenimiento, como por ejemplo ir a verificar si es que todos los usuarios han pagado impuestos y en el caso de que no hayan pagado impuestos, enviarles algún correo o algo por esa índole, pero si es que estamos ejecutando utilidades desde otro archivo, como en este caso vendría siendo desde **modulos/app.py**, en ese caso esto no se va a ejecutar, vamos a verlo, ejecutaremos nuestro código:

Salida de ejecutar: modulos/usuarios/impuestos/utilidades.py

```
__main__
tarea de mantenimiento
```

Y nos está indicando ahora tarea de mantenimiento. Pero si nos vamos a **modulos/app.py**, y ejecutamos desde este archivo:

Salida de ejecutar: modulos/app.py

```
usuarios.impuestos.utilidades
__main__
```

Acá vamos a ver que no nos está imprimiendo nuestra tarea de mantenimiento, porque el nombre del módulo ahora, ya no es **__main__** sino que es **usuarios.impuestos.utilidades**

Código completo de la lección

Para terminar, te dejaré el código de los archivos "**modulos/usuarios/impuestos/utilidades.py**" y "**modulos/app.py**".

modulos/usuarios/impuestos/utilidades.py

```
# from ..gestion.crud import guardar

print(__name__)


def pagar_impuestos():
    print("pagando impuestos")
    # guardar()


if __name__ == "__main__":
    print("tarea de mantenimiento")
```

modulos/app.py

```
from usuarios.impuestos.utilidades import pagar_impuestos
# import usuarios
# pagar_impuestos()
print(__name__)
# print(usuarios.gestion.__name__)
# print(usuarios.impuestos.__package__)
# print(usuarios.gestion.__path__)
# print(usuarios.impuestos.__file__)
```

Import condicionados

En esta lección veremos cómo podemos importar paquetes, pero de una manera condicional.

Preparación

Para esta lección, deberás de utilizar el mismo código que hemos trabajado en la lección anterior.

Viendo nuestro código de la lección anterior tuvimos un problema, donde tuvimos que comentar una importación en nuestro archivo de **utilidades**:

modulos/usuarios/impuestos/utilidades.py

```
# from ..gestion.crud import guardar
```

Ya que potencialmente nos podría entregar un error si es que teníamos el **import**, vamos a verlo inmediatamente, vamos a descomentar esta línea y el llamado de la función que estamos importando en la línea 8:

modulos/usuarios/impuestos/utilidades.py

```
1 from ..gestion.crud import guardar
2 
3 print(__name__)
4 
5 
6 def pagar_impuestos():
7     print("pagando impuestos")
8     guardar()
```

Ahora, en el archivo **app.py** haremos las siguientes modificaciones:

modulos/app.py

```
1 from usuarios.impuestos.utilidades import pagar_impuestos
2 # import usuarios
3 pagar_impuestos()
4 # print(__name__)
```

Comentaremos el **print** de la línea 4 y descomentaremos el llamado de pagar impuestos. Si ejecutamos nuestro archivo:

Salida de ejecutar: modulos/app.py

```
usuarios.impuestos.utilidades
pagando impuestos
guardando
```

Nos vamos a dar cuenta de que nuestro archivo está funcionando, toda nuestra aplicación funciona, pero si nos vamos a "modulos/usuarios/impuestos/utilidades.py" y ejecutamos el código:

Salida de ejecutar: modulos/usuarios/impuestos/utilidades.py

```
File "/home/ultimate_python/modulos/usuarios/impuestos/utilidades.py", line 1, in <m\
odule>
    from ..gestion.crud import guardar
ImportError: attempted relative import with no known parent package
```

Vemos ahora quiero estar entregando un error, vamos a ver cómo podemos solucionar eso.

Dentro de Python lo que podemos hacer es colocar absolutamente todo nuestro código, pero dentro del **if __name__ == "__main__"**: quedando nuestro código de la siguiente manera:

modulos/usuarios/impuestos/utilidades.py

```
if __name__ != "__main__":
    from ..gestion.crud import guardar

    print(__name__)

    def pagar_impuestos():
        print("pagando impuestos")
        guardar()
```

Al comienzo de nuestro archivo, justamente antes del **import** y preguntamos si es que **__name__**- es distinto de **main__** y le identamos nuestro código:

Ahora vamos a ejecutar desde el archivo **modulos/app.py**:

Salida de ejecutar: modulos/app.py

```
usuarios.impuestos.utilidades
pagando impuestos
guardando
```

Sigue funcionando correctamente y ahora nos vamos a "modulos/usuarios/impuestos/utilidades.py" y ejecutamos:

Salida de ejecutar: modulos/usuarios/impuestos/utilidades.py

```
tarea de mantenimiento
```

Y ahora nos está mostrando las "tareas de mantenimiento".

Imports relativos

Y antes de terminar esta sección, tenemos 2 opciones para poder importar paquetes dentro de otros paquetes, en este momento estamos utilizando los importes relativos, cuando colocamos puntos para poder subir en la jerarquía de los sub-paquetes estamos utilizando un **import relativo**

Ahora vamos a ver cómo podemos utilizar un **import absoluto**,lo que tenemos que hacer es hacer el **import** de esta manera:

```
from usuarios.gestion.crud import guardar
```

Ahora sí guardamos y nos vamos al archivo "**modulos/app.py**" y ejecutamos:

Salida de ejecutar: modulos/app.py

```
usuarios.impuestos.utilidades
pagando impuestos
guardando
```

Veremos que nuestro código sigue funcionando, y de esta manera cómo podemos tener **imports relativos** e **imports absolutos**. Ninguna de estas 2 formas está mal, puedes utilizar cualquiera de las 2, eso va a ser netamente una preferencia tuya o la preferencia del equipo en el cual te encuentres trabajando.

Código completo de la lección.

Para terminar, te dejaré el código de los archivos " **modulos/usuarios/impuestos/utilidades.py**" y "**modulos/app.py**".

```
if __name__ != "__main__":
    from usuarios.gestion.crud import guardar

    print(__name__)

    def pagar_impuestos():
        print("pagando impuestos")
        guardar()


if __name__ == "__main__":
    print("tarea de mantenimiento")
```

modulos/app.py

```
from usuarios.impuestos.utilidades import pagar_impuestos
# import usuarios
pagar_impuestos()
# print(__name__)
# print(usuarios.gestion.__name__)
# print(usuarios.impuestos.__package__)
# print(usuarios.gestion.__path__)
# print(usuarios.impuestos.__file__)
```

Capítulo 9: Rutas y directorios

Rutas

En esta sección vamos a aprender a trabajar con **archivos, directorios y también con la ruta de los archivos**, ya que estos son los fundamentos de lo que vamos a ver después.

Preparación

Para comenzar, trabajaremos en una nueva carpeta que se llamará "**rutas**" y dentro de esta crearemos un nuevo que se llamará "**01-path.py**".

En este archivo, vamos a escribir la siguiente línea:

rutas/01-path.py

```
from pathlib import Path
```

Desde **pathlib** vamos a importar la clase **Path**, esto lo vimos en un par de lecciones atrás. Esta clase del **Path** nos va a servir a para que podamos referenciar una ruta dentro de nuestras máquinas, esto quiere decir **dentro de nuestro computador**, y esto es sumamente importante, no es necesario que la ruta que referenciemos acá exista, esto es solamente para poder generar una referencia y así después podemos ver si lo creamos, eliminamos, validamos y así sucesivamente. Y ahora, para poder crear rutas, eso lo podemos hacer llamando esta clase, y en el caso de Windows, vamos a tener que hacer lo siguiente:

rutas/01-path.py

```
Path(r"")
```

Y esto que aparece acá es un **raw string**, y esto lo vamos a hacer para que no nos tome los **backslash** como un carácter de escape, así que acá vamos a escribir, por ejemplo:

rutas/01-path.py

```
Path(r"C:\Archivos de programa\Minecraft")
```

Así es como deberías escribir las rutas en el caso que se encuentren en Windows, pero cuando entres a trabajar las aplicaciones las van a desplegar en servidores Linux, así que también vas a tener que aprender a manejar las rutas en Linux, que afortunadamente son muy similares a las rutas en MacOS, así que para crear un Path o una ruta dentro de MacOS o Linux tenemos que hacerlo de la siguiente manera:

rutas/01-path.py

```
Path("/usr/bin")
```

Esto es lo que hace, es que crea una ruta para ese directorio.

A continuación, vamos a crear una ruta dependiendo de dónde nos encontremos:

rutas/01-path.py

```
Path()
```

Entonces si nos encontramos, por ejemplo en la ruta: "**Users/home/mi-app**" este llamado que estamos haciendo con **Path()**, nos estaría creando un **path** para este lugar.

También podemos crear una ruta al inicio del usuario:

rutas/01-path.py

```
Path.home()
```

Que en este caso vendría siendo la carpeta de inicio o la carpeta "home" del usuario en el cual te encuentras ejecutando esto.

Y también podemos generar rutas a archivos, en ese caso lo podemos hacer, por ejemplo:

rutas/01-path.py

```
Path("one/__init__.py")
```

Diferencia entre ruta absoluta y ruta relativa

La diferencia entre:

rutas/01-path.py

```
Path("/usr/bin")
```

Y esta:

rutas/01-path.py

```
Path("one/__init__.py")
```

Es que esta última **es una ruta relativa**, esto quiere decir en la carpeta que nos encontramos, suponiendo que nos encontramos en la carpeta de "archivos de programa", aprovecha también de agregarle esto quedando algo asi: "**archivos de programa/one/__init__.py**" al final.

Y la que aparece arriba **es una ruta absoluta**, y la ruta absoluta en el caso de los usuarios de Windows vendría siendo algo muy similar a esto:

Ejemplo he ruta en Windows

```
"C:\Archivos de programa\Minecraft"
```

En el caso de Linux y para MacOS son lo mismo:

Ejemplo he ruta en Linux/MacOS

```
/usr/bin
```

Trabajar con rutas

Ahora para poder trabajar con esto, vamos a comentar, absolutamente todo este código:

rutas/01-path.py

```
# Path(r"C:\Archivos de programa\Minecraft")
# Path("/usr/bin")
# Path()
# Path.home()
# Path("one/__init__.py")
```

Y ahora vamos a crear un objeto **path** que se va a crear a partir de nuestra clase de **Path**:

rutas/01-path.py

```
path = Path("hola-mundo/mi-archivo.py")
```

Esta es una ruta relativa, y vamos a crear un archivo que se va a llamar **"mi-archivo.py"**, ahora como te decía, esto no necesariamente existe, puede existir como podría no existir, esto es solamente una referencia.

Ahora los métodos que va a tener este objeto **path** son:

rutas/01-path.py

```
path.is_file()
path.is_dir()
path.exists()
```

Y estos so refieren a:

- **is_file**, para saber si esto es un archivo,
- **is_dir**, para saber si que es un directorio o carpeta,
- **path.exists**, para saber si es que existe.

Además de estos métodos útiles, también tenemos acceso a propiedades que va a tener esta instancia de **path**, que nos van a servir para poder saber por ejemplo, el nombre del archivo, la extensión y otras cosas más, vamos a verlas:

rutas/01-path.py

```
print(
    path.name,
    path.stem,
    path.suffix,
    path.parent,
    path.absolute()
)
```

Y vamos a ejecutar nuestra aplicación:

Salida de ejecutar: rutas/01-path.py

```
mi-archivo.py mi-archivo .py hola-mundo /Users/nicolasschurmann/workspace/ultimate_p\
ython/rutas/hola-mundo/mi-archivo.py
```

- **path.name**: vendría siendo el nombre del archivo e incluyendo su extensión,
- **path.stem**: vendría siendo el nombre del archivo, pero sin su extensión,
- **path.suffix**: vendría siendo la extensión que tiene el archivo, si es que es **.exe** la extensión de este archivo es lo que nos va a mostrar.
- **path.parent**: vendría siendo el directorio padre de donde estamos generando esta ruta de **path**, que vendría siendo en este caso **hola-mundo**,
- y después tenemos el resultado del método **absolute**, que esté lo que hace es que nos entrega la ruta completa de donde se encontraría este **path** y como puedes ver, yo estoy dentro de MacOs, así que me estás mostrando **/Users/nicolasscurmann/workspace/curso-py/ruta-s/hola-mundo/mi-archivo.py**

Ahora, además de todas estas propiedades que tenemos, también podemos utilizar otros métodos que nos van a ayudar a poder trabajar con **paths**, ahora vamos a crear un **path** de la siguiente manera:

rutas/01-path.py

```
p = path.with_name("chanchito.py")
print(p)
```

Aquí estamos pasándole como argumento a **chanchito.py**, y el método **with_name** nos va a permitir a poder cambiarle el nombre al archivo incluyendo su extensión, si ejecutamos este código:

Salida de ejecutar: rutas/01-path.py

```
hola-mundo/chanchito.py
```

Aquí tenemos **hola-mundo/chanchito.py**, también podríamos cambiarlo por algo, por ejemplo **chanchito.exe**:

rutas/01-path.py

```
p = path.with_name("chanchito.exe")
print(p)
```

Ahora, si es que ejecutamos:

Salida de ejecutar: rutas/01-path.py

```
hola-mundo/chanchito.exe
```

Vamos a ver qué nos devuelve **chanchito.exe**.

El siguiente que vamos a ver ahora es:

rutas/01-path.py

```
p = path.with_suffix(".bat")
print(p)
```

Y esto es lo que va a hacer es que nos va a cambiar el sufijo, o la extensión, si ejecutamos:

Salida de ejecutar: rutas/01-path.py

```
hola-mundo/mi-archivo.bat
```

Y vemos que nos está mostrando nuestro archivo con la extensión **.bat**.

Y ahora vamos a cambiar el **stem**, que el **stem** vendría siendo el nombre del archivo, pero sin su extensión:

rutas/01-path.py

```
p = path.with_stem("feliz")
print(p)
```

Si ejecutamos:

Salida de ejecutar: rutas/01-path.py

```
hola-mundo/feliz.py
```

Y ahora tenemos un path que contiene el nombre de archivo "**feliz.py**" dentro del directorio "**hola-mundo**", suficiente con **path** ahora vamos a empezar a trabajar con directorios.

Código completo de la lección.

Para terminar, te dejaré el código del archivo: "**rutas/01-path.py**":

rutas/01-path.py

```
from pathlib import Path

# Path(r"C:\Archivos de programa\Minecraft")
# Path("/usr/bin")
# Path()
# Path.home()
# Path("one/__init__.py")

path = Path("hola-mundo/mi-archivo.py")
path.is_file()
path.is_dir()
path.exists()

print(
    path.name,
    path.stem,
    path.suffix,
    path.parent,
```

```
    path.absolute()
)

p = path.with_name("chanchito.exe")
print(p)
p = path.with_suffix(".bat")
print(p)
p = path.with_stem("feliz")
print(p)
```

Directorios

En esta lección vamos a aprender a trabajar con directorios.

Preparación

Para comenzar, en nuestra carpeta **"rutas"** crearemos un nuevo archivo que se llamará **"02-directorios.py"**, además de que deberás crear dos carpetas adicionales dentro de rutas, las cuales serán **"one"** y **"two"**, a ambas carpetas, debemos agregarle un archivo **__init__.py**.

Entonces, la estructura de la carpeta rutas es la siguiente:

Estructura de carpetas en la carpeta rutas

```
rutas/
    |-- 02-directorios.py
    |-- two/
        |-- __init__.py
    |-- 01-path.py
    |-- one/
        |-- __init__.py
```

Nuevamente, haremos la importación que la clase pasada:

rutas/02-directorios.py

```
from pathlib import Path
```

Y vamos a crear una variable de **path** que la vamos a hacer a partir de la clase **Path**, y le vamos a indicar un directorio, que en este caso se va a llamar **directorio**:

rutas/02-directorios.py

```
path = Path("directorio")
```

Ahora, para trabajar con directorios, podemos acceder a los siguientes métodos:

rutas/02-directorios.py

```
path.exists()
path.mkdir()
path.rmdir()
path.rename("chanchito-feliz")
```

- **path.exists()**: vendría siendo para ver si este existe,
- **path.mkdir()**: que "mkdir" significa "make directory" o explicado de una manera más sencilla es "crear la carpeta" o "crear el directorio",
- **path.rmdir()**: que esto significa "remove directory" o explicado de otra manera es "eliminar la carpeta" o "eliminar el directorio", pero este tiene que tener la condición de que tiene que encontrarse vacío, o sea sin absolutamente ningún archivo dentro de este.
- **path.rename()**: me imagino que ya sabes para qué es, y es para poder cambiarle el nombre al directorio, esto lo que haría sería cambiarle el nombre de "directorio" a "chanchito feliz". Ahora, lo que vamos a hacer es comentar absolutamente todo esto:

rutas/02-directorios.py

```
# path.exists()
# path.mkdir()
# path.rmdir()
# path.rename("chanchito-feliz")
```

Y vamos a cambiar este **path** que en lugar de colocar "directorio" vamos a colocar el nombre de la carpeta en la cual nos encontramos, que es **rutas**:

rutas/02-directorios.py

```
path = Path("rutas")
. . .
```

Y la razón por la cual vamos a hacer eso, es porque todo el código que estamos ejecutando, se encuentra dentro de la carpeta de "curso-py", que es donde tenemos todo el código del curso, si la carpeta la tienes con otro nombre será el nombre de esta carpeta, y de esto nos interesa que los resultados que veamos sean solamente los de la carpeta de "rutas" o directorio de "rutas" que es donde estamos trabajando.

Y ahora vamos a imprimir el siguiente método:

rutas/02-directorios.py

```
print(path.iterdir())
```

Y ahora sí lo vamos a ejecutar:

Salida de ejecutar: rutas/02-directorios.py

```
<generator object Path.iterdir at 0x7f4235c42880>
```

Y esto es lo que hace es que nos devuelve un objeto generador, este lo podemos iterar utilizando un **for**, lo haremos de la siguiente manera:

rutas/02-directorios.py

```
for p in path.iterdir():
    print(p)
```

Si ejecutamos, podrías llegar a tener un error como el siguiente:

Salida de ejecutar: rutas/02-directorios.py

```
File "/home/curso-py/rutas/02-directorios.py", line 9, in <module>
    for p in path.iterdir():
File "/usr/lib/python3.10/pathlib.py", line 1017, in iterdir
    for name in self._accessor.listdir(self):
FileNotFoundError: [Errno 2] No such file or directory: 'rutas'
```

Si es que a ti te llega a mostrar este error, es porque tu terminal no se encuentra ubicada dentro de la carpeta de "curso-py", verás para replicar este error, yo he entrado a la carpeta "rutas":

Ubicación actual en la terminal en la carpeta rutas

Y esto sucede porque **path** lo que va a hacer es buscar desde la ubicación actual, entonces llenará el **path** con la ruta en este caso que seria "/home/curso-py/rutas/entonces buscará a la carpeta rutas dentro de rutas.

Esta es la misma explicación que puedes tener si es que ejecutaste tu script desde otra carpeta diferente a la que contiene a la carpeta rutas, por lo que asegúrate de ubicarte en la carpeta "curso-py" o como hayas llamado a la carpeta que contiene a rutas.

Ahora te dejaré un par de anotaciones que puedes usar en la terminal para moverte entre las carpetas:

Comandos para cambiar la carpeta en la terminal

```
cd <nombre de la carpeta> # ingresaras a la carpeta que has señalado
cd .. # Regresa a la carpeta que esta más arriba o anterior
```

Estando en la carpeta correcta y ejecutamos:

Salida de ejecutar: rutas/02-directorios.py

```
rutas/02-directorios.py
rutas/two
rutas/01-path.py
rutas/one
```

Que esto finalmente es iterar el directorio, aquí podemos ver todo el contenido de esta carpeta, "**02-directorios.py**" que es donde estamos trabajando después tenemos una carpeta que se llama "**one**" y otra que se llama "**two**", que estas las vamos a ver en la siguiente lección, después de eso tenemos el archivo que vimos en nuestra primera lección que es "**01-path**".

Ahora supongamos que queremos solamente incluir archivos como, por ejemplo: "**02-directorios.py**" y "**01-path**", en ese caso, lo que podemos hacer es utilizar la comprensión de listas, para poder transformar este "generator object" en una lista, así que vamos a eliminar esto:

rutas/02-directorios.py

```
for p in path.iterdir():
    print(p)
```

Y ahora escribimos lo siguiente:

rutas/02-directorios.py

```
archivos = [p for p in path.iterdir() if not p.is_dir()]
print(archivos)
```

Aquí estamos retornando todos aquellos elementos que estén contenidos en **path.iterdir()** siempre que no sean un directorio

Ejecutamos:

Salida de ejecutar: rutas/02-directorios.py

```
[PosixPath('rutas/02-directorios.py'), PosixPath('rutas/01-path.py')]
```

Aquí tenemos nuestro listado de archivos, pero estos se encuentra dentro de un objeto que se llama **Posixpath** para Linux MacOS, en Windows va a salir algo parecido como **WindowsPath**.

Vamos a aprovechar también de ver otras alternativas que tenemos para la lista de comprensión, supongamos que queremos seleccionar los archivos, pero que estos cumplan con un patrón, por ejemplo, que tengan una extensión o que tengan solamente un nombre, en ese caso **iterdir**, no nos va a servir, vamos a usar el método de **glob** de esta manera:

rutas/02-directorios.py

```
archivos = [p for p in path.iterdir() if not p.is_dir()]
archivos = [p for p in path.glob("*.py")]
print(archivos)
```

Lo que pasamos como argumento en este caso vendrían siendo los archivos que tengan absolutamente cualquier nombre, pero que tengan la extensión **.py** y ejecutamos:

Salida de ejecutar: rutas/02-directorios.py

```
[PosixPath('rutas/02-directorios.py'), PosixPath('rutas/01-path.py')]
```

Vemos que nos está devolviendo lo mismo, supongamos ahora que queremos solamente los que tengan de nombre **01** al comienzo, así que le colocaremos:

rutas/02-directorios.py

```
archivos = [p for p in path.iterdir() if not p.is_dir()]
archivos = [p for p in path.glob("01-*.py")]
print(archivos)
```

Ejecutamos:

Salida de ejecutar: rutas/02-directorios.py

```
[PosixPath('rutas/01-path.py')]
```

Ahora solamente nos devolvió el primer archivo.

Nuevamente, vamos a duplicar esta línea, y ahora vamos a pedirle que nos incluya todos los archivos, pero de manera recursiva, o sea todos los que tengan la extensión **.py**, pero que se encuentren dentro de todas las carpetas, en ese caso lo que tenemos que hacer es colocar dos asteriscos y un slash hacia delante de esta manera:

rutas/02-directorios.py

```
archivos = [p for p in path.glob("01-*.py")]
archivos = [p for p in path.glob("**/*.py")]
print(archivos)
```

Esto quiere decir todas las carpetas que se encuentran definidas dentro de mi paquete, o dentro de la carpeta **rutas**, incluye todos los archivos que tengan la extensión **.py**, y vamos a ejecutar:

Salida de ejecutar: rutas/02-directorios.py

```
[PosixPath('rutas/02-directorios.py'), PosixPath('rutas/01-path.py'), PosixPath('rut\
as/two/__init__.py'), PosixPath('rutas/one/__init__.py')]
```

Y aquí tenemos los archivos anteriores junto con los archivos **__init__.py** que se encuentran dentro del paquete **one** y **two** respectivamente. Pero si esta sintaxis no nos gusta, en ese caso podemos utilizar a **rglob**:

rutas/02-directorios.py

```
archivos = [p for p in path.rglob("*.py")]
print(archivos)
```

rglob es por recursivo, la **r** es de recursiva, y vamos a ejecutar:

Salida de ejecutar: rutas/02-directorios.py

```
[PosixPath('rutas/02-directorios.py'), PosixPath('rutas/01-path.py'), PosixPath('rut\
as/two/__init__.py'), PosixPath('rutas/one/__init__.py')]
```

Y vemos que nos están devolviendo exactamente el mismo resultado que el anterior, ahora vamos a pasar a nuestra lección en donde veremos un truco que te podría servir en tu carrera profesional.

Código completo de la lección

Para terminar, te dejaré el código del archivo: “**rutas/02-directorios.py**”:

rutas/02-directorios.py

```
from pathlib import Path

path = Path("rutas")
# path.exists()
# path.mkdir()
# path.rmdir()
# path.rename("chanchito-feliz")

archivos = [p for p in path.iterdir() if not p.is_dir()]
archivos = [p for p in path.glob("01-*.py")]
archivos = [p for p in path.glob("**/*.py")]
archivos = [p for p in path.rglob("*.py")]
print(archivos)
```

Inyección de dependencias

En esta lección veremos la inyección de dependencias en el código y por qué nos va a ser muy útil cuando estemos desarrollando aplicaciones, y después de esta lección, veremos cómo podemos construir una solución tipo inyección de dependencias, pero con lo que hemos aprendido hasta ahora con **Path** y con los directorios.

Preparación

Para eso vamos a tener que crear dentro de nuestra carpeta de "**rutas**" un archivo que se va a llamar "**03-inyeccion-deps**" con el siguiente código:

rutas/03-inyeccion-deps.py

```
import Correa


class Perro:
    def __init__(self):
        self.correa = Correa()
```

Y quedando de esta manera nuestra estructura de carpetas:

Estructura de carpetas en la carpeta rutas

```
rutas/
    |-- 03-inyeccion-deps.py
    |-- 02-directorios.py
    |-- two/
        |-- __init__.py
    |-- 01-path.py
    |-- one/
        |-- __init__.py
```

Tenemos una clase de **Perro** y con esta lo que queremos hacer es poder sacar a pasear al perro, pero para que lo podamos sacar a pasear necesariamente necesita una correa, entonces lo hacemos colocando un **import** y de esta manera podemos importar esta correa, luego cuando generemos una instancia de la clase de perro en nuestro constructor, vamos a settear la correa que importamos y se le vamos a asignar como una propiedad a la clase de **Perro**.

Esto nos entrega un problema, si quisiéramos reutilizar la clase de **Perro**, pero en lugar de utilizar una correa usáramos un arnés, por la forma en cómo construimos esta clase en este archivo, no vamos a poder hacerlo, entonces para poder solucionar este problema, es que en lugar de importar directamente las clases de las cuales va a depender la clase de **Perro**, lo mejor es que se la pasemos, ya sea que lo pasemos en el constructor o se lo pasásemos con un método que este haga un **set** de la propiedad, vamos a optar por la primera alternativa.

Para eso vamos a eliminar el **import**:

rutas/03-inyeccion-deps.py

```
import Correa
```

Y dentro de nuestra clase de **Perro** vamos a pasarle dentro del constructor a nuestra correa:

rutas/03-inyeccion-deps.py

```
class Perro:
    def __init__(self, Correa):
        self.correa = Correa()
```

Con esto conseguimos que independiente si le pasamos una correa, o si le pasamos un arnés, siempre y cuando ambas clases tengan los mismos métodos, la clase de **Perro** va a poder seguir funcionando, y de esta manera podemos reutilizar la clase de perro en otra parte en el código, ya sea con un arnés o con una correa, ahora vamos a hacer este mismo ejemplo de inyección de dependencias, pero con funciones, para eso vamos a eliminar todo este código:

rutas/03-inyeccion-deps.py

```
class Perro:
    def __init__(self, Correa):
        self.correa = Correa()
```

Y vamos a aprovechar de dar un ejemplo quizás un poco más realista con este código:

rutas/03-inyeccion-deps.py

```
1 import usuario
2
3
4 def guardar():
5     usuario.guardar()
6
7
8 def guardar(entidad):
9     entidad.guardar()
```

Aquí solo tenemos 2 ejemplos, uno con inyección de dependencias y otros sin inyección de dependencias, sin inyección de dependencias es como tenemos desde la línea 1 hasta la línea 4, que lo que está ocurriendo es que definimos una función de **guardar**, donde estamos llamando al método de guardar del usuario, y esto por supuesto nos trae un problema, si quisiéramos utilizar esta misma función de **guardar**, pero no solamente con un usuario y, sino que también lo quisiéramos hacer con productos, categorías, tweets, fotografías o con lo que quisiéramos, con esta implementación no lo podríamos hacer.

Pero si lo hacemos con inyección de dependencias, como es en el caso de las líneas 8 a 9, sencillamente lo que tenemos que hacer es pasarle la entidad, que tenga el método de guardar, vimos un ejemplo bastante similar a este, en nuestra lección de polimorfismo, y ahora, las ventajas que tiene la inyección de dependencias son:

1. nos permite reutilizar más el código,

2. desacoplar nuestro código para que este sea más fácil de reutilizar, y
3. cuando aprendamos a escribirle **test** a nuestro código en Python nos vamos a dar cuenta de que, si utilizamos la inyección de dependencias, escribirle test al otro código, va a ser sumamente sencillo.

Vamos de nuevo a eliminar esto:

rutas/03-inyeccion-deps.py

```
import usuario


def guardar():
    usuario.guardar()


def guardar(entidad):
    entidad.guardar()
```

Y vamos a ver ahora un ejemplo aún más realista escribiendo el siguiente código:

rutas/03-inyeccion-deps.py

```
def init_app(bbdd, api):
    # inicializacion de modulo
```

Algunos frameworks, como por ejemplo **flask**, lo que hacen es que necesitan que tu aplicación tenga un método de **init_app**, de esta manera cuando llamemos a este método, dentro de la ejecución de nuestra aplicación, vamos a poder inicializar el módulo, como por ejemplo, configurar rutas, pero las rutas de una **api REST** por ejemplo, también vamos a poder inicializar nuestra base de datos, y, en el caso que nuestra aplicación tenga más paquetes, vamos a poder importar los paquetes también dentro de nuestra función, y también pasarles, por ejemplo una base de datos, una api o cualquier cosa que este módulo necesite, y esto va a ser que nuestro módulo sea muy fácil de escribirle **test**.

Ahora por supuesto que no es necesario que te aprendas esto de memoria, puedes escribir aplicaciones sin inyección de dependencia, pero en un futuro cuando te encuentres trabajando y tengas que escribirle test a una aplicación, puedes recordar que existe una lección dentro de este curso, que te va a enseñar a poder construirte tu propio framework, para poder realizar inyección de dependencias, y vamos a construir este mini framework en la siguiente lección.

Import dinámico de paquetes

En esta lección vamos a implementar la inyección de dependencias que vimos en la lección anterior.

Algo que tienes que saber, no es necesario que tú implementas esto en todos tus proyectos, si es buena idea implementarlo cuando los proyectos empiezan a crecer, y empiezan a ser muy grandes, sobre todo si tienes que redactar les pruebas a estos, otra cosa que también tienes que saber es que la gran mayoría de los frameworks ya tiene implementada una solución de inyección de dependencias, pero aquí te voy a aprovechar de mostrar cómo se implementa esto, utilizando lo que hemos aprendido hasta ahora de los path y también de los directorios.

Preparación

Usaremos los archivos que hemos creado en toda la sección y del archivo que "**03-inyeccion-deps**" vamos a eliminar todo su código:

rutas/03-inyeccion-deps.py

```
def init_app(bbdd, api):
    # inicializacion de modulo
```

Para que nuestro código funcione, lo primero que tenemos que hacer es navegar a la carpeta rutas, así que lo primero que vamos a hacer es en VSCode aquí **file** y vamos a abrir una carpeta, así que vamos a hacer clic en **open folder**

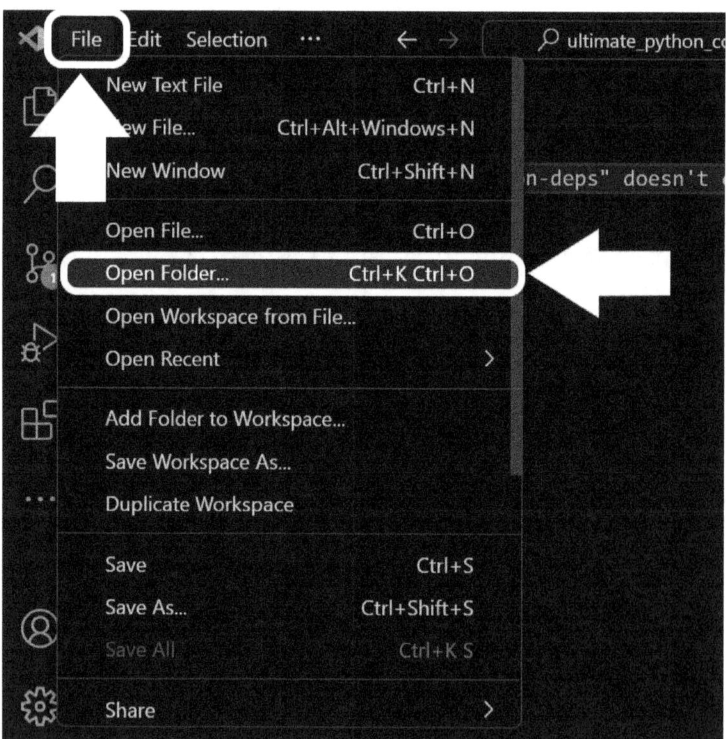

Abrir carpeta en VSCode

Y tenemos que ingresar a nuestra carpeta del curso y vamos a seleccionar la carpeta de **rutas**. Esto abrirá la ventana de VSCode, pero desde la carpeta **rutas**, ahora en el explorador de archivos deberías ver algo así:

Proyecto abierto en VSCode

Y ya que hemos ingresado a esta carpeta podemos continuar, esto lo hicimos para que cuando ejecutamos nuestro código con el botón de **play** que se encuentra ubicado en la parte superior derecha del editor, el código funcione, porque se va a ejecutar de manera relativa al **path** donde nos encontramos, ahora ya podemos devolvernos nuestro archivo.

Lo que queremos hacer en este archivo es importar todos los paquetes que se encuentren dentro de nuestra carpeta de rutas, esto quiere decir, importar a **one** y también importar a **two**, además de eso, estos paquetes contienen una archivo de **__init__**.py, y dentro de estos archivos vamos a ver una función que se llama **init** de la siguiente manera:

rutas/one/init.py

```
def init():
    print("soy paquete uno")
```

rutas/two/init.py

```
def init():
    print("soy paquete dos")
```

En este caso, imprimiendo solamente qué paquete son, además de importar estos 2 paquetes, lo que vamos a buscar hacer es poder ejecutar esta función de **init** dentro de cada paquete, por lo que vamos a tener que hacer es importar de manera dinámica, dentro del archivo **03-inyección-deps** importaremos a **uno**, **dos** y ejecutaremos la función de **init** que se encuentra dentro de cada uno de estos módulos.

Comenzaremos con la importación de **Path** y crearemos nuestro objeto **path** como en lecciones pasadas:

rutas/03-inyeccion-deps.py

```
from pathlib import Path

path = Path()
```

path va a ser con base en la ruta en la cual nos encontramos actualmente, y acá vamos a crear nuestra lista de **paths** en base a una lista de comprensión:

rutas/03-inyeccion-deps.py

```
paths = [p for p in path.iterdir() if p.is_dir()]
```

Aquí **paths** será un listado de nuestros **paths** siempre y cuando sean un directorio, que en este caso serían **one** y **two**:

Ahora, lo que podemos hacer es iterar todos estos **path**, con una función que se va a llamar **load**, y esta que se va a encargar de tomar cada uno de estos **path**, importarlos y, además, ejecutar el método de init:

rutas/03-inyeccion-deps.py

```
def load(p):
    # code

map(load, paths)
```

Nuestra función de **load** la cual va a recibir un **path** al cual llamaremos **p** y es aquí de aquí es donde vamos a comenzar a importar nuestros paquetes, pero antes vamos a ver qué contiene **p** de la siguiente manera, y para poder ver esto tenemos que transformar el resultado de **map** en una lista:

rutas/03-inyeccion-deps.py

```
def load(p):
```

print(str(p))

```
list(map(load, paths))
```

Si ejecutamos:

Salida de ejecutar: rutas/03-inyeccion-deps.py

```
two
one
```

Si no colocamos esta función de **list**:

rutas/03-inyeccion-deps.py

```
map(load, paths)
```

Y ejecutamos esto no nos va a mostrar absolutamente nada, así que coloca esa función del **list**

rutas/03-inyeccion-deps.py

```
list(map(load, paths))
```

Ahora podría ocurrir que queremos cargar todos estos módulos de manera recursiva, en el caso de ser así, necesariamente tendríamos que reemplazar todos los slash hacia adelante por un punto, porque recuerda que este **p** en la función **load** va a venir con la ruta, o sea con un slash hacia adelante, esto lo haremos de esta manera:

rutas/03-inyeccion-deps.py

```
def load(p):
    print(str(p).replace("/", "."))
. . .
```

Aquí, lo que tenemos que hacer es colocar un **replace** y acá reemplazamos el slash hacia adelante y se lo reemplazamos por un punto, esto es lo que le tenemos que pasar finalmente al método que usaremos, el cual será **__import__** y este lo usaremos de esta manera:

rutas/03-inyeccion-deps.py

```
def load(p):
    print(str(p).replace("/", "."))
    paquete = __import__(str(p).replace("/", "."))
. . .
```

Vamos a colocar a una variable que se vaya en el **paquete** esto va a ser igual a **__import__** y esta función se utiliza para poder importar paquetes y módulos de manera dinámica, y aquí le vamos a indicar que queremos importar a esta ruta formateada que hicimos con **p**.

Ahora, lo que vamos a hacer es ejecutar la función de **init** con cada uno de estos paquetes:

rutas/03-inyeccion-deps.py

```
def load(p):
    paquete = __import__(str(p).replace("/", "."))
    paquete.init()

. . .
```

Vamos a ejecutar:

Salida de ejecutar: rutas/03-inyeccion-deps.py

```
soy paquete dos
soy paquete uno
```

Vemos que nos importó las dos respuestas de los dos paquetes.

Hasta ahora todo bien, de lo que es si nos tenemos que preocupar que algunos paquetes podrían no tener este método de **init**, en ese caso, deberíamos fallar elegantemente:

rutas/03-inyeccion-deps.py

```
def load(p):
    paquete = __import__(str(p).replace("/", "."))
    try:
        paquete.init()
    except:
        print("el paquete no tiene función init")

. . .
```

Entonces, si el paquete no tiene el método **init** vamos a imprimir "el paquete no tiene función init" Ya que hemos colocado nuestro **try/except** ahora debemos definir nuestras dependencias en un diccionario para pasárselo a **init** así que acá vamos a subir y en la línea 6 vamos a generar una variable que se va a llamar **dependencias** y esto va a ser igual a un diccionario que tendrá lo siguiente:

rutas/03-inyeccion-deps.py

```
6  dependencias = {
7      "db": "base de datos",
8      "api": "esta es la api",
9      "graphql": "esto es graphql"
10 }
11 . . .
```

Y ahora, utilizando el operador de desempaquetamiento, vamos a pasarla acá nuestras dependencias:

rutas/03-inyeccion-deps.py

```
    try:
        paquete.init(**dependencias)
    except:
. . .
```

Ahora podemos ir a cada uno de nuestros módulos, y sacar las dependencias que necesitamos, vamos a empezar con el módulo **two**:

rutas/two/init.py

```
def init(db, api, **otros):
    print("soy paquete dos")
```

En este paquete vamos a utilizar la base de datos, y la api, el resto de las dependencias no las vamos a utilizar, así que las voy a agrupar utilizando el operador de desempaquetamiento, y le colocamos como nombre **otros**, y si guardando este archivo, VSCode empieza a molestar, porque dice que **otros** no están siendo utilizados, lo que puedes hacer es reemplazar a otros por un guión bajo:

rutas/two/init.py

```
def init(db, api, **_):
    print("soy paquete dos")
```

Y lo siguiente es imprimir un string formateado, el cual va a contener a **db** y **api**:

rutas/two/init.py

```
        print(f"soy paquete dos: {db} {api}")
```

Vamos a hacer lo mismo con nuestro paquete **one**:

rutas/one/init.py

```
def init(graphql, **_):
    print(f"soy paquete uno: {graphql}")
```

Este va a recibir a **graphql** y tenemos que agrupar las otras dependencias que no vamos a utilizar, aquí vamos a imprimir un string formateado, donde le pasamos a **graphql**.

Y ahora tenemos que devolvernos a nuestro archivo de inyección de dependencias, y ahora si podemos ejecutar:

Salida de ejecutar: rutas/03-inyeccion-deps.py

```
soy paquete dos: base de datos esta es la api
soy paquete uno: esto es graphql
```

Y aquí vemos que los mensajes se han impreso haciendo uso de las dependencias que le hemos pasado.

Ahora, la manera en como deberíamos generar nuestro diccionario de dependencias dentro de nuestro archivo principal debería ser algo así:

Ejemplo de importación de dependencias

```
import db
import graphql
import api

dependencias = {
    "db": db,
    "api": graphql,
    "graphql": api
}
```

Y estaríamos pasando dentro del diccionario la información correspondiente de cada uno de los módulos para que sean usados por la inyección de dependencias.

Y de esta manera pudimos utilizar los **paths** y los directorios para generar una estructura de inyección de dependencias.

Código completo de la lección

Para terminar, te dejaré la estructura de carpetas y el código de los archivos: "**rutas/03-inyeccion-deps.py**", " **rutas/one/__init__.py**", " **rutas/two/__init__.py**" :

Estructura de carpetas en la carpeta rutas

```
rutas/
|-- 03-inyeccion-deps.py
|-- 02-directorios.py
|-- two/
    |-- __init__.py
|-- 01-path.py
|-- one/
    |-- __init__.py
```

rutas/03-directorios.py

```python
from pathlib import Path
# import db
# import graphql
# import api

# dependencias = {
#     "db": db,
#     "api": graphql,
#     "graphql": api
# }

path = Path()
paths = [p for p in path.iterdir() if p.is_dir()]

dependencias = {
    "db": "base de datos",
    "api": "esta es la api",
    "graphql": "esto es graphql"
}


def load(p):
    paquete = __import__(str(p).replace("/", "."))
    try:
        paquete.init(**dependencias)
    except:
        print("el paquete no tiene función init")


list(map(load, paths))
```

rutas/one/init.py

```
def init(graphql, **_):
    print(f"soy paquete uno: {graphql}")
```

rutas/two/init.py

```
def init(db, api, **otros):
    print(f"soy paquete dos: {db} {api}")
```

Capítulo 10: Gestión de archivos

Introducción

En esta sección vamos a ver todo acerca de la **gestión de archivos**.

Preparación

Para comenzar, trabajaremos en una nueva carpeta que se llamará "**archivos**". Esta parte es sumamente importante ya que si no te creas esta carpeta, puede ser que el código que tú veas dentro de esta sección no te funcione correctamente y también lo más importante, tienes que encontrarte dentro de la carpeta "**curso-py**", pero si es que no te encuentras dentro de la carpeta "**curso-py**" porque esta tiene otro nombre, la verdad es que eso no es importante, lo que sí es importante es que te encuentres dentro de la carpeta de este proyecto, y que además haya creado una carpeta que se llame archivos, porque vamos a hacer referencia a esta carpeta más adelante.

Y dentro de esta carpeta "**archivos**" crearemos un nuevo que se llamará "**01-archivos.py**".

Vamos a cerrar nuestro explorador de archivos, que por si no lo sabías para poder cerrar el explorador con un atajo de teclado:

- si es que estás en Windows lo tienes que hacer con el atajo **control** + **b**,
- en el caso de **MacOs**, es con **comando** + **b**.

Ahora si comenzamos a escribir el código, vamos a importar a **pathlib** desde **path** y aquí vamos a crear una referencia a un archivo:

archivos/01-archivos.py

```
from pathlib import Path

archivo = Path("archivos/archivo-prueba.txt")
```

En este caso, este archivo se llama "**archivo-prueba.txt**", y aquí tenemos que apuntar a nuestra carpeta de "archivos", y la razón de esto es que cuando hagamos clic en el botón para ejecutar nuestro código, el contexto que va a tener la ejecución del script va a ser dentro de nuestra carpeta que contiene a todo nuestro curso, en mi caso **curso-py** o como sea que tú le hayas llamado, lo importante es que se va a ejecutar dentro de este contexto, entonces tenemos que indicarle que tiene que ingresar a nuestra carpeta de archivos, por eso colocamos a **archivos/01-archivos.py**.

Este archivo no existe así que tenemos que crearlo, pero antes vamos a buscar una página web que se va a llamar **lorem ipsum**, y vamos a ingresar a la que se llama **lorem ipsum generator**:

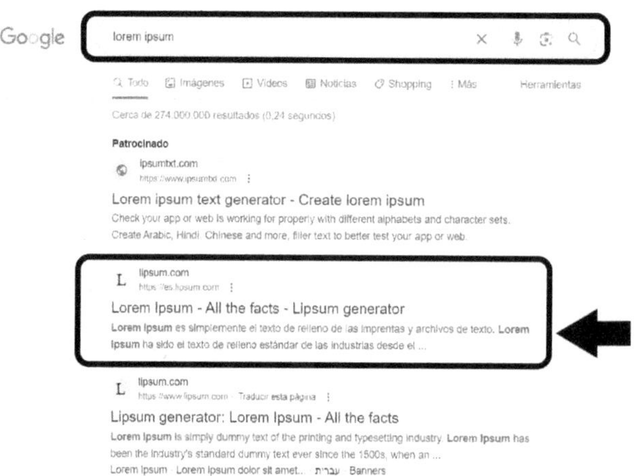

Búsqueda de la página de lorem

Haremos clic y vamos a bajar un poco y lo que haremos será copiar este texto:

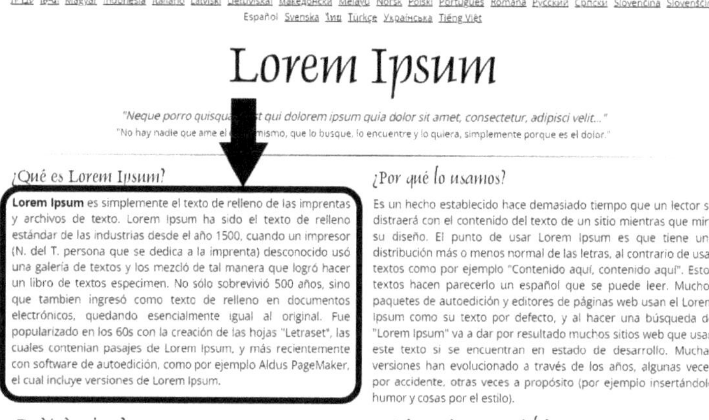

Texto que copiaremos

Y ahora tenemos que ir a crear este archivo que se llama "**archivo-prueba.txt**" dentro de nuestra carpeta de archivos:

Estructura de archivos y carpetas dentro de la carpeta archivos

```
archivos/
        |-- 01-archivos.py
        |-- archivo-prueba.txt
```

Acá vamos a pegar lo que copiamos de internet:

archivos/archive-prueba.txt

```
Lorem Ipsum es simplemente el texto de relleno de las imprentas y archivos de texto.\
 Lorem Ipsum ha sido el texto de relleno estándar de las industrias desde el año 150\
0, cuando un impresor (N. del T. persona que se dedica a la imprenta) desconocido us\
ó una galería de textos y los mezcló de tal manera que logró hacer un libro de texto\
s especimen. No sólo sobrevivió 500 años, sino que tambien ingresó como texto de rel\
leno en documentos electrónicos, quedando esencialmente igual al original. Fue popul\
arizado en los 60s con la creación de las hojas "Letraset", las cuales contenian pas\
ajes de Lorem Ipsum, y más recientemente con software de autoedición, como por ejemp\
lo Aldus PageMaker, el cual incluye versiones de Lorem Ipsum.
```

Y para que esto se vea un poco más bonito vamos a separarlo por líneas, Una vez que hayas terminado debes de ver algo más o menos así:

archivos/archive-prueba.txt

```
Lorem Ipsum es simplemente el texto de relleno de las
imprentas y archivos de texto. Lorem Ipsum ha sido
el texto de relleno estándar de las industrias desde
el año 1500, cuando un impresor
(N. del T. persona que se dedica a la imprenta)
desconocido usó una galería de textos
y los mezcló de tal manera que logró
hacer un libro de textos especimen.
No sólo sobrevivió 500 años, sino que tambien ingresó
como texto de relleno en documentos electrónicos,
quedando esencialmente igual al original.
Fue popularizado en los 60s con la creación de las hojas
"Letraset", las cuales contenian pasajes de Lorem Ipsum,
y más recientemente con software de autoedición,
como por ejemplo Aldus PageMaker,
el cual incluye versiones de Lorem Ipsum.
```

Lo importante es que este archivo se encuentre separado por líneas porque lo que vamos a ver en las siguientes lecciones va a ser como trabajar con archivos que se encuentran separados por líneas y en el caso de que no se encuentran separados por líneas, también vamos a poder trabajar con ellos.

Ahora sí vamos a guardar y a cerrar esto, y podemos volver nuevamente a nuestro archivo **01-archivos.py**, ahora dentro de los métodos que tiene archivo tenemos a:

archivos/01-archivos.py

```python
archivo.exists()
archivo.rename()
archivo.unlink()
```

Y estos nos sirven:

- **exists**: para verificar si que este archivo existe,
- **rename**: que es para renombrar el archivo, y
- **unlink**, que es para eliminar el archivo.

Estos métodos los vamos a comentar:

archivos/01-archivos.py

```
# archivo.exists()
# archivo.rename()
# archivo.unlink()
```

Y vamos a ver otro método que se llama **stat** y este es para ver las estadísticas que tiene el archivo, así que vamos a imprimir el resultado de este método:

archivos/01-archivos.py

```
print(archivo.stat())
```

Vamos a ejecutar nuestra aplicación:

Salida de ejecutar: archivos/01-archivo.py

```
os.stat_result(st_mode=33188, st_ino=52595, st_dev=2080, st_nlink=1, st_uid=1000, st\
_gid=1000, st_size=762, st_atime=1700784888, st_mtime=1700784887, st_ctime=170078488\
7)
```

Y acá podemos ver que nos muestra varias estadísticas las que nos interesan son:

- **st_size**: para poder ver el tamaño que está ocupando en disco el archivo,
- **st_atime**: es la fecha de acceso,
- **st_mtime**: es la fecha de modificación, y
- **st_ctime**: la siguiente va a depender de la plataforma en la cual se está ejecutando si es que es en Windows, esta va a ser la fecha de creación y en el caso de linux o de MacOS, va a ser cuando se cambie la metadata de este archivo.

Vamos a comentar esta línea:

archivos/01-archivos.py

```
# print(archivo.stat())
```

Y ahora sí vamos a imprimir todas esas mentadas de esta manera:

archivos/01-archivos.py

```
print("acceso", archivo.stat().st_atime)
```

Esto para poder ver la fecha de acceso a este archivo, si ejecutamos:

Salida de ejecutar: archivos/01-archivo.py

```
acceso 1700784888.004888
```

Aquí vemos que nos está entregando un número, en este caso este número se refiere a un **timestamp** y un **timestamp**, es una fecha que tiene este archivo con respecto al 01/01/1970, y esto es una fecha y unix, este tipo de formato se puede haber trabajado, ya sea en linux y también el MacOS, que vendría siendo donde vas a desplegar tus aplicaciones, por supuesto que no la vas a desplegar en MacOS, pero sí la vas a despegar en linux, ahora si quisiéramos ver esta misma fecha en un formato que sea más legible por nosotros, para eso tenemos que utilizar módulo que vamos a importar de la siguiente manera:

archivos/01-archivos.py

```
from time import ctime


archivo = Path("archivos/archivo-prueba.txt")
# archivo.exists()
# archivo.rename()
# archivo.unlink()
# print(archivo.stat())

print("acceso", ctime(archivo.stat().st_atime))
```

Aquí estamos importando a **ctime** desde **time**, este método lo usaremos para dar formato a nuestra fecha que hemos obtenido previamente de stat y la pasamos como argumento, y si imprimimos:

Salida de ejecutar: archivos/01-archivo.py

```
acceso Thu Nov 23 21:14:48 2023
```

Y ahora vemos que nos estamos dando una fecha bastante más legible, ahora lo que vamos a agregar lo siguiente:

archivos/01-archivos.py

```
print("creación", ctime(archivo.stat().st_ctime))
print("modificación", ctime(archivo.stat().st_mtime))
```

Cada una de estas líneas para ver las fechas correspondientes que hemos obtenido de **stat**, y ejecutamos:

Salida de ejecutar: archivos/01-archivo.py

```
creación Thu Nov 23 21:14:47 2023
modificación Thu Nov 23 21:14:47 2023
```

Ahora tenemos todas las fechas que en este caso da la coincidencia de que son todas las mismas, y esto es porque nos encontramos en Linux, esto porque recién creamos este archivo, pero si vamos a estar archivo y agregamos por ejemplo una "a" y guardamos.

archivos/archive-prueba.txt

```
aLorem Ipsum es simplemente el texto de relleno de las
. . .
```

Y si volvemos a ejecutar, vamos a ver que todas las fechas han cambiado, cambio creación porque nos encontramos trabajando en MacOS, pero si tú estás en Windows deberías ver la fecha de creación, cambió la fecha de modificación porque lo modificamos y también cambió la fecha de acceso porque accedimos a este archivo.

Código completo de la lección

Para terminar te dejare el código del archivo: "**archivos/archivos.py**":

archivos/01-archivos.py

```
from pathlib import Path
from time import ctime

archivo = Path("archivos/archivo-prueba.txt")
# archivo.exists()
# archivo.rename()
# archivo.unlink()
# print(archivo.stat())

print("acceso", ctime(archivo.stat().st_atime))
print("creación", ctime(archivo.stat().st_ctime))
print("modificación", ctime(archivo.stat().st_mtime))
```

Lectura y escritura

En esta lección vamos a ver cómo podemos escribir y leer desde un archivo.

Preparación

Para eso dentro de nuestra carpeta de "**archivos**" vamos a crear un archivo que se va a llamar "**02-escritura-lectura.py**"

Vamos a importar desde **pathlib** a **Path** y vamos a crear una referencia al archivo que vimos en nuestra lección anterior que este se encuentra dentro de nuestra carpeta de **archivos**:

archivos/02-escritura-lectura.py

```
from pathlib import Path

archivo = Path("archivos/archivo-prueba.txt")
```

Ahora si queremos leer del archivo, vamos a crear acá una variable que se va a llamar **texto** de la siguiente manera:

archivos/02-escritura-lectura.py

```
texto = archivo.read_text()
print(texto)
```

De archivo estamos llamando al método **read_text** y estamos imprimiendo el resultado, si te muestra un warning en el editor, no te preocupes, ya lo vamos a resolver, ahora si ejecutamos:

Salida de ejecutar: archivos/02-escritura-lectura.py

```
aLorem Ipsum es simplemente el texto de relleno de las
imprentas y archivos de texto. Lorem Ipsum ha sido
el texto de relleno estándar de las industrias desde
el año 1500, cuando un impresor
(N. del T. persona que se dedica a la imprenta)
desconocido usó una galería de textos
y los mezcló de tal manera que logró
hacer un libro de textos especimen.
No sólo sobrevivió 500 años, sino que tambien ingresó
como texto de relleno en documentos electrónicos,
quedando esencialmente igual al original.
Fue popularizado en los 60s con la creación de las hojas
"Letraset", las cuales contenian pasajes de Lorem Ipsum,
y más recientemente con software de autoedición,
como por ejemplo Aldus PageMaker,
el cual incluye versiones de Lorem Ipsum.
```

Acá podemos ver absolutamente todo el texto que leyó desde este archivo, sin embargo, lo está colocando solamente como si este fuere un único string, si queremos poder gestionar todo lo que se encuentra del archivo, pero de una mejor manera, vamos a tener que dividirlo en varios strings, que se encuentren separados y todos estos agrupados dentro de una lista, para que podamos hacer eso acá podemos llamar al método **split**, que este es un método que tienen los strings, así es, a todos los strings podemos llamarle al método de **split**, como argumento tenemos que indicarle por qué carácter queremos dividir este string:

archivos/02-escritura-lectura.py

```
texto = archivo.read_text().split("\n")
print(texto)
```

Acá le estamos indicando con el "\n" que queremos que se divida por cada salto de línea. Ahora si, volvemos a ejecutar:

Salida de ejecutar: archivos/02-escritura-lectura.py

```
['aLorem Ipsum es simplemente el texto de relleno de las ', 'imprentas y archivos de\
 texto. Lorem Ipsum ha sido ', 'el texto de relleno estándar de las industrias desde\
 ', 'el año 1500, cuando un impresor ', '(N. del T. persona que se dedica a la impre\
nta) ', 'desconocido usó una galería de textos ', 'y los mezcló de tal manera que lo\
gró ', 'hacer un libro de textos especimen. ', 'No sólo sobrevivió 500 años, sino qu\
e tambien ingresó ', 'como texto de relleno en documentos electrónicos, ', 'quedando\
 esencialmente igual al original. ', 'Fue popularizado en los 60s con la creación de\
 las hojas ', '"Letraset", las cuales contenian pasajes de Lorem Ipsum, ', 'y más re\
cientemente con software de autoedición, ', 'como por ejemplo Aldus PageMaker, ', 'e\
l cual incluye versiones de Lorem Ipsum.']
```

Vamos a ver que nos está devolviendo ahora un listado, y cada elemento de este listado vendría siendo una línea del archivo.

Y para solucionar este **warning** que nos está mostrando:

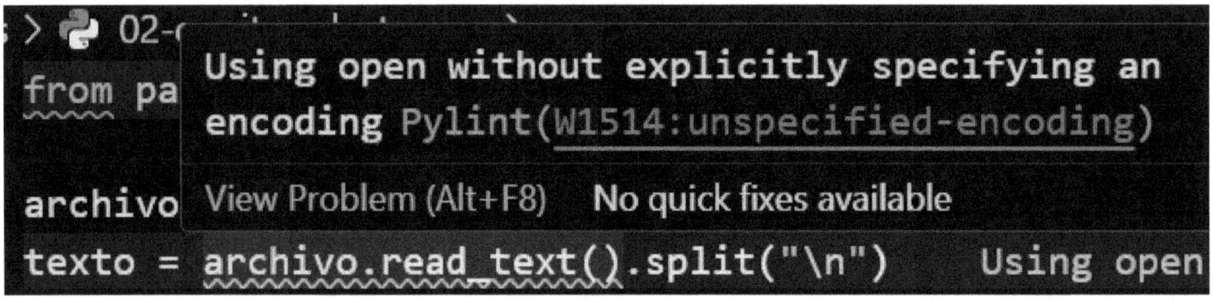

Warning en leer un archivo

Tenemos que indicarle el tipo de codificación con el cual queremos leer de este archivo, y la codificación quiere decir que cuando vamos a grabar algo en el disco duro, como por ejemplo, algún carácter este se le asigna un número, por ejemplo el 104, y dependiendo de la codificación a un carácter ,como, por ejemplo, podría ser la "ñ", se le va a asignar un número distinto, en este caso solo tenemos que indicarle con qué tipo de codificación queremos trabajar, y para asegurar que vamos a estar trabajando empezar con inglés y español vamos a indicarle la "utf-8", que esta también vendría siendo la codificación más extendida actualmente:

archivos/02-escritura-lectura.py

```
texto = archivo.read_text("utf-8").split("\n")
print(texto)
```

Una vez que hicimos esta modificación y guardamos, nuestro **warning** ha desaparecido y si ejecutamos, la aplicación debe seguir funcionando correctamente.

Vamos a borrar el **print** de texto:

archivos/02-escritura-lectura.py

```
~~print(texto)~~
```

Ahora, si quisiéramos modificar este texto, lo que tenemos que hacer es trabajar derechamente con este listado, con los métodos que ya conocemos, como **insert**, lo que haremos será insertar el texto "Hola mundo!" en este listado":

archivos/02-escritura-lectura.py

```
texto.insert(0, "Hola mundo!")
archivo.write_text(texto)
```

Entonces estamos insertando como primer elemento el texto de "Hola mundo!", y ahora lo que tenemos que hacer es llamar a **archivo** y a su método **write_text** y le indicamos qué es lo que escribiremos, que en este caso es el contenido de **texto**, pero esto no lo podemos hacer directamente de esta manera, porque este es un listado, y lo que tenemos que pasarle es específicamente un string, así que lo que vamos a tener que hacer, es tomar absolutamente todos los elementos que se encuentran dentro de texto, y juntarlos como un único string, afortunadamente existe una forma bastante corta de poder realizar esta misma tarea, y ese es con el método **join** de un string, así que lo usaremos de esta manera:

archivos/02-escritura-lectura.py

```
archivo.write_text("\n".join(texto), "utf-8")
```

Entonces estamos creando un string que va a ser un salto de línea, y vamos a llamar al método de **join**, y a este le vamos a pasar este **texto**, además de esto tenemos que indicarle la codificación con la cual queremos guardar el archivo así que le indicamos **"utf-8"**. Y si ejecutamos, vamos a poder dirigirnos a ver el mi archivo **archivos-prueba.txt**, y vamos a ver que ahora este contiene el string de **"Hola mundo!"** dentro de su primera línea:

archivos/archivo-prueba.txt

```
Hola mundo!
aLorem Ipsum es simplemente el texto de relleno de las
imprentas y archivos de texto. Lorem Ipsum ha sido
el texto de relleno estándar de las industrias desde
el año 1500, cuando un impresor
(N. del T. persona que se dedica a la imprenta)
desconocido usó una galería de textos
y los mezcló de tal manera que logró
hacer un libro de textos especimen.
No sólo sobrevivió 500 años, sino que tambien ingresó
```

```
como texto de relleno en documentos electrónicos,
quedando esencialmente igual al original.
Fue popularizado en los 60s con la creación de las hojas
"Letraset", las cuales contenian pasajes de Lorem Ipsum,
y más recientemente con software de autoedición,
como por ejemplo Aldus PageMaker,
el cual incluye versiones de Lorem Ipsum.
```

Y vamos a notar algo sumamente importante, que es cuando estamos leyendo de un archivo, lo que hacemos es que tomamos absolutamente todo el contenido de este archivo, y cuando vamos a escribir en este archivo, lo que hacemos es que reemplazamos absolutamente todo lo que este tiene, así que si es que vamos a escribir y no queremos modificar todo el contenido tenemos que asegurarnos de separar el contenido por un salto de línea, trabajar en cada una de estas líneas de manera independiente y luego volver a escribir sobre este mismo archivo, el string ya modificado, si es que no hacemos eso y, por ejemplo, le colocamos el string de "hola mundo":

archivos/02-escritura-lectura.py

```
archivo.write_text("hola mundo", "utf-8")
```

Y ejecutamos, al momento de ver el archivo:

archivos/archivo-prueba.txt

```
hola mundo
```

Nos vamos a dar cuenta de que ahora solamente tiene el texto de "hola mundo", así que tenemos que ser cuidadosos con eso, así que vamos a volver a pegar el texto de la página de "lorem ipsum":

archivos/archivo-prueba.txt

```
Lorem Ipsum es simplemente el texto de relleno de las
imprentas y archivos de texto. Lorem Ipsum ha sido
el texto de relleno estándar de las industrias desde
el año 1500, cuando un impresor
(N. del T. persona que se dedica a la imprenta)
desconocido usó una galería de textos
y los mezcló de tal manera que logró
hacer un libro de textos especimen.
No sólo sobrevivió 500 años, sino que tambien ingresó
como texto de relleno en documentos electrónicos,
quedando esencialmente igual al original.
Fue popularizado en los 60s con la creación de las hojas
"Letraset", las cuales contenian pasajes de Lorem Ipsum,
y más recientemente con software de autoedición,
como por ejemplo Aldus PageMaker,
el cual incluye versiones de Lorem Ipsum.
```

Ahora si nos devolvemos al archivo "**archivos/02-escritura-lectura.py**" y vamos a dejar esto como estaba antes:

archivos/02-escritura-lectura.py

```
archivo.write_text("\n".join(texto), "utf-8")
```

Esta vendría siendo la forma fácil de poder trabajar con archivos, ya sea con lectura o con escritura, ya que sencillamente tenemos que llamar al método de **read_text** y tenemos que pensar y cada vez que vayamos a escribir sobre el archivo vamos a reemplazar absolutamente todo su contenido, así que tomamos lo que leímos lo manipulamos y luego volvemos a escribir dentro del archivo.

Es sumamente importante lo que te mencionaré ahora, **nunca deberíamos trabajar con archivos que tienen millones y millones de líneas**, si quisiéramos hacer eso necesariamente, una mejor alternativa es trabajar con bases de datos y no guardar toda la información dentro de un archivo, tener archivos que pesen un par de megas está bien, pero no archivos que pesen muchos gigas, ahora, sin embargo, esta no es la forma más extendida que existe en Internet y también que conocen otros desarrolladores para poder trabajar con archivos, existe otra forma que la verdad es un poco más complicada, es bastante más tediosa, así que si es que tienes que elegir cómo trabajar con archivos, prefiere esta, pero si por alguna razón, te topas con alguna otra base de código o conoces a otros desarrolladores que prefieren utilizar el siguiente método, en ese caso puedes trabajar con este método que veremos, pero esto es material de la siguiente sección.

Código completo de la lección

Para terminar te dejare el código del archivo: **"archivos/02-escritura-lectura.py"** y de **"archivos/archivo-prueba.txt"**

archivos/02-escritura-lectura.py

```
from pathlib import Path

archivo = Path("archivos/archivo-prueba.txt")
texto = archivo.read_text("utf-8").split("\n")
texto.insert(0, "Hola mundo!")
archivo.write_text("hola mundo", "utf-8")
```

archivos/archivo-prueba.txt

```
Lorem Ipsum es simplemente el texto de relleno de las
imprentas y archivos de texto. Lorem Ipsum ha sido
el texto de relleno estándar de las industrias desde
el año 1500, cuando un impresor
(N. del T. persona que se dedica a la imprenta)
desconocido usó una galería de textos
y los mezcló de tal manera que logró
hacer un libro de textos especimen.
No sólo sobrevivió 500 años, sino que tambien ingresó
como texto de relleno en documentos electrónicos,
quedando esencialmente igual al original.
Fue popularizado en los 60s con la creación de las hojas
"Letraset", las cuales contenian pasajes de Lorem Ipsum,
y más recientemente con software de autoedición,
como por ejemplo Aldus PageMaker,
el cual incluye versiones de Lorem Ipsum.
```

Open

En esta lección veremos cómo se trabaja con la función **open**.

Preparación

Para eso dentro de nuestro editor y manteniéndonos dentro de nuestra carpeta de "**archivos**", vamos a crear un nuevo archivo que se va a llamar "**03-open.py**". Lo primero que tenemos que hacer es que, desde aquí, vamos a importar la función de **open** de esta manera:

archivos/03-open.py

```
from io import open
```

Lo que vamos a ver ahora es solamente para poder escribir dentro de los archivos.

Escritura

Aquí vamos a crear una variable que se va a llamar **texto**, y le vamos a indicar que el texto va a ser "Hola mundo!" y acá tenemos que crear nuestra referencia a nuestro archivo de esta manera:

archivos/03-open.py

```
# Escritura
texto = "Hola mundo!"

archivo = open("archivos/hola-mundo.txt")
```

Esta variable **archivo** es igual a **open** y el archivo al cual vamos a referenciar se le tiene que pasar como argumento, así que vamos a apuntar dentro de nuestra carpeta de "**archivos**" a su archivo "**hola-mundo.txt**", después de eso tenemos que indicarle el modo con el cual vamos a abrir nuestro archivo, ya que lo podemos abrir en modo lectura, de escritura, de solamente agregar más texto al archivo, pero vamos a comenzar con escritura, aquí se lo pasamos con la letra de **w** que en inglés es por write:

archivos/03-open.py

```
archivo = open("archivos/hola-mundo.txt", "w")
```

Así que estamos accediendo al archivo de "**hola-mundo.txt**" en modo de escritura, y si es que este archivo por alguna razón no existe, en este caso Python, lo va a crear él mismo, sin que tengamos que decírselo.

Ahora que ya tenemos nuestra referencia al archivo, acá podemos llamar a su método **write** y le podemos pasar el texto que queremos escribir:

archivos/03-open.py

```
archivo.write(texto)
```

Además, algo que tenemos que hacer de manera constante cuando usamos esta función de **open**, es siempre luego de abrir un archivo, es acordarnos de cerrar este archivo, ya que, si no este se quedara ocupando memoria de nuestra máquina, y eso lo hacemos con la instrucción de **close**, así que tenemos que llamar luego de **open** y asignarse el archivo, tenemos que necesariamente desde el archivo, llamar al método de **close**:

archivos/03-open.py

```
archivo.close()
```

Esta vendría siendo la forma de cómo podemos escribir en un archivo, y para verificar que está funcionando correctamente lo vamos a ejecutar, te darás cuenta de que cuando lo hayas realizado, en el explorador de archivos y vamos a encontrar en la carpeta **archivos** a nuestro archivo de **"hola-mundo.txt"**

Estructura de archivos y carpetas dentro de la carpeta archivos

```
archivos/
        |-- 01-archivos.py
        |-- 02-escritura-lectura.py
        |-- 03-open.py
        |-- archivo-prueba.txt
        |-- hola-mundo.txt
```

Cuyo contenido es:

archivos/hola-mundo.txt

```
Hola mundo!
```

Ahora vamos a comentar todo este código:

archivos/03-open.py

```
# texto = "Hola mundo!"

# archivo = open("archivos/hola-mundo.txt", "w")
# archivo.write(texto)
# archivo.close()
```

Y ahora vamos a ver el modo de solo lectura.

Solo lectura

Acá tenemos que generar nuevamente nuestra referencia al archivo, pero el argumento que tenemos que pasarle para entrar como modo lectura, es la **r**:

archivos/03-open.py

```
# Lectura
archivo = open("archivos/hola-mundo.txt", "r")
```

Sin embargo, **r** es el valor que se le pasa por defecto a la función, así es que podríamos decidir sencillamente no pasarlo, en este caso mi preferencia va a ser pasarle este valor.

Ahora, para que podamos leer de este archivo, tenemos que crear una variable la cual va a ser el texto que se va a encontrar dentro de este archivo:

archivos/03-open.py

```
texto = archivo.read()
archivo.close()
print(texto)
```

Así que nuestra variable texto es igual a ejecutar el método **read** de archivo, luego de esto tenemos que acordarnos de cerrar nuestro archivo con **close** y al final imprimimos nuestro texto. Sí, vamos a ejecutar:

Salida de ejecutar: archivos/03-open.py

```
Hola mundo!
```

Acá tenemos el texto de "Hola mundo!", vamos de nuevo a comentar todo esto y vamos a ver otra forma de cómo podemos leer los archivos.

archivos/03-open.py

```
# archivo = open("archivos/hola-mundo.txt", "r")
# texto = archivo.read()
# archivo.close()
# print(texto)
```

Vamos a duplicar el código que hemos comentado y la única diferencia es que en lugar de utilizar el método de **read** tenemos que utilizar el método de **readlines**:

archivos/03-open.py

```
# Lectura como lista
archivo = open("archivos/hola-mundo.txt", "r")
texto = archivo.readlines()
archivo.close()
print(texto)
```

Y esto es, lo que hará será leer absolutamente todas las líneas, las va a dejar dentro de un listado y se las va a pasar a la variable de **texto**, ahora si ejecutamos:

Salida de ejecutar: archivos/03-open.py

```
['Hola mundo!']
```

Ahora vemos que nos está devolviendo un listado y cada línea que se encuentra dentro de nuestro archivo la va a separar como un elemento de nuestra lista. De nuevo vamos a comentar todo:

archivos/03-open.py

```
archivo = open("archivos/hola-mundo.txt", "r")
# texto = archivo.readlines()
# archivo.close()
# print(texto)
```

Y ahora vamos a ver algunos métodos mágicos que contiene lo que nos devuelve esta función de **open**.

Métodos mágicos de Open

Vamos a crear nuevamente nuestra referencia a nuestro archivo a partir de **open** en modo de lectura:

archivos/03-open.py

```
archivo = open("archivos/hola-mundo.txt", "r")
```

Y ahora lo que vamos a hacer es que vamos a escribir:

archivos/03-open.py

```
archivo.
```

Y quiero que veamos algo muy importante, vamos a buscar dentro de los métodos mágicos a **enter** y **exit**:

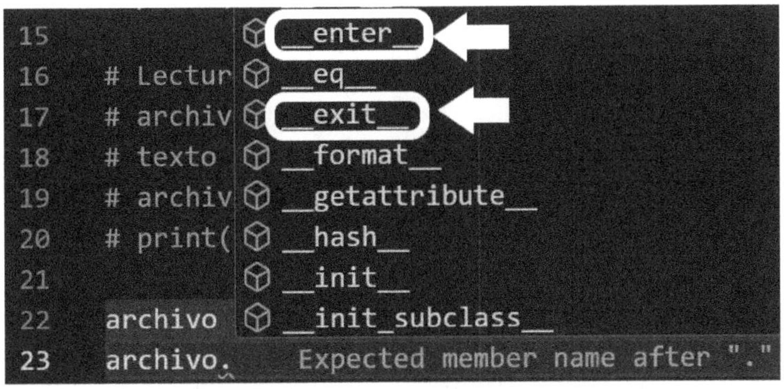

Métodos mágicos de archivo

Para que podamos entenderlo vamos a ver nuestra siguiente instrucción, que es la **with** de esta manera:

With y Seek

archivos/03-open.py

```
with open("archivos/hola-mundo.txt", "r") as archivo:
archivo.
```

Aquí describimos a **with** que es la palabra reservada, **open** con la que crearemos la referencia al archivo y después decimos que esta referencia se le llamara **archivo**. Ahora todo el código que escribamos vamos a tener que colocarlo identado a esta línea, entonces nuestra instrucción de **with** se va a encargar de cerrar nuestros archivos de manera automática, sin que se lo indiquemos, y si es que llegase a existir algún error cuando estamos abriendo algún archivo ya sea para leerlo o para escribirlo, este va a lanzar una excepción, así que tenemos 2 alternativas:

1. la primera vendría siendo utilizar un **try/except** para poder capturar el error y así poder cerrar el archivo de todas maneras en el caso que exista algún error,
2. y la siguiente cosa que podemos hacer es utilizar esta instrucción de **with** para que el archivo se cierre automáticamente sin necesidad de que lo hagamos. **with** junto con los 2 métodos mágicos que vimos va a servir de la siguiente manera:

- El método mágico de **enter** se va a ejecutar cuando hayamos abierto el archivo

- Y el método mágico de **exit** se va a ejecutar cuando se haya terminado de ejecutar todo lo que se encuentra dentro del bloque de código de the **width**, y dentro de este método mágico se está cerrando el archivo de manera automática, así es que podemos indicarle a nuestro código que vamos a cerrar el archivo con **close**, o podemos trabajar todo con **with** y si trabajamos con **with**, podemos olvidarnos de estar constantemente cerrando el archivo.

Así es que ahora vamos a utilizar esta misma instrucción para ver cómo se debería escribir el código, aquí escribiremos lo siguiente:

archivos/03-open.py

```
23      print(archivo.readlines())
```

Aquí imprimimos el llamado de **readlines** y vamos a ejecutar:

Salida de ejecutar: archivos/03-open.py

```
['Hola mundo!']
```

Y vemos que nuestro código sigue funcionando de manera correcta, y aquí no es necesario que llamemos a **close**.

Además de llamar a **readlines** para leer cada una de las líneas que tienen nuestro **archivo** podemos hacerlo de manera pragmática en lugar de llamar inmediatamente a todas las líneas, para eso podemos usar un ciclo **for**:

archivos/03-open.py

```
24              for linea in archivo:
```

Y esto lo que hará será devolverle cada una de las líneas que se encuentran dentro del archivo, pero las va a ir leyendo una a una, la diferencia de esto con lo que se encuentra arriba, es que con **readlines** primero carga absolutamente todo el archivo en memoria y el segundo método que es el de **for** va a ir cargando solamente de a una línea a la vez.

Y ahora si queremos imprimirla vamos a llamar a un **print**, pero vamos a asegurarnos de comentar a readlines:

archivos/03-open.py

```
25      # print(archivo.readlines())
26          for linea in archivo:
27              print(linea)
```

Y vamos a ejecutarlo:

Salida de ejecutar: archivos/03-open.py

```
Hola mundo!
```

Acá tenemos solamente nuestro texto que contiene al archivo, vamos a ejecutar nuevamente este archivo, pero vamos a descomentar la línea 23 de nuevo:

archivos/03-open.py

```
with open("archivos/hola-mundo.txt", "r") as archivo:
    print(archivo.readlines())
    for linea in archivo:
        print(linea)
```

Vamos a ejecutar:

Salida de ejecutar: archivos/03-open.py

```
['Hola mundo!']
```

Y vemos que nuevamente nos imprime solamente una vez esta lista que proviene de ejecutar a **readlines**, esto está ocurriendo porque todos los archivos cuando los estamos trabajando con **open**, cuentan con un puntero.

¿Qué es el puntero?

Esto quiere decir que en un archivo con múltiples líneas, el puntero se va a encargar de estar viendo qué es lo que se encuentra dentro de cada línea, nuestro puntero inicialmente comienzan la primera línea y vendría siendo la cero, después podemos indicarle que este avance a la línea uno, y este después ya no se va a encontrar dentro de la línea cero si no quiere más estar en la línea uno, y podemos hacerlo sucesivamente hasta llegar a la última línea que vendría siendo nuestra línea "n", si es que este puntero se encuentra en esta última línea, no vamos a poder volver a la línea cero para volver a comenzar, ahí necesariamente vamos a tener que indicarle de manera manual que el puntero vaya al comienzo de nuestro archivo.

Esta es la razón de que el ciclo **for** no imprima nada, porque el puntero está al final del archivo y no encuentra más contenido para imprimir.

La forma de mover el puntero es con la siguiente línea de código:

archivos/03-open.py

```
    print(archivo.readlines())
    archivo.seek(0)
    for linea in archivo:
. . .
```

Aquí estamos ocupando el método **seek**, al cual tenemos que indicarle al carácter que queramos que este se devuelva, en este caso vendría siendo al primer carácter que vendría siendo el cero, y ahora si volvemos a ejecutar:

Salida de ejecutar: archivos/03-open.py

```
['Hola mundo!']
Hola mundo!
```

Vamos a ver que ahora si nos está imprimiendo nuevamente 2 veces el string de "Hola mundo!" el primero por supuesto como una lista porque estamos llamando al método de **readlines**, y el segundo lo está imprimiendo solamente como un string porque estamos imprimiendo línea por línea, entonces con nuestro método de **seek** podemos indicarle a nuestro archivo que se vaya a un carácter específico, **no a una línea**, a un carácter.

Acá vamos a colocar un comentario más arriba que va a **with y seek** y vamos a aprovechar también de comentar todas estas líneas:

archivos/03-open.py

```
# with y seek
# with open("archivos/hola-mundo.txt", "r") as archivo:
#     print(archivo.readlines())
#     archivo.seek(0)
#     for linea in archivo:
#         print(linea)
```

Ahora si quisiéramos agregar solamente cosas a un archivo, y no queremos eliminar todo su contenido.

Agregar contenido

Vamos a crear nuevamente nuestra referencia al archivo, vamos a llamar a **open** tenemos que pasarle la ruta de nuestro archivo y tenemos que pasarle el método el cual vamos a utilizar en este caso es "a+":

archivos/03-open.py

```
# Agregar
archivo = open("archivos/hola-mundo.txt", "a+")
```

Y ahora con la instrucción **write** podemos agregar un "Chao mundo :(", y por supuesto tendremos que usar **close** al final:

archivos/03-open.py

```
archivo.write("Chao mundo :(")
archivo.close()
```

Ejecutamos:

archivos/hola-mundo.txt

```
Hola mundo!Chao mundo :(
```

Y vamos a ver que ha aparecido nuestro texto: "Chao mundo :(" después del "Hola mundo!" que ya estaba ahí originalmente.

Vamos a ver lo último ahora que es lectura y escritura simultáneamente.

Lectura y escritura

Vamos a comentar las líneas anteriores:

archivos/03-open.py

```
# archivo = open("archivos/hola-mundo.txt", "a+")
# archivo.write("Chao mundo :(")
# archivo.close()
```

Aquí tenemos que crear nuevamente nuestra referencia al archivo, pero vamos a hacerlo con **with** y **open**, el método de lectura es **r**, pero si queremos que sea **lectura más escritura** tiene que ser **r+**:

archivos/03-open.py

```
# lectura y escritura
with open("archivos/hola-mundo.txt", "r+") as archivo:
```

Vamos a tomar todas las líneas, esto lo hacemos con **readlines**:

archivos/03-open.py

```
texto = archivo.readlines()
```

Y esto es lo que hará será leer absolutamente todas las líneas que se encuentran dentro del archivo y las va a agregar como una lista, sin embargo, esto también moverá el puntero hasta el final, entonces si quisiéramos, por ejemplo agregar más texto sencillamente llamamos al método de **write**, y eso es lo que hará será agregar absolutamente todo al final del archivo, pero si quisiéramos reemplazar algo que se encuentra el comienzo del archivo, necesariamente tenemos que mover el puntero hasta el comienzo.

Así que vamos a mover nuevamente el puntero hasta el comienzo, y eso lo hacemos con **seek**:

archivos/03-open.py

```
    archivo.seek(0)
```

Aquí vamos a aprovechar de cambiar la primera línea por el texto de "Chanchito feliz":

archivos/03-open.py

```
        texto[0] = "Chanchito feliz"
```

Ahora vamos a poder escribir este **texto** dentro del archivo, para hacer eso tenemos que llamar al método **writelines**, que a diferencia del método de **write**, nos va a permitir a poder escribir una lista dentro de nuestro archivo, de esta manera no es necesario que vayamos iterando línea por línea de nuestro archivo, para poder escribir dentro de este, así que acá podemos sencillamente pasarle nuestra variable de **texto** sin necesidad de transformarla en un string:

archivos/03-open.py

```
archivo.writelines(texto)
```

Ahora vamos a ejecutar y vamos a revisar nuestro archivo:

archivos/hola-mundo.txt

```
Chanchito feliz mundo :(
```

Y acá tenemos a "Chanchito feliz mundo :(", y esto es porque estamos en este modo de **lectura y escritura** no estamos reemplazando absolutamente todo, ya que este método se va a encargar solamente de reemplazar los caracteres que le indicamos, no los va a reemplazar absolutamente todos, podemos hacer el siguiente cambio:

archivos/03-open.py

```
            texto[0] = "Chanchito feliz la"
        archivo.writelines(texto)
```

Y ahora sí deberíamos ver el cambio cuando ejecutemos:

archivos/hola-mundo.txt

```
Chanchito feliz lando :(
```

Por eso hay que tener también cuidado con este método de **r+**, entonces si quieres empezar a trabajar con archivos, tienen esta forma de poder trabajar con archivos o puedes utilizar la versión que vimos en la lección pasada:

archivos/02-escritura-lectura.py

```
texto = archivo.read_text("utf-8").split("\n")
texto.insert(0, "Hola mundo!")
archivo.write_text("hola mundo", "utf-8")
```

En donde manipulamos nuestra lista con **read_text** y luego reescribimos la lista dentro del archivo.

Código completo de la lección

Para terminar, te dejaré el código del archivo: "**archivos/03-open.py**"

archivos/03-open.py

```
from io import open

# Escritura
# texto = "Hola mundo!"

# archivo = open("archivos/hola-mundo.txt", "w")
# archivo.write(texto)
# archivo.close()

# Lectura
# archivo = open("archivos/hola-mundo.txt", "r")
# texto = archivo.read()
# archivo.close()
# print(texto)

# Lectura como lista
# archivo = open("archivos/hola-mundo.txt", "r")
# texto = archivo.readlines()
# archivo.close()
# print(texto)

# with y seek
```

```
# with open("archivos/hola-mundo.txt", "r") as archivo:
#     print(archivo.readlines())
#     archivo.seek(0)
#     for linea in archivo:
#         print(linea)

# Agregar
# archivo = open("archivos/hola-mundo.txt", "a+")
# archivo.write("Chao mundo :(")
# archivo.close()

# lectura y escritura
with open("archivos/hola-mundo.txt", "r+") as archivo:
        texto = archivo.readlines()
        archivo.seek(0)
        texto[0] = "Chanchito feliz la"
        archivo.writelines(texto)
```

Archivos CSV

En esta lección, vamos a trabajar con archivos separados por coma, o los bien conocidos **CSV**.

Preparación

Para eso dentro de nuestro editor, en nuestra carpeta de "**archivos**", vamos a crear un nuevo archivo que se va a llamar "**04-csv.py**".

Acá tenemos que importar **csv** y vamos a usar a **open** como le hemos estado haciendo en la sección de la siguiente manera:

archivos/04-csv.py

```
from csv

# Escribir
with open("archivos/archivo.csv", "w") as archivo:
```

Escribir en un archivo csv

El archivo el cual queremos abrir o crear en este caso vamos a indicar que se llama **archivo.csv** y lo vamos a abrir en modo escritura indicando esto con a "w".

Si estás utilizando un ambiente Windows, te recomiendo agregar otro argumento más ya que puedes llegar a tener un error más adelante al tratar de buscar una línea en específico, el error es el siguiente:

Salida de ejecutar: archivos/04-csv.py

```
if linea[0] == "1000":
~~~~~^^^
IndexError: list index out of range
```

Lo que sucede es que en Windows se crean líneas en blanco cuando escribimos en este tipo de archivos, por lo que te recomiendo usar el siguiente argumento cuando vayas a escribir en un archivo CSV:

archivos/04-csv.py

```
from csv

# Escribir
with open("archivos/archivo.csv", "w", newline='') as archivo:
```

Aclarado esto, continuamos.

En el bloque de código, vamos a tener que crear un objeto que se va a llamar **writer**, y este lo creamos de la siguiente manera:

archivos/04-csv.py

```
        writer = csv.writer(archivo)
```

A este objeto le tenemos que pasar como argumento al archivo, el cual vamos a asignarle a este objeto, por esto le pasamos a **archivo**, en base a esto vamos a crear un objeto que se llama **writer** y con **writter** vamos a poder acceder a escribir al archivo, y la forma de escribir es con **writerow** o con **writerows**, para esta lección vamos a ver **writerow**:

archivos/04-csv.py

```
        writer.writerow({"twit_id", "user_id", "text"})
```

Acá estamos pasando primero la cabecera, y estamos pasando el nombre de las 3 primeras filas, los cuales son el id del tweet, id del usuario y al final el texto o el contenido que va a tener el tweet.

Luego podemos duplicar esta línea varias veces y acá ya le podemos empezar a pasar los datos correspondientes:

archivos/04-csv.py

```
        writer.writerow({1000, 1, "este es un tweet"})
        writer.writerow({1001, 2, "otro twit!"})
```

Entonces para la primera línea, estamos diciendo que va a tener el id **1000**, el usuario tendrá el id **1** y el contenido es el texto "**este es un tweet**", para el segundo el id **1001**, el usuario tendrá el id **2** y el contenido es el texto "**otro twit!**"

Recuerda que como estamos utilizando **with**, no es necesario que llamemos a **close**, ahora si podemos ejecutar, y vamos a ir ahora a revisar nuestro archivo:

Estructura de archivos y carpetas dentro de la carpeta archivos

```
archivos/
        |-- 01-archivos.py
        |-- 02-escritura-lectura.py
        |-- 03-open.py
        |-- 04-csv.py
        |-- archivo-prueba.txt
        |-- hola-mundo.txt
        |-- archivo.csv
```

Aquí se creó el archivo **CSV**, y su contenido es el siguiente:

archivos/archivo.csv

```
twit_id,user_id,text
1000,1,este es un tweet
1001,2,otro twit!
```

Acá tenemos nuestra cabecera que contiene twit_id,user_id,text, además de todo el contenido que agregamos después. Esta es la forma en la cual podemos escribir en un archivo separado por comas.

Vamos a ver ahora cómo podemos leer de un archivo separado por comas, vamos a comentar este código, menos la importación de **CSV**:

archivos/04-csv.py

```
# with open("archivos/archivo.csv", "w") as archivo:
#     writer = csv.writer(archivo)
#     writer.writerow({"twit_id", "user_id", "text"})
#     writer.writerow({1000, 1, "este es un tweet"})
#     writer.writerow({1001, 2, "otro twit!"})
```

Lectura de archivos CSV

Acá nuevamente utilizamos a **with** y **open**, tenemos que indicar la ruta del archivo y acá podemos pasarle o no el modo de lectura, en esta ocasión lo vamos a omitir.

archivos/04-csv.py

```
# Leer
with open("archivos/archivo.csv") as archivo:
```

Lo siguiente que tenemos que crear un objeto **reader** y este también se crea a partir de **CSV** pasando a nuestro **archivo** como argumento:

archivos/04-csv.py

```
        reader = csv.reader(archivo)
                        print(reader)
```

Pero si intentamos ejecutar esto, lo que hará será devolver un objeto iterable:

Salida de ejecutar: archivos/04-csv.py

```
<_csv.reader object at 0x7f0f03a3a880>
```

Este es un objeto el cual podemos iterar, así es que tenemos 2 opciones lo podemos transformar en una lista:

archivos/04-csv.py

```
                print(list(reader))
```

Si ejecutamos:

Salida de ejecutar: archivos/04-csv.py

```
[['twit_id', 'user_id', 'text'], ['1000', '1', 'este es un tweet'], ['1001', '2', 'o\
tro twit!']]
```

Podemos ver el listado de todos los datos que guardamos dentro de nuestro archivo csv, o lo otro que podemos hacer también es iterar el archivo:

archivos/04-csv.py

```
14          for linea in reader:
15              print(linea)
```

Pero en este caso tendría el mismo problema del puntero, ya que en la línea 13:

archivos/04-csv.py

```
13          print(list(reader))
```

El puntero se iría al final del archivo, entonces tenemos 2 opciones, enviamos el puntero el comienzo o sencillamente comentamos esta línea, vamos a comentar la línea porque es más fácil explicar esto:

archivos/04-csv.py

```
13          # print(list(reader))
```

Ejecutamos:

Salida de ejecutar: archivos/04-csv.py

```
['twit_id', 'user_id', 'text']
['1000', '1', 'este es un tweet']
['1001', '2', 'otro twit!']
```

Ahora si vemos cómo nos está imprimiendo línea por línea, ahora igual vamos a descomentar esto y vamos a agregar **seek**:

archivos/04-csv.py

```
12  reader = csv.reader(archivo)
13          print(list(archivo))
14          archivo.seek(0)
15          for linea in reader:
16              print(linea)
```

Esto para que el puntero se vaya el comienzo y así podamos ver cómo estos imprime 2 veces, ahora si ejecutamos:

Salida de ejecutar: archivos/04-csv.py

```
['twit_id,user_id,text', '1000,1,este es un tweet', '1001,2,otro twit!']
['twit_id', 'user_id', 'text']
['1000', '1', 'este es un tweet']
['1001', '2', 'otro twit!']
```

Y vemos cómo se imprime primero la lista, y luego cómo se imprime cada una de las líneas una por una, de esta manera podemos leer archivos de **CSV**.

Ya hemos visto cómo podemos escribir y leer de un archivo de **CSV**. Lo siguiente que haremos es aprender cómo modificar una línea.

Modificar archivo CSV

En este caso vamos a tener que leer, y vamos a tener que ir creando un nuevo archivo, y cuando encontremos la línea que queremos modificar ahí recién tenemos que modificar esa línea en particular.

Vamos a tomar todo este código y lo vamos a comentar:

archivos/04-csv.py

```
# with open("archivos/archivo.csv") as archivo:
#     reader = csv.reader(archivo)
#     print(list(archivo))
#     archivo.seek(0)
#     for linea in reader:
#         print(linea)
```

Vamos a utilizar de nuevo **with** y **open**:

archivos/04-csv.py

```
# Actualizar
with open("archivos/archivo.csv") as r
```

Esto de esta manera, ya que este lo vamos a utilizar como lectura y, enseguida, agregaremos lo siguiente:

archivos/04-csv.py

```
with open("archivos/archivo.csv") as r, open("archivos/archivo_temp.csv", "w") as w:
```

En este segundo **open**, tenemos que crear un archivo temporal donde vamos a ir a escribir, porque no podemos abrir un archivo para leer y escribir inmediatamente, necesariamente vamos a tener que crear un archivo temporal donde vamos a escribir el contenido de nuestra lista ya modificada, entonces vamos a ir leyendo línea por línea, y una vez que lleguemos a la línea que queremos modificar, vamos a ingresar dentro de este nuevo archivo esa línea modificada, si es que no es la línea que queremos modificar en este caso vamos a llegar y copiarla directamente desde el **archivo.csv** al **archivo temporal**.

Así que este segundo **open**, va a estar en modo de escritura y le vamos a colocar lo que referenciaremos como **w** para diferenciar del primero que es **r** que vendría siendo **reader** y **w** vendría siendo el **writer**.

Entonces vamos a crear nuestros objetos:

archivos/04-csv.py

```
    reader = csv.reader(r)
    writer = csv.writer(w)
```

En cada uno de estos objetos, debes de notar que le estamos pasando la referencia al archivo correspondiente:

1. Para el **reader**, creamos un objeto a través de **reader** de **csv** y le pasamos la referencia **r** que es el archivo **archivos/archivo.csv**

2. Para el **writer**, creamos un objeto a través de **writer** de **csv** y le pasamos la referencia **w** que es el archivo **archivos/archivo_temp.csv**, recuerda que está vacío así que acá le pasamos "w".

Así, ya podemos leer y podemos escribir, leemos del archivo que contiene todos los datos y vamos a escribir en un archivo que se encuentra completamente vacío y vamos a ir en línea por línea, si no es la línea que queremos modificar, la escribimos tal cual, pero si es la línea que queremos modificar, ingresamos otra línea, más que nada los datos que queremos ingresar.

Así es que ahora tenemos que empezar a iterar este archivo en línea por línea, escribiremos un ciclo **for** de esta manera:

archivos/04-csv.py

```
        for linea in reader:
                if linea[0] == "1000":
                        writer.writerow([1000, 1, "texto modificado"])
```

En este ciclo **for**, preguntamos si es que el **tweet id** de la **línea** que se encuentra en la primer columna, así es que pasamos el índice cero, es igual a **1000** y aquí algo importante, cuando estamos trabajando con los archivos separados por coma, todos sus datos van a ser transformados en un string, incluso los números, así que podemos transformar este dato en un número entero o podemos preguntar si es que este es igual al string que nos interesa encontrar, entonces vamos a buscar el tweet con el id 1000 para modificarlo con **writerow**

Y ahora viene la parte interesante en el caso de que no sea ese id, tenemos que colocar un **else**:

archivos/04-csv.py

```
        else:
                writer.writerow(linea)
```

Aquí le estamos pasando a **writerow** la línea tal cual viene desde el archivo, entonces esto es lo que va a hacer es que se va a encargar de modificar solamente la línea que contenga el tweet con id 1000.

Ahora tenemos un problema hemos creado este archivo que contiene por supuesto que el dato ya modificado, o sea es una copia de archivo, pero solamente contiene esta línea modificada, la del tweet con id 1000, entonces lo que tenemos que hacer ahora es eliminar a **archivos/archivo.csv** y renombrar a **archivos/archivo_temp.csv**, de esta manera vamos a ver reemplazado el archivo anterior, en verdad no lo estamos reemplazando, lo que estamos haciendo es que estamos creando uno nuevo basándonos en el archivo ya existente que contiene nuestras modificaciones, luego eliminamos el archivo anterior, y le cambiamos el nombre al nuevo archivo, así es que vamos a tener que eliminar el archivo y renombrar el otro.

Entonces para eso tenemos que subir al principio del archivo, y vamos a tener que importar el módulo que nos va a permitir a poder eliminar y renombrar archivos:

archivos/04-csv.py

```
import csv
import os
. . .
```

Y después fuera del **for** escribiremos lo siguiente:

archivos/04-csv.py

```
    os.remove("archivos/archivo.csv")
```

Esta línea se va a encargar de eliminar el archivo y luego tenemos que renombrar, esto lo hacemos con:

archivos/04-csv.py

```
    os.rename("archivos/archivo_temp.csv", "archivos/archivo.csv")
```

Ahora, si ejecutamos nuestro código, si no ha generado ningún error, vamos al explorador y abrimos **archivo.csv**, vamos a ver que esta ahora tiene el texto modificado:

archivos/archivo.csv

```
twit_id,user_id,text
1000,1,texto modificado
1001,2,otro twit!
```

En el caso de Windows, puede que tengas un error que sería:

Salida de ejecutar: archivos/04-csv.py

```
os.remove("archivos/archivo.csv")
PermissionError: [WinError 32] The process cannot access the file because it is bein\
g used by another process: 'archivos/archivo.csv'
```

Para darle solución, tenemos que sacar las dos últimas líneas de **with**:

archivos/04-csv.py

```
with open("archivos/archivo.csv") as r, open("archivos/archivo_temp.csv", "w") as w:
    reader = csv.reader(r)
    writer = csv.writer(w)
    for linea in reader:
        if linea[0] == "1000":
            writer.writerow([1000, 1, "texto modificado"])
        else:
            writer.writerow(linea)
os.remove("archivos/archivo.csv")
os.rename("archivos/archivo_temp.csv", "archivos/archivo.csv")
```

Y de esta manera debe funcionar.

Así es como podemos modificar un archivo **CSV** pero una línea en específico. Y para terminar **writerows** es bastante más explicativo, ya que a este método debemos pasarle una lista que contiene listas.

Código completo de la lección

Para terminar, te dejaré el código del archivo: **"archivos/04-csv.py"**

archivos/04-csv.py

```
import csv
import os

# Escribir
# with open("archivos/archivo.csv", "w") as archivo:
#     writer = csv.writer(archivo)
#     writer.writerow({"twit_id", "user_id", "text"})
#     writer.writerow({1000, 1, "este es un tweet"})
#     writer.writerow({1001, 2, "otro twit!"})

# Leer
# with open("archivos/archivo.csv") as archivo:
#     reader = csv.reader(archivo)
#     print(list(archivo))
#     archivo.seek(0)
#     for linea in reader:
#         print(linea)

# Actualizar
with open("archivos/archivo.csv") as r, open("archivos/archivo_temp.csv", "w") as w:
        reader = csv.reader(r)
        writer = csv.writer(w)
        for linea in reader:
                if linea[0] == "1000":
                        writer.writerow([1000, 1, "texto modificado"])
                else:
                        writer.writerow(linea)
        os.remove("archivos/archivo.csv")
        os.rename("archivos/archivo_temp.csv", "archivos/archivo.csv")
```

Archivos JSON

En esta lección, vamos a aprender a trabajar con el formato JSON.

¿Para qué se usa el formato JSON? Este formato se utiliza cuando vamos a buscar los datos, ya sea a alguna API o incluso podría ser una base de datos no relacional, como lo es Mongo DB, esta nos va a devolver los datos en un formato JSON, que en verdad es BSON, pero funciona muy parecido.

Preparación

Para eso, dentro de nuestro editor, en nuestra carpeta de "**archivos**", vamos a crear un nuevo archivo que se va a llamar "**05-json.py**". Lo que haremos será crear un archivo con el formato JSON y también vamos a leer de este archivo con el formato JSON.

Vamos a comenzar importando a **json** y a **Path**:

archivos/05-json.py

```
import json
from pathlib import Path
```

Y lo que haremos será crear un listado de productos, que va a contener un listado de diccionarios, cada diccionario va a tener un **id** y la siguiente propiedad es la del **nombre**, vamos a colocar 3 diccionarios en este listado:

archivos/05-json.py

```
# escribir JSON
productos = [
        {"id": 1, "name": "Surfboard"},
        {"id": 2, "name": "Bicicleta"},
        {"id": 3, "name": "Skate"}
]
```

Ahora, para poder tomar este listado de diccionarios y transformarlo en un JSON, lo vamos a hacer con la librería de **json** que hemos importado anteriormente acá, vamos a crear una variable que se va a llamar **data**:

archivos/05-json.py

```
data = json.dumps(productos)
print(data)
```

Aquí estamos haciendo uso del método **dumps** de **json**, y tenemos que pasarle nuestro listado de **productos**, ahora si ejecutamos nuestra aplicación:

Salida de ejecutar: archivos/05-json.py

```
[{"id": 1, "name": "Surfboard"}, {"id": 2, "name": "Bicicleta"}, {"id": 3, "name": "\
Skate"}]
```

Vamos a ver qué contiene este listado, entonces se ve exactamente igual que los listados y los diccionarios, así es, se ven exactamente igual que los listados y los diccionarios, así que no te preocupes por eso.

Vamos a eliminar esta última línea:

archivos/05-json.py

```
print(data)
```

Y ahora si, vamos a crear un archivo que va a contener los datos de los productos, usaremos a **Path**:

archivos/05-json.py

```
Path("archivos/productos.json").write_text(data)
```

Para crear este archivo le tenemos que pasar la referencia de donde se encontrará ubicado, recuerda que estamos dentro de la carpeta de archivos, y después haciendo uso del método **write_text** le podemos pasar nuestra **data**, y si vamos a ejecutar, podremos ir a revisar que nuestro archivo haya sido creado con éxito:

Estructura de archivos y carpetas dentro de la carpeta archivos

```
archivos/
        |-- 01-archivos.py
        |-- 02-escritura-lectura.py
        |-- 03-open.py
        |-- 04-csv.py
        |-- 05-json.py
        |-- archivo-prueba.txt
        |-- hola-mundo.txt
        |-- archivo.csv
        |-- productos.json
```

Y si vemos el contenido del archivo:

archivos/productos.json

```
[{"id": 1, "name": "Surfboard"}, {"id": 2, "name": "Bicicleta"}, {"id": 3, "name": "\
Skate"}]
```

Y vamos a ver que tenemos un "listado de diccionarios", que contienen nuestras propiedades de **id** y **nombre**, no te preocupes por esto, técnicamente se ven iguales a lo que usamos en Python, esto en verdad es un JSON, este tipo de datos son los que te devuelven la gran mayoría de las **APIs**, sobre todo si es que estas son **REST**.

Vamos a regresar a nuestro **"archivo 05-json.py"** y comentaremos todo esto:

archivos/05-json.py

```
# productos = [
#     {"id": 1, "name": "Surfboard"},
#     {"id": 2, "name": "Bicicleta"},
#     {"id": 3, "name": "Skate"}
# ]

# data = json.dumps(productos)
# Path("archivos/productos.json").write_text(data)
```

Ya sabemos escribir en un archivo con el formato JSON, ahora lo que vamos a hacer es aprender a leer de un archivo que tiene este formato, así que más abajo, crearemos nuevamente la referencia a nuestro archivo, pero usando el método **read_text**:

archivos/05-json.py

```
# leer JSON
data = Path("archivos/productos.json").read_text(encoding="utf-8")
```

Tememos que entregar la codificación pasándole un argumento nombrado, el cual es **encoding** y el valor será igual a **utf-8**, si no la colocamos, veremos que nos arroja un warning.

Ahora podemos transformar esta data a un listado de diccionarios, aquí vamos a crear una lista que se va a llamar **productos**, y usaremos el método **loads** de **json** al cual le pasamos nuestra **data**:

archivos/05-json.py

```
productos = json.loads(data)
print(productos)
```

Ejecutamos:

Salida de ejecutar: archivos/05-json.py

```
[{'id': 1, 'name': 'Surfboard'}, {'id': 2, 'name': 'Bicicleta'}, {'id': 3, 'name': '\
Skate'}]
```

Y acá ya tenemos un listado de diccionarios, que es exactamente igual que el JSON, pero no te preocupes por eso.

Ahora vamos a suponer que queremos modificar el JSON que se encuentra dentro del archivo, con exactamente esto mismo que tenemos de leer el JSON, lo que vamos a hacer ahora es agregar un comentario que va a decir modificar JSON, y vamos a indicar que queremos modificar el primer elemento de nuestro listado, y queremos cambiar su nombre:

archivos/05-json.py

```
print(productos)
```

archivos/05-json.py

```
# modificar JSON
productos[0]["name"] = "Chanchito Feliz"
```

Después de modificar el nombre del primer elemento, nuevamente referenciamos a "**productos.json**" y vamos a llamar al método **write_text**, y le podemos pasar nuestro listado de productos pero recuerda que tenemos que transformarlo primero a un **json** y para eso tenemos que utilizar al método **dumps**:

archivos/05-json.py

```
Path("archivos/productos.json").write_text(json.dumps(productos))
```

Ejecutamos y vamos a revisar nuestro archivo:

archivos/productos.json

```
[{"id": 1, "name": "Chanchito Feliz"}, {"id": 2, "name": "Bicicleta"}, {"id": 3, "na\
me": "Skate"}]
```

Y vemos que el primer producto ha modificado su nombre a "Chanchito Feliz", y que los demás se mantienen con exactamente los mismos datos, así que no tuvimos absolutamente ningún problema.

Y de esta manera es cómo podemos crear, leer y reemplazar un archivo JSON, además de poder tomar texto y transformarlo a un listado de diccionarios y también podemos tomar un listado de diccionarios y transformarlos a un texto que cumple con el formato de JSON.

Significado de JSON

Y por si no lo sabías JSON significa **JavaScript Object Notation**, en otras palabras, es la notación de objetos en JavaScript, y aunque estemos aprendiendo Python, esta es la forma de cómo se transmiten los datos en Internet, así es que es bueno que sepas trabajar con este tipo de datos.

Código completo de la lección

Para terminar, te dejaré el código del archivo: "**archivos/05-json.py**"

archivos/05-json.py

```
import json
from pathlib import Path

# escribir JSON
# productos = [
#     {"id": 1, "name": "Surfboard"},
#     {"id": 2, "name": "Bicicleta"},
#     {"id": 3, "name": "Skate"}
# ]

```

```
# data = json.dumps(productos)
# Path("archivos/productos.json").write_text(data)

# leer JSON
data = Path("archivos/productos.json").read_text(encoding="utf-8")
productos = json.loads(data)
print(productos)

# modificar JSON
productos[0]["name"] = "Chanchito Feliz"
Path("archivos/productos.json").write_text(json.dumps(productos))
```

Archivos comprimidos

En esta lección trabajaremos con los archivos comprimidos, específicamente con los que tienen extensión **.zip** o los archivos **zip**

Preparación

Para eso, dentro de nuestro editor, en nuestra carpeta de "**archivos**", vamos a crear un nuevo archivo que se va a llamar "**06-comprimidos.py**".

Acá tenemos que importar 2 módulos, el primero es el módulo **Path** para poder referenciar los archivos que queremos comprimir, y el segundo es el módulo para poder comprimir eventualmente los archivos:

archivos/06-comprimidos.py

```
from pathlib import Path
from zipfile import ZipFile
```

Comprimir archivos

Al igual que el módulo de **Path** podemos utilizar la palabra reservada de **with** para poder trabajar con los archivos comprimidos en zip, así es que escribiremos lo siguiente:

archivos/06-comprimidos.py

```
with ZipFile("archivos/comprimidos.zip", "w") as zip:
```

A **Zipfile** le tenemos que entregar la referencia al archivo comprimido, que este vamos a indicar que se encuentra dentro de nuestra carpeta de archivos y se llama **comprimidos.zip**, vamos a indicar que lo vamos a referenciar como **zip**.

Ahora acá tenemos que recordar que nos encontramos dentro de nuestra carpeta "**curso-py**", o como tú le hayas nombrado, ahora ya que sabemos que nos encontramos dentro de esta carpeta acá, vamos a llamar a:

archivos/06-comprimidos.py

```
        for path in Path().rglob("*.*"):
```

Aquí usamos a **rglob** para poder indicarle los archivos de manera recursiva, y le voy a indicar que queremos que incluya absolutamente todo, por eso le estamos colocando ".", el primer asterisco es para el nombre del archivo y el punto-asterisco es para indicarle que tome cualquier extensión. Entonces, cualquier archivo que tenga en cualquier nombre y que también tenga cualquier extensión, esto también incluye las carpetas.

Ahora aquí tenemos algo importante si es que optamos por este patrón, como nos encontramos dentro de la carpeta de nuestro proyecto, esto también va a incluir el archivo **comprimidos.zip**, porque se encuentra dentro de nuestra carpeta de archivos, que a su vez se encuentra dentro de este **Path**, **así es que tenemos que asegurarnos de no comprimir este archivo**, porque si no vamos a estar comprimiendo una y otra y otra y otra y otra vez... y de esta manera entraremos en un loop infinito, así es que para eso vamos a aprovechar de imprimir absolutamente todos los **path** sin crear todavía nada:

archivos/06-comprimidos.py

```
            print(path)
```

Y vamos a ejecutar:

Salida de ejecutar: archivos/06-comprimidos.py

```
intro.py
format.py
.vscode
tipos/01-variables.py
tipos/08-calculadora.py
tipos/04-metodos-strings.py
tipos/09-conversion-tipos.py
. . .
```

Ahora podemos ver que nos está entregando absolutamente todas las rutas con las cuales hemos estado trabajando en el transcurso de este libro, pero la que nos interesa es la de **archivos**, dentro de archivos deberíamos encontrar este archivo **comprimidos.zip**:

Estructura de archivos y carpetas dentro de la carpeta archivos

```
archivos/
      |-- 01-archivos.py
      |-- 02-escritura-lectura.py
      |-- 03-open.py
      |-- 04-csv.py
      |-- 05-json.py
      |-- 06-comprimidos.py
      |-- archivo-prueba.txt
      |-- hola-mundo.txt
      |-- archivo.csv
      |-- productos.json
      |-- comprimidos.zip
```

Si lo descomprimimos ahora vamos a ver que este no tiene absolutamente nada, así es que vamos a tener que empezar a agregar elementos dentro de este archivo.

Para hacer eso tenemos que validar que no vamos a incluir el path de "**archivos/comprimidos.zip**", pero **Path** nos devuelve un objeto, es más podemos saber eso porque si escribimos:

archivos/06-comprimidos.py

```
            print(path.)
```

El editor nos va a empezar a entregar distintos métodos a los cuales podemos acceder:

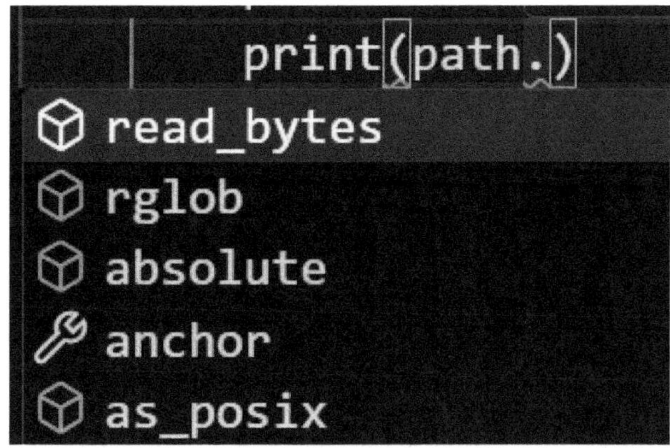

Métodos a los que podemos acceder desde cada path

Así es que lo que tenemos que hacer es transformar este **path** en un string, y ahora si podemos verificar que este no sea igual a esta ruta en específico:

archivos/06-comprimidos.py

```
        if str(path) != "archivos/comprimidos.zip":
            zip.write(path)
```

Y en el caso de que no sea ese archivo, llamamos a **zip.write** y le pasamos el **path** que queremos agregar a este archivo comprimido, ahora si podemos ejecutar esto y si ahora vamos a verificar este archivo comprimido y lo extraemos nos vamos a dar cuenta de que va a contener absolutamente todos los archivos que decidimos agregar, que finalmente son todos los archivos de todas las lecciones de este libro "Ultimate Python".

Ahora esta es la forma de cómo podemos escribir archivos comprimidos, vamos a ver ahora cómo podemos leer de archivos comprimidos.

Leer archivos comprimidos

Comentaremos las líneas de código con las que escribimos y nuevamente utilizando **with ZipFile**, le volvemos a entregar nuevamente la ruta de donde se encuentra este archivo comprimido, y vamos a indicar que su referencia va a ser "zip":

archivos/06-comprimidos.py

```
# with ZipFile("archivos/comprimidos.zip", "w") as zip:
#     for path in Path().rglob("*.*"):
#         print(path)
#         if str(path) != "archivos/comprimidos.zip":
#             zip.write(path)

with ZipFile("archivos/comprimidos.zip") as zip:
```

Después podemos llamar al método de **namelist**, y esto nos va a indicar absolutamente todo lo que se encuentra dentro de este archivo comprimido:

archivos/06-comprimidos.py

```
11         print(zip.namelist())
```

Ejecutamos:

Salida de ejecutar: archivos/06-comprimidos.py

```
['intro.py', 'format.py', '.vscode/', 'tipos/01-variables.py', 'tipos/08-calculadora\
.py', 'tipos/04-metodos-strings.py', 'tipos/09-conversion-tipos.py', 'tipos/03-forma\
t-strings.py', 'tipos/05-secuencias-escape.py', . . . ]
```

En este caso vemos todos los archivos incluyendo sus rutas, o las carpetas en las cuales se encuentran estos archivos, acá podemos ver todo con respecto a la sección de rutas, también a otra sección de módulos, y así sucesivamente con todo lo que hemos visto hasta ahora.

Ahora podríamos querer encontrar información específica de algún archivo, eso lo podemos hacer creando una variable que se llame **info** y esta se crea a partir de método **getinfo** de **zip** el nombre del archivo al cual que queremos acceder:

archivos/06-comprimidos.py

```
12         info = zip.getinfo("archivos/06-comprimidos.py")
```

En este caso vamos a acceder a este mismo archivo al "**06-comprimidos.py**", pero que se encuentra dentro de mi archivo comprimido, así que colocamos esa ruta, ahora vamos a comentar el **print** de la línea 11:

archivos/06-comprimidos.py

```
10 with ZipFile("archivos/comprimidos.zip") as zip:
11         # print(zip.namelist())
12     info = zip.getinfo("archivos/06-comprimidos.py")
```

Esto, porque lo que vamos a hacer es inspeccionar este archivo de info, vamos a colocar un **print** de esta manera:

archivos/06-comprimidos.py

```
13     print(
14         info.file_size,
15         info.compress_size
16     )
```

Ya que **info** es finalmente un objeto, entro las propiedades este contiene las propiedades de **file_-size** y a **info.compress_size**, que acá no deberíamos esperar que haya cambiado mucho porque este archivo la verdad es que es bastante sencillo, así que vamos a ejecutar:

Salida de ejecutar: archivos/06-comprimidos.py

```
325 325
```

Y vemos que el tamaño del archivo no ha cambiado, porque el archivo es muy simple, pero lo que también podemos hacer es extraer absolutamente todo lo que se encuentra dentro de este el archivo comprimido, eso lo hacemos llamando al método de **extractall** y le tenemos que indicar dónde queremos extraer todos estos archivos, y le vamos a indicar que será en la carpeta de "archivos" y esto a su vez dentro de una carpeta que se llamará "descomprimidos":

archivos/06-comprimidos.py

```
        zip.extractall("archivos/descomprimidos")
```

Vamos a ejecutar y no debería haber absolutamente ningún cambio, pero si vamos al explorador, vamos a encontrar que ahora se ha creado una nueva carpeta que se llama descomprimidos:

Estructura de archivos y carpetas dentro de la carpeta archivos

```
archivos/
        |-- descomprimidos/
        |-- 01-archivos.py
        |-- 02-escritura-lectura.py
        |-- 03-open.py
        |-- 04-csv.py
        |-- 05-json.py
        |-- 06-comprimidos.py
        |-- archivo-prueba.txt
        |-- hola-mundo.txt
        |-- archivo.csv
        |-- productos.json
        |-- comprimidos.zip
```

Y si la inspeccionamos, veremos que se encuentra absolutamente todo el material que hemos visto en este libro hasta ahora:

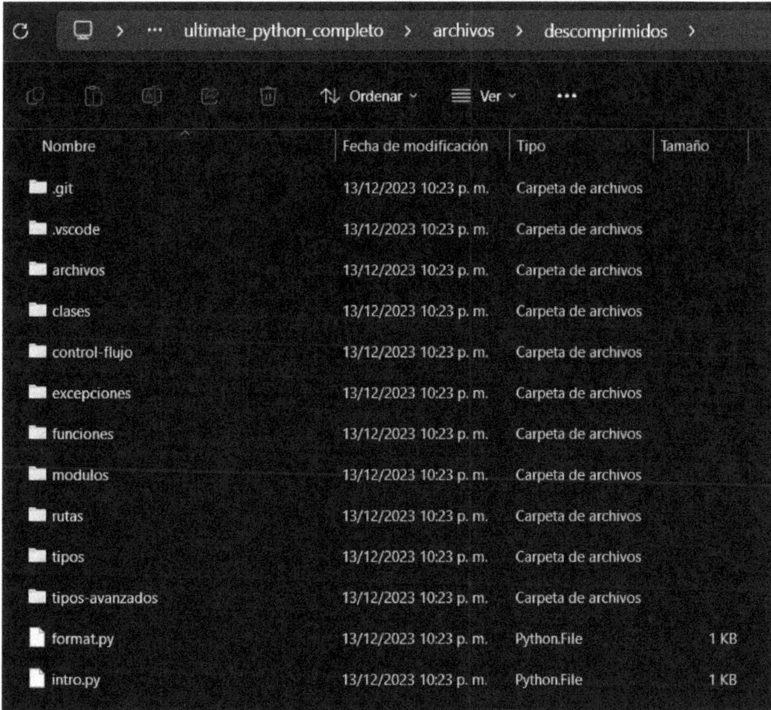

Carpeta con los archivos descomprimidos

Y esta es la forma en la cual podemos trabajar con archivos con comprimidos.

Código completo de la lección

Para terminar, te dejaré el código del archivo: **"archivos/06-comprimidos.py"**

archivos/06-comprimidos.py

```
from pathlib import Path
from zipfile import ZipFile

# with ZipFile("archivos/comprimidos.zip", "w") as zip:
#     for path in Path().rglob("*.*"):
#         print(path)
#         if str(path) != "archivos/comprimidos.zip":
#             zip.write(path)

with ZipFile("archivos/comprimidos.zip") as zip:
        # print(zip.namelist())
        info = zip.getinfo("archivos/06-comprimidos.py")
        print(
                info.file_size,
                info.compress_size
        )
        zip.extractall("archivos/descomprimidos")
```

Próximos pasos

Felicitaciones!

Estás un paso más cerca de poder conseguir tu sueño de transformarte en desarrollador! si llegaste hasta acá significa que leíste un libro de más de 800 páginas! has aprendido mucho! Ya te encuentras listo para poder trabajar con Python.

Sin embargo tu aventura no termina acá, hay muchas cosas que debes seguir aprendiendo para poder transformarte en un profesional que las empresas amarán contratar y quien sabe, hasta quizá quieran pagar por tu relocación!

Entonces, que debes aprender ahora? Un desarrollador debe saber utilizar las siguientes herramientas:

- **GIT y Github**: herramientas para el versionado.
- **Docker**: herramienta para ejecutar tus aplicaciones en un ambiente controlado.
- **JavaScript**: lenguaje de programación para construir aplicaciones web.
- **React JS**: la biblioteca más popular en el mundo para construir aplicaciones web con JavaScript.
- **Django**: framework más popular para construir aplicaciones web con Python.

Las herramientas anteriores son muy demandadas por las empresas. Y si deseas aprenderlas conmigo puedes visitar el sitio web https://academia.holamundo.io ahí encontrarás material en video además de mis libros que estoy seguro que te encantarán! Además de recibir el apoyo de los profesores de la comunidad que te ayudarán con todas las dudas que tengas.

Muchas gracias!

Quieres seguir en contacto?

Recuerda seguirme en mi canal de youtube HolaMundo para que sigamos aprendiendo y puedas ver el nuevo contenido que publicamos!

www.ingramcontent.com/pod-product-compliance
Lightning Source LLC
LaVergne TN
LVHW081655050326
832903LV00026B/1774